惟学学刊
第一辑

主编　胡可先

ZHEJIANG UNIVERSITY PRESS
浙江大学出版社
·杭州·

所务惟学,其命惟新

《惟学学刊》系浙江大学文学院惟学书院、教育部基础学科拔尖人才培养2.0基地汉语言文学基地主办的学术集刊。

惟学书院成立于2022年4月24日。"惟学书院"名称有近和远两个来源,近的来源是马一浮先生创作的《浙江大学校歌》,其中有"惟学无际,际于天地"的歌词,是说学问的境界无边无际,可以一直达到天地的尽头。"学"是书院的内涵,"惟"是"学"的范围界定。远的来源是《晋书·范宁传》的记载:"帝以(范)宁所务惟学。"范宁是《后汉书》作者范晔的祖父,他在杭州兴办学校,推行儒学,他所撰写的《谷梁传》注解,现在还收在阮元校刻的《十三经注疏》当中。后来他担任豫章太守,仍然兴办学校,建立学台,却遭到了江州刺史王凝之的诬陷而下狱。但晋孝武帝以为他"所务惟学",最后对他实施大赦。范宁在中国古代学校的兴办史上做出了重要贡献。范宁与杭州也有密切的关系,因此我们可以视其为"惟学"名称的最早源头。创办惟学书院也是对拔尖人才书院制培养模式的尝试。

惟学书院重在"惟学",大致由学习、学问、学术、学统、学派层层递进,或者说循序渐进。同时,我很赞赏《诗经·大雅·文王》"周虽旧邦,其命惟新"一语,"惟学"是根基,"惟新"是目标。《惟学学刊》的创办就是推进学术研究的一项举措,所要践行的是"所务惟学""其命惟新"这八个字。旨在坚持"求是创新"的精神,为中国语言文学领域的学术研究提供讨论的平台。尊重学术自由,提倡学术原创,遵守学术规范,维护学术尊严,去绝空疏浮言,严禁抄袭剽窃。促进中华优秀文化的挖掘、保护、传承与创新。

本学刊重在发表中国语言文学学科的重要原创成果,成为中国古代文学、中国现当代文学、比较文学与世界文学、中国古典文献学、汉语言文字学、语言学及应用语言学、文艺学等各个学术领域学者的学术园地,同时设立"名家讲坛""经典新探""浙学研究""出土文献研究"等主题栏目。

本学刊将培养和扶植青年学者作为重要责任,特别重视博士、硕士研究生以及本科拔尖学生的论文,为年青学者搭建学术平台,营造学术生态。

本学刊竭诚欢迎国内外学者慷慨赐稿,热切希望广大读者不吝赐教,唯愿学界同仁与我们携手前行。

主编 胡可先

2023年3月

目　录

诗学研究的对象与方法[*]

钱志熙

一、关于诗学传统涵义的问题

　　诗学一词,有传统义,有现代义,有西方义,还有一种扩大义,也许可以包括在现代义与西方义中。各义所辖的对象在广与狭上有很大的差别,在性质与方法上也有很大的差异。这个问题,尤其是关于诗学的传统义,我在《黄庭坚诗学体系研究》(北京大学出版社,2003)一书的绪论,以及《"诗学"一词的传统涵义、成因及其在历史上的使用情况》(首都师范大学中国诗歌研究中心编《中国诗歌研究》第 1 辑,2002)这篇论文中有比较集中的讨论。我这里不仅仅是简单地梳理一个文学术语涵义与历史的问题,其实是指向传统诗学的整体。所以,这是一个大问题,并非一两篇论文所能解决。这也涉及我们此后在诗学与诗歌研究方面,至少在我们中国古代诗学与诗歌史领域的对象把握与方法的问题。

　　这里我再简单地陈述一下所谓"诗学"的传统涵义和所涉及的传统学术方法的问题。单就名词的生成来说,"诗学"一词出现于唐宋时代,至元明清使用愈广,义理愈明。至近现代之际,朱光潜等人用传统诗学翻译亚里士多德《诗学》(是否朱氏之前已有此类翻译,还有待考证),诗学就成了文学及文艺理论的代名词,并且由传统的实践与理论批评双涵转为单指文学的理论与批评,有时还包括广义的文学研究。其中,诗学一词又被引回到诗歌本身,指诗歌理论及批评,有时也推广一切有关诗歌的研究。这一义的确切的发生情况还不好把握,其实这一义在很自然地接受传统诗学的影响,但是它的学理还来源于中译西典的"诗学"。只是从广义的文艺理论、美学返回到以诗歌为对象。因为我们中国人对"诗"的内涵太熟悉了,很难将诗扩大到整个文学及美学范畴。所以我们看到这样一种情况,文艺理论与美学一义的诗学,在相当长的时间内,主要是出现在翻译义中,在翻译著作中使用。这个问题,我希望有专研文艺理论尤其是外国美学的人做专门研究,那些翻译著作的中"诗学"所对应的都是什么样的原文与原义。在国人的著作中有关文艺理论与美学的著作,从前很少用"诗学"一词,但近三十年来,有这样的使用的,即诗学被扩大到与文艺学、美学

　　* 本文根据北京大学中文系钱志熙教授 2018 年 6 月 15 日在浙江大学"中国语言文学系列讲座"的录音整理。讲座主持人为浙江大学中文系胡可先教授。

同义的范围。这个问题，我也希望有人能做专门的调查与研究。但无论如何，近百年（尤其是最近五六十年）人们使用的诗学都是中译西典之义，指向西方的学术理念。甚至于宿学名家，一提"诗学"，都认为是舶来品，为中国古代所无。至于其研究对象则专指有关诗歌的理论与批评，广义及文艺理论与美学。此种观念，至今仍然根深蒂固。这种观念在现代的诗歌理论研究，文艺学、美学的研究上，当然没有问题，可以继续使用。但回到中国古代的诗学与诗歌研究上，却不能不说是数典忘祖，影响了我们对诗学的研究对象与方法的准确把握。

现在，我们再回到诗学的传统含义的问题上，诗学的形成与使用，从根本上说是中国古代文人诗歌创作活动的成果，传统的诗学本身之盛衰，更是与文人诗盛衰相关联。所以，我再说明一义，我们所说的传统诗学，其实就是中国古代的文人诗学。同时，"诗学"一词的出现，还与中国古代的学术传统有一种深层的联系。我们知道，在"诗学"一词出现之前，中国古代文人的诗歌创作、诗歌理论批评，已经经历很长的时期。以我的看法，文人诗创作正式确立，当然文人创作诗歌传统，可以推到楚辞，甚至是《诗经》的一部分。但作为一种自觉的创作传统，是在魏晋时期确立的。随之而来，当然也有文人的诗歌理论与批评活动的出现。其中，如以南朝钟刘为代表的诗歌史研究、南朝后期至初盛唐的大量诗学论著的出现，都是中国古代诗学发展史上的重大成果。"诗学"却迟迟没有出现，一直到晚唐才有此词的出现，但整个唐宋时代并不流行，至元明清方才流行。近代使用最多，但不久就被中译西典夺其义。那这样说来，是不是我没有必要过于执着于这个诗学的传统义呢？问题恐怕不能这样理解。这里关系到"学"这个词的传统使用。学在古代，更多是作为学习来讲的。学作为一门学问来讲，这个意义在中国古代是出现得比较晚的。孔门四科中首出"文学"一义，其中包括文献、经典、辞章等多种内涵，这大概是中国古代泛文学义的自觉。从泛文学义到文学义。就中国古代来讲，这个过程是在进行的，但就"文学"这个词来讲，一直没有演进到我们期待的现代的文学之义。南北朝后期至唐代，出现了"辞学""词学"这样的词。这显然是南朝文笔说流行的结果，也是南朝辞章之艺兴盛的结果。但这个词却更多地用在官学的体系中，用来指词臣、词家的文学，到宋代又为词科之学之简称。这个问题，我在《唐宋词学考论》（中国人民大学国学院编《中华国学研究》创刊号，2008）一文中有系统的梳理。"文学""词学"这两个词，出现得都比诗学早。还有"诗经学"的"诗学"，当然也是很早就出现的。这几个都与文人"诗学"这个词有关系。但寻找其逻辑的理路，又都相差很远。与"诗学"一词相邻而并行的，是另外几个词，即"赋学"、"词学"（曲子词）、"曲学"。词学出现比较晚的原因不待说。赋学源远流长，但这个词却出现得较晚。这几个词是联动地出现的，它们的内涵，跟诗学一样，都含创作之学与理论之学两部分的，并以前一部分为主体，后一部分是依附前一部分的。前面我们说过，"诗学"一词因为受中译西典用法的影响，其传统涵义被遮蔽。那么这几个相邻的术语，是不是没有这种情况呢？它们并没有被借用于中译西典呀！但事实上，现代学术界在使用这些词的时候，也都偏重于理论与批评，比如词学，一些学者认为就是指有关词的理论与研究的学问。最近参加一个有关赋学史课题的论证，发现一部分辞赋学者仍然将赋学定义为赋论的同义词。为什么会这样呢？当然是将现代诗学之义，移引到赋学、词学、曲学等类传统学术名词上了。这里恐怕更主要的是涉及我们对研究对象的把握与方法的运用。这甚至关涉整个文学学科的对象与方法的问题。

诗学、赋学、词学、曲学等传统文学术语及其对应的学术内涵，标志着唐宋以降随着文学各文体领域的相继确立，也可以说是中国传统的文学学科的成立。其中有一个重要的学术背景，即"学"的问题。夏商周三代，学在官守，即前人所说的六经皆出于王官之学。诸子百家兴起后，或论道，或究术，合称为"道术"。这是诸子们对学术的认识。汉儒传经，谨守家学。魏晋六朝士庶家族，也重家学。因此学科的意识一直不能充分的自觉。至于诗学的方面。王官之学就已有诗教一门,与乐教相通。中国古代的诗学就发生在这个时期。但随着礼崩乐解,诗教失传,到了诸子时代,这种与乐教相通的诗学反而衰落了。再次兴起与诗相关的学问,就是汉儒传自孔门的经学诗学,以三家诗与毛诗学为代表,此外又有谶纬诗学一种。史家如司马迁、班固,楚辞家如王逸,对诗经、楚辞、汉乐府、辞赋这几个系统有所论列,其中班固的贡献尤其大。这一种可以称为"史家诗学"。上述这几种诗学,都是文人诗学的渊源与取次对象,经学诗学对文人诗学的影响尤其大,从诗歌思想方面来讲,可以说是奠定性的。但是文人诗学实有自己的发生的路径,是随着魏晋以降文人诗的兴起而发生的。在很长一段时间内,文人对诗歌一直重在作,而不在论,也不自以为学。文人以《诗经》为经典,在实践中又深受楚辞与乐府的影响。尤其是以《诗经》为经典,所以文人一直没有给他们自己的创作以充分的肯定。他们总是拿《诗经》来压低文人自身一派的诗学。后来终于树立了十九首、建安、盛唐这几种诗歌经典,也只是说最多只能跟《诗经》相提并论,并没有完全取代《诗经》的经典地位。这恐怕是"诗学"一词迟迟不能产生,而最初郑谷"衰迟自喜添诗学",这样的叙述其实是带有戏论的意味的。在经学与官学的辞学的崇高地位相映衬下,诗能够称为"学"吗?诗最多只能称为一种"艺",尤其是文人吟咏情性、流连风月的诗,如唐人所批评的齐梁陈隋的绮靡之诗,恐怕更难得到"学"的待遇。这也许是虽然诗歌创作已经相当繁荣,各种诗歌的著作也已经出现很久了,但"诗学"一词才迟迟地出现的原因。

真正来讲,中国古代传统诗学的学科意识的确立是在唐代诗歌创作繁荣之后。唐人之诗,出于风骚六朝,其实"学"的成分已经很明显了,但唐诗最主要的还在于创。宋人之诗,出于唐诗,并且也不废对唐前诗歌的学习,学的因素明显增加,而创的因素有所减少。学诗、诗学、诗为专门之学这样的意识,在宋代无疑被强化。到了元代,承宋金的诗学而有变化,其中一个重要的趋向就是回归唐诗。这一趋向明代仍在加强,并且对源流正变思辨得更深了。"诗学"及其内涵的诗为专门之学的意识,在这个时期可以说完全明确了。所以,这个时期的诗学是就诗歌创作与理论批评的整体而言的,其间甚至不能有所区分。

诗之所以可以称为"学",还有一个学术意识的内涵,就是古代之学是包含道、术两方面的,有道有术方才称为"学"。从事这种学的主体,则是士君子。苏轼《书吴道子画后》中说:"君子之于学,百工之于技,自三代历汉至唐备矣。"所以,只有士君子之学问、创作才能被称为"学"。为什么这样说呢?就是因为士君子是一种自觉的、有伦理道德规范的一种人格,是道、术兼备的。观此我们也可以知道,为何"诗学"迟出的原因。必得自信其诗歌创作兼具道、术两种,方才可以称为"诗学"。这种意识,只有到唐宋时代才成熟。

二、中国古代诗学的源流之分

根据以上论述可知,诗学是一门传统的学问。这门传统学问只有在掌握中国古代文人在诗歌创作实践与理论批评同条共生这个整体的基础上,才能得到现代的发展。但中国古代诗学有源与流之分。《诗经》《楚辞》、汉乐府是中国古代诗歌之源,自王官诗学到汉儒诗学是中国古代诗论之源,文人诗学则是它的流。不明白这一点,仍然是不能掌握中国古代诗学的整体的。中国古代的诗人与诗歌理论批评家,凡是有卓越建树,自立为一家的,都是在上述这个源流中来进行诗歌艺术的实践与理论上的探讨的。其成就之高低,也决定于其对此源流掌握的多少,方法是否合理。清代毕沅说:"杜工部集诗学之大成。"那么,杜甫是怎样掌握这个源流的呢?他自己在《戏为六绝句》里有比较简要的说明,宗旨之语即"别裁伪体亲风雅,转益多师是吾师"。后来,元稹对其集大成的成就都做过经典性的阐述:

　　唐兴,官学大振,历世之文,能者互出,而又沈、宋之流,研练精切,谓之为律诗。由是之后,文体之变极焉。然而莫不好古者遗近,务华者去实。效齐、梁则不逮于魏、晋,工乐府则力屈于五言;律切则骨格不存,闲暇则纤秾莫备。至于子美,盖所谓上薄《风》《骚》,下该沈、宋,古傍苏、李,气夺曹、刘,掩颜、谢之孤高,杂徐、庾之流丽,尽得古今之体势,而兼人人之所独专矣!(《唐故工部员外郎杜君墓系铭》)

刘克庄在评价黄庭坚时,也用了类似的把握方式:

　　国初诗人,如潘阆、魏野,规规晚唐格调,寸步不敢走作。杨、刘则又专为昆体,故优人有持扯义山之谑。苏、梅二子稍变以平淡、豪俊,而和之者尚寡,至六一、坡公巍然为大家数,学者宗焉。然二公亦各极其天才笔力所至而已,非必锻炼勤苦而成也。豫章稍后出,会粹百家句律之长,究极历代体制之变,搜猎奇书,穿穴异闻,作为古律,自成一家。虽只字半句不轻出。遂为本朝诗家宗祖。在禅学中比得达摩,不易之论也。(《江西诗派总序》)

　　这就是古代的诗学,历代诗人虽然不能都达至杜甫、黄庭坚的境界,但所兼得古今之体势,究极体制之变,大多数有诗史地位的诗人,都走过这样的道路。当然这里又有集大成与宗法一家一派的区别,但这种区别是相对的。事实上,不存在完全学一家一派的诗人,要是那样的话,大多人不了名家之流,最多只是小家数,甚至连小家数都称不上,那样的诗人是进不了诗歌史的。将这样的诗学阐述出来,就是诗歌史了。所以,我曾经有一个观点,诗歌史就是诗学史。现在我也仍然持这样观点。古人在这方面做了很多阐述。对于这些阐述,如何去把握?有些甚至只有只言片语,看起来零散且不成系统。这里,我觉得用得章学诚所说两个学术原理:一个是大家所熟悉的"辨章学术,考镜源流",这个大家都会说,但怎么做,却是一个大问题;另一个就是"识古人之大体",这个原理,很少人知道,更为深微奥妙。做古代诗歌及诗人、诗派等研究的人,大多数都会去古人那里找资料,也都会引一些古人诗文评中的观点。夏承焘先生说自己原来做词学重于考证,"解放以后,由于朋友的鼓励和教学的需要,我开始写几篇作家作品论。我的文艺理论知识很浅薄,所以这几篇词大都只是以资料作底子,以旧诗话、词话镶边"。夏承焘先生这样说,是一种谦虚。但以"旧诗话、词话镶边",的确是我们进行古代的诗人、词人创作艺术研究的一种做法。这里面当然有高下之别。但大多数没有做到对古人观点进行辨章学术、考镜源流的工作,至于识古人之大体,就更为难得了。现在到处看到的是,是生吞活剥地引用古人话,或赞成,或批评。肢解割裂,牵强附会,厚诬古人之处,实不鲜见。这说到底是因为远离中国古代诗学的传统,失去了对传统诗学的掌握能力。比如,明清人的诗话、诗论,是我们常常引用的。有时甚至可以说是须臾不可离。但是大家都是寻章摘句。对于这些诗话的创作背景,尤其是当时的诗学背景,以及作者自己的创作情况,都毫无了解。这样怎么可以真正把握论者的原意,何况还要在此基础上对其进行是非曲直评判。现在还有的情况,是对明清某家,或者某派的诗话、诗论、诗选、诗评进行专家式的研究。对于这一家可说穷尽材料了,读得也比较熟了,但又往往难以将其放在当时的诗学背景,以及整个中国古代的诗歌史、诗学史的背景上把握。结果最多只是提供一些材料。在辨章学术、考镜源流上还是做不好,还是不能识古人之大体。这里所要学习的东西太多,所要做的工作更多。

三、如何掌握中国古代诗学的基本功

　　怎样才能掌握研究中国古代诗学的基本功呢?获得对古代诗学进行辨章学术、考镜源流,并进而识古人之大体这样的基本功呢?首先,这不是一个方法的问题,而是一种态度与功夫的问题。

是一个长期积累的、无止境界的修习过程。说到方法,前人提供的一种,就是先选择一位古代的名家、大家的诗集,对其进行全面的阅读与研索,尤其是他在艺术上的一些特点,一家熟读、深思之后,然后再选择一家进行同样的研读工作。这样一家一家地读下去,等到一定的时间,会有一种融会贯通的感觉,会形成自己对诗歌艺术、诗歌史的一些看法。这个做法,类似古人研究经学的做法。古人研究经学,总是先穷一经。一经通后,再转到另外一经,这才是叫做经学。如果一上来就从几部古人或今人的经学著作人手,从若干经学观点入手,而不先专经,是不能真正做到经学的专精的。我曾经听过课的一位经学家沈文倬先生研究三礼就是这样研究的。同样,治子部也应该是这样做。我们做集部,也只能用这样的方法。潘伯鹰在注黄庭坚诗时就提出过这样的意见:

> 最后盼望青年学者务须自己细读熟读山谷诗。古人说:读书千遍,其义自见。纵无人解说也能明白的。再则,读过山谷一家之后,确知其好歹在何处,可另读一家。等待又确知另一家后,可另读第三家。这样下去,必可自己比较诸家的长短异同。日就月将,就能逐渐贯通如百川汇海了。(《黄庭坚诗选》)

这就是研究古代诗学的基础。一直以来,我们古典文学专业方向的培养方式,也是这样的。比如,魏晋南北朝、隋唐五代方向的读书方式,从林庚、陈贻焮先生开始,就是要求逐家通读集部。用陈先生的话来讲,就是从曹操读到李后主。事实上,硕士三年、博士四年,都是读不完的。但我们会按照这个计划,一直读下去。我自己在本科、硕士期间,研读李商隐、杜甫、苏轼、黄庭坚、陈师道的全集。毕业工作后,还在继续读集部。当时年轻兴趣广泛,对一些明、清、近代的诗人也很感兴趣。像龚自珍、丘逢甲这些人的诗集也都读过。一段时间内对诗僧苏曼殊、小说家郁达夫的作品,也读得很熟。读博期间,比较系统地读魏晋南北朝、隋唐的诗歌作品。这是诗学研究的基本功。没有说一上来就拿一个题目来做的。那样或许能够初见成熟,凭聪明和年轻时的好脑子、好记性写出一两篇斐然成章的论文,但究竟不能说是你自己发现的问题。久久而之,更是难以继续下去。所以认真地研阅诗人全集,一家一家地读,这是培养传统诗学研究能力的第一步。

所以,研究诗歌史,要从研究诗歌作品与诗人开始。上述潘伯鹰所说这种研读工作,要反复地进行,最后去粗存精,去芜存真,会形成对中国古代诗歌史与诗歌艺术的一些新见。然后再进入古人诗文评的领域,进入近百年诗歌史研究的领域。这样逐渐得到一些学术的结论,获得对中国古代诗学源流正变、古人诗学之大体的一些看法。

四、诗歌史即是诗学史

关于诗歌史即是诗学史这个看法,我还想再做一些阐述。因为我们传统上是将诗歌史与诗论史分成两个领域的。前者是一种艺术史,而后者从本质上来说是一种学术史,并且与观念史、思想史等领域有密切的联系,所以这样区分当然有一定道理。但是诗歌史其实离不开诗论史。我们举几个显见的事实。比如,言志、缘情、比兴、讽喻等,我们一直将其作为诗论领域的东西,可是各有其观念史理路的,但是它同时体现在诗歌创作实践与诗歌史中。如果我们只是梳理这些观念、范畴的历史,而没有将其在诗歌史中的实践历史同样勾勒出来,就不是完整的诗论史。同样,如果我们的诗歌史没有将上述观念在创作实践上的体现及其历史演变叙述出来,这个诗歌史也是不完整的。又如,"风骨论"是一种诗论,从初唐陈子昂到盛唐王维、李白、高适这些人都在讲,这属于诗论史的范畴。不仅提倡,而且还具体地落实到批评中,如李白赞扬李云"蓬莱文章建安骨",王维《别綦毋潜》中也称"盛得江左风,弥工建安体"。这既是一种理论上的崇尚,同时也是一种评论。

实际上，这两者在绝大多数场合是难以分开的。一方面，因为中国古代很少有纯粹离开事实的理论阐发，总是相对于某种事实来提出一种理论观点的；另一方面，从初唐到盛唐的整个诗歌历史，都深受"风骨论"的影响，也可以是在自觉地追求、实践风骨这个审美范畴的历史。也许有人会说，那是唐代，唐代的诗论本来就不够独立。是的，到了宋元时代，诗论著述相对来说更加独立了。大家首先想到的应该就被称为"有系统性"的诗论著作《沧浪诗话》。对它的研究很多，仅次于《文心雕龙》《诗品》。但是要真正阐述清楚《沧浪诗话》，必须放在宋诗发展的历史中。郭绍虞先生做了一个很好的工作，就是将《沧浪诗话》的一些具体观点追溯到苏、黄等人的观点中。通过这些追溯，我们看到严羽的诗论与宋代诗论整体的关系。但是，不把宋诗从依傍、沿承唐诗风格到逐渐形成宋代诗歌面目，和在这过程中出现的弊端（某些违背诗歌艺术规律的现象）弄清楚，以及晚宋诗歌的一些节点，即从永嘉四灵到江湖派的先收后放，先敛约后粗放的过程说清楚，也无法真正揭示严羽的诗论。所以，即使是像《沧浪诗话》这样独立的诗论著作，其实也都离不开诗歌史的整体。另外，如果著写宋代的诗史，没有足够了解像严羽等一些重要诗歌理论批评家的立场，那也不能说是较完善的宋诗史。

诗学是使上述两方面得以统一的最合理的一个概念。从学术发展来看，传统目录学中的"诗文评"这一项得以确立，到了现代学术中批评史又作为一个相对独立的学科得以确立，这都是一种进步。使中国古代的文学理论批评史得以呼应西方与现代的批评学。今后有关诗论、诗歌批评史的研究，仍应以相对独立的范畴存在。但是在完善的学术理念上，批评史与创作史的高度结合，无疑是这两个领域的研究者都应该思考与探讨的，但是难度是很大的。以我自己所做的几项工作，较早的《黄庭坚诗学体系研究》，以及近期有关言志、情性、比兴、境界等范畴的重新研究，基本的立场都来自我对诗歌艺术及诗歌史的一些思考成果。但结合上述的论著，基本上也是属于诗论史范畴的探讨，虽然有诗歌史的观照在里面，但毕竟难以直接呈现这些诗论及观念在创作上的体现情况。

这里的关键是如何寻找理论与创作实践的关联之处。我们在研究诗人的创作时，大多数时候是孤立静止的研究，并且将创作理解为一种感性的活动。比如，我们将较多的注意力集中在诗人的思想、生活及其个性与创作关系上，这自然是对的。但是研究诗人创作，尤其是研究其一生的创作的时候，我们就必须研究他的诗学道路，研究他如何从简单的模仿开始，到与当时的风气、流派等相接触，怎样在这一过程中获得对诗歌艺术的看法，并且进入诗歌史。比如，李白在出川之前，其创作就显示出一种天才英丽的特点，但受齐梁行乐之体的影响。后来，李白到成都见到苏颋，苏氏在激赏他天才英丽的同时，又提出"加以风力"的要求。这将他引向了学习建安风骨的道路。李白在这之后就由齐梁转向汉魏，并由汉魏上述风雅，提出"古风"的概念。许多古代诗人，都有自己的诗学道路。我们对其逐个进行研究，并从中寻找到某一段诗歌史的共同问题。这在古人的评论中，已经有不少结论。我们要从古人的一些重要评论出发，继续进行研究。对其进行展开、补充、完善，甚至纠正。

五、研究诗学对象与方法的关系

任何学术研究，都不存在单纯的方法的问题。方法总是与对象联系在一起的；方法总与研究的对于对象的了解、把握能力联系在一起。用古人概念来说，前者叫作"本体"，后者叫作"功夫"。研究的过程，说到底就是一个用功夫去接近本体的过程。诗学也有本体与功夫。我们前面说过要一家一家地去研读，然后达到融会贯通，就是一种功夫的积累。刘勰说"听千曲而识音，观千剑而识器",也是同样的道理。这种功夫是无止境的。即使是十分熟悉的对象,重新去研读,有时候也会产生新的感想。我对黄庭坚的诗,就是这样。每一次阅读,都会有一些新认识。有些诗以前不知道它好在那里,甚至不知道诗人为什么会这样写。比如,《赣上食莲有感》这一首,以前总觉有点儿过于雕琢。但深入体会,才发现其用缜深入幽,却是达到浑成之境。

《赣上食莲有感》

    莲实大如子,分甘念母慈。共房头觻觻,更深兄弟思。实中有幺荷,拳如小儿手。令我念众雏,迎门索梨枣。莲心政自苦,食苦何能甘?甘餐恐腊毒,素食则怀惭。莲生淤泥中,不与泥同调。食莲谁不甘?知味良独少!吾家双井塘,十里秋风香。安得同袍子,归制芙蓉裳。

潘伯鹰分析这首诗时说:"按山谷曾经用功学六朝,尤其是徐庾。此篇作风近六朝乐府,但写得沉至,看不出六朝痕迹。"(《黄庭坚诗选》第 2 页)像这样一首诗,它融会的前人作品是很多的,如果对诗史的一些作品不熟悉,当然是看不出的。初读起很峭峭,用词也处处与众不同,但仔细体味,却是句句妥帖,并且都是令人意想不到的。关键是作者在这里,不是无病呻吟,而是真情实感的表达,是真正意义上的言志。沈约《宋书·谢灵运传论》中说:"子建函京之作,仲宣灞岸之篇,子京零雨之章,正长朔风之句,并直举胸情,非傍诗史。"意思说是不用典故成语,即钟嵘所说羌无故实的"直寻"。但是就大多数的文人之作品而言,"傍诗史"是一种普遍的表现。尤其是名家大家创作,都是要进入诗史的,或者是在诗史的对照与影响下进行创作。只是有时体现为一个具体的作品,有时体现于更大的风格、题材等方面的学习,但关键是要做到,即是傍诗史,又是直举胸情。像黄庭坚的这些诗,就够得上这样的评价。所以,一些经典作家作品,是要去反复研读的,每次都会读出新的感觉来的。最忌讳浅尝辄止,又凭一种自以为是的聪明,迅速地做出是非高下、喜欢或不喜欢的判断。古人作品,也包括经典作家的作品,当然有高下利钝的区别。初读也不妨做些判断,但最好存在心里,多看看别人的评论,反复研阅。读多了,读深了,自然就能有比较合理的判断。比如,陶渊明的作品,我们以前都看得比较简单,一律以平淡自然视之。其实有种种不同的境界,写作是有不同的态度的,中间有文有质。文的方面,对两晋的修辞艺术也有不少吸取。知道这一点后,才理解古人说陶渊明的作品绚烂归于平淡的意思。

    说到功夫与本体,我们不得不说到这个问题,即诗学研究者在诗歌艺术上的感性经验(当然也包括理论判断)如何得到的问题。前面说的广泛深入的研读,当然是一个方法。但一个在创作方面毫无经验的人,即使有很丰富的研阅,他对诗歌艺术的鉴赏力也会受一定的限制。传统诗文评的著者,同时都是诗人、文家,即使是第二流,甚至第三、四流的诗人,但他们在艺术创作方面无疑都是有丰富经验的。如果毫无创作方面的经验,势必容易将古人的作品作为一种客观的对象来对待,用一种看起来像是科学考察一样的方法去研究。这样一来,或许也能得出一些结论,但这些结论,要么是粗糙表面的一些现象,要么是一些削足适履的处理。诗学的研究,包括诗歌史的研究,说到底是对一种审美事实的研究,是对审美的历史的展示。如果得到的学术结论,不能有审美的事实在里面,其"真值"就存在问题。同样,它的理论价值也会受影响。以前学者都比较重视这一点,如朱光潜就有一句名言,叫"不通一艺莫谈艺"。意思是说,如果没有一两种具体艺术的经验,研究艺术理论、美学是容易空洞,或者胶执的。所以理想的诗学研究,当然需要研究者具备一定的诗歌创作经验。如果说再落实到具体的文体,如古近体诗、词、曲,那还需要相关文体的写作经验。

当然学术研究，包括中国古代诗歌史及诗歌理论批评的研究，是一个很广阔的空间，也有多种研究方式。但是要做到像我们上面说的这种比较正宗的传统诗学的研究，恐怕有一定的创作经验是必需的。

六、研究诗学对象与方法的讨论

胡秋妍（博士生）：钱老师，您好！有一个问题想要请教您一下，就是您开始提到的亚里士多德的诗学，亚里士多德认为艺术或者文学的本质是对于现实世界的模仿，特别是悲剧，其实是对于现实中一个现象、一个常识的不断模仿；但是，在中国传统诗学里，文学的发生是对现实的反映，"在心为志，发言为诗"。特别是叶燮在《原诗》里面也提出，他认为诗有三种产生的源头，就是"事""情"和"理"。那么，"艺术是对现实的模仿"和"艺术是对现实的反映"这两种文学内涵的判断是不是有价值的高低？如果有价值高低的话，中西方的这两种文学发生论是出自对文学创作的客观反映，还是服务于美学观念或中西哲学观念的？

钱志熙：我最近也思考过这样一个问题。首先呢，学过西方文论，大家可能都会讲："为什么西方是模仿论呢？""为什么西方是以戏剧、悲喜剧开始的，以史诗开始的？"就是说它是一个叙事文学，所以它重在模仿论。先提出"模仿论"的人是柏拉图，柏拉图认为文学是对现实的一个模仿，现实是对理念的模仿，这属于哲学的范畴。柏拉图因为这个模仿而否定了，或者说是不肯定文学的价值。亚里士多德则辨析了他老师的观点，认为模仿是有价值的，所以亚里士多德对西方的贡献很大。他的观点认为，首先模仿是有价值的，并且认为诗不仅是模仿，而且是超越模仿。亚里士多德有一段话也很有名："现实是应该具有的样子，而不一定是已经存在的样子。"所以，还是有一种价值观的。他们的理论是这么辨析过来的，从柏拉图到亚里士多德的理论是有一个思辨过程的，要掌握亚里士多德的这个理论，首先要掌握柏拉图的理论。而中国古代是以抒情文学为主的，以研字为主的，所以重视的是一个主体，先发现了"字"，然后再扩大到"情"。所以，这两者之间很难说有价值的高低，但的确是两种不同的文学理论，当然它们中间，我们也可以去研究，其实是有共同指向的。

咸晓婷（副教授）：我有一个问题想请教，就是您跟我们讲了这个诗学研究"辨章学术，考镜源流"还有一个"识古人之大体"的问题，然后也教给我们一个基本的方法，就是要一家一家地读透，然后融会贯通。我想问一下，我们今天用这种方法去研究诗学，还能够超越明清诗论家吗？能在哪些方面超越他们呢？

钱志熙：首先，我要说的是，我这样讲，不是在讲方法，而是在讲态度。这不是说是一个简单的方法，而是需要功夫和耐心，且真正喜欢这个"诗"，喜欢读诗歌。读诗歌有时候很难受，我个人觉得自己一直没有读诗歌读烦的时候，但是的确有人读诗歌读烦了，尤其当我们要求同学从先秦、魏晋南北朝的一首首读过来时，我想他们也读得很烦了，或者用你们的话来说叫"审美疲劳"。所以，之前我为什么说要做一点儿创作，也是这个原因，这个时候会比较主动，因为当你创作的时候，你读诗会有一种"寻找"，有一种"期待"，跟你纯粹去做研究地读诗不一样。另外，就是一家一家这样读过来，当然你要是读的很广泛也可以，但是最好是一家一家读过来，我们老先生也都是这么教我们的，一家一家读过来，然后融会贯通。至于能不能超越明清诗人，我现在的理解是，我们这门学问不要简单地说要超越古人，有时候我们是把古人的东西重新阐述出来，那也很重要。就算我们超越不了古人的诗学，但是我们能把明清的诗学弄清楚，是不是也是我们的学问。

咸晓婷：我没有说否定您这个态度，因为我也在看您的书，我这几天都在看您的《唐诗近体源流》。

钱志熙：我不是说你否定我说的态度。

咸晓婷：我觉得您的确是已经达到了让我觉得浩浩无涯的感觉，但是我现在不满足于传统诗学的方法、理论、概念、涵义、范畴，因为我们在今天要跟西方学术对话，要有能让我们自己的文学研究立足的东西，或者说有自成体系的东西，让中国文学理论能够立足于世界文学研究的一个东西。

钱志熙：不用担心超越不了古人，我刚才说的一个意思没有阐述明白，其实我们这门学问除了超越古人之外，还有重要的一点就是"如何解释古人，如何较好地解释古人"，这也是一门学问。另外，当我们这样做的时候，其实我们是在重新解释古人，包括你看我的书，难道我的书里面就没有现在的东西吗，我作为一个现代人肯定有现代的思想，我其实也受西方文学理念的影响，这些东西包括现代的情感，所以我们肯定会有和古人不同的地方，肯定会有新的东西出现。至于我们能不能有自成体系的东西，我们的文学理论都在跟着西方走，西方好跟着西方走也没有问题，理论它是共同的，但是我们只有把我们古代的整体弄清楚之后，然后提高我们自己，我们的理论自然就显示出它的价值了。

咸晓婷：您的意思也就是水到渠成。因为我们作为现代人肯定会受各种各样观念的影响。

钱志熙：那没有关系，但是我们一定要有一个基本的理念，就是我们要尽量准确的了解古人的思想，尽量把古人的艺术和思想阐述出来。我们现在担心的不是我们没有新的东西，而是我们对古人的东西不够了解。我当年读书的时候也是雄心大志，我当时甚至觉得，虽然我不是学文艺理论的，但是我觉得我可以通过研究古代文学阐述出一种理论来，我至今仍然这样认为。那么，通过研究中国古代文学，从古代文学阐述出一种理论，如果说我们从古代文学中阐述不出有效的，像你所说的这种文学理论，那古代文学是否就不行？如果说对古代文学真正了解，用我们现在的方法去阐述它，阐述不出一种很好的理论，足以和西方的理论相比较，这样的话是否意味着我们古代的文学真的不行？它既然是一种经典的成熟的文学，那它其中就一定包含着文学的原理。所以大家可以放心地去读，而且西方的文学也要读，不但要读，而且要多读，尤其你们现在的外语更好，这个绝对不能闭关自守。但是，中国古代的这些东西也一定要正本清源。

胡可先：钱老师的最后一句话就是说如果你们能把古人的理论正确阐述出来的话，就已经超越明清的人了。

咸晓婷：那我想再问钱老师一个问题，唐代文学研究在最近二十年感觉一直处于一个不是很盛的状态。我在参加一些学术交流活动的时候也会发现，搞唐代文学研究的年轻人非常少，然后我自己的感觉就是这几年推进不是非常明显，有些问题的解决很深很细，但是大的推进总体给人感觉不是很理想，对此您有什么看法吗。

钱志熙：这个不仅是唐代文学研究，我前几天讲课的时候，备课备唐代小说的部分，我看了上海师范大学李时人先生的《全唐五代小说》，他的讲法就是说，我们现在对唐代小说基本认识的高度还没有超越鲁迅，但我觉得这个得慢慢来，我们现在的学术是在发展的，对于我们这三十年的学术，大家一定要有一个基本的判断，我们绝对不能为了认同而认同。当然，我们很推崇前辈学者，我刚才讲了很多大师，比如夏承焘，也讲到了我自己的老师。我们这三十年的学术，比如，唐代文学研究，我们在发展，但是在学术发展的同时也有很多问题出现，有瑕瑜互见，也有泥沙俱下。但总体来讲，你们处于学术发展将近走上高峰的时候，所以通过你们这一代人，有可能使我们的学术发展得更高。你们其实是站在近百年以来可以说将近达到高峰的时代里的，我是这么理解的，等到你们到了像我这个年龄甚至更老的时候可以回过头来看一看。所以不能简单地否定，我们用批判的眼光去看我们当代的学术,这是对的,我们要知道自己不足的地方,但是我们也不能说我们的学术现在"真的不行了""倒退了",不是的,我的学术在发展。

咸晓婷:我的意思是,比如说唐诗的研究,唐诗的研究应该说从宋代到现在一直都是中国诗歌研究的重心,因为它本身就是中国诗歌的一个高峰,然后经过二十世纪八九十年代的唐诗研究,唐代文学研究在中国古代文学研究中一直处于一个领头的地位,而现在它失去了这个地位。我的意思是唐代文学研究如果要往新的方向发展,还能往哪些方面发展。

钱志熙:唐代文学,包括狭隘的唐诗的资料,我们现在掌握的其实都很少,其实有大量的材料我们还没有掌握到。胡老师现在就在做这个,我们在寻找一些重要的资料,其实还是要增加我们的阅读量,如果说我们掌握了更多的材料,我们就有可能做出更好的东西来。我们现在所运用的、熟悉的材料,即使是在狭隘的唐代诗歌中,我们也还有很多东西是不了解的,是没有掌握的,所以这还是一个功夫的问题,一代一代人积累,总会越来越好。

咸晓婷:那除了资料以外别的方面呢?

钱志熙:思想、方法。我刚刚讲的其实也是方法。

咸晓婷:您的意思是我们的书还没有读透是吗?

钱志熙:肯定没读透。我肯定也没读透,没读够。

研究生:钱老师,您好!很感谢您教给我们从"辨章学术,考镜源流"到"识古人之大体"这样的学术原理,我想问的是,在此基础上,除却中西方的文学理论,您对我们用文学之外的理论,比如语言学的理论、认知学的理论来研究文学怎么看呢?有时候从理性或者科学的层面来看问题会不会看得更加深刻,更加切实,更加透彻呢。

钱志熙:关于语言学、认知学,这次来的有些同学就是研究这些的,我本人对这个没有研究。当然用语言学的方法,包括现在有一个香港的教授叫冯胜利,他就是应用类语言学的,这其实都是一种方法,都是很好的。可当我看到这些研究时,有时候我也会觉得有不足的,这个不足之处在于我是希望这些方法能很好地阐述诗学本身的一些问题,用这些方法解决一些我们用传统诗学方法解决不了的问题,应该符合我说的"古人之大体",还是应属于诗学的。这时候我们就会看到有时候有些方法用的不是特别好,会有点儿牵强。方法本身肯定是没问题的,因为文学本身就是多层面,它既是审美的,也是反映现实的,还是含有伦理的,所以文学研究会有多种多样的方法和理论就是这个原因。

研究生:那您强调的就是我们用别的理论来分析文学时的这个文学性的问题,是吗?

钱志熙:对,我个人就是这么理解的。

蒋金坤(博士后):钱老师,您好!我想提一个问题,您今天谈到诗学涉及理论和创作两个部分,对我非常有启发。您还提到唐代"风骨论"这方面,就是说我们现在很多文章提到"风骨论"时,还是会列出一些唐代的东西来专门讲理论,您也提到说古人对于这种理论方面的阐述不是特别多,就是说在唐代专门从理论方面来讲"风骨论"的不是特别多,我想听您从创作的角度来谈谈怎么分析"风骨论"这个问题,能不能再具体讲一讲。

钱志熙:关于诗学是包括理论和创作这两部分的,其实在我的文章里面还得加强,我是根据古人对这个词的用法来判断的。当古人借用诗学这个词时,不是简单等同于创作的,它是指诗歌创作理论里面的那种含有学的成分的一部分,他也不是简单的指创作的全部,这是一个。另外一个也是比较困难的,我们今天研究古代的风骨,我们还是必须从古人的一些理论和概念出发。怎么样从创作的角度出发,这个我觉得有些东西还是要一点一点去体会吧。不如说,究竟什么叫"风骨",在诗歌里究竟什么样的诗歌叫"风骨"? 李商隐的诗歌有没有"风骨",杜甫的诗歌有没有"风骨"？这个其实是一个很复杂的一个辨析的过程，我刚才讲的那个是我期待有那样的理论的文章出现。从初唐到盛唐诗歌"风骨"发展的历史，还是艺术分析的，这样的论文是我们比较缺乏的，也是比较难写的。我只是讲有这么一个方向，而且有些东西我们发现了之后，这个问题可能也不能勉强地去研究。我们有时候还是需要一些发现，比如说我自己提出一个看法，我自己觉得还是有一些价值的，如盛唐的人学建安，这个我们都知道，他们自己也这么说，甚至说孟浩然也是学建安的，那我觉得很纳闷，孟浩然怎么学建安呢，因为孟浩然我们都知道，他的诗歌跟建安的诗相差多大，建安的诗歌哪有孟浩然诗歌中的山水啊这些东西，但是我后来发现说学建安、学汉魏、学风骨其实有一个因素，就是把诗歌从对仗重新打散，回到汉魏时代那种散体的阶段，其实这是他们在学建安的一个方法。所以我写过一篇关于唐代的文章，我们可以从初唐考证，尽量去取消这个"对仗"，向散体发展。这是学建安的一种，很具体的。也就是说根据这个其实我们现在就发现，他们学建安，除掉对艺术风格、审美体验的学习，还有很具体的方法，就是他们看到建安诗歌是以散体为主的，到了魏晋骈文增多了，到了齐梁他们"无诗不对"，不用"对"的方法差不多就写不出诗来，然后他们重新把它打散，当然这是在古体这方面的。我就想说，这种问题需要我们大量地阅读，说到底并不是硬性的一定要怎么做，慢慢地读，然后就会有所发现，学术的东西就是要有所发现，读多了自然就会有。

蒋金珅：谢谢钱老师！

杨琼(博士生)：钱老师，您好！我要问一个比较大的问题，我在美国那边访学的时候曾有一个历史学家问过我一个问题，他们对概念的界定非常明晰，因为我做的那个论文题目是关于唐代诗人墓志的，所以他就问我："你如何来定义'诗人'这个概念？"然后，我才发现其实我们文学史上似乎对于诗人这个概念从来都没有做出过一个准确的定义。我对他的回答是我从一个文献学的角度出发，对于有诗歌存世，以及有文献显示他是一个有作诗才能的人，我就将其纳入"诗人"的范畴。那么，在您看来有没有可能从一个中国传统诗学的层面出发，对"诗人"做一个相对来说比较准确的定义。

钱志熙：你这样回答他回答得已经很好了。就是说我根据他写的诗歌，他写了很多诗歌，或者说他的诗歌显示出一定的风格来，又或者说他的诗歌达到了一定的水平，这样的人我都称他为"诗人"。我们也只能这么说。那么，其实在中国古代，这个人叫"诗人"，那个人不叫"诗人"，还是有一些分别的，当然也没有划清界限，究竟写了多少首诗才算得上是"诗人"，或者诗写到什么程度才叫作"诗人"。就是说"诗人"无非一个名字，其实没有一个标准，所以他问这样一个问题其实问得不太对，虽然说西方对概念的界定是很明晰的。在中国古代，就像我刚刚说的，哪个人叫"诗人"其实没有一个标准，但也不是完全没有标准。比如，古人在我们今天来看几乎每个人都是"诗人"，因为他都写过诗，但是实际上在古代又不是这样，他们会觉得这个人是"诗人"，而那个人不是"诗人"，而不是说会写诗都是"诗人"，那他根据什么划分呢？就是根据他的诗学，根据他的诗歌艺术。正如写字一样的，我们今天说古人都是书法家，这个说法也不对。古人有古人的标准，不是说古代的人写的字就比我们今天的人写的都好，但是哪个人叫书法家了，不然为什么那么多写字的人，古人就说董其昌、赵孟頫啊。诗也一样，不是每个人都能被称为"诗人"。所以这个东西是一个程度的问题。他们对这个有疑问，但是我觉得你是研究诗人墓志铭的，对这些应该是比较清楚的，有唐诗留存者都是诗人。

胡可先：钱老师今天给我们讲的内容对我们的启发应该是比较大的，他实际上是在讲，我们搞学术研究应该弄清楚一个基本的诗学问题。开始讲了很长时间，特别是第一段主要是讲了诗学最基本的问题，它跟什么方面有关系，比如说某些诗学、史学等，到界定或者是归结到自己这方面要讲的文学的东西,这对我们是有启发的。另外,你仅仅把基本的问题弄清楚是不够的,要一层一层上升,这就是你要解决的研究境界的问题。那么,后面还有很多这样的问题,它上升到了"辨章学术,考镜源流"这方面,已经从基本问题上升到一个更高一点的境界了。在如何把基本问题上升到高境界的问题上,必须有一个方法。所以,你研究学问,只要把这三个问题解决了,弄清楚就好了。我觉得钱老师今天给我们带来的一席话,最系统性的东西在这里,然后还会连带讲一些像研究的方法、读书的方法等。比如说给我们讲读书必须要一本一本地读下去,才可以水到渠成,写一些东西。但是,当你在真正深入研究的时候,做论文的时候,你不能做一个人的,要做好几个人的研究,是深入一个群体的。这就涉及一个进阶的问题,积累的问题,这也是给我们的一些启发。最后还讲到一些创作的体验,创作体验我也体会到是很重要的。诗歌要写,写了以后你搞学术研究特别是研究唐诗就不是隔靴搔痒了,你可以写得不好,写得好当然更好了,像钱老师就写的比较好,我们也在提倡研究诗歌的同时创作一些诗歌。而且今天上午钱老师担任浙江大学本科专业评估专家,在听外国文学的课,听学生讨论也评价得蛮高的,得到了一定的启发,还讲了一些方法问题。我为什么喜欢给本科生上课,也不怕累,上的比较多,给本科生上课跟给研究生上课不一样,本科生给我的启发,头脑的活跃程度会比研究生还要好一点,当然成熟度不如研究生。所以应该说钱老师在研究方面,在方法方面,包括有关教学的方面都给我们提供了很多东西。因为钱老师今天跟我们已经有交流了,以后还有一些什么问题可以私下里进一步地请教、交流。

张婧根据录音整理。

（作者单位：北京大学中文系）

俗文学的经典化过程[*]

普 慧

各位老师好,各位同学好!

我是来浙江大学(以下简称"浙大")人文高等研究院驻访的,住在之江校区已经两个多月了。由于疫情的原因,我很少到紫金港校区来。可是文学院很多老师都是我非常要好的朋友,最近疫情稍微松动了一下,这些老朋友就开始鼓动我到这边来玩。本来我是想过来玩一下的,紫金港校区我是真没怎么走动过。结果他们都拉着我来搞讲座。我其实不擅长做讲座,一者我不太会做PPT,二者不会写讲稿。我就是愿意和大家交流一下,聊聊天,就某一个话题讨论一下,谈谈我的一些想法,以及我治学的经验、教训。因为在浙大已经连着搞了几场讲座,几乎都快把我掏空了,我有点黔驴技穷了。现在是没办法,答应过胡老师要来,但又一直决定不了要讲什么。最后在胡老师的启发下,决定讲这个俗文学经典化的问题。关于这个问题,我曾经写过一篇文章,但是只是作为一个主题,谈过一些想法。

一、俗文学的研究对象

我现在任职的单位是四川大学中国俗文化研究所。这个研究所是"教育部人文社会科学重点研究基地"。我们的主要任务就是以古典文献(世传文献)和出土文献为主,历时性地考察中国历史上的俗文化现象。我们这个研究所跟其他的搞民俗学、文学人类学之类注重调查的研究方式不同,我们所的研究更多的是集中在对传统文献进行梳理上,也就是说对文献是比较重视的。我们所设置了4个研究方向:俗文学研究、俗信仰研究、俗文献研究(搜集、整理)和俗语言研究。我们集中在这4个方向,就是力图把中国古代社会中俗文化的各种表现形式和思想爬梳出来。

我们所跟比较擅长理论研究的研究机构不太一样,相对来说,我们所更多的是关注现象,而擅长理论研究的比较喜欢理论建构。所以我们所成立了20年,到现在也没有对什么是俗文学,什么是俗文化进行一个明确的界定。我曾试图做一些界定,就请教我的老师项楚先生。他说问题没搞明白、现象没梳理清楚,急于对这样一种纷繁复杂的文化现象进行界定,要确立它的范围、确立它的研究对象,似乎有点过早,而且容易画地为牢或者作茧自缚。任何理论的建构都会带来一个问题,就是我们没有办法涵盖材料呈现的那么多现象。如果我们划定对象、划定边界以后,那么势必就要把边界以外甚至边缘地带的东西排除掉。可是这些东西呢,正是和边界以内的许多内容是无

---

　 * 本文根据四川大学中国俗文化研究所普慧(张弘)教授2022年6月14日在浙江大学文学院"惟学"系列讲座的录音整理。讲座主持人为浙江大学文学院胡可先教授。

法分开的。基于这样的认识，我们就一直没有在理论上进行过多的建构。那么，最近我们所的评估报告出来了，也有专家提出建议，是不是应该做一些适当的理论建构。我们所建立已经 20 年了，我想也该在这方面做一些努力或尝试了。因此，我想下一步会在这方面做一个探讨。不一定做多么宏大的理论建构，先一点一点做。我在这方面有一些初步的设想，但是由于俗文学的问题，特别是俗文化的问题太过复杂，我们一时没办法把它一一梳理清楚。

大家都知道中国社会思想文化是源远流长的。在这样一个历史文化的进程当中，我们用 20 世纪以来的现代学术观念和方法来探讨中国古代文化，基本上是以一种精英文化和正统文化来审视分界的。就是说今天你们，包括我和胡老师我们这一代人，甚至我们的前辈学人，读文学史，读文学作品，读思想史，读哲学史，读历史，基本上都是建立在精英文化、正统文化的观念基础上的。我们读文学作品都要强调读的是一流作家，还有二流作家的。那三流作家及以下的要不要读？肯定会说，算了不要读了。向上一路，立意需高，学诗要走向上一路，所以严羽在《沧浪诗话》里讲到学诗不能学大历以下诗人，而是要学汉魏晋诗人和盛唐诗人。这是我们以前文学史上的定位。

那么，这样问题就来了，我们以前的文学观念，造成了我们对于复杂的文学现象没有进行一个明晰的梳理和判别。当我们按照比较严格意义上的 20 世纪以来的这种学术理念探讨问题的时候，多数的文学现象几乎都被限定在诗、文、赋这三种文体当中，也就是以古代的科举考试所考的文体来作为主攻的方向。这是建立在实用主义基础上的。我们的文学教育和学习都是建立在应试上的，就跟今天的高考一样，我们所有经历过大学考试的人读的肯定都是最优秀的经典作品。

2022 年高考全国甲卷里面有个作文题，是关于《红楼梦》的试才题。这其实就代表长期以来文学阅读和教育都把《红楼梦》视为最优秀的古代叙事作品，所以才会从《红楼梦》当中去寻找题目。在我们的文学教育中，几乎很少有人去关注四流、五流、六流甚至是不入流的文学作品。那么，这样就造成了一个什么问题呢？就是我们把一个丰富多彩的、立体的、多维的文化整体人为地割裂开来了，分出三六九等。于是，我们的认知就被局限于精英文化和上层统治者的层面。也就是说，我们对于中国古代史的认知，基本立足于古代历史家所撰著的"正史""别史""杂史"等，特别是被奉为经典的"二十四史"。可是，我们都知道，"二十四史"基本是帝王将相、士大夫文人的历史。而那些生活于社会下层的黎民百姓，却很少被写进历史之中。所以人们几乎不知晓他们的生活状况，不了解他们的情感世界。我们在上中学的时候，上政治课或是历史课时，都会被告知说推动历史前进的动力是什么。你们这个年代课上讲的是什么呢？我们那时候讲的是人民群众，现在你们讲的还是这个吗？（听众：还是。）好，那既然推动历史前进的动力是人民群众，可是在我们的世传文献当中，你能看到几个人民群众？"二十四史"里面有几个人民群众？"二十四史"里面没有多少人民群众，大都是帝王将相，那为什么还要这样提呢？既然这样提了，为什么我们文学教育的教材里面还要整天讲帝王将相和才子佳人呢？问题在哪里？所以说，实际上这有一个矛盾的地方，是一个非常复杂的文化现象。

因此要真正深刻、立体地了解中国社会，我们不只需要了解精英和上层的雅文化，还需要重视充斥社会下层的俗文化，在文学层面就是注重对俗文学的阅读和研究。通过这些我们可以了解中国社会的结构、历史的走向。中国的文学是多层面的，并不是简单的某一种审美范式。因为帝王将相的审美不能代表广大黎民百姓的审美。所以我们要从历史多层面的角度去看待中国的思想文化和文学历史状况。

那什么是俗文学？这个问题非常复杂，我也觉得很头疼。因为四川大学中国俗文化研究所的对外交流比较频繁，国外学界同人经常会问：这个俗文化是什么意思？到底有多俗？我们汉语里面说的俗文化，确实不是很好理解。一次，教育部社科司的领导来视察，也问：你们这个中国俗文化研究所是研究什么的？你们是不是和北京师范大学钟敬文先生创办的那个民间文学研究所是一样的？我们连忙回答说不一样。那到底怎么不一样？我们可能会更加关注历史上的俗文化，考察俗文化在历史进程中的动向、作用。

在中国历史上经常会出现一个问题，就是精英文化中的文人士大夫，他们的最高理想是什么？在我看来，他们的最高理想似乎是做"帝王师"。那么，谁来做皇帝呢？文人们尽管有才能、有才华、胸怀天下，但他们是不敢有做皇帝的念头的。所以，在中国历史上经常会出现一种奇特的现象，就是生活于下层的人士，那些带有痞劲的人却做成了皇帝梦。这些人长期在底层社会摸爬滚打，了解下层社会的习性，而且这些人身上往往有股狠劲儿。文人则缺乏狠劲儿，他们饱读诗书，要么是儒家的温柔敦厚，要么就是受老庄无为思想的影响，不可能有狠劲儿，而那些社会底层的人往往有一种不信天命的勇气。司马迁《史记·陈涉世家》记述第一个农民起义领袖陈胜时，就引用了陈胜的话说："王侯将相，宁有种乎？"意思是那些作为王侯将相的人，难道都是天生的高贵之种吗？此外，敢于做帝王梦的是那些武将出身的人。《史记·项羽本纪》说项羽和叔父项梁看到秦始皇巡游会稽的仪仗时羡慕不已，并发出了"彼可取而代之"的豪言壮语。谁都可以做皇，谁都可以称帝，于是乎看看历史上，还有不少很典型的例子。刘邦起初就是一个不入官籍的小亭长，"好酒及色"，但却胸有大志，观秦皇帝，喟然叹息说："嗟乎，大丈夫当如此也！"（《史记·高祖本纪》）就这样一个人，在乱世中起事，最后一举获得胜利，建立起了一个汉帝国。再看看他的后裔刘备，也不过是一个底层人士，"与母贩履织席为业"。从小也是誓言大志，"吾必当乘此羽葆盖车"（陈寿《三国志·蜀书·先主传》）。后来结识了一个身负命案在逃的关羽和一个当地农村的土财主（或谓屠夫）的张飞，三人投趣，招募乡勇起兵，在乱世中占据了一方，建国称帝。再看看明代的朱元璋也是这样的。所以这些人当皇帝以后，他实际上把下层的很多低俗的东西，具有习惯性的东西，都带入了上层。所以在这种情况下，我们如果不研究俗人、俗文学、俗文化，那就看不到中国社会是怎么发展和演变的。

从秦始皇建立郡县制一直到20世纪初清帝国垮台，在这么长的时间段里，政治制度几乎是没有太大变化的。这2000多年的时间里，地缘政治也没有太大的变化。我们看看今天的行政版图，和秦始皇时期建立的行政版图，地理政治管辖变化也不是很大。大的格局还是那个时期奠定的，后来就是多了一些省份而已。那为什么没有太大的变化？因为从底层上来的这些人，他的思想观念跟文人是不一样的，他上来以后"家天下"的思想是非常浓重的。所以，他一上来以后就要掌握一切权力和利益，把他人的生活资料和生产资料统统占为己有。这时候他就成了权力的掌握者和权力的实施者。然后过上若干年，大约三四代人吧，他的家族必然有衰败。衰败了以后，就越要横征暴敛，更加残酷地剥夺更为广大的黎民百姓的那点生活资料。于是，那些曾经被他剥夺了生活资料、生产资料的人们的后代和新近被剥夺生活资料的人，合起来造反，把祖先曾经拥有的、新近失去的生活和生产资料重新夺回来。再过上若干年以后，也是大约三四代人，这个家族也腐败了，横征暴敛，残酷压榨百姓。于是，被压榨的人们揭竿而起，再推翻旧的"家天下"者。历史大概就是这样子重复、循环，仿佛大家都是在为物质资料而争来夺去。这与《礼记·礼运》所构想的"大道之行也，天下为公，选贤与能，讲信修睦，故人不独亲其亲，不独子其子，使老有所终，壮有所用，幼有所长，鳏寡孤独废疾者皆有所养；男有分，女有归，货恶其弃于地也不必藏于己，力恶其不出于身也不必为己，是故谋闭而不兴，盗窃乱贼而不作，故外户而不闭，是谓大同"的"理想世界"，形成了巨大的差异。

所以我们的俗文学，哪些是俗？俗到什么程度？这就很难把握。跟老外解释"俗"，得用英语来解释。那我们这个"俗"用哪个词来表述呢？诸位能不能帮我想一下？你们英语都学得非常好。

我通常用 folk 表述"俗"，可是 folk 连我自己都不满意，肯定不行。folk 一般是指民俗民间的意思，如 folk song（民歌）；folk-custom（民俗）。而民俗、民间的显然不是我们研究的主要对象。那应该用什么词呢？用 popular 行不行？popular 是流行、通俗的，是吧？那用 mass，mass 是指大众、平民百姓，好像也不完全合适。因为我们研究的对象还有俗信仰，而这个俗信仰，它带有"非正统"的属性。那非正统的应该用哪个词？unorthodox。orthodox 是正统的；unorthodox 是非正统的。这个词跟宗教有密切联系，而我们的俗信仰研究也是跟宗教联系于一起的。但是，unorthodox 只是我们俗文化研究的一部分，不能涵盖全部。所以，英文里没有一个可以和汉文"俗"直接对应的词。而我们汉语中的一个"俗"字就把我们全部的研究内容概括了。所以，在对外交流中，对概念的界定就给我们带来了很大的困难。

二、俗文学与文学教育

被称为"俗文学"的文学样态，进入我们现代的文学教育或文学研究的视野中，实际上只有百余年的时间。从文学教育的角度来说，以"史"的观念和视野编写的 20 世纪第一部文学史教材，是由任职于曾经的东吴大学（今苏州大学）的黄人完成的。这本教材是油印本，没有公开发行，但应该算是最早的一本文学史。这本书基本上是以诗、赋、文这三种文体排列下来的，其他的问题基本上没有谈到。词谈到了一点点，还是作为一个附庸。也就是说它还是站在传统的文学观念上，以科举考试要考的内容和文体为主。在黄人的文学史教材出来两年之后，京师大学堂的林传甲编写的中国文学史出版。林传甲的文学史，仍然是以诗、赋、文为主体，他的诗、赋、文里边涉及什么内容？是经、史、子、集。跟现在所说的文学，关联不是很大。此后，就是谢无量的《中国大文学史》，内容上略微扩展了一些，但是也没有像我们现在的文学史一样囊括那么多的具体的文学内容。而最早对中国俗文学有关注的是王国维的《宋元戏曲考》，这是最早的一本关于戏曲艺术的著作，他把戏曲一下提到了一个很重要的位置，为戏曲正名。在王国维之后呢，很快鲁迅写出了《中国小说史》，把小说这一块儿提升起来了。因为王国维和鲁迅的学术影响力，他们对于单一种文体种类的研究，产生了很大的影响。引起了胡适、郑振铎等人的极大关注。胡适率先写了一本《白话文学史》，他强调，什么样的文学才是他心目中真正的文学，他认为不是帝王将相的，不是才子佳人的，不是关心政治制度的，不是关心科举考试的，而是最具有活力的，最具有创造性的民间的、大众的、流行的、下里巴人的这些东西，这才是我们要学的，这些语言是活语言。胡适作为白话文运动的提出者、倡导者和推动者，他对口语类的文学特别的关注，并给予了非常高的赞赏。因为胡适的这个观念，他的《白话文学史》跟原来的文学史完全不一样，以前的文学史要从什么谈起呢？肯定是从"经"谈起。像黄人、林传甲、谢无量的文学史都是从"经"开始谈的，也就是从"六经"里的《诗经》开始谈的，还要讲其他"五经"，特别是把《左传》《礼记》放到文学史里大讲特讲，实际上是一个经、史、子、集的文学观念，是为科举考试而备的观念，这跟我们现在所理解的文学观念旨趣不一。

我上周五做的一个报告就强调现代文学观念和古代中国文学观念的差异。胡适是新文化运动的提出者、倡导者和推动者，加上他是留美回来的，在北京大学任教，所以影响力非常大，有一批热血青年都跟着他走。又加上左派的像陈独秀、瞿秋白都跟着去推动，很快就把俗文学的东西推向了一个很高的位置。特别是郑振铎，他直接写了一本《中国俗文学史》，把当时新发现不久的敦煌遗书加了进去。他们整体的观念就是认为最具有文学生命力的、最具有蓬勃气质的、最具有生活气息的就是这些来自下层劳动人民的气息，这些俗文学。而这些东西比那些传统的用于科举考试的诗、赋、文不知道要高明多少。从胡适的《白话文学史》到郑振铎的《中国俗文学史》就可以看到他们整个思路的发展。正是在他们的推动下,民国时期的文学史开始大量注入了原来没有走进文学殿堂的东西,由此而一发不可收。俗文学的作品从此堂堂正正地坐在了文学史的高位上。我们现在文学史的教科书谁要不提戏曲小说,或者不提词,那还叫文学史吗?那还叫文学作品选吗?可是在20世纪以前,这些东西是根本不登文学大雅之堂的。那个所谓的四大小说名著,都曾经是被作为禁书的。谁敢看?《红楼梦》里面贾宝玉、林黛玉看《西厢记》都吓得不得了。那现在为什么要把《红楼梦》放到经典文学里面呢?而且高考还要考相关的题目呢?《红楼梦》就是曾经的俗文学,我们现在说它顶顶一流,在当时根本是不登大雅之堂的。你看连作者的名字都不敢留明白了。曹雪芹这个名字是不是原《红楼梦》的作者到现在还不确定,还存在争议。还有那个脂砚斋,能不能直接把名字写出来,不就省事儿了。搞得神神秘秘,让今人去考证他。这说明他那时候确实是不敢亮相、明说的。在当时如果有一个地位显赫的文人来评这些东西,我们设想一下放在现在,肯定会受网络攻击吧,读者肯定要给他差评吧。所以从这个角度来说,历史上的俗文学在今天居然走进了一个高大上的殿堂,成为一个最优秀的文学作品,这就很有意思了。

三、俗文学的经典化路径

那么像这种情况,更为有意思的是什么呢?我们原来习以为常的,最具有代表性的,从一种俗文学变成了雅文学、精英文学的,那就是中国讲的最早的经书了。"经文学"里边被列为第一优品的是什么?肯定是《诗经》。《诗经》里被列为第一品的一定是《国风》。《国风》里的第一篇是哪首呢?我不知道大家记不记得《国风》里的第一首诗?《关雎》,是不是现在初中就学《关雎》了?初中还是高中?(听众:高中学的。)那高中学《关雎》,正适合《关雎》的那个情景,应该是很容易沟通的。我们这个年龄的人再读《关雎》,完全找不出那个诗的味道了。只有高中生才能读出感觉,才能有心灵的沟通。那《关雎》讲的是什么呢?"关关雎鸠,在河之洲。窈窕淑女,君子好逑。"这显然写的是一个关于民间青年恋情的故事,是男追女的故事。如果这首诗是从民间采集来的,那它原来的流传格调,一定是民间那种大胆炽热式的。但是被采诗官收集上来后,它就有可能被一步步地给美化了,羞涩文雅了许多。流传到汉代,汉儒要把"诗三百"提升成"经",成为指导人们生活行为的思想指南,就得赋予《关雎》新的解释。于是,"毛诗"就有了一个"序",直接说这不是两个青年人的故事,而是周文王姬昌和他的妃子太姒的故事,还说《关雎》表现的是"后妃之德也"。《关雎》,后妃之德也,风之始也,所以风天下而正夫妇。故用之乡人焉,用之邦国焉。风,风也,教也;风以动之,教以化之。"(《毛诗大序》)

你看,原本是一首民间小调,后来就给说成是周文王姬昌和妃子太姒之间的那种密切的关系。"窈窕淑女,君子好逑",君子,他就不是民间那种粗犷的青年人,看到人家女孩儿,直接就把她抢过去了,就像古代的那种抢婚制。或者是两个人看着有意思了,就去到一边僻静处,尤其是在祭祀节日的时候,在祭祀仪式之后,男女青年相互有意思,即行媾合之事。譬如姜嫄,《大雅·生民》说她:"履帝武敏,歆。"还有《史记·周本纪》说:"姜嫄出野,见巨人迹,心忻然悦,欲践之。践之而身动,如孕者。居期而生子。"履了大人迹而有了身孕,只不过是一个神话式的美丽谎言而已。此类神话式的美丽谎言在早期的文化中非常多,甚至到了后来的刘邦母亲那里,也给她加了一个(见《史记·高祖本纪》)。而《关雎》里的男主人公,却是"君子"模样,这就跟以前不一样了。以前的那种粗鲁、直接的男女行为,到了《关雎》里没有了,变成了很文雅、羞涩的举止了。什么是君子呢,孔夫子解释说:"文胜质则史,质胜文则野,文质彬彬,然后而君子。"(《论语·雍也》)君子,就是说他讲究内在的修养,又加以外在的修饰,所以他的一举一动都显得温柔敦厚,很高雅,很有节制,思无邪。尽管

"辗转反侧""寤寐思服"，却很含蓄，不是直截了当，当面表白。那么什么是"淑女"呢？淑女也是温文尔雅的，是跟君子搭配的，绝不会是说话很粗俗的人。所以，我想商周时期的民歌传到春秋的时候，原样会不会有所改变呢？再到孔子编订"诗三百"的时候，他有没有可能做点手脚，改动一下呢？那么《诗三百》传至汉代，汉儒们要把它提升为"经"，会不会再改动一下呢？因为现在读到的《关雎》，无论是从用词上、格调上、人物形象的描绘上，还是从人物心理的刻画上，都与当时原生态的民歌差别比较大。一般来说，原生态的民歌最讲究大胆直白，热烈奔放，任情任性，敢爱敢恨，敢作敢为，绝无扭捏作态、"犹抱琵琶半遮面"的做法。所以，汉儒把一首民间的情歌，强制阐释成为后妃太姒对周文王姬昌的忠贞，对君王的辅助，以此达到"风以动之，教以化之"的目的。同时，上层阶级通过采集、了解各地民歌，可以判断社会现实状况。所谓"治世之音安以乐，其政和；乱世之音怨以怒，其政乖；亡国之音哀以思，其民困。声音之道，与政通矣"（《礼记·乐记》）。汉儒强调要学习《诗经》、学习这些民歌的根本目的是为政治而服务。那么这种强制阐释是否对，我们可以先不管，但它把《诗经》提高到了文学教育的最高地位，可以说是对文学的一大贡献。于是乎从汉代开始及至后来几千年的文学教育，都离不了《诗经》。一个本来是民间的东西，最后整成了一个全民族文学教育的经典，不得不说是件很了不起的事情。

再譬如乐府。乐府其实也是一种民歌，之所以被称为"乐府"，是因为在汉武帝时期，中央政府为了了解下层的民情、民意、民风，专门设立了乐府机构，找一批文人到各个地方采风，通过采集上来的这些民歌就可加以分析判断，察看各地有什么不满的情绪表现于民歌之中。如果有哀怨之音充斥于民歌之中，那一定会出现动乱，危及各地方政权甚至是中央政府的统治管理的。通过民歌考察，发现地方动静。当年，汉武帝要了解下层状况实在是不太容易，不能总是下去微服私访，所以只好靠采诗官制度来了解情况。乐府采诗上来之后，最初不是修改它，不是欣赏它的，而是用来作为政治统治的工具。所以《汉书·艺文志》说："至武帝……乃立乐府，采诗夜诵……皆感于哀乐，缘事而发。"但后来收上来的乐府诗多了，慢慢大家就把这东西保存了下来。这就是人们能在乐府里看到有相当一部分民歌是反映社会题材的，或者有一部分是表现贵族祭祀的，还有一部分是反映古代社会风俗变化的。到汉末曹魏时代，恰逢赶上社会急剧动荡，以乐府旧题而改新的展现社会状况的创作就出来了。所以，汉末的乐府诗跟传统的乐府诗不一样，它虽用的是旧题，但抒发的却全是新意，都是现实生活感受。特别是它表现的许多敏感内容恰恰是人们普遍关心、聚焦的问题，那些时代的苦与乐、爱与恨，以及关于灵与肉、生与死的人生态度。就是说，在两汉时期，整个乐府诗歌对于大众，对于文学教育来说，并没有多少作用，它还不可能进入其时的文学殿堂。但是，乐府诗歌一经创作出来，流传起来，就会有喜欢它的文人。而这些文人，他们了解乐府诗歌的特征，如，它有固定的题目和相应的内容以及适合歌唱的曲调。对于三国西晋时期的文人来说，两汉的乐府诗题属于旧题了，以旧题目书写新事物、抒发新感受，就成为曹魏时代的一个新的创举。三曹、七子等文人，大量应用乐府旧题，写自己的切身生活感叹。这样就把乐府这种形式逐渐带入上层，带到了精英文化当中。于是，汉乐府里的许多脍炙人口的作品就被流传下来。譬如《焦仲卿妻》，又叫"孔雀东南飞"，就是一首优秀的长篇叙事诗，可以说是前现代的汉文诗歌中最长的一篇。它的内容是琐碎的，家长里短的事，日常生活的问题，充满了家庭关系的矛盾纠葛。它跟那个社会普遍注重宏大叙事的作品似乎没有多少关系。一般文人士大夫的诗歌不会表现这些内容，我们看那些正统的诗歌强调抒发个人的高远志向，抒发个人的宏大情感，是"诗言志"的一派。乐府诗歌里的很多作品是属于"言情"的，而且很有意思的是，那种婆婆和媳妇之间的矛盾在《焦仲卿妻》里表现得淋漓尽致。直到现在，这种婆媳关系的矛盾在韩剧里还不停地被演绎，还不停地感动着全世界的女性们。你看那个孤儿寡母，焦仲卿的母亲含辛茹苦把儿子拉扯大了，然后他找了个媳妇儿。媳妇倒是很聪明，有才、能干又漂亮。诗中说，刘兰芝是"十三能织素，十四学裁衣，十五学箜篌，十六诵诗书"。她的家庭很注重她的素质教育，女工、音乐、诗书，都是大家庭对女孩的培养模式。特别是音乐教育，舍得投资。如，让她学箜篌。而箜篌这种乐器，不是汉地产的，而是从西域传过来的。外来的乐器在当时价格上可能要贵很多。所以刘兰芝嫁至焦家以后，跟丈夫关系非常好，卿卿我我。焦仲卿下班一回家，给母亲打个照面儿，就钻进了老婆屋里。你说这个婆婆能不生气吗？儿啊，娘把你拉扯大不容易呀，结果你是有了媳妇忘了老娘。刘兰芝在那个时候肯定属于觉醒一代的女性。娘啊，对不起，这焦仲卿可是我的老公，搞清楚没有，他虽是你的儿子，但他更是我的老公，应该跟我最亲近。于是乎婆媳之间为争夺一个男人，明争暗斗，唇枪舌剑，愈演愈烈。在这种情况下，一个（母亲）爱得像大海一样深，一个（媳妇儿）爱得像火一样热，所以这个焦仲卿就身处于这样的水深火热之中。这种情况，几乎成了一个从古到今不可调和的现象，最后造成了一个仲卿、兰芝夫妻殉情的悲剧。我们看这样的民间乐府诗，它所含的内容就跟被改造的"窈窕淑女，君子好逑"就有很大的不同。就像该诗最后写到的，"府吏闻此事，心知长别离，徘徊庭树下，自挂东南枝"。它更加凸显了个体意识，个人情感，不惜以死抗争。诸如此类的家长里短，婆媳之间的那种矛盾纠葛，这首诗写得非常细腻。这是在正统文学、精英文学、雅文学里看不到的。所以，胡适的《白话文学史》认为汉乐府，是中国俗文学的实际开端者。（参见胡适《国语文学史》《白话文学史》）但是后来这种乐府诗歌也逐渐进入了我们的文学教育当中。

以前我们的正统文学、精英文学、雅文学，大都强调那种宏大叙事，强调个人和国家命运相连，强调仁义密切联系在一起。读书人每一个都要肩负着"摛文必在纬军国，负重必在任栋梁"（刘勰《文心雕龙·程器》），所谓的"太上立德，其次立功，其次立言"（《左传·襄公二十四年》）的责任。这种宏大的抱负和沉重的责任集中于一个个读书人身上，确实压力太大，甚至会把人性扭曲，感受不出真正的现实生活的气息，把自己的本真精彩地活出来。所以胡适、鲁迅、郑振铎他们才会有那种无限的感叹，他们认为那些把人的本真情感写出来，才叫真正的文学。而所谓的正统文学，写的是什么？写的多是那种冠冕堂皇的事，虽然也时有真情的流露，但总体是被包裹着的，缺少直击灵魂的激荡情感。所以从这个角度上来说，那些俗文学，书写着底层民众自己的最切实的生活，没有装腔作势、矫揉造作，而是活生生、情切切、意浓浓地展现人、事、物，在社会生活的细节中，把文学的"这一个"栩栩如生地呈现出来。这就告诉人们：文学不只有宏大叙事，不光是这个命运和那个命运结合于一起，人的本质还是个体的人。每一个体连相互接起来才成为群。这就是反映个体人的存在的文学价值。俗文学，由于它的传播特点，它的叙事性文学形式又呈现出程式化、模式化的倾向。

俗文学在内容上，还有许多是雅文学、正统文学所不屑一顾的。其中有几个东西，是很有意思的。在中国历史上，其中有一类俗文学是非常庞大的，这就是关于妖魔鬼神的俗文学。孔子"不语怪力乱神"（《论语·述而》），因此早期中国曾经流行的那种神话体系，在后来的正史当中，基本上被湮没或清洗掉了，留存下来的极少，散见于其他文献之中。当整个儒家思想成为正统思想之后，就把我们的文化过滤了一遍。孔子说"未知生，焉知死"（《论语·先进》），"敬鬼神而远之"（《论语·雍也》），不是说鬼神不存在，而是尊敬鬼神但要远离。这样一来，儒家的文学教育，便把这部分内容删去了，我们在正统文学中一般都看不到。可是这部分被删除的内容，不等于它不存在，而是它流落到了民间，在民间大众中广泛传播。

我高中毕业插队到陕、蒙交界处的一个小村子，我属于县城插队到农村去的知青。我们当时的理想和任务就是到广阔天地去大有作为，接受贫下中农的再教育。说来有意思的是，我插队后接受的第一个教育就是关于鬼神故事的。我插队的第一天，县里用卡车把我们送过去，我们村子离县城 40 千米，按现在来说并不远，但是当年那是山路，40 千米山路，卡车开过去得 3 个小时，时速连 20 千米都不到。去了以后，农民对我们很热情，给我们打水过来，我们那个地方水资源比较稀缺，人家打一脸盆热水来了，我们五个人，三个男的两个女的，就一盆水一条毛巾，毛巾倒是新的，可我们五个人，你洗罢我洗，那个毛巾就变成了油腻腻的黑毛巾了。你现在肯定会想，谁愿意拿人家洗过的那盆水洗，用别人用过的毛巾擦脸。但是，那时候你不洗怎么办？即使你能忍受得了脏，但心里也会害怕农民说你小资产阶级思想作怪。因为我们的灶具还没有来得及买，晚饭就摊派到农民家里吃饭。饭后，生产队在村里小学为我们开了一个简单的欢迎会（应该是县里要求的）。之后是政治学习，会计给大家念几段报纸上的关于清算"四人帮"罪行的文章（农民肯定是听不懂的）。政治学习结束后，婆姨（已婚女人）、女子们就都回家做饭、喂猪、干家务。男子汉们留在小学里，围坐在一个大炕上。一个很小的煤油灯壶搁在一个立柱式的灯台上，火捻子细小，火光微弱，大家的面孔都看不太清楚。男人们都会抽烟，用那个羊腿骨，把子弹壳镶嵌在上面，叫"羊腿水烟锅"，一撮一口。几十个人，一个羊腿水烟锅，轮着转圈抽。一个人对着煤油灯那个火捻子抽三口烟后，装好一撮烟丝后递给下一个人。这时，因为你用嘴衔过了烟嘴，要用自己的黑手指握着烟嘴那么一揩，再递出去。我的天哪，看着这操作，我的胃都有点不舒服。传到我这里了，我咽了一口口水，硬着头皮接过了烟锅，对着煤油灯火捻子猛地抽了一口，一下子呛出了眼泪。这之前，我学着抽过纸烟，可这个水烟比纸烟硬多了。那时如果不抽，就是脱离人民群众。没办法，还得抽，慢慢也就没有学生的样子了，跟农民是一样的。那天晚上，男人们一起聊天，"鬼怪"是主题之一。这地方有鬼了，那家闹鬼了，某某又被鬼附身通传（替鬼说话）等。我从小在部队长大，没有鬼神观念，听到这些便很稀奇，很高兴，热血沸腾。说实在的，在那个年代，民间，尤其在农村，农民几乎没有什么科学文化知识，鬼神实际上成了他们精神生活的一个主要方面。后来听得多了，有时还信以为真了。有一次我去修公路，早上 5 点钟就出发到工地，为了多干点儿活，我一个人包了一长段路，一天挣了 40 个工分［报酬计量单位，1 个劳动日为 1 个整工（10 分）］，干到晚上 12 点才收工。回村要走 15 里（7.5 千米）山路，我们村子在山沟里。那天，月亮被云遮蔽，没什么光，我看到远处有一片白茫茫的，感觉那个方向就是道。结果我走错路了，从山上摸爬着下来，肩上扛着铁锨走，突然感觉一脚高一脚低的，地面凹凸起伏，心里咯噔一下，感觉坏了，这是走到墓地里边了。那是我们附近几个村子共有的一块墓地，坟头不少。那个凉风一吹，到处忽闪着蓝火。哎呀！一下子把我紧张的，感觉头发都竖了起来，整个后背上全是汗。我就紧握住铁锨，我想如果鬼出来的话，我就跟他拼命。我有意识地大声喘着粗气，给自己壮胆。就这么高一脚低一脚地走，也不知道走了多长时间，终于走出了那个墓地，走上了公路。总算放心了，双手想松开握着的铁锨把，但就是松不开，一下子腿也软得跪在了公路上，整个人就跟抽过筋的一样。也不知道过了多久，才挣扎着起来，一瘸一拐地走回了家。已经到了三更，还没吃饭，本来是很饿的，结果吓得不饿了。哈哈，从科学的角度讲，鬼肯定是没有的。但这种民间的传说，又会把人吓得半死。所以，从那以后我便开始对鬼神产生了兴趣，总想一探究竟。我上了大学后，阅读了古代许多关于鬼的作品。

大家知道，在儒家思想的影响下，一些正史家在撰著正史时，会尽量避开鬼怪。但他们会把这些鬼怪故事放到编外作品里。比如说东晋的干宝，是一个正统的史家，他的史学观念非常强，编修过国史《晋纪》，有"良史"之称。此外，他还编了一本《搜神记》，专写鬼怪故事，而且把那些鬼怪故事和现实真人结合起来，说这个人或那个人遇上鬼了，仿佛真的一样。东晋的清谈家刘惔说他是"鬼之董狐"（《晋书·干宝传》引）。比如说，有一个故事讲阮瞻——竹林七贤的里阮咸的儿子，说阮瞻这个人从来不信鬼神，到处跟人辩论说，根本没有鬼神。结果有一天晚上来了一个客人，跟他辩。这客人说有鬼，阮瞻说没鬼，他辩驳得客人无话可说，客人便急了就说："'鬼神，古今圣贤所共传,君何得独言无？即仆便是鬼。'于是变为异形,须臾消灭。瞻默然,意色太恶。岁余,病卒。"阮瞻的这个鬼故事后来被初唐的房玄龄等编进了《晋书》。《晋书·干宝传》记载了干宝编写《搜神记》的动机源于他亲身经历两个亲人的鬼异故事。一是,干宝的父亲起先宠爱一个小婢妾,他母亲就特别嫉妒,到了父亲病亡埋葬时,母亲便把婢妾推于墓中。过了十几年,干宝母亲也病丧,为父母亲合葬,打开墓葬,不料婢妾伏棺如生。于是,他们把婢妾载回家中,过了几天,婢妾居然苏醒,并说在墓里干宝父亲经常取饮食给她,恩情如生。后来婢妾又嫁了人家,还生下了儿子。二是,干宝的兄长病逝后,身躯多日不冷却。干宝突然觉悟,说他看见了天地间鬼神事,如梦觉醒,感觉自己过高地估计了对于死后的认知。就是说,以有限的经验,难以认知超验的世界。所以,他才收集古今神祇灵异人物变化故事,编成《搜神记》。

我想这就很有意思了。干宝尽管是一个正统的、精英的史学家,但他也解释不了这些鬼神灵异的问题。显然那个时代的人,要说真正从科学的观念出发来探讨这个世界里鬼神到底存在不存在,肯定是没有办法的。但是,在那个时候能把这样的问题提出来,让人们有了一种阅读的兴趣,也是对文学的一大贡献。虽然鬼神灵异的故事,从认识论上来说带有很大的糟粕性,带有"审丑"的一面,可是从文学的角度看来说,它就不只给人们开拓了一个现实生活的境界,还开拓了一个现实以外的,似乎又有更多的世界。也许我们还有若干个平行世界,或者说是地下世界、天上世界。死而复生的实例,是否可以印证这样的多维世界,目前的科学尚不能确认,所以,鬼神灵异说法至今尚存在于人们的 idea world(观念世界)。在这种情况下,鬼神灵异文学,就极大地激发了作家们更加广阔无垠和多维的想象。不是说我们一看到这种鬼神灵异文学或者丑陋文学就认为它是低俗的下三烂,需要客观、理性地认识这样的文学创作活动,以及它给人们的心灵世界和精神信仰带来了多少期盼、慰藉,看它是否拓展了人们的思维观念和思维方式。

除此之外,还有一类在古代俗文学中备受人们关注的,就是色情文学。色情文学是登不上大雅之堂的,在前现代的中国社会里,大多被打入禁毁牢狱或被焚毁。但是,实际上人的两性关系,从初民到现在就这么点事儿,上万年遗传下来,到现在还很新鲜,充满活力,这就是它的魅力。在中国社会的历史长河中,尽管人们对两性关系提出了一系列的规定、条款,规范人们的行为,甚至上升到了伦理道德的高度加以约束,但实际上,上层和下层的两性行为并没有因社会地位和文化素质的高低而严格区别开来。中国社会它是一个双层结构,上层有上层的生活和思想,下层有下层的生活和观念。上层社会,帝王将相、官僚士夫,妻妾成群,明抢暗夺,故有"脏唐臭汉"之说(《红楼梦》第六十三回)。就是在明清,上层社会盛行结交藩僧和复食红丸,与汉唐无异。就是盛行周礼的周公嫡系鲁国,在春秋时期,上流贵族也是乱伦不堪的。(参见《左传》)

古今中外,尽管大家都贬低色情文学,诋毁它、限制它,但是它就是"野火烧不尽,春风吹又生"。上层的色情不便于直接诉诸文学,但在下层社会中,色情文学故事却充斥于民间市井,成为人们喜闻乐见之事,丰富了平民百姓的精神生活和听觉享受。比如说,唐代小说里就有很多这样的故事。尽管这些小说,有的是精英文人所撰,但是它里边有很多色情的内容。比如说我们现在经常提到的"艳诗",就是色情文学的一个主要表现形式。"艳诗"这个说法最早是谁提出来的呢,好像是在元稹的《会真记》(《莺莺传》)里出现的。当张生撩戏莺莺的时候,便写了首艳诗。正处于情窦初开、少女怀春年纪的莺莺一看就无法矜持了。一直到了明代的汤显祖,"临川四梦"的《牡丹亭》都在书写着这种艳情。杜丽娘梦见柳梦梅,就有一种死而复生的状况。杜丽娘在听迂腐老师陈最良讲解《关雎》一诗后,打开了情窦,青春涌溢,无法抑制,直至为情而死,又为情复生,大胆直率,生死无畏。这些艳情一直到《红楼梦》里都在贯穿着,成为一大亮点。甚至在一些宗教文学作品中,也都存有大量的色情叙述和描写。总之,曾经的俗文学在历史的进程当中,由于它本身的文学魅力，自然就会得到后世的青睐，最终进入经典殿堂。这个是挡不住的，现在不登堂入室，以后也会的。因为真正的俗文学，其实是揭示人性的，展示人的个体生命本质的，是人的真情无限制的流露。

自明代中期以后，人们越来越喜欢看真情、真景、真意。那种虚假的、矫揉造作的、外在附加上去的情感，越来越失去了流传的场域。所以从这个角度来说，第一，俗文学本身要具有文学魅力；第二，它要进入经典殿堂，需要有后人来提升、支持，比如说"诗三百"是怎样进入经典的呢？可以说是汉儒们抬进去的；第三，就是俗文学作品要有特色。不论在哪一个方面，都要有特色，就比如说像词这类，正好和诗构成了一个互补。诗言志，词抒情；诗在志向抱负，词在私情缠绵。所以，词是特别适合文人尤其是底层文人在歌楼妓馆里抒写情义的文学形式。像柳永，我们今天称他为词家的代表人物。可是纵观他的一生，他不就整天泡在歌楼妓馆吗？柳永死后还是妓女们掏钱凑份子把他埋掉的。你看他离了妓女就活不成，而妓女们离了他也活不好。所以他的词，就是为妓女们传唱的活生生的词。这种把内容和形式完全融为一体，就形成了自己的特色。

由于时间关系，我不能多说了，没有仔细认真的梳理，想到哪儿说到哪儿，不好意思，占用了大家的时间，谢谢！

四、俗文学经典化问题的相关讨论

胡可先老师：普慧老师给我们讲的问题是非常大的问题，格局各方面都展得比较开，但是具体娓娓道来的时候，都是举的实实在在的例子，这样的讲法是非常不容易的。涉及的问题呢，也是我们很关注的各个层面的问题。下面还是有时间的，我们开放一下讨论，同学有什么问题的话就向普慧老师请教。可以围绕今天讲的俗文学、雅文学，或者文学经典化的问题，也可以围绕其他相关的文学问题，普慧老师都是非常精通的。尤其是关于佛教、宗教的问题，他也有很多相关著作，有兴趣的话都是可以进行请教、交流的。机会非常难得，因为这两三年办讲座，你看90%都是线上的，线下办一次非常不容易，现在可以当面交流，希望同学们抓住机会。下面我们就开放提问。

徐焕（博士生）：普慧老师，您好！我对俗文学经典有一点兴趣。然后我现在想到一个问题：俗文学的经典化，它跟精英文学或者正统文学的经典化，路径是不是不一样？差别在什么地方？

普慧老师：这是个好题目。精英文学和俗文学其实在成为经典文学的过程中，差别不是很大，它的路径也差不多。我举个例子。比如说杜甫，我们现在的文学史肯定认为他是最优秀的诗人之一，甚或是No.1。再不济也是跟李白并列吧，或者是跟李白、白居易三人并列。但是在唐代，唐人评价杜甫其实并没有那么高。从今天存留的《唐人选唐诗十种》来看，十种里边影响最大的应该是殷璠的《河岳英灵集》，它就没选杜甫，其他的只有一种选了杜甫。这说明什么呢？他们是不是不那么喜欢杜甫。这确实是很有意思的一种现象。虽然中唐元和时期的韩愈《调张籍》说，"李杜文章在，光焰万丈长"，把李杜并列，把杜甫的地位提高了一点。但是还没有把杜甫真正推广开来。而杜甫真正被捧起来，则是到了北宋。北宋后期出现了一个江西诗派，提出"一祖三宗"。一祖是杜甫，三宗是黄庭坚、陈师道、陈与义，这才把杜甫捧到了"祖"的位置。既然为"祖"，杜甫也就开始被"圣化"。他性格上、行为上的一些直率、豪气、狂傲、一时的粗野，就被江西诗派及其后人给修饰或遮蔽了。比如说他跟严武的关系，记载很少。零星的记载说，在安史之乱中，杜甫在成都得到了严武关照和提携，但杜甫酒后义气，不屑与严武为伍，差点动手。这个细节，在杜甫成"圣"的过程中，就被抹掉了。再说杜甫"诗圣"的雅号，早期也不是他独享的。宋明时期，也有人把李白称为"诗圣"的。到了明万历时期的王嗣奭，著《杜臆》，才开始把"诗圣"称号集中于杜甫。所以杜甫也有一个经典化的过程。陶渊明也是这样子的。陶渊明在晋宋时期影响力不大,他的影响力的扩大在很大程度上是借助于庐山慧远法师。后来有一个三笑图,说陶渊明、慧远和陆修静,一儒、一释、一道,三个人在庐山上聊天聊得很高兴,慧远送陆修静和陶渊明离开庐山的时候要过虎溪。据传慧远送客从不过虎溪,结果那天三人聊得高兴,慧远不觉过了虎溪。三人发现以后,便哈哈大笑。这肯定是很晚出的一个东西。晋唐三教论衡演化为"戏弄",就是任半塘先生说的"三教论"到"唐戏弄",那里边实际上等于把陶渊明的地位提升了很多。南朝梁代的时候,昭明太子萧统给陶渊明写过一个传,但很简略。钟嵘的《诗品》,给了他中品。刘勰基本上没提陶渊明。《晋书》里面陶渊明有一个小传,但很简单。中唐,白居易作了拟陶体;北宋,苏轼也作拟陶体,这才把陶渊明一步一步地托举出来。加上陶渊明又有"不为五斗米折腰"的骨气,于是后代所有遭贬谪的精英文人,都会借陶渊明来抒发自己的郁闷和不满。所以这也是精英文人经典化的一个例子。

就俗文学和精英文学经典化的过程和步骤来说,同样需要根据后人的喜好来确定。比如说《文心雕龙》,写成以后,刘勰想推广它,结果"未为时流所称"(《梁书·刘勰传》)。没办法了,刘勰只好背着《文心雕龙》,像个卖货郎一样,当街拦住当时文坛盟主的沈约之车,即呈书给沈约,沈约一看,非常兴奋,大赞说"深得文理",拿回家后"常陈诸几案",成了必读书了。可是自此之后,《文心雕龙》就再没多大声息了。唐代刘知几的《史通》里提了一下《文心雕龙》,还是从史的角度说的。元代,有版本上的记录。而真正对《文心雕龙》的研究或者重视,是20世纪初的事了。所以,《文心雕龙》在相当长的时间内似乎都不受待见。为什么不受待见呢?我想可能是它的理论性太强了,因为它是"体大思精""体大而虑周"。这套理论思维,古代中国文人不会太喜欢。中国人喜欢的尤其是唐以后人们喜欢的是什么呢?喜欢的是点评、诗话、词话,而不喜欢长篇大论,不喜欢对概念进行一个由概念到概念的这种分析、判断、推理。而《文心雕龙》恰恰就是在这方面大异于所有的古代文学批评的著作,理论性、系统性极强。

这就是成为经典的文学、经典的理论、经典的人物要走过的一个很漫长的道路,也是经过时代社会不断的演变后才被赋予生命力的过程。就像现今的当代文学创作过若干年以后,现在茅盾文学奖获得者恐怕不一定都能那么风光。我想21世纪后半叶或者22世纪的人来看今天的文学作品,他们评价最高的、觉得最有趣的会是什么呢?我开玩笑地说,可能是现在流传的段子文学。就像是我们现在看《世说新语》一样,《世说新语》说白了就是个段子文学。段子文学的内容要求浓缩在100字以内,需要有大智慧,还要集幽默、讽刺、夸张于一炉。你说那么点篇幅,使用那么多的手法,真可称为一代之经典文学。

刘韵鸥(博士生):老师,你好!听了老师您今天的这个讲座之后,我觉得俗文学的经典化过程对我有非常大的启发。因为您是佛教文学这方面的专家,我想问一个宗教方面的问题,就是您认为在俗文学的经典化过程中,宗教因素在其中扮演什么样的角色?您刚刚也提到,您自身的插队经历,激发了您对鬼神文学非常大的一个兴趣。就鬼神文学而言,我们知道除了民间的俗文学以外,在宗教中也有这方面的一种精神想象,那么这样的一些对于另外一个超验世界的想象,对于我们现实社会有什么指导意义呢?这个问题其实困扰在我心里很久了,根据黑格尔在《美学》里提出的观点,他认为在越是苦难的社会,像古代的魏晋,人们对另一个超验世界的想象会越深厚、频繁。那我们现在是否可以说生活在21世纪的人们是最幸福的。那么在当下,这样的一种文学对我们有什么样的指导意义呢?

普慧老师:这个问题其实挺难回答的,我试一下。鬼神世界在宗教文学里,远远比世俗文学要丰富得多。因为宗教本身就是鬼神文学的建构者,它要求人们相信有超越异己的外在力量。如果一旦相信,即会转到宗教方面去了。我们说,只要崇信、虔拜这种异己的力量,那你就至少具有了宗教意识。实际上,宗教的产生就是建立在人们对自然的一种恐惧心理和自我生存的艰难困苦的基础上的。用马克思主义宗教观的说法,就是人们用自己的现实生活实践,幻化出了一个超越现实的宗教世界。所以宗教实际上是对现实世界理念的反映。比如说,道教中的天界,玉皇大帝不就相当于地上的皇帝吗?本来玉皇大帝就一个人,是孤家寡人,结果地上的人们还要给他配个对,找了个王母娘娘。本来他跟王母娘娘八竿子打不着边。王母娘娘本来是住在西边的昆仑山。传到中原以后,到了东晋,人们看王母娘娘一个人太孤单了,于是给西王母配了一个东王公。现在出土的两晋时期画像石,都能看到东王公和西王母同框的形象。东王公具体名字叫什么,那时候的人没给起,因为西王母没有具体名字,东王公也就不能有了。直到隋唐以后玉皇大帝开始出现,把西王母拉过来给玉皇大帝搭配。那东王公哪儿去了?没东王公的事儿了,被离了,休了,不明不白。所以这实际上就是把民间的想象,又放射到了宗教世界,所以说宗教文学在鬼神世界的构建上,跟世俗文学的俗文学是互动的。想象力越丰富,鬼神的世界创造也就越复杂,越复杂就越会对世俗人产生吸引力。从道德上来说,人们要行善积德,通过修炼,就可以进入道教所说的天界。但是道教有一个最大的问题,就是它没有给大众散发一张廉价的入门券。在道教,你只处于信仰层面是不可能直接升入天界去的。怎么办呢?要靠修炼,要学仙。那么,有人就追问了,仙能不能学呢?葛洪第一次提出,“仙可学致”(《抱朴子·内篇》),就是说长生不老的仙人是世间之人可以通过修炼达到的,这样一来就在中国大地上提出了另一个文化层面的说法“人可以成仙”。

儒家提出的成圣,佛教提出的成佛,道教提出的成仙,这三个构成一体,都是通过自己后天的勤奋修学而实现理想目标的。这不同于产生于中东地区的那些宗教。源于中东地区的宗教说,人和神是不可直接互通的,必须要有个中介。这个中介是谁呢,就是那些神职人员。犹太教中叫拉比,或者早期的犹太教 the Prophet(先知),后来增加了 Rabbi(拉比)。基督教里的天主教叫 Priest(神父),正教叫 Minister(牧师)。在古代中国,早期与天地沟通的是谁呢?巫和觋,巫是女性,觋是男性,巫是母系社会的产物,觋是父系社会的产物,职司一致。随着理性思潮的兴起,掀起了一场宗教革命,即“绝地天通”,使得一大批巫觋——六官下岗、失业了。尤其是到汉代以后,儒家那套理论兴起后,职业的神职人员与政治系统的官僚人员合一,形成了“天人合一”“天人感应”的国家意识形态。下岗、失业的原职业神职人员沦落到了民间,极大地推动了民间大众驳杂的鬼神灵异信仰。所以,宗教文学中的鬼神世界跟世俗是互动、互鉴的,彼此都会受对方的影响。另一个就是,人之所以为人,不能仅仅是活在经验世界之中。人完全活在经验世界中,就没有了动力、没有了想象,需要有一定的超越现实世界的东西来吸引他、挑逗他。比如说道士想飞升,想羽化登仙,就代表着中国人的早期幻想、向往宇宙空间探索,像今天的航天飞行一样的梦想,这也是一种探索精神。

经验世界和超验世界,往往也是一种互动的关系,没有超验世界的构想,人类就没有创造精神。佛教对时间概念的认知,就远远超出了我们现实世界。佛教对那个微观世界的认知,更是经验世界积累的知识所不可想象的。在华夏的微观世界里,最小的微观世界是什么?苏东坡《满庭芳·或注警悟》:“蜗角虚名,蝇头微利,算来著甚干忙。”那这个“蜗角虚名”有没有语源呢?《庄子·则阳》讲了一则寓言,说蜗牛的两个触角里分别住着两个国家,左为触氏国,右为蛮氏国。两国为了争夺地盘,出来打仗,倒下的尸体无数,追赶寇败者,要走半个月的路程才能返回自己的国家。《庄子》的这个想象太微观了,可以说是中国最微观的一个。但是,比起佛教的微观世界还差得很远。就是因为有了这样一些想象,人们才能在宏观和微观之间不停地去认知整个世界。最近几年,人们对地球的认知,对天体的认知,对宇宙的认知,有了更多的新发现。比如,按照经典物理学原理,宇宙中漂浮着那么多的星球,它们相互间的引力,是不足以来维持它们之间的那种平衡状态的。那么维持这种平衡状态的力量是从哪里来的呢？近些年来，天体物理学家发现，有相当大的暗物质负荷、承载、推动着运动。就是说，现在我们发现的那种相互之间的作用力，仅仅占了不到10％，而超过90％的力量是在物理实验中看不到、测不到的。因此把这些物质叫作"暗物质"。这是否意味着存在一个或多个平行世界或者多个重叠世界呢？是否存在一个异己的力量？比如说我们人，是三维动物，对吧？蚂蚁是几维动物呢？蚂蚁是二维的。苍蝇也是二维的，但近来有人说苍蝇不止于二维。一般来说，当一维看不到二维，二维感受不到三维，那三维能不能感受到四维、五维呢？从理论上推，恐怕也感受不到。所以目前人的认知，还局限于三维空间当中，感受不到四维、五维的空间。具体地说，就是一个苍蝇落到了人的身上，它并不知道这是一个立体的东西，在它看来，那就是个平面。而事实上，它处在一个三维的立体空间之中。人是三维的，可能也感知不到四维、五维的空间。从物理学的角度讲，人若能看到四维、五维的话，那人所感知的物体就成了透明的了。或者说，人就有了透视能力了，物体没有了前后、上下、左右之分了。或者更进一步说，人也许本身即是物体中的组成部分。人的这个想象跟新近的物理学的进步有多么紧密的联系。比如说20世纪发现的量子纠缠，它是以前的经典物理学没法认知的。现代量子力学实验说，两个量子，分别在很远的距离外，挪动一个量子的时候，另一个量子也在动，并且同步运动。在古代文学史上有一个很奇特的现象，说白居易和元稹不是挚友么。那是元和四年（809）春日，元稹奉使去东川。一天，白居易在长安与弟弟白行简和李杓直（李十一）一同到曲江、慈恩寺春游，之后到李杓直家饮酒，席上念及元稹（元九）远赴梁州之事，非常伤感，他掐算着元稹到达梁州的时间，就写了一首《同李十一醉忆元九》："花时同醉破春愁，醉折花枝作酒筹。忽忆故人天际去，计程今日到梁州。"这天的元稹刚好进入梁州辖境，夜宿汉川（唐时称汉川郡，隶属梁州。今陕西南郑区，属汉中市），居然梦见与李杓直、白居易同游曲江、慈恩寺等地。天晓后，元稹写了《梁州梦》一诗："（序）是夜宿汉川驿，梦与杓直（李建）、乐天（白居易）同游曲江，兼入慈恩寺诸院，倏然而寤，则递乘及阶，邮使已传呼报晓矣。梦君同绕曲江头，也向慈恩院院游。亭吏呼人排去马，忽惊身在古梁州。"中唐时通讯联系不便，两人事先未有联系，却能在同一天想到同一件事。"正是梦无彩凤双飞翼，心有灵犀一点通。"（汤显祖《还魂记·寻梦》）所以这个会不会是古代的一种量子纠缠呢？很难判定清楚，现在的认知还达不到，但也不能一概否认那些未知世界的可能性，毕竟现在人们认识到的世界，不到未知世界的5％。我们的地球才多大一点儿？原来以为我们地球很大，现在科技进步了，感觉地球越来越小了，真是个earth village。

胡可先老师：今天的讲座时间持续了两个多小时，非常难得。普慧老师的讲座很有系统性和整体性，从四川大学中国俗文化研究所开始讲起，这是全国俗文学研究最好的一个研究所，那么普慧老师讲到的俗文学方面的议题也是非常有学术价值的。普慧老师对俗文学的研究方法和其他的民间文学的比较，总结得也是非常到位，给我们很多启发，也留下一些问题来思考，比如俗文学的内涵和外延或者范围到底怎样界定，还是可以值得认真研究的，以及怎么用外文准确翻译出来，都是一些问题，给我们的学术研究以启发。我们发现就是在写本科论文、硕士论文、博士论文的时候，有一些同学的头脑里面都是概念性的一些东西，自己盘空地绕，最后也没把问题搞懂。从这个讲座我们知道，你实际上能研究出多少东西来，你就可以试着做，然后再进行提升，到什么程度去做出一个理论，就涉及一个理论建构与文献综合研究的问题。

从俗文学这方面来讲，也对我们有所启发。就是当俗文学文献研究达到一定程度的时候，再考虑理论的一个结构或者构架，所以普慧老师现在在考虑理论建构这方面，希望再过一段时间，再讲的话可能就是理论这方面的了，将会给我们带来更大的启发。

另外，除了这些系统性地讲解，普慧老师在对于文学的解读或者感悟这方面也做得非常不错。

包括从开始讲《关雎》《孔雀东南飞》，到"临川四梦"，包括《红楼梦》里面的这些例子，都是非常切实的，感悟和欣赏分析也都是非常到位的，而且都围绕着俗文学的经典化问题，包括时间、空间等方面。普慧老师没有讲稿，但在理论方面、观点方面和材料方面能做到这么融合，给我们的启发非常大。同时，有些方面还提到了自己一种切身体会，有不少人生的经验。我们古代俗文学或者古代文史研究确实是需要有一种互动或者一种体验的，这真的很重要。在现在社会或者现代学术界逐渐走向技术化的时候，我们的学术研究如何增加生命的投入，这是非常重要的一个问题，你如果没有生命的投入，光是技术，光是讲文献，然后用那种规范，或者用那些预测，那不一定是长久的。

后面的互动也是很深刻的，讲到了俗文学的经典化与正统文学经典化是如何融通的，存在怎样的不同等，又讲到宗教的一些问题，讲出了很多方面的东西。还讲到俗文学与雅文学之间的这种转换，还有鬼神文学、色情文学等方面。这确实是俗文学研究方面或者俗文学发展最有代表性的部分，这对我们学术研究很有启发，也就是在看材料或者看现象的时候，要如何把它们联系起来。在讲到俗文学经典化进程的时候，还涉及了一些文学教育史，包括从黄人的文学史到林传甲的文学史，一层一层推演，梳理了俗文学如何经典化这个问题。这个讲座非常有内涵，不仅有理论思路，还有现实体验，和文献基础都融合在了一起。所以我们再一次感谢普慧老师！

时间很长了，快到两个半小时了，你们以后如果有相关问题，可以再向普慧老师请教。那就到此结束。

赵辛宜根据录音整理，普慧核实增删。

（作者单位：四川大学文学与新闻学院）

从明词到宋词：文学史中的尘埃及其"正大光明"*

叶　晔

　　各位同学，非常荣幸今天在浙江大学惟学书院的讲座上和大家分享这个话题。这是我一直以来的一个想法，在曾经工作过的浙江大学做报告，特别有缘。我在浙大读研究生的时候，协助我的导师周明初教授做过《全明词补编》的工作。《全明词》是 2004 年出版的，到现在已经十八年了，覆盖了我在浙大求学、工作的大部分时间。当然，在这十八年中，我也不是全在做关于词的研究，还涉及其他的领域，但不管怎么说，这十八年对我而言，已经是相当漫长的一段时光了。在这些年中，有一个问题一直盘旋在我的脑海里，那就是明词研究的意义到底何在？我给出过很多答案，都说服不了自己，这是一个很痛苦的过程。在《全明词》出版以后，明词研究有过一个小的热潮，但近几年这个风浪又平息下去了，那种希望与幻灭如影随形的滋味，很难言喻。

　　今天在线下听讲座的同学们，主要来自浙大汉语言文学专业的竺可桢班和强基班，相信大家在本科生阶段已经接触过一些科研方面的训练了。当然，因为刚刚起步的缘故，不可能接触很大的选题，更多的是做一些细碎的工作。这些细碎的工作很重要，周而复始，就是一个"不积跬步，无以至千里"的学习过程。但我想，同学们或多或少会有这样的疑问，那就是我研究的对象那么小，那么微不足道，研究它的意义到底在哪里？这个问题同样困扰着我，所以我就把今天讲座的题目称作"文学史中的尘埃"。在某种意义上，明词绝对是文学史中的尘埃，而我愿意将自己学习明词的经历，概括为五个"微"：第一是"入微"，愿意从细碎的研究对象做起；第二是"低微"，无惧进入评价不高的研究领域；第三是"始微"，重视原始、边缘的文献材料；第四是"发微"，对文学史中违和感的细微捕捉与发明；最后是"振微"，尝试从冷落的领域会通至研究的热点。

一、"入微"：初入古典文学研究的路径及其中细碎

　　对刚接触专业的同学们来说，进入古典文学的研究，主要有这么几种路径。第一种是大家比较熟悉的，也是老师们比较鼓励的，那就是对伟大作家和重要文学现象的攻坚克难，我们称之为"深井式"的研究。网上有很多介绍学术经验的名家文章，回顾自己扎下根来"打深井"的经历，说的就是这种情况。像《诗经》《楚辞》的研究，陶渊明、杜甫的研究等，已经有很多学术成果了，如果能再往下打出一寸来，即使解决的是一个小问题，却比在无人问津的平地上打出三尺的井更具学术的韧劲。此中道理，相信大家都明白。

　　* 本文根据北京大学中国语言文学系叶晔教授 2022 年 6 月 28 日在浙江大学文学院"惟学"系列讲座的录音整理。讲座主持人为浙江大学文学院咸晓婷副教授。

第二种是"填白式"的研究。前面既然在攻坚,那肯定是有难度的,有可能做着做着,最后就漫无头绪了。所以老师们会考虑论文写作的可操作性,很多硕士生、博士生会选择去研究那些不太重要的作家。学术园地那么大,还有很多没有被开拓过的领域,一、二流的作家做完了,还有三、四流的作家,只要是中国文学史中的空白知识,那就是学术研究所需要的。这种对较少留意的对象进行摸底的研究方式,也是很重要的一条学术路径。我觉得过去二十年的明词研究,在很大程度上就是这种"填白式"的。虽然《全明词》已经出来了,但明词知识还有很多盲点,需要有人去把它们弄清楚,这是一个从无到有的工作。

第三种是"预流式"的研究。我们现在的学术界很强调"问题意识",怎么样在一堆陈见中发现新的学术增长点,稍稍走在别人的前面,也是我们需要锻炼的一种能力。所谓"预流",就是预"时代学术之新潮流",这句话出自陈寅恪先生评价陈垣的敦煌学研究。现在古典文学研究中的很多热点,如写本研究、石刻研究等,在二十年前没有那么被重视,当年在这些领域引领风气的学者,现在看来无疑都是很有远见和毅力的。

最后一种比较前沿、还要继续经受检验的研究路径,就是"交叉式"的研究。对这种做法,有的学者比较认同,有的学者可能没那么认同。"交叉"指的是学科的交叉,在现在的学科设置中,不同学科间的边界还是比较清晰的,但随着大量的新知识生产,学科的缝隙之间会出现新的问题,这些问题更具有现实关怀的精神。如何把学科缝隙中的问题做大,并把它移到学术中心来讨论,也是我们需要思考的一件事。

我们治学选择哪一条路,其实与每个人的学术性格有关,并没有高低对错之分。但不论走了哪一条路,迟早都要面临一个坎,那就是如何将细碎的发现提升并转化为真正的学术问题。我们所有的学术努力,都是一步一步积累而成的。就每一步而言,它就是细碎的,微不足道的,乏善可陈的。怎么把这些平常的东西,转化为属于自己的思想,是对学者的一种考验,年轻人的成长尤其需要这个过程。

二、"低微":现阶段明词研究的基本情况

接下来我会结合明词来说,在我看来,明词是一个很细碎的研究对象。它是中国文学史中的尘埃,比不上唐诗、宋词、宋诗,比不上清诗、清词,甚至都比不上明诗。那么,我们怎么去追寻这个研究领域的意义呢?接下来要说的,主要是我个人成长的体验,未必是合理的,但我觉得是可以触类旁通的。大家以后会有自己的研究领域,也会接触一些在文学史上评价不高的作家和作品,如何转化是你们迟早要面对的一件事。我个人的成长,无疑是要感谢浙江大学的,因为浙大有一个非常悠久和强大的词学传统。

有关明词文献的整理,实际上已经取得了很好的成果。当然,跟唐宋词、金元词、清词相比,还是有一定距离的。在 20 世纪二三十年代,一位名叫赵尊岳的民国学者,听从了他的老师况周颐的建议,开始系统性地整理明词,从各种各样的明代文献中,把里面的词作品全部辑录了出来。这个成果在 1936 年的时候,陆续出版成《惜阴堂汇刻明词》。这套书是以传统刻本的形式出版的,所以传播范围不是很广,读过的人应该不会太多。更广泛的传播,要到 1992 年上海古籍出版社对其重新影印出版,这也是我们现在最常用的一个版本。也就是说,我们普遍可见的大规模明词文献的起点,回过头去看,也不过就三十年时间。

2004 年,中华书局出版了饶宗颐初纂、张璋总纂的《全明词》。这套书和我的学术成长有很大的关系,因为我协助周明初老师编的《全明词补编》,就建立在辑补《全明词》的基础之上。先有《全

明词》，才能有《全明词补编》嘛。《全明词补编》是在 2007 年出版的，即使到了现在，距《全明词补编》出版已过去了十五年，我们对明词作品的基本认识，也还是建立在《全明词》和《全明词补编》的基础之上。尽管有不少瑕疵，但在周老师重编的《全明词》没有问世之前，这两套书仍是我们了解明词最便捷的文献。但是，我不会说它是第一手文献或首要文献，只是最便捷的文献而已，具体原因我后面会说到。2012 年，邓子勉先生编了一套《明词话全编》，平心而论，这套书不只是词话的丛编，他把明人的词学批评史料也收了进去，这种对"词话"概念从宽界定的做法，学界有不同的意见。但我们还是得承认，这套书收集了很多非常有用的、稀见的材料，让我们对明代的词学世界有了一个更立体的认识，总的来说，仍是一套很重要的书。上面说的是明词文献整理方面的基本成果。

在明词研究方面，光学术专著就已经有不少了。在这里我只简要地介绍两位学者，一位是江苏师范大学的张仲谋先生。在 2002 年的时候，当时《全明词》还没有出版，张老师根据《明词汇刊》中的作品，写出了第一部《明词史》，他是最早的对明词进行系统性研究的学者，也是现在明词研究领域毫无争议的第一人。在 2013 年，他又出版了一部《明代词学通论》，主要偏重对词学文献的考察。另一位是东莞理工学院的余意先生，他在 2009 年修订出版了自己的博士学位论文，就是《明代词学之建构》；然后在 2015 年，他也出了一部《明代词史》，完成了学界对明词史的第一次重写。这就意味着，张仲谋先生是先写明词史，再写明代词学专书；而余意先生是先写明代词学专书，然后写明词史。用了十多年的时间，两人完成了一次明词研究上的交叉换位。也就是说，眼下放在我们面前的，至少已有两部明词史，还有多部总论明代词学的专著，因为在他们之外还有其他的优秀研究成果。如果想让明词开出新的花来，这些都是无法回避的。

之所以做这么一个简单的梳理，是想告诉大家，明词研究虽然不是词学热点，但从词学知识的角度来说，基本上都被梳理完了。如果还想在这个领域做下去，我们需要回答的，就不是"是什么"的问题，而是以价值为导向的"为什么""好在哪里"的问题。这个时候，明词的缺点就被无限放大了，怎样往前再走一步，是需要想清楚的。这就是我今天要讲的内容，明词更形而上的意义何在？有些事实是无法否认的，比如明词在中国文学史中的评价就是很低的。从"词"的角度来说，它是所有断代词中最卑微的，"词亡于明""明词中衰"的论断，从古至今不绝于耳，就算现在学界对这些旧的观点有了一定程度的纠偏，也只是对被遮蔽的知识的一些填充而已。从"明"的角度来说，明代文学中有很多文体可以被研究，明代的小说、戏曲，包括晚明的小品文，被视为"一代文学之胜"；即使其他的文体，如明代的诗歌、四六、辞赋、八股文等，可能总体评价没有那么高，但比明词的评价还是要高一些。面对这样的情况，明词研究应该怎么走，是否可能实现第二次的振拔，是张仲谋、余意等先生留给我们的焦虑。

当然我们可以说，明词里面有"异量之美"，这个概念最早是程千帆先生在讨论宋诗的时候提出的，后来严迪昌先生和张仲谋先生用这个概念来讨论清词和明词。"异量之美"很重要，但除此之外，我们还可以从其他的角度来讨论。清人叶燮在《百家唐诗序》中说中唐不只是唐代之中，更是"古今百代之中""古今诗运之中"，我想把这句话用在明词身上。大家可能会觉得奇怪，中唐的历史意义担得起"百代之中"的评价，明词又何德何能呢？将明词放在千年词史的历史时间段中，它只是侥幸处在中间的一个位置而已，在它前面的是唐、宋、金、元词，在它后面的是清代、民国词，两边的时长正好对称，可能前面稍长一些。其实，所谓的"中"，同样可以有多元的理解。如果它代表的是曾经被我们忽略的那片空白，那么，现在经过基本文献的梳理和词史知识的考掘，这些空白已经被填补上了；如果我们把"中"理解为承上启下的一个中介，那么，它再怎么卑微，再怎么低谷，它上承唐、宋、金、元词，下启清代、民国词的接续作用是客观存在的，没有了这三百年，千年词史就断裂了，我们对词史的理解就是不完整的；当然，我们也可以将它理解为一个复杂系统的枢纽，不一定是唯一的一个,也可以是多个枢纽的其中一个。这种枢纽的意义,连带起对整个系统的阐释,是不可以用美学层面的单一标准去衡量的。它将引导我们去思考,明词是否还有更丰富的内涵可以去探究。至于到底有没有,有多少,那就看我们的努力了。

三、"始微":参编《全明词补编》的宝贵经验

今天在线下听讲座的同学们,都是浙江大学的学生,我想和大家分享一下自己协助周明初老师参编《全明词补编》的一些体会。对我来说,这是一笔宝贵的财富,不仅让我接受了目录、版本、校勘、选举、职官、地理等方面的常规学术训练,还让我在较早的年纪,就对明代的原始文献有了较广泛的接触。明代的别集数量很多,据现在的统计至少有八千种以上,显然究一生之力也看不完,我至今看过的只是很小一部分而已。但是既然要做"补编"的工作,就意味着需要将那些原始文献一部一部地排查过来,不管里面有没有词,先翻了再说。在这个过程中,要说我读得有多细,那肯定是不现实的,但是触摸和浏览上千种明集这一行为本身,对当时还是研究生的我来说就是无与伦比的经历了。

翻阅明集的数量,其实对明代文学研究比较重要;对词学研究来说,更重要的是让我在比较早的时候,就体会到无论《全宋词》还是《全明词》,都只是我们阅读的一条路径,而不是阅读的起点。就像我们研究唐宋诗,如果从头到尾一直在翻《全唐诗》《全宋诗》,那是有风险的,因为会被这两套书遮蔽掉很多信息,《全宋词》和《全明词》也是如此。在词学研究界,大家在论文中做注脚的时候,直接标注《全宋词》或《全明词》的第几页,是可以被接受的,我们的学术共同体认可这样的标注法。但如果把这篇文章拿给历史学的人看,他们会觉得很奇怪,无论标《全宋词》还是标《全明词》,都不是他们认可的规范方法,而应该标注最原始的文献出处。我们现在从事词的研究,通读《全宋词》是一个必要的工作,但希望大家不要止步于此,最好能按图索骥,通过这些全集的指示,去接触更原始的文献,那么,会对宋词或明词的世界有一个更加立体、清晰的认识。

参编《全明词补编》的经历,还让我认识到,任何古籍整理的体例都是不完美的,甚至是具有破坏性的。在《全宋词》《全明词》这样的断代词总集中,词的原始文本形态、存录位置和流通载体全都丢失了。

词的原始文本形态,指作品各个部分的位置关系。在不同的文献中,有的词调名在前,词题在后;有的是词题在前,词调名在后;有的词题在前,而词调名在整首作品的最后,作"右调水龙吟""右调满江红"的写法;甚至一首词过片处是否有空格,空格处是留白还是用"〇"标识,都代表了古人对词调、词题、词体等功能的不同认识。在被收入《全宋词》《全明词》之后,这些作品虽然一个字没改,但隐隐有些东西被规范化了。规范是古籍整理的必须,但我们也要留意因此丢失的信息。

还有词作品的存录位置。我们看《全宋词》《全明词》这样的断代词总集,会很规范地在作品的最后标识文献出处,见于哪一部别集的第几卷。这样的征引体例并无瑕疵,但光看这个,我们不会知道这部别集及其第几卷的具体样貌。到底整卷都是词,还是有几首词夹在大量诗歌的中间,或是与散曲合编在一起?我们只有读到原始的文献,才能体察到原来词曾经那么不受重视,当时就处在一个边角的位置;或者说词发展到了某个历史节点,它的文体地位有了明显的提高,可以与诗歌平起平坐。这些动态的信息,是要靠对原始文献的广泛阅读来获取的。

还有词的流通载体。关于任何一首词在某一段历史时间内的流通载体,是通过口头传播的,还是通过选本传播的,或已经有稳定的别集流通渠道了,我们都要做到心里有数。我们对《全宋词》《全明词》的整理,所据底本一定优先考虑词人的别集,这是文献学的通则,但别集不一定是词

作品从古至今一贯的传播方式。有可能在某个阶段，它的主要传播方式是另一种媒介，比如传唱，比如选本等。这种传播的细节，我们也只有通过更原始的文献才能体认出来。

另外的一些收获，就与辑补工作的特殊性有关了。既然是"辑补"，意味着绝大部分的作品已经被《全明词》整理好了，这个"大头"把明词世界中比较重要的东西一网打尽了，剩下的工作就成了对边角料的一种打捞。如果说明词是文学史中的尘埃，那么，辑佚作品就是明词中的尘埃了。这种工作性质虽然不起眼，但却有更多的机会让我们接触边缘的、底层的作品，我们应该怎么去认识它们，不要人云亦云，试着通过辑补工作去形成自己的一些感悟。

总的来说，还是要重视活的文献，努力回归到动态的作品存录史中去。《全唐五代词》《全宋词》《全金元词》等的整理质量都很高，但不应该成为词学研究的起点，它只是词学研究的阶段性门径而已。如果将之视为起点的话，那就在无意中扼杀了一个鲜活的词文学世界。非常感激《全明词补编》的这段经历，让我在刚接触学术的时候，就对文献的动态与活态有了一个很好的认识。这种思维上的警惕，已经内化为一种条件反射，即使不从事词学研究了，也会对其他的研究工作产生潜在的影响。

四、"发微"：文学史中的尘埃及其"违和感"

近几年，我在一步一步地转向唐宋词的研究。如何从明词转到宋词，如何慢慢地摆脱明词作为文学史中尘埃的那种宿命感，我挑四篇文章来串联自己在观念上的一些变化。

第一篇是《论古典小说、戏曲中的词"别是一家"》，这是一篇很典型的意在反映明词体性特征的文章。无论《全明词》还是后来的《全明词补编》，都没有涉及明代小说、戏曲中的词作。其实，这一部分作品是明代最有特点的词类型之一，因为小说、戏曲在宋元时期还没有那么发达，戏曲中的词又主要见于南戏、传奇，而不是杂剧。到了明代，因为商业出版的缘故，存世的小说、戏曲作品一下子变多了，里面收入了不少词，有的引用唐宋词，有的是明人自己写的词，情况比较复杂。总的来说，这篇文章使用的文献，在词学界算是比较新的材料，要解决的又是一个对明词来说比较独特的问题，无论哪个角度，都符合我们常说的对新材料、新方法、新问题的期待。但对我来说，这篇文章更重要的启示，是有些问题放在通代词学、整体词学的视野下观察，会变得豁然明朗。在这之前，怎么研究明词可以更有穿透力，我其实没有想得很清楚；写完这篇文章后，我基本上明确了写作的大致方向。后面就算写作专题一直在变，但这个大方向基本上没变过。

刚才说了，我们日常的学术研究，很多是琐碎而无趣的。发现问题是有趣的，解决问题也是有意义的，但是整个过程并不令人愉悦，至少我觉得是很枯燥的，这是学术的日常。当然，多写一篇论文，就可以多制造一次发现问题和解决问题的快乐，只要最后开出了花朵，那么，前面所有的琐碎都是值得的。

同学们平时交给老师的论文，以及老师们发表的论文，不过是一次华丽的前台展演，每一次展演都依赖于浩瀚和零碎的后台积淀。这种积淀来源于大量的知识碎片，其中会不会隐藏着比较重大的问题呢？我想总是有的。但"重"和"大"不会自己来到你的面前，我们要有"看出"问题的能力。同学们需要锻炼两手抓、两手硬的本领，一只手当然是浩瀚的、零碎的文献积淀，"板凳甘坐十年冷"这句古话，放在哪个时代都不过时；另一只手就是"看出"问题的能力。在我的理解中，"看出"就是对文学整体感中的某种违和感的捕捉。每一位学者，对中国古典文学都有一个整体的认知，这种认知在某种理论的支持下，或某些文献的支撑下，形成了比较协调的整体感。它最初有可能来自某部中国文学史的教材，但随着我们阅读的积累，与自己的思考融合在一起，根据自己的学术经验做出某方面的修补或完善,就形成了具有自己性格的整体文学观。这种整体感有时会和我们遇到的某些文献所表达的内容产生冲突,这些冲突就是违和感的起源。明明文献是这么说的,但放到我们对文学史的整体认知中,却很别扭,有点说不过去。这种对"别扭"的捕捉,是我们在日常细碎工作中很重要的一种能力。如果暂时不具备这种捕捉能力的话,有可能某些看似细碎、实则重要的东西,就在无意中被放过去了。

我要举的例子,就是第二篇《陈德武〈白雪遗音〉创作时代考论》,这是我至今最满意的一篇考证文章。有关陈德武生平的新线索,是在一部明代正统年间编修的《宁夏志》中发现的。我不是最早看过这部书的词学研究者,在《全明词补编》出版后,尽管辑补的空间越来越小,还是有一些学者在做进一步的辑佚,非常了不起,其中就包括《宁夏志》中朱栴词的发现。因为参编《全明词补编》养成的习惯,只要有新的辑佚成果出来,我都会及时跟进,并对原始的文献进行翻检和复核。正统《宁夏志》只有日本国会图书馆藏的一个孤本,所幸已经有中国学者把这部孤本整理出来了,那就是吴忠礼的《宁夏志笺证》。

在这部整理本中,我们可以看到共有十四首词。其中第一位词人署名"凝真",这个凝真就是庆王朱栴,明代的一位藩王,朱元璋的第十六个儿子。第一首《念奴娇》的起句是:"登楼眺远,见贺兰、万仞雪峰如画。瀑布风前千尺影,疑泻银河一派。"词题为"雪霁夜月中登楼望贺兰山作"。朱栴共有十一首作品,在他后面是一首《渔家傲》,这首词大家比较熟悉,是范仲淹的作品:"塞下秋来风景异,衡阳雁去无留意。"再后面还有两首词,一首是《木兰花慢·悲秋》,一首是《菩萨蛮·归思》,这两首词的署名是"三山陈德武"。

按照常规的著述体例,我们会认为陈德武是一位宋人。朱栴是明朝皇族,理应放在词卷的最前面;在陈德武前的范仲淹,题署"宋范希文",古籍中前后相续的作品,如果后一位不标朝代的话,一般默认遵从前一人的朝代归属。正好《全宋词》的第五册中确有陈德武其人,可以解释得通。

但事实上,如果我们细读这两首作品,会发现一些奇怪的东西。如第二首《菩萨蛮·归思》:"凉风淅淅凉云湿,羁怀何事归思急。秋气入单衣,偏增久客悲。贺兰三百里,只隔黄河水。何日是归程。中秋正月明。"如果陈德武是南宋末年人,为什么南宋的人会写一首贺兰山的词?看他的表述,应该是在贺兰山下看到了实景,这有违南宋人的地理经验。这种细微的违和感,会让我们产生疑问,从而去翻更原始的文献。

《全宋词》中的"三山陈德武",有关他的史料信息很少。他的词集《白雪遗音》,最早见于《唐宋名贤百家词》,这是一个明代的钞本,上面就只有"三山陈德武",没有其他任何信息。后来唐圭璋先生编《全宋词》,写陈德武的小传,也只有短短的一句话:"德武,三山人,有《白雪遗音》。"我们只知道他是三山人,三山就是现在的福州;只知道他有一本词集叫《白雪遗音》,其他的信息就没有了。

陈德武既然是南宋词人,为什么会在贺兰山留下词作?这个疑问一直留在我的脑海中。我们只能回到这个问题的起点,把整部《宁夏志》重新翻一遍,确实发现了一些新的线索。原来陈德武跟凝真的关系很好,他们之间有相互唱和的作品。但是如果陈德武认识凝真,那问题就大了。因为凝真是朱元璋的儿子,他是明代初年的人,而《全宋词》告诉我们陈德武是南宋末年的人,隔了最起码有一百年。新的问题出现了,这到底是同一个陈德武,某一部书弄错了,还是前后确实有过两个"词人陈德武"?

具体的考证过程,我就不多说了,大家有兴趣的话可以去读。事实上,陈德武是明代初年的人,他不应该在《全宋词》里,而应该在《全明词》里。这当然是一个很重要的归属权的变动。但这件事最初的起点,是非常微不足道的文献,就是宁夏地方志里面的两首词。我们可以忽略它,也可以把它辑补出来，但这些都不是学术研究的终点。如果能感受到两首作品在整个词史中的违和感，我们就有机会再往前走一步。至于这种违和感是怎么出来的，还是需要大家平时的积累。解决问题只是最后的一步而已。

我们再来说第三篇，《宁夏词学传统与词中"贺兰"意象的演变》。这篇文章，在某种程度上是前一篇的副产品。前面说过朱栴词："登楼眺远，见贺兰、万仞雪峰如画。瀑布风前千尺影，疑泻银河一派。"陈德武的《菩萨蛮》也说到"贺兰三百里，只隔黄河水。何日是归程，中秋正月明。"他们都在很近的距离望到了贺兰山。

如果我们熟悉"贺兰"这个词在宋词中的使用情况，很难不想到一首作品，那就是岳飞的《满江红》。《满江红》也提到了贺兰山，"驾长车，踏破贺兰山缺"。这首词中的贺兰山到底指哪里，学术界有近一个世纪的讨论。学缘这个东西，有时候很奇妙，我不知道如果换了一位学者把陈德武的生平弄清楚，他会不会接着写"词中贺兰"这篇文章。我是会写的，之所以会写，是因为我的成长经历中有浙大词学传统的底色。由"贺兰"这个词，自然就联想到了夏承焘先生的《岳飞〈满江红〉词考辨》一文。当时学术界主要有两派观点：一派主张是岳飞创作的；另一派主张后人托名。而托名派的代表人物，就是余嘉锡先生和夏承焘先生。夏先生认为是明代弘治年间人的托拟之作，具体是不是在弘治年间或更早，我们可以有不同的看法，但是夏先生显然是站在了辨伪的立场上。

我自己的性格里，有很强烈的怀疑主义的倾向。我对任何文献都不信任，就是铁板钉钉的文献，我也会报以百分之一的不信任，更何况这样一首争议极大的作品。所以我就去考察了《全宋词》《全金元词》《全明词》中与贺兰山有关的所有作品。这个做法，20世纪的时候也可以做，但《全明词》出版以后，文献的基石就更加牢靠了。

更重要的是，现在我们有了强大的检索系统，那就是"全宋诗分析系统"和"全宋文库"，它可以对《全宋诗》《全宋文》进行全文检索。只对从宋代到明代的词中"贺兰"意象进行分析，那是不够的，别人会质疑，凭什么把词单独拎出来进行分析，难道诗、词、文章中的"贺兰"意象，其中差异之大，已经不能合在一起讨论了吗？既然要分析，就得把所有有关"贺兰"的诗、文全都分析了。但是《全宋诗》有72册，《全宋文》有360册，靠手工去翻找里面的"贺兰"两字，显然是不现实的。有了全文检索的工具，就可以把更多的精力放在对检索出来作品的创作背景的考证上。这当然也费心，但和全书翻检的工作量相比，还是可控的。至于具体的论证过程，我就不多说了。

我觉得自己对检索工具的使用，还是比较粗糙的。在座的各位同学，是更年轻一代的学人，相信在这方面的操作能力，要比我强上百倍。更好地使用专业的检索工具，可以让学问推进得更快。倒不是鼓励大家用检索工具得出一个简单的结论，那就变成本末倒置了，而是很多老先生花费了几个月甚至几年做的前期工作，现在的年轻人用几天或几星期就可以做完，那么，我们可以把有限生命中的更多时间，放在更精细、深刻的思考上。

当我在前面提醒大家，专业的读词不要局限在《全宋词》《全明词》的时候，实际上已经在暗示，无论用检索工具也好，还是进入《全宋词》一首一首读下去，最终的学习效果，都比不上接触更早的原始文献。经典如《全宋词》尚且如此，如果连《全宋词》都没读过，只是动用了数据库找一找，那就不是单薄，而是浅薄了。这是一个辩证的关系，我们既要重视原始文献的必要性和厚重性，也得承认数据检索的便捷性。两方面结合好，自然可以做出更好的学问来，一代胜过一代是肯定的事。

五、"振微"：从明词研究走向唐宋词的世界

说到这里，我需要做一个阶段性的总结，那就是第四篇文章，《明词视域下重观唐宋词的三种

方式》。从这篇文章开始,我意识到从明词进入唐宋词的研究,不只是一种可能,而是应该身体力行的一种实践。

有时候我会想,明词这种文学史中的尘埃,我研究了近二十年,接下来应该怎么办?如果继续留在词学的园地,是应该向上走,还是往下走?向上就是进入唐宋词的研究领域,那个领域的焦虑感更强一些;往下就走到清词和民国词的研究领域了,相关文献更丰富一些。现在看来,向上走的动力更大一些。

我一直认为,近年来明词研究作为新的学术增长点,在一定程度上得益于唐宋词研究者的持续助力。这是一个客观的事实,用现在流行的话来说,叫"技术扶贫"。研究明词的学者大多有很好的唐宋词研究基础,有的就是在唐宋词研究做出成果之后,再转到明清词研究中来的。这从一个侧面反映了唐宋词研究的一些困境:文献的完整,知识的密实,经典的稳固,范式的成熟。宋词研究就像唐诗研究一样,已经非常成熟了,有很多不可撼动的东西,在制约着这个领域的造血能力。

怎么去重新激发它的活力?除了在唐宋词的内部探索出新的模式之外,我们还可以像现在提倡"从周边看中国"一样,从唐宋词的周边看唐宋词。明词无疑是一个很好的参照系,因为它就是唐宋词在历史时间上的接续者。但我们又不能把词的发展史,简单地理解为对词人、词作的单线条的串联。词的世界有很多维度,不同的维度在历史时间上是有错位的。如唐宋的不少词人,他们词集的实物版本,最早也是明代的抄本,这就是一种错位;前面提到的"贺兰"意象,如果只是独立地欣赏这首作品,并没有明显的违和感,历代的读者都会被其中的精神所感染,这的确是一首好词。但如果我们对文学意象报以一种历史的眼光,那么,"贺兰"意象出现在南宋初年的词作品中,无论是时间、空间,还是文学体裁,都给人一种奇怪的感觉,这也是一种错位。这些错位有助于我们换一种思维方式,重新探究唐宋词研究中靠同时代文献无法解决的一些问题。

另外,我们可以借明词来重新认识唐宋词研究中的一些平庸问题。当然不是真的平庸,而是指这些问题在宋代的时候,还没有发展到"现象级"的程度。从整体词学的角度来说,宋代是词发展的一个高峰,这没有任何问题。但是整体词学还可以分成很多细目,并不是每个细目在宋代都已经发展到了高峰,有些细目在宋词中才刚刚起步,到了元明清的时候才有进一步的发展。从这个角度来讲,起步较晚的那些细目板块,至少在宋代的时候,是比较平庸的,缺少亮点。随着《全明词》《全清词》的逐渐完善,用明清词的眼光去回看,是可以重新评价并发现一些问题的。如女性词的阅读问题。女性词在宋代已经很发达了,李清照、朱淑真,再怎么表彰也不为过。但女性词的创作和女性词的阅读是两回事,女性词在宋代的阅读情况,我们难以给出一个清晰的面貌,这就需要与明清词的研究会通一下。"词史"也是类似的情况。我们一般认为这是明末清初才有的一个创作传统,就是用词来记录重要的历史事件。但在这之前,"词"和"史"是怎么样的一个文本表达关系呢?"诗史"出现那么早,"词史"出现那么晚,怎么去解释中间这一段时期的情况?任何事物或概念,在自觉层面成立之前,都有它的潜流,以及各种或然,其实是很值得讨论的。这些都是在通代的视域下,或者说在明词的视域下,去反观唐宋词的一种路径。

最后,在现有的唐宋词话语体系中,依然保留了很多明清词学的元素。我们现在常用的婉约、豪放、长调、又一体等概念,都是在明代的词学批评土壤中生长出来的。我们要尊重明清人的理论建设,但也要意识到,它同样遮蔽掉了很多东西。怎么拨开迷雾,怎么回到起点,是唐宋词研究可以前进的一个方向。以前我们说,从事明清词的研究,需要有很好的唐宋词研究基础,因为明清的词人都是学着唐宋词经典成长起来的;现在也可以说,从事唐宋词的研究,同样需要有很好的明清词学的理论基础,因为我们日常的批评术语,很多都是明清词人留给我们的思想遗产。只要我们对遗产的态度还是辩证的，那么，明词和宋词就是缠绕而不可分割的。

从周边看唐宋词，还不能忘了域外词。我们当然可以研究域外词本身的特点，但是从创作的角度来说，朝鲜、日本等国的汉词，也是由唐宋词流变而来的。大家不妨把唐宋词的未来发展理解为不止一条路径：一条在中国本土发展成了元明清词；一条传播到朝鲜半岛，就变成了高丽朝鲜词；还有一条传播到日本列岛，就变成了日本词。在不同的文化语境下，同样是唐宋词的受容，最后呈现出来的面貌是不一样的。文学研究不是科学研究，科学研究有一个正确的、必然的方向，但是文学演变的方向是或然的，并不是说历史走向如此，就意味着其他的方向一定是错的。高丽朝鲜、日本、越南的词，为我们呈现了唐宋词演变路径中的一些其他可能，这种可能当然有比较模糊的地方，但确实让我们看到了一些新的东西。

六、最后的话

明词是我的学术起点，我对它是感恩的。但是明词作为文学史中的尘埃，即使我再怎么为它翻案也没什么用。大家去看那么多部《中国文学史》，明词在里面连一节都没有，这就是它的命运。相对来说，宋诗、清词经过过去一百年的发掘，得到了较普遍的认可；但还有很多不被重视的文学体类，仍处于一种尘埃的状态。对此，很多同学们会知难而退：既然它的评价这么低，我们就不要去碰了，万一碰了一鼻子灰，学术生命就搭进去了。但是我想，文学的世界本是一张联动的网络，任何人物、事物之间都是有关联的，重要的在于能不能看到那个关联。或许你的研究起点是一个很小、很轻的对象，不受学界的待见，但是最后形成的共振，可能是一个超乎预料的结果。就像蝴蝶效应一样，这里拍拍翅膀，那里就是一场风暴。

拂去尘埃，不仅是一段学术经历，也是一种思维方式。我大致说三点：首先，我们可以借通代的视域，发现明词中"正大光明"的一面。就像前面所说的，小说、戏曲中的词，再怎么讨论也是明词中非常重要的一个面向，这是由小说、戏曲在明代文学中的地位决定的，它比较直观，不需要我们通过网络的共振就可以发现。但更多的时候，我们需要去寻找明词与其前后的"正大光明"之间的一些隐性关联。前后的"正大光明"，指的是宋词和清词，它们在当下的文学史评价中还是比较高的。任何一种文学体类，只要它是随着历史时间向前成长和演变的，它们终归会有各种各样的隐性关联，我们要做的工作，就是将隐性的东西放到明面上来讨论。

其次，如果大家经历过尘埃的状态，像我一样在明词的世界中逗留了很多年，会逼迫自己去发现一些问题。如果发现不了，就会感觉自己的学术生命越来越枯萎。经历过这些后，你会拥有发现"光明"的更敏锐的眼光。当再去看那些尘埃之上的重要人事的时候，可以发现更多的问题。这大概和卸掉沙袋可以跑得更快、跳得更远是一个道理。

最后要说的是，不只明词如此，其他未受待见的文学体类都是如此。特别是对刚刚接触学术的同学们来说，无论高年级的本科生，还是低年级的研究生，我们的研究对象终归是比较细小的。小的研究对象，不存在太大的学术史压力，对年轻人来说便于树立信心，当然，收获的评价也就没有那么高了。我的看法是，无论伟大的，还是细小的，每一个研究对象都应该有它独一无二的形状和意义。"形状"是指它在历史中的形状，而"意义"是我们最后把它写出来的在论文中的形状。论文的形状不一样，它的意义就不一样，反过来，如果意义是不一样的，那么论文的形状就不应该趋同。每一位在历史上留名的作家，他在某种程度上就是独一无二的。我们反问一下，大家都是通过高考考上来的年轻人，都很聪明，你会认为自己不是独一无二的吗？我们也明白多数人的人生会走向平凡，但你还是要说"我就是我，是颜色不一样的烟火"，至少在精神上，在思想上，我可以做一个独一无二的人。如果你抱有这样的想法，那也应该理解古代那些有大量作品留下来的诗人。他有自己在历史中的形状，如果抓不住，只能说明你没有精细地去领会他的"诗心"。至于它的意义，在我们的学术世界中，就变成了论文的形状。我们现在经常批评很多论文有一个模式化的结构，其实如果能抓住它不一样的意义，那么每一篇论文的形状都应该是不同的。

有些时候，大家的心里会有抵触，我明明是冲着李白或《红楼梦》才来读古代文学的，结果导师让我做这么小的一位作家，痛不欲生。但我相信尘埃里是可以开出花的，因为在很微小的时候，我们看不出那是一粒尘埃，还是一粒种子。我们既要尊重历史的事实，不能平白无故地开出花来；也要解放自己的思想，将知识、方法化为营养去灌溉它。这样一直往前走，我相信终归会在细微处发现一些有意思的、闪亮的东西。千万不要因为研究对象的不尽如人意而妄自菲薄，要知道能留下文学作品的古人，在历史的众生中根本算不上最轻的那个。我们在这里讨论文学史中的尘埃与不能承受之轻，在历史学界看来根本就是一个伪命题。这么一想，我们需要解放思想的地方，还有很多很多。

七、由宋词到明词研究的相关讨论

Q1：想请教老师，明代词人是否会有意识地建立自己的审美范式，尝试靠拢或疏离已经成熟的宋词？

A：总的来说，我不认为明人在有意识地建立自己的词审美范式。当然不排除在后人看来，明词的有些作品，在审美上是可以与宋词风格区分开来的。张仲谋先生写过一篇文章，讨论"明体词"，认为晚明一些词人的创作，已经表现出了一些独特的体性，很有启发。但这种新的审美特点，是不是这些词人有意为之，我持比较谨慎的态度。因为张先生提到的吴鼎芳、董斯张、施绍莘等人的词审美风格，还与明代江南的文学气质有关。这种新的美感特质，到底是有意识地在规避宋词，还是更多地受时代风尚的影响，可以再讨论，尤其要加强论证他们与《艺苑卮言》的自觉关系。

Q2：叶老师好！最近在清代家集中发现有些词不是家集主人所作，而是某位明代词人的作品，如杨基的词就混入了《蒯氏家集》。这样张冠李戴的现象，在当时普遍吗？是不是与晚清人的抄词风气有关？

A：总的来说，我觉得家集的可信度还是要比家谱高一点。至于晚清词人的抄词风气，是不是导致这种误入现象的原因，我觉得要分不同情况来说。第一种是"抄袭"的"抄"，最典型的就是王彦泓的《疑云集》。王彦泓是明末清初的一位词人，袁枚很欣赏他。安徽大学的耿传友教授写过一篇辨伪文章，考证《疑云集》是清末民初才出现的一部伪书，实际上是把晚清词人俞廷瑛的数百首诗词作品整个抄了过来，再标上了王彦泓的名字。像这样整部书偷梁换柱的现象，在清末民初并不是孤例，之所以很难考证出来，是因为我们现在对清词的研究还很不够。如果偷换的原作者是一位不知名的清代后期词人，由于现在《全清词》的整理只到"嘉道卷"，还有最后六十年没有整理过，而晚清词集的文献量又很大，我们确实不容易发现。如果是对较早的两位词人的偷换，我们就比较容易发现了，道理很简单，现在对清代中期以前的词的整理，已经比较完整了。

第二种是"抄写"的"抄"。就像这位同学说的，杨基词混入了《蒯氏家集》，如果数量不多的话，或许是蒯氏族人收集到了一些长辈的手迹，有的是整部抄本，有的是书法、题画作品，而那位抄写或题写的长辈，很喜欢杨基的词而已。整理者没有较好的诗词素养，把这些词视为自己长辈的作品摘录了下来，是很常见的。这个就需要具体问题具体分析了。

Q3：叶老师好，您能否大致谈一下词的接受研究。

A：词的接受研究，这是一个大问题了。如果是谈经典名家对后世词人创作的影响，那么，这方面的研究成果已经很多了，如稼轩词的清代接受史，李清照词的接受研究等。我觉得有两个维度是可以继续推进的。大家之所以不满足于词的接受研究，在一定程度上是因为现在很多成果的研究路径，是从文本到文本，不太关心作品的生成语境。这种研究方式，只要熟读《全唐五代词》《全宋词》《全金元词》《全明词》《全清词》就够了。作品是活了，但人依然没有活起来。如果追问某一位词人读了哪些词籍，读的是《东坡先生全集》，丛刻的《宋名家词》，还是单刻的《东坡乐府》，我们是答不上来的。再如明清的词唱和活动，是宋词接受中很重要的一个面向，如果不去还原具体的创作场景，提高历史现场的分辨率，那终归还是"隔"了一层。

如果依然想走从文本到文本的研究路径，那我觉得还是要将研究的本位落在接受者的身上。现在的成果基本上还是大词人的视角，即使像李清照接受史这样的海外汉学研究，见解已经很高明了，但研究的本位仍在李清照。我个人觉得，后来者怎么在接受的过程中创造出一些新的气象来，才是最重要的，没有人是生来伟大的。否则就还是唐宋词的研究，而不是明清词的研究，这个我觉得是可以进一步提升的。

Q4：看过老师《〈牡丹亭〉集句与汤显祖的唐诗阅读》这篇文章。想问一下，明传奇中的集句诗，可以通过文本文献的异同，来考察特定作家的诗歌阅读及其来源。那么，明词中的集句词，包括集唐诗和集先唐诗，如刘基《写情集》中的大量集句词，是否可以用同样的方法来考察刘基的诗集阅读来源？

A：明词中的集句词有不少，但分散在不同的作家身上，我们没法讨论，倒不是因为作品数量被分流的缘故，而是因为阅读的主体还是人，我们需要集中在同一位作家身上。刘基有 29 首集句词，共 180 句，与《牡丹亭》中的集句诗相比，规模上还是欠缺了一些，那毕竟有 70 首 280 句。如果这 180 句的出处也是词，那我觉得是很值得讨论的；但事实上，里面的多数集句是诗句，如果是诗的话，这个案例的独特性就弱了很多。我觉得这种情况，去考察刘基的诗歌阅读来源，或许不是这篇论文的最佳形状。还是要因地制宜，解放思想，比如诗词句式的互益等，"阅读"也只是文学世界中的一个维度而已。

Q5：谢谢叶老师的精彩讲座。您讲的文学中的尘埃，学生深有感触。我现在研究的是明代的兄弟唱和，除了王世贞、王世懋这种有名的兄弟作家之外，还有两种兄弟唱和的类型：一位大作家附带一位寂寂无名的小作家，以及兄弟都是无名的作家。我想请问您，去发掘这一类寂寂无名的小作家的价值和独特性时，从哪些角度入手比较好呢？

A：兄弟两人都是小人物，大概是诗歌唱和中比较极端的一种情况了，不仅寂寂无名，而且封闭在家族内部，没有外联。如果我们撇开唱和作为一种社交方式的话，文学唱和在本质上是一种共同体内部的互动行为，特别是积极结社的那种。只要它还是文学共同体，其成员就有比较一致的文学主张或知识结构。如果类似"后七子"唱和，我会把研究的方向，定位在比较一致的诗学主张或宗尚对象上；但如果不是"后七子"那种自觉的文学社群，而是你所说的寂寂无名的兄弟，那么，我觉得从知识结构的角度去研究，可能比较合适一点。在中国古代的家族教育体系中，兄弟两人接受的基础教育应该是差不多的。如果考上了进士，有可能各自走向了不一样的新世界，也不排除依然在文学上帮扶的可能；但是如果没考上进士，一直逗留乡里，我觉得他们的知识结构是互通的。从互通的角度来讲，兄弟唱和或族人唱和，或许有一些东西可以去做。

Q6：感谢叶老师的精彩讲座。想请教一下老师，您对在比较文学研究中采用西方文论来阐释中国古代文学的做法怎么看？如果这样的做法有可取之处，怎样才能避免为了使用理论而使用理论的现象？

A：从学习的角度来讲，我不排斥，我觉得"东海西海，心理攸同"，有很多可以学习的地方。当然从表述的角度来讲，我比较倾向于传统表述，就是要把西方的思想或理论，最后化为自己的知识储备。比较理想的做法，是视角上借用，而表述上还是采用比较传统的语言方式。除非真的找不到合适的词语来表达，这种情况还是很少的。如果你的表述还是西式的，其实可以理解为，在某种程度上还没有吃透这套理论。如果吃透了，完全内化为自己的思想资源的话，我认为是可以用中式的或自己的表达方式把它说出来的。

Q7：叶老师，您好！请问明代词集中的诗曲混入，是后世编撰者疏忽的原因较多，还是作者文体观的原因较多？

A：这个情况比较复杂，首先取决于这部词集的实物版本的年代。如果这部词集的实物版本就在词人晚年或身后不久，当然是作者文体观的原因居多；但是如果隔了百年以上，我们没有早期的实物版本作为参照的话，后世编撰者的疏忽，也是很重要的一个原因。总的来说，考虑到明人对词、曲的区分确实不清晰，某些词调与乐府旧题、古杂言体也经常混在一起，我觉得与其关注诗曲混入的技术原因，不如关注词人文体观的形成原因。

本文由汉语言文学专业古文字学方向学生朱子眉、余筱然、王艺林、杨雨奇、丁建蓝、张鑫宇根据录音整理，整理稿已经叶晔教授审阅。

（作者单位：北京大学中文系）

"達"字释读

——长达二十年的接力*

赵平安

　　我的报告题目是"'達'字释读——长达二十年的接力"。识字和断代是古文字研究中两项基础工作,不识字,不了解记录的语言;不断代,不能彰显它的价值。二者相比较,识字是更为基础的工作。我们释字的传统,就是结合文献,形音义互求。这一传统到汉代形成,到清代特别是乾嘉时期到了登峰造极的程度。

　　近代以来,为了建立科学古文字学的需要,学者们系统总结了古文字的考释方法,比较典型的有唐兰先生的四条方法:

　　第一,对照法(比较法),指根据不同时期的已识字去考释未识字,例如用小篆或者隶书去考释对照。

　　第二,推勘法,根据语境或者上下文去推定大致含义。

　　第三,偏旁的分析,分析字的构件或者字基于哪些偏旁组成,从而认识整个字的整体。

　　第四,历史的考证,考察形体或者偏旁的发展变化,清楚汉字发展的来龙去脉,然后总结规律,进行文字的考释。

　　也有学者提出不同的研究方法,如杨树达先生的"破通假",是推勘法的一种延伸;再如有学者提出的"综合考证法"。

　　由于建立了科学的方法,新的材料不断出土、一批又一批学者的辛勤付出,古文字的释读可以说取得了丰硕的成果,呈现出空前繁荣的局面。但是我们应该看到,古文字的释读是极其复杂的工作,受制于主客观各种各样的条件。释读工作需要形成合力,需要不断地接力。可以说,释读工作永远在路上。

　　下面我们以"達"字为例谈谈古文字释读问题。

　　我的论文《"達"字两系说——兼释甲骨文所谓"途"和齐金文所谓"造"字》,考释了殷商甲骨文和东周齐系金文中的"達"字。把古文字中的"達"字分成两系:一系燕秦,一系齐楚。文章重点是考释甲骨文"達"字,先梳理甲骨文"達"字各种异写,把它分为九类:

　　1. ↕(《合集》32229)↟(《合集》32899)

　　2. ↕((《合集》6055) ↕(《合集》6051) ↕(《合集》6667)

　　* 本文根据清华大学历史学系赵平安教授 2022 年 7 月 1 日在浙江大学文学院"惟学"系列讲座的录音整理。讲座主持人为浙江大学文学院王挺斌特聘副研究员。

3. ⚡（《合集》6667）⚡（《合集》6667）

4. ⚡（《合集》32911）

5. ⚡（《合集》6031）⚡（《合集》6034 正）

6. ⚡（《合集》6040）

7. ⚡（《合集》6032 正）⚡（《合集》6037 正）

8. ⚡（《合集》68）

9. ⚡（《合集》6978）

　　由于"达"字异写众多，单纯从时间先后和使用频率上都无法梳理清楚。在梳理异写时，我们按逻辑顺序来进行梳理，得出甲骨文"达"字由简到繁的演进序列，能将"达"的各种异写统系起来。"达"字繁简两种主要的异写分别为🔸和🔹，如同于族氏铭文🔺（《陕西金文集成》6.0633）和🔷（《集成》15.9793），其中"🔶"相当于"🔺"。例 1-9"达"的主要变化，可以理解为古文字于竖笔上加横笔、弧笔或折笔。这个序列的最前端是🔸。🔸主要属于历组卜辞，🔹主要见于宾组。从时间序列看，后者略微靠前一点。陈剑先生曾指出"历组卜辞文字的不规范性"，"主要指历组卜辞中保存体现文字原始性的用字现象比较多"。也许从🔸可以看作原始性的用字现象。我们以🔸为释字的出发点，然后用逆推的方式，从已经释出的"达"字出发，确定甲骨文🔸应该释为"达"。

　　东周六国文字中，楚文字"达"作🔺、🔺、🔺之形，齐文字作🔺、🔺之形，三晋文字作🔺之形，燕系文字作🔺、🔺之形，秦文字作🔺、🔺之形。东周时期五大字系都用"达"，说明当时"达"是一个常用的字。东周五系文字，形式上有显著的区别，但是有两个共同点：其中一个是"辵"旁；另外一个是右上方部分（在竖笔上加点加横是古文字常见的羡符，因此加点加横没有本质的区别），五系写法高度一致。

　　《说文解字》（以下简称《说文》）中小篆"达"作🔺，许慎解释为"……行不相遇也。从辵、羍声。《诗》曰：'挑兮达兮。'达或从大"。但是《说文》这类文字在西汉之前并没有见过，西汉之前，秦系文字的右上部分的写法像矢镞，并非大小的"大"，大小的"大"是后来讹变的结果。从实际行用的情况看，秦代尚无讹变的迹象，讹变很可能发生在汉代。原来右上都是从"个"。也就是说，在战国时期的"达"字中，字中虽然有各种变化，但"辵"和"个"基本不变，比较稳定，具有初文特征。按照形声字构形的一般规律，"达"字分析为从辵、羍声，无疑是正确的。声符"羍"，《说文》解释为"……小羊也。从羊，大声。读若达。🔺，羍或省"。《说文》小篆收的异体实质是战国古文，《说文》所收省体🔺见于战国玺印（🔷中左边的字，《玺汇》3650）和兵器🔷，也在《说文》所收"櫱"之古文"栍"中做声符，实是战国古文。它和秦、燕、三晋"达"所从写法相似，可以加以认同。《说文》古文"羍"字上部有所省略。《说文》说"羍"的本义为小羊，读若"达"；"羍"分析为从羊、大声，相应地，🔺也应（或者说也可以）分析为从羊、个声。这是由两种结构的平行性和意符羊的规定性决定的，"个"大概只能看作声符。这样我们可以知道"个"应读为"达"，"个"有"达"的读音。

　　甲骨文从止的字后来往往演变为从辵，因此从形体和读音两个方面看，🔸和"达"都有非常自然且紧密的联系。不仅如此，二者在意义上还有联系。甲骨文"殷"作🔺（《合集》17979），表示用针砭给人治病，手所持与🔸所从相同。《左传·成公十年》"攻之不可，达之不及"的"达"，杜预注："达，针也。""达"有针砭的意思。这个说法清末民初的学者做过补正，别的地方也出现过，这是一个可靠的训诂资料。后来我们在东周时期的文字资料里也找到了相关的证据——在战国时期的楚简里经常出现表示劝谏的"箴"。这个字出现得比较晚,它原来是𢽽。春秋战国时期的"𢽽"(如鄂君启节𢽽、𣪠,《集成》18.12110-12112;新蔡葛陵简零271𣪠)是表示劝谏的"箴"的本字,是一个从个、弒(缄)声或咸声的字。上博五《君子为礼》10 号简的𥰫,上部为"竹"同化,是"𢽽"的讹变,"𢽽"字所从是"達"的初文,劝谏和治病救人的针砭相似,劝谏的"箴"从"个"作意符,十分恰切。

结合形音义来看,𥰫所从"个"很可能就是表示针砭的"達"的本字,只是本字作为单字早已经不使用,后来用"達"来表示而已。这样看来,𥰫中的"个"不但表音,而且表义,应分析为"从止从个,个亦声",是声兼义字。

把甲骨文𥰫释为"達",从形、音、义三方面来看,都是很合适的。我举的材料里边,许许多多的偶然性集中在一起就显现出了必然性。

𥰫到后世的演变也完全符合汉字发展的规律,除形符"止"演变为"辵",声符也发生了变化。其中一部分繁化为"牽",声符也就是繁化前的字,是该声符的子声符,这类繁化并不罕见。另一部分在"个"上加上羡符两横或口,或同时加上两横和口。清华简第八辑《治邦之道》07 号简𥰫,先写口再写两横,口和两横的位置比较随意,最能说明它们的羡符性质。总之,在古文字上加两横、加口这类羡符,都是古文字中常见的作风,符合一般的演变规律。

文章把甲骨文"達"的用法归纳为三类:第一类是"達+敌对方国",读为"挞";第二类是"達+友邦臣属",训为致,表示"让……来""让……去"的意思;第三类是"達+首",用法并不明确。

文章发表以后,得到了广泛的关注和热烈的讨论,参与其中的有老一辈学者,也有青年学者;既有语言文字学者,也有历史考古学者。一时间众说纷纭,争议至今不绝。可以毫不夸张地说,"達"字的讨论,是近 20 年来古文字学界热点个案之一。如果把这一问题加以梳理,其体量写一篇硕士论文应该是绰绰有余的。"達"字问题与甲骨文、金文、战国文字、秦汉文字都有关联,牵涉到太多语料和史料,其重要性和前沿性都十分显著,引起大家的兴趣并非偶然。

作为《"達"字两系说——兼释甲骨文所谓"途"和齐金文所谓"造"字》的作者,我对于后来这场讨论虽然始料未及,但也一直在跟踪这场讨论,应该说,大家的讨论极大地促进了问题的解决。这里无意系统梳理讨论过程,只想结合大家的讨论,结合新见材料,就原来的看法,谈几点补充意见。

一

朱凤瀚先生发表了《叔器与鲁国早期历史》,披露了西周早期鲁国的几件铜器及铭文,其中"達"作𥰫,这个"達"所从牽和西周时期主流的写法相同,代表西周齐鲁地区文字使用的特点。我们知道,齐系文字包括齐、鲁、邾、倪、任、滕、薛、杞、纪、祝等国的文字。东周文字中的齐系文字是重要一系,包含十二个国家的文字,要了解东周时期齐系文字的形体是如何发展而来的,最好的办法就是和这一区域前期的文字进行比较。在没有更多资料的情况下,西周时期鲁国文字的写法,当然可以作为齐系文字前期写法的代表,有学者把它纳入齐系文字是很有道理的。

把春秋齐系文字𥰫(叔夷镈,《集成》01.285)、𥰫(鎛鎛,《集成》01.271),战国齐系文字𥰫(《陶录》2.206.4)、𥰫(《陶录》3.352.1)与西周早期齐鲁地区𥰫进行比较,不难发现,前者应该是在后者基础上加上羡符口形。加上口形之后,字的中部发生省变,与口形结合在一起,变得似舌非舌,让人产生不同的联想。

有学者把齐系"達"变化分析为用舌声替换羊旁。舌和"達"音相近，舌固然可以作"達"的声符，但这种分析有以下弊端：一、在齐系"達"的写法中，真正从舌的只有极个别，而且时代比较晚，较早的春秋金文，绝大多数战国陶文，都不从舌，分析为从舌，明显是以今律古，以偏概全；二、西周早期金文匽父鼎（《集成》05.02671、05.02672）有从舌的"達"，是以舌声替代个声，以比较常见的声符替换比较罕见的声符，这是很正常的情况。而以舌声替换形符羊，使得原字成为双声符，则显得比较奇怪。

根据上面的分析，齐系"達"字应该看作是独立的一系，就是在𢇍的基础上加口形，然后省简省并。个别声符下半部分变成舌，勉强可以看作偶然性的变形音化，与其来源无关，说它勉强，是因为书写者也许有主观故意，但从接受的角度看，因为是个案，人们未必把舌当作声符看待。这样看来，过去我们笼统地把齐楚看作一系恐怕是有问题的，应当予以纠正。

<h2 style="text-align:center">二</h2>

《陕西金文集成》所收昔鸡簋有一个写作▨形的字，现在主流的做法是把它隶定为"遣"。纯粹从字形来看，这样隶定好像很有道理，其实有很多窒碍：第一，后世传世字书里并没有这个字，睡虎地秦简有"遣"字，日书作▨（《日书》乙本）。"外遣日"，同出另一简作"外害日"（《日书》甲本）。"遣"和"害"的关系，有学者认为是异体字。裘锡圭先生认为，"遣"和"害"的关系是通假字的关系。"遣"和《说文》的"䢔"可能是同一个字。新蔡简也有这个字，作▨（乙四 30、32），文辞残缺，用法不明。新蔡简又有"遣"（甲三 64）。如果把"遣"看作"䢔"的异体字，那么在新蔡简里两种写法已经并行，我们知道，"䢔"字的演变序列从商代文字到战国秦汉都比较清楚，写作"遣"应该是比较晚出现的，是替换声符的结果。如果把"遣"看作"害"的异体，到西周春秋似乎都还没有确切的用例，也说明它是比较晚起的。

"害"字的来源比较复杂，《说文》分析为"从宀从口，丯声"。这种说法被证明是错误的。"害"字的早期说法，裘锡圭先生认为可能从古声。如果按刘钊先生的考释，可能是整体象形字。后来学者多认为古文字中的"害"字有月部、鱼部两个来源。鱼部字的"害"来源于"▨"（即瑚、匜、簠的象形初文），省简变为"▨"（史墙盘，《集成 16.10175》），下部进一步简化为口形就成为常见的"害"。月部字的"害"字来自"▨"（𩶏鼎，《集成》05.2749）。"害"字有两个来源：一个来源于鱼部；一个来源于月部。这个说法是大家基本上都承认的，认可度非常高。

放在同一个平面来看，昔鸡簋里的▨所从和"害"的主流写法其实不一样。这说明把西周金文中的▨释为"遣"是不合适的。昔鸡簋▨它实际上是在甲骨文"達"字繁体▨的基础上加上口形，而"達"字有一部分就是在原字的基础上加上羡符口或者加两横。所以这个"達"字非常之好，完全可以放到我们释"達"的区间里面来，把它看作一个"達"字。在甲骨文中，"達"系字和"害"系字用法完全不同，区别谨严，从不相混。但"達"的繁体所从确实有时和害的形体相混，就像"達"字的繁体所从有时和余的形体相混一样。因此，释"達"为"遣"的错误和释"達"为"途"的错误其实是一样的。

释"遣"的说法有问题，但影响很大，主要是因为"達"字声符加口以后和"遣"写法很一致。显示二者不仅本来写法相同，而且在发展过程中演变路径也完全一致，这是特别迷惑人的一个地方。

其实,这是假设"遣"确实从"害"这个前提下做出的判断。前面已经指出,█所从其实未必就是"害"字,真正的"遣"字是很晚才出现的,西周早期的█不宜释为"遣"。把█释为"達"后,"達"系字和"害"系字就能区别开来了。更重要的是,它补充了甲骨文到东周时期"達"字之间的缺环。朱凤瀚先生曾非常敏锐地指出,对于释"達"的说法,需要再斟酌的是,从甲骨文到东周之间缺乏一个中间环节。现在昔鸡簋在一定程度上可以弥补这个缺陷,可以补充中间环节,是弥足珍贵的一个材料。

三

宋代著录的两件西周早期匽父鼎(《集成》05.02671、05.02672)有█字,孙诒让先生释此字为"達",认为声符从羊从舌,是非常正确的。刘心源、董珊等先生也都同意这个说法。它就是用舌声替换个声,舌和个音很近,作为声符可以替换。这个从羊舌声的声符字,实际上是从羊个声的牵的异体字,就是换了个声符。这个字的出现和确释,在一定程度上可以反证"牵"中的"个"具有表音作用。

有学者根据西周金文匽父鼎█之类的写法,楚简中舌声字与"達"声字相通的例子,以及齐文字"達"所从下部个别近似舌的写法,指出楚文字中的"達"字,简写的一路(█,郭店《老子》甲8)是将原来的羊旁替换为舌,繁体的一路(█,清华简《芮良夫毖》28)是将羊旁替换成加肉旁的舌。这个说法现在的影响力非常大。它的问题是,在迄今所见"達"字用例极多的背景下,不论简体还是繁体,都没有一例真正从舌的。如果真是从舌,不可能是这样一种局面。楚文字中的"達",声符部分下部主体的写法还是从两横,从口,有时候省去两横,有时候省去口形,还有时候会加上肉旁。加上肉旁的声符字,整体可以看作"牵"的异体字。"牵"的本义是小羊,当然可以从肉旁。就像豚一样,本义为小猪,从肉旁。

偶尔有"達"字中两横写成如下诸形:

█(清华简《邦政》09)

█(清华简《皇门》03)

这类写法声符下部容易被误以为舌字。但只要比较一下█(清华简《皇门》11)这个字形就会发现,口上部分只不过是写两横时分别从两边起笔,然后合拢,但合拢不到位而已。横画两头较粗,显示了运笔的过程。写横画如此运笔,大概是为了与上部"个"的撇捺呼应,是书法上的考虑,应该没有深意。

声符加肉旁的"達"有繁简不同的几种写法:

█(清华简《芮良夫毖》28)

█(包山文书121)

█(郭店简《性自命出》54)

█(上博简《民之父母》02)

都是在繁简不同的声符上加肉旁,加了肉旁以后的声符部分,是牵的异体字。上博简《性情论》24█字,加了肉旁后省去有关键意义的辵旁,用为"達",表明加上肉旁以后声符部分仍是一个整体,是独立的一个字,应做一字看待。《民之父母》02中的█字,去掉后加的肉旁,余下的部分结构和甲骨文相同，返璞归真，回到原点。

上博简《姑成家父》05▨（"今主君不遣于吾"），07▨（"伐宅遣适，吾子图之"），一般隶作遣，多读为察和折。毫无疑问是一个从辵舌声的字，它的写法和用法，与"达"都很不一样，显然不是同一个字。因而至今没有人把它看作"达"的异体。如果真像过去有些学者所理解的战国文字"达"本从舌声，那这个字应该是最有资格充当"达"的异体的。可事实不是这样。这可以作为"达"字从舌声的一个反证。

四

刚才讲得更多的是形体方面一些新的有利于释"达"的材料，从训诂的角度来看，也有一些新的材料可以帮助我们理解、推进"达"字的释读。

《国语·吴语》："寡人其达王于甬句东，夫妇三百，唯王所安，以没王年。"

韦昭注："达，致也。"

《国语·越语上》："吴请达王甬勾东，吾与君为二君乎。"

韦昭注："达王出之于东境也。"

清华简《越公其事》里面有一段相似的文字："不谷其牺（将）王于甬勾东、夫妇三百，唯王所安，以屈尽王年。"

与"达"相当的字作"将"。据整理小组注，"将"有送的意思，"将"在先秦、秦汉文献里这个用法非常常见，而且从文意来看确实是这个意思。《越公其事》这则异文表明，"达"也有送的意思。《汉语大词典》"达"下特别列"送到、传送"这个义项，是非常正确的。《辞源》"达"下没有这个义项，过去这个义项是有人怀疑的，孤证。

昔鸡簋："王姒乎昔奚（鸡）达芳姞于韩，韩侯宾用贝、马。"其中"达芳姞于韩"，以及甲骨文"令訚达启于并"（《合集》6056）、"令永达子央于南"（《合集》6051）与上述《国语》用法一样，都应该训为送。过去把甲骨文"达＋友邦臣属"这类达训为致，解释为"让……来""让……去"的意思，和现在多数学者把甲骨文这类用法理解为送、迎或会其实是一致的，只是过去我们受制于达训致这个模糊训释的影响，可能认识不那么到位。有个很好的例子，《周礼·夏官·怀方氏》："掌来远方之民，致方贡，致远物，而送逆之，达之以节。"这段话对我们理解达、致、逆和送的关系非常有帮助。"让……来"对应迎，"让……去"对应送。古书中致也可以直接训为会。像《周礼·地官·遂人》："凡治野，以下剂致甿，以田里安甿……"郑玄注："致，犹会也。"所以"达"可以训迎、训送，也可以训会。释字虽然不同，但与现在主流学者对甲骨文疑难字的理解不矛盾，是一致的。

有学者把《国语》里边两处"达"看作"送"的讹字，即"将"字。这里我特别说明一下。因为《汉语大词典》里边说"达"有送的意思，有人不信，现在突然有异文证明"达"有送的意思，特别引人关注。至少有两位学者专门写文章讨论过这个字，已经发表了。现在看来把"达"看作"送"的讹字这种说法是有问题的。首先，"送"在金文、战国文字里边都有，是"逆"的一个简体。这个字一般情况下都有框，偶尔才简化为从辵从羊的样子，从使用频率上来讲这一说法不成立；其次，《越公其事》里面的这个字作"牺"，不作"送"，没有确切的异文证明在这样一个位置上原来一定是写成"送"的，这一说法缺乏事实依据。

其实，"牺"字跟"达"字只是用字不同，仔细地比较这段译文就会发现，它有多处是同义词/近义词互换，只是表述不一样。如"不谷"对"寡人"，"屈尽"对"没"，那么"将"对"达"，不是正字和讹字之间的关系，而是同义词、近义词之间的这一种关系。他们文章里边还提到，为什么会锁定就是这个"迋"？还有一种假设是说,将军的"将"一般是用"牉"表示。那么表示送行的"将"一般是要用"迋"表示的,其实这也是想当然的,没有必然性。在清华简的《赵简子》里二字可以混用。再者,战国楚文字里的"迋"字有时是逃逸的"逸"的异体字(逪)。在战国秦系文字和秦西汉简帛文字里"迋"一般是"逆"的异体字,都与"将"无关,如果国语里边两处"達"真是"将"的话,它原来的底本应该写作"迋",无论是从战国还是秦汉看,都不可能误解为"達",(可能误解为其他字如"逸""逆")因为它和《越公其事》里边真正的"達"字以及秦汉时期的"達"字差得实在太远了。

　　《越公其事》和《国语》对读这个材料非常之好,可以帮助我们推进理解。还有一条材料也很好。上博简的《举治王天下》:"王访于上(尚)父曰:'我左串(患)右难,吾欲達中持道。昔我得中,世世毋有后悔。'"关于"中"字的含义,现在有不同的理解,争议很多,我们先不管。但"達中"跟"持道"是相对的,"達中""持道"就是两个动宾结构。"中"跟"道"关系非常的密切,"達"字跟"持"关系也很密切,从这里可以看出,有得、持一类的意思。

　　"達"的得持之义,对我们很有启发。曾侯乙编钟:"伯适上庸,左右文武,達殷之命,抚定天下。"我认为"達殷之命"这个"達"也是得、持一类的意思,"左右文武,達殷之命"就是周文王、周武王取得殷的天命。《尚书·多士》:"肆尔多士!非我小国敢弋殷命,惟天不畀允罔固乱,弼我。"伪《孔传》训"弋"为"取"。得、持、取的意思相近。《顾命》:"昔君文王、武王宣重光,莫丽陈教,则肄肄不违,用克達殷集大命。"这里"達"也是取的意思,取得殷所集之大命。对于这里"集"字的理解,同意刘钊先生的看法,指止栖一类的意思。清华简《四告》里边的"達殷受大命","達"也是相似含义。"殷集""殷受",都是主谓结构的短语做定语,句式与《洛诰》"王命予来承保乃文祖受命民"、《周公诞保文、武无受民》、《立政》"相我受民"、盂鼎"相先王受民"相似。"達殷集大命"就是達殷集之大命,"達殷受大命"就是達殷受之大命。"集"与《君奭》"其集大命于其躬"、《文侯之命》"惟时上帝集其命于文王"用法相同,是"降落、止栖"的意思。"受"与《君奭》"惟时受有殷命哉"、《酒诰》"故我至于今克受殷之命"、《康诰》"诞受其命"用法相同。因为天命不是一成不变的,而是可以改变的,所以周人可以取得殷的天命。史墙盘:"達殷畯民"(《集成》16.10175),这一句话争议也很大。"畯民"相当于《尚书·多士》里的"俊民","達殷畯民"是说得到殷的俊民。这个"達"字也是得、取一类的意思。我不同意"達殷俊民"这个说法,我们理解"達"字要放在一个系统里边统一地、汇通地理解。

　　《尚书·多士》里有:"乃命尔先祖成汤革夏俊民甸四方。"这个争议也比较大。过去一般从"夏"后断句,"革夏"是殷革夏命的意思。如果这样理解,就和前文"惟时天罔念闻,厥惟废天命,降致罚"语义重复。其实应该从"民"后断句,或者不断句。"革夏俊民"与"達殷畯民"结构相同。《多士》俊民的俊,敦煌本、内野本作畯,《史记·宋微子世家》作畯。结合史墙盘看,畯可能属于较早的写法,革很可能是"達"的讹字。这是一个推测。

　　清华简《四告》第27简里边有一个字"𤱞",当时就引起了我们的重视。这个字把辵旁拿掉,剩下的部分写法与"革"(𦆪《唐虞之道》12)非常之像,所以"達"字和"革"之间是有形体的联系的,字形非常接近,不加辵旁的"達"字讹成"革"字是完全可能的。那么,"革夏俊民"就是達夏之俊民。俊民,伪《孔传》释为贤人,屈万里以为才智之士。甸,治也,见《诗·信南山》毛传。四方,意谓全国。"乃命尔先祖成汤革夏俊民甸四方"就是上天命你们(殷遗民)的先祖成汤用夏朝的才智之士治理全国。前面说天废夏命,接着说天命成汤達夏之俊民治理国家,语意衔接,也符合革命、受民、受疆土的传统。

　　《多士》里边还有"惟尔知,惟殷先人有册有典,殷革夏命"。"殷革夏命"也应理解为"殷達夏命",即殷取得夏所受的天命。《多士》通篇托词天命,大家应该有比较强烈的感受,商人比周人更信天命，在商人的典籍里说殷改变了夏的天命，就显得有点不合情理。改变夏之天命本质上是因为夏人自己没做好，最后由天帝来完成，商人只是顺势取得了夏的天命，如此而已。所以，过去把"達"训为"通"，也有对的成分，只是不到位而已。

通过以上的补正，可以证明我们以前对"達"字字形结构的分析基本上是正确的。我们把"達"字理解为声兼意字，但因材料增多，两系说应该加以修正。"達"字实际上可能不止两系，齐可以单立一系。齐系就是在"夲"的基础上加一个"口"形，可以单立为一系。如果再分细一点，楚也不像过去想象的那么简单，实际上从肉旁的还可以单立一个支系。从"肉""達"声的可以单列一个支系，因此目前看可以分为三至四系。

甲骨文"達"的几种用法，都有书证可以支持，"達＋敌国"时，表示挞伐。《经籍纂诂·曷韵》："《诗·子衿》'挑兮達兮'，《御览》四百八十九作'挑兮挞兮'。""達"通"挞"。"達＋友邦臣属"，训致，表示"让……来""让……去"，前者相当于迎，后者相当于送，笼统一点也可以训为会。"達＋首"，黄天树先生解释为取首级，对应于文献中的得、持、取一类用法。黄先生的这个解释，现在看，仍是"達首"最好的说法。

以上拉拉杂杂谈了"達"字释读，这里边吸收了一些新的材料，更汲取了许多学者的智慧。这里要特别感谢时代的馈赠，特别感谢学界前辈同行崇高的使命感和责任感。

"達"字只是一个个案，也许不算经典的个案。但已足以说明古文字释读的复杂过程，而且这个过程还远没有结束，期待大家的更多参与，并开启一段新的接力的征程。

今天我的报告就到这里，谢谢大家！

五

有关"達"字释读的相关讨论。

马程昊：赵老师，您好！我是强基汉语言 2001 的马程昊。我有一个问题想请教。您在考释甲骨文中"達"字时分为了两个部分：一个是"止"；一个是"个"。然后，在您讲《"達"字两系说》举例的时候，整个"達"字可以拆分为三个部分：一个还是"个"；一个是由"止"演变来的"辵"；还有一个是"羊"。我很想知道那个"羊"是怎么就添加到"達"这个字里面的？

赵平安老师：刚才这位同学提的问题非常好，这确实是很要害的一个问题。应该说关于"達"的演进的序列，中间不是很密致，还有缺环。有些地方还有待新的材料来补充，增强论证的说服力。现在只能这么说，因为过去有学者否定"夲"字存在，觉得它是为了分析"達"生造出来的一个字，这个字在古文字里边可能是不存在的，没有这个东西。如果真是这样的话，我的说法里声符从"羊"这个系列就建立不起来了。我们已经从实际行用的战国文字资料里，找到了这个表示小羊的"夲"，下面从羊、上面从箭头一样的（夲）。这个字是实实在在行用过的，在三晋的玺印、兵器里边都有，而且传世的古文里边也有。所以这个"夲"字的存在，应该是不容否定的，是一个铁定的事实。

另外，关于夲的小羊义问题，也是不能轻易否定的。过去对《诗经》中的"先生如達"一语，有人说不伦不类的、不合情理。西方学者有这么说的，中国的学者也有这么说的。但实际上"先生如達"，達本作夲，是说像小羊生产很顺畅。我做过一些调查研究，羊的生产跟人的生产确实不一样。古人对生孩子、孩子生育状况怎么样是非常关注的。新出的简里边有"育徜徉"的说法，就是说生孩子很顺畅。当然古书里也有"痷生"一类的说法。古人起名叫"夲"的，可能就跟生育特征有关系的。既然这个夲字是一个客观的存在，夲有小羊义也是一种客观存在，那么"達"字从辵夲声就顺理成章了。小羊这个牽也是从"个"得声的。那从甲骨文到西周金文这种演变,无非就是把一个初文,一个原始的声符,替换成一个稍微复杂一点的包含初文的形声字作为声符,这种现象是挺多的。不说别的,你翻开乇部字就能够找到不少这类声符繁化的例子。

杨雨奇:赵老师,您好!我是强基汉语言 2001 班的杨雨奇。我想接着马程昊同学继续跟您讨论一下。您提到了这个"達"字由它的初文,然后产生有两系的分化。但我想请问一下它到小羊那个形体的转化,到底是由于一开始随意增加了一些繁化,然后导致这个字形比较像羊形,还是因为有一些人观察到了这个"達"字的意义和羊的生产是有些意义上的关系的,所以才把字形往这个方向上去贴合呢? 就是说这个是笔画的繁化在前,还是与意义相关?

赵平安老师:就是所谓的初文的"達"(个)跟那个小羊的"達"(圈)之间的关系问题,是吧?"牽"是独立的一个字。现在遗憾的是,这个字的材料稍微晚一点,到东周时才有,当然在西周时它也作偏旁使用,在"達"字里边做声符了。所以,它的出现应该是很早的。我不是说"達"是在初文(个)的基础上加一个羊旁。首先要说明它不是这么演变过来的,它只是羊旁的"牽"替换了个,应该这样理解,不是说在上面加一个羊旁,而是用一个形体比较复杂的形声字替换了原来的个。原因是什么呢? 因为初文的"个"字作为一个单字,后来不独立使用了。像这样的例子比较多,过去裘锡圭先生考字的时候,经常举到类似的一些例子,就是有些初文,本来它是一个独立行用的字,在后来的发展过程中消失了,只保存在合体字中。

"个"本来就在这个字里边做声符。这个从羊、个声的字(牽)本身是小羊的专字,这是我今天讲的时候特别强调的一点,而且加肉旁的也是小羊的专字。一方面,它用这个在原字基础上加两横加口形羡符,这是"達"字一系的;另一方面,实际上就是用一个表小羊的字替换原来的声符,这又是一种情况。这个从羊、个声的字应该是一个独立的字,早在西周时就已经有了,作为偏旁使用,在战国文字里边多处出现单独使用的情况,作人名讲,这也是有道理的,反映了生育顺畅的特点。当然,我们现在的材料是有限的,可能不能让大家满意。

网友:请教一下赵老师,您讲座中说到古文字字形演变中有些时候注意轮廓,中间部分容易讹误。我想请问一下古文字字形演变中有哪些类似的规律性的东西,有相关的文章或著述可以推荐吗?

赵平安老师:这个还真有,我在写博士论文《隶变研究》的时候,有专门的部分谈这个问题,作为隶变的一条规律来谈的。我总结了四条规律,其中有一条就是保持原来的框架轮廓和特征部位。其中专门有这一条,它是有规律的。

何家兴老师:非常感谢平安老师,感谢挺斌!我说几句感受,也没有什么具体的问题。平安老师的讲座非常的精彩,听了之后,一点都不热了,很解渴,而且很清凉。

我谈两点感受。第一点,我听完之后,感觉语言学的观点和系统的这个观念是非常重要的。平安老师的讲座讲到各种历史的、共识的材料,其中语言学的意识特别强。我们有时候在看材料的时候,也有这种感觉,当异文对比时,这种文献用字的复杂性,从平安老师讲的"将"和"達"的文献用字的差异中,就能明显地感受到。另外,用字和这个词之间也是不对应的。这个现象非常复杂,所以语言学的观念和系统的思维非常重要。

第二点,我感觉平安老师这个讲座的现场感很强,特别是这个新材料,我们如果没有新材料的话,很多东西都是没有办法去感知的。有了新材料之后,仿佛就把我们带入了文本改字的这个现场,特别像"達""革"。我们看平安老师这个异文的对比,明显将我们带入了文本改字的现场,而且对文本改字的时代还有一个大致的推断,现场感很强。我们以后读书也会注意的,像改字的这种讹字,在其他的文献中间应该还会有的。

最后,我也提一个小小的问题,平安老师讲的甲骨中的那个"達"早期的字形,它那个三角尖(个)是什么东西呢?我想就此请教一下平安老师,没有其他问题了。

赵平安老师:谢谢家兴老师!谢谢你的鼓励,也祝贺你乔迁之喜。关于"達"字的初文,这确实是曾经我们很关注的一个问题,曾经也想努力地去解决这个问题。我初步的一个看法是这个象形部分的"達",就是《左传》里边"達之不及"的"達",是治病的"针砭"。为了论证这个问题,我当时还找了很多跟中医有关的著作来看,把发掘出土的针砭做了一个分类比较。有各种各样的针砭,其实不像现在这样只是一根针,从考古发现的情况来看非常复杂,各种形态的针砭都有。"達"字这个针砭,那个像箭头似的东西只是其中的一种。我有这么一个考虑,21世纪初就此写了篇小文章发表在《语言研究》上,文章不一定对,欢迎批评,谢谢!

王挺斌老师:线上还有一些朋友问赵老师论著情况的,我回答一下。赵老师的博士论文是《隶变研究》,这本书被翻译成好多文字,有韩文版、英文版等,最近又有重版。其他著作,比如说像《〈说文〉小篆研究》,还有《秦西汉印章研究》《新出简帛与古文字古文献研究》《新出简帛与古文字古文献研究续集》,还有赵老师的自选集。自选集是赵老师选了一些非常满意的论文组成的。

网友:我想问两个问题。第一个问题是《左传·桓公十七年》中有郑公子達,《韩非子·难四》篇中同一个人记作公子圉,您怎么看这种讹混?第二个问题就是您刚刚稍微提了一下保训篇里面的那个"中"字,我想请问这究竟是实在的物体,还是一个虚的概念?您能否简单讲一下?谢谢!

赵平安老师:谢谢!先说这个"中"字。这个"中"字确实比较麻烦,我专门写过文章谈这个"中"字,发在《中国史研究》上。我觉得从保训篇的上下文来看,它既有实的一面,又有虚的一面,应该是虚实结合的东西,内容博大精深。这是我的看法,不一定对。

关于"達"字和这个"圉"字,可能还是字形上的联系,确实是字形比较接近,可能就是在传承过程当中字形写讹了。"達"字跟"圉"字之间找不到太多的意义上的联系。

王挺斌老师:俗字里头,那个辵旁(辶)和半方框的形体(匚)经常混,这在张涌泉老师的书上谈得比较多。那么辵旁(辶)和全方框的形体(囗)应该也是容易混的,"達"和"圉"是形近讹误的关系。

赵平安老师:刚才好像还有一个同学问了《隶变研究》的事。《隶变研究》最新的一个版本是上海古籍出版社出版的,就叫"隶变研究(修订版)",应该是去年才出版的。台湾地区也有人研究隶变,书法界也有人研究隶变,可能还不止一个人,有些出版了,有些没出版,大家感兴趣的话可以都找来看一看。还有一些零散的论文谈隶变问题的。隶变问题可以说一直是个热点问题,不只搞文字研究的人感兴趣,搞书法学的人也感兴趣。而且每一份新的材料出来,只要跟隶变有关的都会有人谈论,这确实是值得深入研究一个问题,也值得大家持续关注。谢谢!

本文由汉语言文学专业古文字学方向"强基计划"班学生赵梓砚、戚萌、梅愉婷、张瑞妍、马程昊、姚可可根据录音整理。整理稿已经赵平安教授审阅。

(作者单位:清华大学历史学系)

中唐时期的荐士与选才

——韩愈《与祠部陆员外书》释证

胡可先

摘　要：科举取士与人才选拔一直是唐以后人才选拔的重要途径，科举取士与人才推荐结合，成为唐代人才选拔的重要方式。中唐时期韩愈荐才成为中国科举史上的佳话，其荐才过程在《与祠部陆员外书》中得到充分的呈现。其重要因素包括：一、韩愈《与祠部陆员外书》产生的背景；二、韩愈《与祠部陆员外书》所荐才士事迹考述；三、韩愈《与祠部陆员外书》所载梁肃与陆贽荐士；四、梁肃与韩愈荐士之取向及效应；五、陆傪之文士交游与荐士。

关键词：韩愈；《与祠部陆员外书》；荐士；选才

科举取士与人才选拔是一直是唐以后人才选拔的重要途径，而在漫长的历史长河当中，出现了不少影响历史进程的重要案例。中唐时期，权德舆知贡举，韩愈荐士，就成为中国科举史上的佳话，而这一过程在韩愈所撰写的《与祠部陆员外书》中得到充分的呈现。因而对韩愈《与祠部陆员外书》进行深入研究，就是中国科举史、政治史与文学史的重要课题。本文试对《与祠部陆员外书》产生的背景、韩愈所荐才士事迹，以及该文所载梁肃与陆贽荐士的关系、梁肃与韩愈荐士之取向及效应、陆傪之文士交游与荐士等方面进行考述。

一、韩愈《与祠部陆员外书》产生的背景

宋洪迈《容斋四笔》卷五《韩文公荐士》条：

> 唐世科举之柄，颛付之主司，仍不糊名。又有交朋之厚者为之助，谓之通榜，故其取人也畏于讥议，多公而审。亦或胁于权势，或挠于亲故，或累于子弟，皆常情所不能免者。若贤者临之则不然，未引试之前，其去取高下，固已定于胸中矣。
>
> 韩文公《与祠部陆员外书》云："执事与司贡士者相知识，彼之所望于执事者，至而无间，彼之职在乎得人，执事之职在乎进贤，如得其人而授之，所谓两得矣。愈之知者有侯喜、侯云长、刘述古、韦群玉。此四子者，可以当首荐而极论，期于成而后止可也。沈杞、张苰、尉迟汾、李绅、张后馀、李翊皆出群之才，与之足以收人望而得才实，主司广求焉，则以告之可也。往者陆相公司贡士，愈时幸在得中，所与及第者，皆赫然有声，原其所以，亦由梁补阙肃、王郎中础佐之。梁举八人，无有失者，其余则王皆与谋焉。陆相于王与梁如此不疑也，至今以为美谈。"此书在集中不注岁月。案《摭言》云："贞元十八年，权德舆主文，陆傪员外通榜，韩文公荐十人于

偁，权公凡三榜，共放六人，余不出五年内皆捷。"以《登科记》考之，贞元十八年，德舆以中书舍人知举，放进士二十三人，尉迟汾、侯云长、韦纾、沈杞、李翊登第。十九年，以礼部侍郎放二十人，侯喜登第。永贞元年，放二十九人，刘述古登第。通三榜，共七十二人，而韩所荐者预其七。元和元年，崔邠下放李绅，二年又放张后馀、张苰。皆与《摭言》合。

陆傪在贞元间时名最著，韩公敬重之。其《行难》一篇，为傪作也。曰："陆先生之贤闻于天下，是是而非非。自越州召拜祠部，京师之人日造焉。先生曰：'今之用人也不详，位于朝者，吾取某与某而已，在下者多于朝，凡吾与者若干人。'"又送其刺歙州序曰："君出刺歙州，朝廷耆旧之贤，都邑游居之良，赍咨涕洟，咸以为不当去。"则傪之以人物为己任久矣。其刺歙以十八年二月，权公放榜时，既已去国，而用其言不替，其不负公议而采人望，盖与陆宣公同。

韩公与书时，方为四门博士，居百寮底，殊不以其荐为犯分。故公作《权公碑》云："典贡士，荐士于公者，其言可信，不以其人布衣不用；即不可信，虽大官势人交言，一不以缀意。"又云："前后考第进士，及庭所策试士，踊相蹑为宰相达官，其余布处台阁外府，凡百余人。"梁肃及傪，皆为后进领袖，一时龙门，惜其位不通显也，岂非汲引善士为当国者所忌乎！韩公又有《答刘正夫书》云："举进士者，于先进之门，何所不往！先进之于后辈，苟见其至，宁可以不答其意邪！来者则接之，举城士大夫莫不皆然，而愈不幸独有接后进名。"以是观之，韩之留意人士可见也。①

韩愈与陆傪都是重才之人，故而有荐才之举。韩愈《行难》云："'陆先生参何如？'曰：'先生之贤，闻于天下，是是而非非。贞元中自越州征拜祠部员外郎，京师之人日造焉，闭门而拒之满街。愈常往间客席。"②《行难》作于贞元十七年（801），韩愈是造访陆并受其欢迎者之一，韩愈亦视陆傪为知己。后来，陆傪出任歙州刺史，韩愈还有《送陆歙州诗》："我衣之华兮，我佩之光。陆君之去兮，谁与翱翔。敛此大惠兮，施于一州。今其去矣，胡不为留。我作此诗，歌于逵道。无疾其驱，天子有诏。"③陆傪卒后，韩愈又作诗吊之，其《哭杨兵部凝陆歙州参》云："人皆期七十，才半岂蹉跎。并出知己泪，自然白发多。晨兴为谁恸，还坐久滂沱。论文与晤语，已矣可如何。"④杨凝与陆傪都是韩愈知己，陆傪贞元十八年（802）卒，杨凝贞元十九年（803）卒，韩愈因杨凝之卒而作诗一并哭陆傪。

贞元十八年知贡举为中书舍人权德舆，《旧唐书·权德舆传》："贞元十七年冬，以本官知礼部贡举。来年，真拜侍郎。凡三岁掌贡士，至今号为得人。"⑤韩愈《唐故相权公墓碑》："（贞元）十八年，以中书舍人典贡士，拜尚书礼部侍郎。荐士于公者，其言可信，不以其人布衣不用；即不可信，虽大官势人交言，一不以缀意。奏广岁所取进士明经，在得人，不以员拘。"⑥《新唐书·权德舆传》："迁起居舍人。岁中，兼知制诰，进中书舍人。……久之，知礼部贡举，真拜侍郎。凡三岁，甄品详裼，所得士相继为公卿、宰相。取明经初不限员。"⑦《唐语林》卷四《企羡》："权文公德舆，身不由科第，尝知贡举三年，门下所出诸生相继为公相，号得人之盛。"⑧权德舆生前与韩愈不见交集，而其卒

① （宋）洪迈：《容斋随笔》，中华书局 2005 年版，第 686—689 页。
② （宋）魏仲举：《五百家注韩昌黎集》卷一一，中华书局 2019 年版，第 692 页。
③ （清）方世举：《韩昌黎诗集编年笺注》卷二，中华书局 2012 年版，第 77 页。
④ （清）方世举：《韩昌黎诗集编年笺注》卷二，第 88 页。
⑤ （后晋）刘昫：《旧唐书》卷一四八，中华书局 1975 年版，第 4003 页。
⑥ （宋）魏仲举：《五百家注韩昌黎集》卷三〇，第 1268 页。
⑦ （宋）欧阳修、宋祁：《新唐书》卷一六五，中华书局 1975 年版，第 5077 页。
⑧ 周勋初：《唐语林校证》卷四，中华书局 1987 年版，第 362 页。

后,韩愈撰《唐故相权公墓碑》,对权德舆做出极高的评价:"公由陪属升列,年除岁迁,以至公宰,人皆喜闻,若己与有,无忌嫉者。于顿坐子杀人,失位自囚,亲戚莫敢过门省顾者,在朝莫敢言者,公将留守东都,为上言曰:'于顿之罪既贷不竟,宜因赐宽诏。'上曰:'然,公为吾行谕之。'顿以不忧死。前后考第进士及廷所策试士,踵相蹑为宰相达官,与公相先后,其余布处台阁外府凡百余人。自始学至疾,未尝一日去书不观。公既以能为文辞擅声于朝,多铭卿大夫功德,然其为家不视簿书,未尝问其有亡,费不待余。"①这段评价,特别突出了他主考进士重于选才的情况,所选百余人后来成为宰相达官,布处台阁外府,这与韩愈当初荐士适相呼应。

韩愈之所以作书与陆傪以推荐才士,盖与陆傪的特殊地位有关。傅璇琮先生在《唐翰林学士传论》上编《唐代翰林与文学》中说:"唐代知举者一般仅为一人,但另有佐助者,推荐人才,称为公荐或通榜。……当时翰林学士可以不出院,在任职期间作公荐或通榜。在当时举子录取中,有时通榜所起的作用更为实际,社会影响更大。"②如梁肃于贞元七年(791)由左补阙入为翰林学士,陆贽于贞元八年(792)初知贡举,即邀在院的梁肃为通榜。《唐摭言》卷八《通榜》条:"陆忠州榜,时梁补阙肃、王郎中础佐之。肃荐八人俱捷,余皆共成之。故忠州之得人,皆烜赫。"③贞元十八年(802),权德舆知贡举,陆傪的职责就是通榜,故而有推荐人才的条件和义务。《唐摭言》卷八《通榜》条:"贞元十八年,权德舆主文,陆傪员外通榜帖。韩文公荐十人于傪,其上四人曰侯喜、侯云长、刘述古、韦纾,其次六人:沈杞、张苰、尉迟汾、李绅、张后馀、李翊。而权公凡三榜,共放六人。而苰、绅、后馀,不出五年内皆捷矣。"④韩愈之所以作《与祠部陆员外书》,是因为其制度背景如此。

二、韩愈《与祠部陆员外书》所荐才士事迹考述

韩愈《与祠部陆员外书》(以下简称《书》)是荐才荐贤的一篇著名文章,故得到时贤与后人的称赞。所荐才士为权德舆所擢拔,对于中晚唐政治史与文学史都具有重要影响。但典籍对于他们事迹的记载,或详或略,需要进行钩稽梳理,才能进一步彰显。

(一)侯喜

《书》曰:"文章之尤者,有侯喜者、侯云长者。喜之家,在开元中,衣冠而朝者,兄弟五六人,及喜之父仕不达,弃官而归。喜率兄弟操末耜而耕于野,地薄而赋多,不足以养其亲,则以其耕之暇读书而为文,以干于有位者,而取足焉。喜之文章,学西京而为也,举进士十五六年矣。"

按,侯喜,新、旧《唐书》无传,刘真伦《韩愈文集汇校笺注》卷七钩稽其生平,项臻《侯喜研究》硕士学位论文(华中科技大学2010年)专门做了研究。根据以上研究先概括其生平如下:侯喜,字叔起,上谷人。行十一。贞元十七年,韩愈荐之于卢虔。十八年,又荐之于陆傪。十九年,登进士第。元和七年,任校书郎。十一年,任协律郎。十五年,为国子主簿。长庆三年卒。

《韩昌黎集》魏本引补注云:"正(贞)元十九年,喜中进士第,后终于国子主簿。"⑤韩愈有《赠侯喜》诗,方世举注:"是书作于贞元十八年,而喜以十九年中进士第,仕终国子主簿,亦韩门弟子中一人也。"⑥是韩愈推荐的第二年,侯喜中进士第。在此之前,韩愈还有《与汝州卢郎中论荐侯喜状》,

① (宋)魏仲举:《五百家注韩昌黎集》卷三〇,第1269页。
② 傅璇琮:《唐翰林学士传论》,辽海出版社2005年版,第56页。
③ 陶绍清:《唐摭言校证》卷八,中华书局2021年版,第304页。
④ 陶绍清:《唐摭言校证》卷八,第301页。
⑤ (宋)魏仲举:《五百家注韩昌黎集》卷一七,第915页。
⑥ (宋)方世举:《韩昌黎诗集编年笺注》卷二,中华书局2012年版,第73页。

是将侯喜推荐给汝州刺史卢虔，云："阁下既已知侯生，而愈复以侯生言于阁下者，非为侯生谋也。感知己之难遇，大阁下之德，而怜侯生之心，故因其行而献于左右焉。"①是韩愈一直视侯喜为知己。

韩愈与侯喜赠答诗作多首，有《赠侯喜》《喜侯喜至赠张籍张彻》《送侯喜》《咏烛花同侯十一》《雨中寄张博士籍侯主簿喜》，还有《石鼎联句诗》，为多人联句之作。其《石鼎联句诗序》云：

> 元和七年十二月四日，衡山道士轩辕弥明自衡山来，旧与刘师服进士衡、湘中相识，将过太白，知师服在京，夜抵其居宿。有校书郎侯喜，新有能诗声，夜与刘说诗，弥明在其侧，貌极丑，白须黑面，长颈而高结，喉中又作楚语，喜视之若无人。弥明忽轩衣张眉，指炉中石鼎谓喜曰："子云能诗，与我赋此乎？"刘往见衡、湘间人说云：年九十余矣，解捕逐鬼物，拘囚蛟螭虎豹，不知实能否也。见其老，颇貌敬之，不知其有文也。闻此说，大喜，即援笔题其首两句，次传于喜。喜踊跃，即缀其下云云。道士哑然笑曰："子诗如是而已乎！"即袖手竦肩，傍北墙坐，谓刘曰："吾不解世俗书，弟子为我书吾句。"因高吟曰："龙头缩菌蠢，豕腹涨彭亨。"初不似经意，诗旨有似讥喜，二子相顾惭骇，欲以多穷之，即又为而传之喜。喜思益苦，务欲压道士，每营度欲出口吻，声鸣益悲，操笔欲书，将下复止，竟不能奇也。毕，即传道士，道士高踞大唱曰"刘把笔，吾诗云云"。其不用意，益切奇出，不可附说，语皆侵刘、侯。喜益忌之。刘与侯皆已赋十余韵，弥明应之如响，皆颖脱含讥讽。二子思竭不能续，因起谢曰："尊师非人也，某等伏矣，愿为弟子，不敢更论诗。"道士奋然曰："不然，章不可以不成也。"又谓刘曰："把笔来，吾与汝就之。"即又唱出四十字，为八句。书既止，即读，读毕，谓二子曰："章不已就乎？"二子齐应曰："就矣。"道士曰："子皆不足与语，此宁为文邪！吾就子所能而作耳，非吾之所学于师而能也。吾所闻者，子皆不足以闻也，独文乎哉！吾语亦不当闻也，吾闭口矣。"二子大惧，皆起立床下，拜曰："不敢他有问也，愿闻一言而已。先生称'吾不解人间书'，敢问解何书？请问此而已。"道士寂然若无闻也，累问不应，二子不自得，即退就座。道士倚墙睡，鼻息如雷鸣，二子恓然失色，不敢喘。斯须，曙鼓鼕鼕，二子亦困，遂坐睡。及觉，日已上，顾觅道士不见，即问童奴。奴曰："天且明，道士起出门，若将便旋然，奴怪久不返，即出到门觅之，无有也。"二子惊愕自责，若有失者，间遂诣余言。余不能识其何道士也。尝闻有隐君子弥明，岂其人耶？韩愈序。②

所记侯喜元和七年为校书郎时事。这首诗及序颇多戏谑之辞，则其参与联句之侯喜、刘师服，都与韩愈是至交。这首诗历代聚讼纷纭，多以为是韩愈自作，轩辕弥明为虚构。但我们看诗中侯喜、刘师服实有其人，即使是韩愈借二人之名以联句作诗，也足以说明其关系密切。

侯喜官至国子主簿，韩愈又作《祭侯主簿文》云："惟子文学，今谁过之。子于道义，罔不拾遗。我狎我爱，人莫与夷。自始及今，二纪于兹。我或为文，笔俾子持。唱我和我，问我以疑。我钓我游，莫不我随。我寝我休，莫尔之私。朋友昆弟，情敬异施。惟我于子，无适不宜。"③其时为长庆三年（823），韩愈由兵部侍郎转为吏部侍郎。文中亟称侯喜的文学与道义，又重点叙述两人之间二十余年的交往。《韩昌黎集注》云："公贞元十七年，与喜同渔于温洛，尝有诗云'吾党侯生字叔起，呼我持竿钓温水'，故此又有'我钓我游，莫不我随'之语。尝荐喜于汝州刺史卢郎中，又尝荐之于陆员外傪，观其荐词，亦与此文'惟子文学，今谁过之'之意相表里。"④从韩愈所作祭文来看，他与侯喜

---

① （宋）魏仲举：《五百家注韩昌黎集》卷三七，第1430页。

② （宋）魏仲举：《五百家注韩昌黎集》卷二一，第1037—1039页。

③ （宋）魏仲举：《五百家注韩昌黎集》卷二三，第1083页。

④ 马其昶：《韩昌黎文集校注》卷五，上海古籍出版社1986年版，第327页。

又为生死之交。但侯喜因为早逝,终于国子主簿,实际是有才而无位。

(二)侯云长

《书》曰:"云长之文,执事所自知。其为人淳重方实,可任以事,其文与喜相上下。"

《韩昌黎集》魏本引补注云:"正(贞)元十八年,云长中进士第。"①洪迈《容斋四笔》卷五《韩文公荐士》条:"以《登科记》考之,贞元十八年,德舆以中书舍人知举,放进士二十三人,尉迟汾、侯云长、韦纾、沈杞、李翊登第。"②当年是韩愈推荐的,侯云长中进士第。

唐林宝《元和姓纂》卷五"绛郡"侯氏:"状云本上谷人。唐户部郎中侯师,夏官郎中侯昧处,或云安都后。国子祭酒侯峤,著作郎侯璥节,并河东人。节生刘,监察御史。刘生云长、云章。"③韩愈《故幽州节度判官赠给事中清河张君(彻)墓志铭》:"天子壮之,赠给事中。其友侯云长佐郓使,请于其帅马仆射,为之选于军中,得故与君相知张恭、李元实者,使以币请之范阳,范阳人义而归之。"④是侯云长在穆宗长庆初年在郓州马总天平军节度使府,故韩愈作《张彻墓志》时称道之。

(三)刘述古

《书》曰:"有刘述古者,其文长于为诗,文丽而思深,当今举于礼部者,其诗无与为比,而又工于应主司之试。其为人温良诚信,无邪妄诈佞之心,强志而婉容,和平而有立。其趋事静以敏,著美名而负屈称者,其日已久矣。"

《韩昌黎集》魏本引补注云:"正(贞)元二十一年,述古中进士第。"⑤洪迈《容斋四笔》卷五《韩文公荐士》条:"永贞元年,放二十九人,刘述古登第。"⑥是韩愈推荐之第三年,刘述古中进士第。刘述古事迹,史籍记载不详。

(四)韦群玉

《书》曰:"有韦群玉者,京兆之从子,其文有可取者,其进而未止者也,其为人贤而有才,志刚而气和,乐于荐贤为善。其在家无子弟之过,居京兆之侧,遇事辄争,不从其令而从其义,求子弟之贤而能业其家者,群玉是也。"

刘真伦《韩愈文集汇校笺注》卷七钩稽其生平,大要为:韦珩,字群玉,京兆人。贞元十八年(802)进士登第,元和元年(806)四月登才识兼茂明于体用科。元和十四年(819)为京兆府美原县令。长庆元年(821)为怀州河阳节度参谋兼监察御史。宝历二年(826)为台州刺史。大和三年(830)为江州刺史。大和五年(831)授湖州刺史,未视事卒。

韦珩,字群玉,贞元二十一年(805)及第。《韩昌黎集》魏本引补注云:"群玉不见于《登科记》。公之所荐,十人九第,而群玉独遗,岂有司以京兆从子之故,远嫌畏讥,矫而黜之邪?"⑦所言不确,盖魏本补注不知韦珩字群玉。清徐松《登科记考》卷一五贞元二十一年进士科:"韦珩,贞元二十一年,珩中进士第,见《柳宗元集》,注:'珩字群玉,韦夏卿弟正卿之子曰珩、曰瓘。'昌黎《与陆员外书》曰:'群玉,京兆之从子。'京兆,指夏卿也。柳宗元有《寄珩》诗云:'回眸炫晃别群玉,独赴异域穿蓬蒿。'《考异》以群玉不见于《登科记》,谓有司以京兆从子之故,远贤畏讥,矫而黜之。盖不知群玉即

---

① (宋)魏仲举:《五百家注韩昌黎集》卷一七,第915页。
② (宋)洪迈:《容斋随笔》,第687页。
③ (唐)林宝:《元和姓纂》卷五,中华书局1994年版,第724页。
④ (宋)魏仲举:《五百家注韩昌黎集》卷三四,第1378页。
⑤ (宋)魏仲举:《五百家注韩昌黎集》卷一七,第915页。
⑥ (宋)洪迈:《容斋随笔》,第687页。
⑦ (宋)魏仲举:《五百家注韩昌黎集》卷一七,第915页。

珩,强为之说耳。"①《元和姓纂》卷二"京兆诸房韦氏":"主客郎中韦弼称东眷龙门公房。弼生伯阳、季庄、叔将。伯阳,仓部郎中,生建、迢、造。建,太子詹事致仕。迢,韶州刺史,生夏卿、周卿、正卿。正卿生珩、瓘。"②岑仲勉《四校记》:"珩,贞元二十一年进士,见《韩谱》附考。元和元年制科及第,见《会要》七六。……长庆元年,珩官河阳节度参谋兼监察御史,见《元龟》五一○。《元氏长庆集》四八有《授韦珩京兆府美原县令制》。开成(?)三年珩台州刺史,见《宋僧传》三○《广修传》。《吴兴谈志》一四:'韦珩,大和五年四月,自江州刺史拜,未视事卒。'《嘉定赤城志》八,宝历二年刺史韦衡。'衡'是'珩'误。"③

清方成珪《韩集笺正》:"'有韦群玉者'注:《摭言》云:'韦纾即群玉也。'(严)韦纾为郧公房丹之同姓兄弟,其诸父无为京尹者。夏卿乃龙门公房,以世系次之,与纾亦兄弟行。《摭言》之说误也。方氏增考《洪谱》云:'韦群玉即韦珩,夏卿弟正卿之子,曰珩、曰瓘。'柳子厚有寄珩诗云:'回眸炫晃别群玉,独赴异域穿蓬蒿',群玉盖珩之字,公岂有所避而以字行耶? 珩亦二十一年进士。"④

韦珩为唐代诗人和散文家,与韩愈、柳宗元关系密切。柳宗元《答韦珩示韩愈相推以文墨事书》:"且足下志气高,好读《南》《北》史书,通国朝事,穿穴古今,后来无能和。而仆稚骏,卒无所为,但趑趄文墨笔砚浅事。今退之不以吾子励仆,而反以仆励吾子,愈非所宜。然卒篇欲足下自挫抑,合当世事以固当,虽仆亦知无出此。吾子年甚少,知己者如麻,不患不显,患道不立尔。此仆以自励,亦以佐退之励足下。"⑤柳宗元为柳州刺史时,又有《寄韦珩》诗:"初拜柳州出东郊,道旁相送皆贤豪。回眸炫晃别群玉,独赴异域穿蓬蒿。"⑥柳宗元被贬南荒,韦珩也谪居南荒,二人同命相怜,"君今矻矻又窜逐,辞赋已复穷诗骚"。

韦珩又关注天台宗佛教,《宋高僧传》卷三○《唐天台山禅林寺广修传》:"开成三年,日本国僧圆载来躬请法,台州刺史韦珩请讲《止观》于郡斋。"⑦按,《嘉泰吴兴志》卷一四《郡守题名》:"韦珩,大和五年四月自江州刺史拜,未视事卒。"⑧所载时间二书有异。综合圆仁开成中事迹及《宋高僧传》相关传记主要来源于塔铭,盖《嘉泰吴兴志》所载年月不足信。

(五)沈杞

《书》曰:"有沈杞者、张苰者、尉迟汾者、李绅者、张后馀者、李翊者,或文或行,皆出群之材也。"

《韩昌黎集》魏本引补注云:"贞元十八年,杞中进士第。"⑨清徐松《登科记考》卷一五,贞元十八年(802)进士科:"沈杞,《韩文考异》:'杞中贞元十八年进士第。'"⑩

(六)张苰

《韩昌黎集》魏本引补注云:"元和二年,苰中进士第。苰一作弘。"⑪洪迈《容斋四笔》卷五《韩文公荐士》条:"以《登科记》考之……元和元年,崔邠下放李绅,二年,又放张后馀、张弘。"⑫《登科记

---

① (清)徐松:《登科记考》卷一五,中华书局1984年版,第578页。
② (唐)林宝:《元和姓纂》卷二,第186—187页。
③ (唐)林宝:《元和姓纂》卷二,第187—188页。
④ (清)方成珪:《韩集笺正》韩笺三,《续修四库全书》1310册,第617页。
⑤ (唐)柳宗元:《柳宗元集》卷三四,中华书局1979年,第882页。
⑥ (唐)柳宗元:《柳宗元集》卷四二,第1142页。
⑦ (宋)赞宁:《宋高僧传》卷三○,中华书局1987年版,第742页。
⑧ (宋)谈钥:《嘉泰吴兴志》卷一四,《宋元方志丛刊》,中华书局1990年版,第4775页。
⑨ (宋)魏仲举:《五百家注韩昌黎集》卷一七,第915页。
⑩ (清)徐松:《登科记考》卷一五,第553页。
⑪ (宋)魏仲举:《五百家注韩昌黎集》卷一七,第915页。
⑫ (宋)洪迈:《容斋随笔》,第687页。

考》卷一七即据《容斋四笔》著录为元和二年(807)。是韩愈推荐后四年,张弘及第。

(七)尉迟汾

《韩昌黎集》魏本引补注云:"正(贞)元十八年,汾中进士第。"①洪迈《容斋四笔》卷五《韩文公荐士》条:"以《登科记》考之,贞元十八年,德舆以中书舍人知举,放进士二十三人,尉迟汾、侯云长、韦纾、沈杞、李翊登第。"②是韩愈推荐的当年,尉迟汾中进士第。

韩愈《洛北惠林寺题名》:"韩愈、李景兴、侯喜、尉迟汾,贞元十七年七月二十二日,鱼于温洛,宿此而归。昌黎韩愈书。"③是在推荐前一年韩愈与尉迟汾四人同在洛阳,聚会于惠林寺。尉迟汾元和七年(812)为太常博士,《旧唐书·张仲方传》:"吉甫卒,入为度支郎中。时太常定吉甫谥为'恭懿',博士尉迟汾请为'敬宪'。"④大和三年(830)为卫尉少卿,《北京图书馆藏中国历代石刻拓本汇编》:"《嵩高灵胜诗刻》……唐大和三年(829)六月十日刻。石在河南登封,拓片高68厘米,宽96厘米。尉迟汾撰,正书,薛元镌。尾刻宋熙宁十年三月王绅移石题记。"⑤大和三年六月十日刻。《金石录补》卷二〇:"《唐嵩岳灵胜诗》。右诗题云:'府尹王侍郎准制拜岳因状嵩高灵胜寄呈三十韵,朝散大夫、守卫尉少卿尉迟汾。'后云'大和三年六月十日'。"⑥

尉迟汾亦为诗人,其诗排纂拗峭,为韩愈一脉。现存《府尹王侍郎准制拜岳因状嵩高灵胜寄呈三十韵》诗,开头四句状嵩山之雄:"雄雄天之中,峻极闻维嵩。作镇盛标格,出云为雨风。"中间数句颂府尹之清:"皇皇三川守,馨德清明躬。肃徒奉兰沐,竟夕玉华东。星汉耿斋户,松泉寒寿宫。"末尾四句卜退隐之念:"勉促旋騑辂,未可恋云松。散材事即异,期为卜一峰。"⑦其诗情变化,诗意转接,确实可见韩愈影响的一面。钱大昕《潜研堂金石文跋尾》卷八《状嵩高灵胜诗(大和三年六月)》:"右尉迟汾诗,题云《府尹王侍郎准制拜岳因状嵩高灵胜寄呈三十韵》。王侍郎者王璠,以吏部侍郎为河南尹也。……汾遂以贞元十八年登进士第。其文章虽不多见,此五言诗排纂颇近昌黎,真书规抚虞永兴,尤精妙,昌黎亟赏之,不虚矣。"⑧白居易有《城东闲行因题尉迟司业水阁》诗:"处处花相引,时时酒一倾。借君溪阁上,醉咏两三声。"⑨又有《答尉迟少监水阁重宴》诗:"水轩平写琉璃镜,草岸斜铺翡翠茵。闻道经营费心力,忍教成后属他人。"⑩《答尉迟少尹问所须》诗:"乍到频劳问所须,所须非玉亦非珠。爱君水阁宜闲咏,每有诗成许去无。"⑪姚合有《寄题尉迟少卿郊居》诗云:"愚者心还静,高人迹自同。无能相近住,终日羡邻翁。"⑫杨巨源有《同太常尉迟博士阙下待漏》诗:"方瞻御陌三条广,犹觉仙门一刻迟。此地含香从白首,冯唐何事怨明时。"⑬刘禹锡有《尉迟郎中见示自南迁牵复却至洛城东旧居之作因以和之》诗:"曾遭飞语十年谪,新受恩光万里还。朝服不妨游洛浦,郊园依旧看嵩山。竹含天籁清商乐,水绕庭台碧玉环。留作功成退身地,如今只是

①　(宋)魏仲举:《五百家注韩昌黎集》卷一七,第916页。
②　(宋)洪迈:《容斋随笔》,第687页。
③　马其昶:《韩昌黎文集校注》遗文,第732页。
④　(后晋)刘昫:《旧唐书》卷一七一,第4443—4446页。
⑤　北京图书馆金石组:《北京图书馆藏中国历代石刻拓本汇编》第30册,中州古籍出版社1989年版,第87页。
⑥　(清)叶奕苞:《金石录补》卷二〇,《丛书集成初编》本,中华书局1985年北京新一版,第180页。
⑦　(清)彭定求:《全唐诗》卷八八七,中华书局1960年,第10032页。
⑧　(清)钱大昕:《潜研堂金石文跋尾》卷八,《嘉定钱大昕全集》,江苏古籍出版社1997年版,第214—215页。
⑨　(清)彭定求:《全唐诗》卷四四六,第5016—5017页。
⑩　(清)彭定求:《全唐诗》卷四四八,第5044页。
⑪　(清)彭定求:《全唐诗》卷四五〇,第5076页。
⑫　(清)彭定求:《全唐诗》卷四九九,第5680页。
⑬　(清)彭定求:《全唐诗》卷三三三,第3742页。

暂时闲。"①是其与著名诗人白居易、刘禹锡、杨巨源、姚合都有诗歌往还。

（八）李绅

《韩昌黎集》魏本引补注云："绅字公垂，元和元年进士第，会昌中为丞相。"②李绅，《旧唐书》卷一七三、《新唐书》卷一八一有传。在韩愈推荐的士人中，影响力最大，官品最高，史籍记载也较为丰富。今重点钩稽其及第前后事迹：李绅字公垂，润州无锡人，本为山东著姓。《旧唐书·李绅传》："李绅字公垂，润州无锡人。本为山东著姓，高祖敬玄，则天时为中书令，封赵国文惠公。"③《新唐书·李绅传》："李绅字公垂，中书令敬玄曾孙。世宦南方，客润州。"④沈亚之《李绅传》："李绅者，本赵人，徙家吴中。"⑤李濬《慧山寺家山记》："金陵之属郡毗陵南无锡县，有佛寺曰慧山寺，濬家山也。贞元、元和中，先丞相太尉文肃公心宁色养，家寓是县，因肄业于慧山。始年十五六，至丙戌岁擢第归宁。"⑥元和元年登进士第。洪迈《容斋四笔》卷五《韩文公荐士》条："以《登科记》考之……元和元年，崔邠下放李绅，二年，又放张后馀、张弘。"⑦《旧唐书·李绅传》："元和初，登进士第。"⑧《新唐书·李绅传》："元和初，擢进士第。"⑨《唐才子传》卷六《李绅传》："李绅字公垂，亳州人。元和元年武翊黄榜进士，与皇甫湜同年。"⑩

李绅登进士第以后历官，据《旧唐书·李绅传》《新唐书·李绅传》及相关史籍，简略述之于下：李绅及进士第后以后历官为国子助教，因非其所好，东归金陵，元和二年（807），浙西观察使李锜辟为从事。锜叛被系七旬。元和七年（812），为校书郎。元和十四年（819），为山南西道节度判官，入拜右拾遗。元和十五年（820），充翰林学士，迁右补阙。长庆元年（821），加司勋员外郎知制诰。长庆二年（822），迁中书舍人、御史中丞，出为江西观察使，未赴任，改授户部侍郎。长庆四年（824），贬端州司马。宝历元年（825），量移江州刺史。大和二年（828），迁滁州刺史。大和四年（830），改为寿州刺史，入迁太子宾客、分司东都。大和七年（833），检校左散骑常侍、越州刺史、浙东观察使。大和九年（835），再为太子宾客、分司东都。开成元年（836），为河南尹，又检校户部尚书、汴州刺史、宣武军节度使。开成五年（840），检校尚书右仆射、扬州大都督府长史、知淮南节度大使。会昌二年（842），入为中书侍郎、同中书门下平章事。会昌四年（844），又出为检校司空平章事、扬州大都督府长史、淮南节度副大使知度事。会昌六年（846），七月壬寅卒。

（九）张后馀

《韩昌黎集》魏本引补注云："元和二年，后馀中进士第，明年，疽发髀死。"⑪洪迈《容斋四笔》卷五《韩文公荐士》条："以《登科记》考之……元和元年，崔邠下放李绅，二年，又放张后馀、张弘。"⑫是韩愈推荐后四年，张后馀及第。

清徐松《登科记考》卷一七，元和二年进士科："张后馀，《韩文考异》：'后馀中元和二年进士

① （清）彭定求：《全唐诗》卷三五九，第4054页。
② （宋）魏仲举：《五百家注韩昌黎集》卷一七，第916页。
③ （后晋）刘昫：《旧唐书》卷一七三，第4497页。
④ （宋）欧阳修、宋祁：《新唐书》卷一八一，第5347页。
⑤ （清）董诰：《全唐文》卷七三八，第7623页。
⑥ （清）董诰：《全唐文》卷八一六，第8591页。
⑦ （宋）洪迈：《容斋随笔》，第687页。
⑧ （后晋）刘昫：《旧唐书》卷一七三，第4497页。
⑨ （宋）欧阳修、宋祁：《新唐书》卷一八一，第5347页。
⑩ 傅璇琮：《唐才子传校笺》卷六，第40—42页。
⑪ （宋）魏仲举：《五百家注韩昌黎集》卷一七，第916页。
⑫ （宋）洪迈：《容斋随笔》，第687页。

第。'洪兴祖《韩子年谱》云：'《唐科第录》诸本皆作后馀。《摭言》作俊馀，误。'柳宗元《哭张后馀词》云：'后馀常山张氏，少余七年，颇弟畜之。既得进士，明年疽发髀卒。'"①

（十）李翊

《韩昌黎集》魏本引补注云："正（贞）元十八年，中进士第。"②洪迈《容斋四笔》卷五《韩文公荐士》条："以《登科记》考之，贞元十八年，德舆以中书舍人知举，放进士二十三人，尉迟汾、侯云长、韦纾、沈朼、李翊登第。"③是韩愈推荐的当年，李翊中进士第。《登科记考》卷一五引《韩文考异》："翊中贞元十八年进士第。"④

李翊之历官，到文宗大和九年（835）十一月戊辰，自给事中为御史中丞；开成二年（837）六月丁亥，自给事中为湖南观察使。事见《旧唐书·文宗纪》下。

韩愈有《答李翊书》，是其论文的代表性篇章，其自述作文之过程云："愈之所为，不自知其至犹未也，虽然，学之二十余年矣。始者非三代两汉之书不敢观，非圣人之志不敢存，处若忘，行若遗，俨乎其若思，茫乎其若迷。当其取于心而注于手也，惟陈言之务去，戛戛乎其难哉！其观于人也，不知其非笑之为非笑也。如是者亦有年，犹不改，然后识古书之正伪，与虽正而不至焉者，昭昭然白黑分矣，而务去之，乃徐有得也。当其取于心而注于手也，汩汩然来矣，其观于人也，笑之则心以为喜，誉之则心以为忧，以其犹有人之说者存也。如是者亦有年，然后浩乎其沛然矣。吾又惧其杂也，迎而距之，平心而察之，其皆醇也，然后肆焉。虽然，不可以不养也，行之乎仁义之途，游之乎《诗》《书》之源，无迷其途，无绝其源，终吾身而已矣。"⑤说明作文达到一定境界还得归之于道。

三、韩愈《与祠部陆员外书》所载梁肃与陆贽荐士

《书》曰："往者陆相公司贡士，考文章甚详，愈时亦幸在得中，而未知陆之得人也。其后一二年，所与及第者皆赫然有声，原其所以，亦由梁补阙肃、王郎中础佐之。梁举八人无有失者，其余则王皆与谋焉。陆相之考文章甚详也，待梁与王如此不疑也，梁与王举人如此之当也，至今以为美谈。自后主司不能信人，人亦无足信者，故蔑蔑无闻。今执事之与司贡士者，有相信之资、谋行之道，惜乎其不可失也！"

韩愈的这一段话是用此前梁肃荐才于陆贽得到任用的成功案例来说服陆傪用才的，这件事发生在贞元八年（792），也就是韩愈作此书的前十年。

贞元八年陆贽知贡举，这一年中进士者，大多是天下孤隽伟杰之士，故称"龙虎榜"。"龙虎榜"作为一个重要的科举事件，具有酝酿事件、再生事件，从而改变历史和文学史的非凡意义。⑥ 宋洪兴祖《韩子年谱》云："《唐科名记》云：'贞元八年，陆贽主司，试《明水赋》《御沟新柳诗》，其贾棱、陈羽、欧阳詹、李博、李观、冯宿、王涯、张季友、齐孝若、刘遵古、许季同、侯继、穆赞、韩愈、李绛、温商、庾承宣、员结、胡谅、崔群、刑册、裴光辅、万璹。'是年一榜多天下孤隽伟杰之士，号'龙虎榜'。"⑦而据

① （清）徐松：《登科记考》卷一七，第 621 页。
② （宋）魏仲举：《五百家注韩昌黎集》卷一七，第 916 页。
③ （宋）洪迈：《容斋随笔》，第 687 页。
④ （清）徐松：《登科记考》卷一五，第 553 页。
⑤ （宋）魏仲举：《五百家注韩昌黎集》卷一六，第 876—877 页。
⑥ 罗时进：《贞元时代的南北文学集群及其诗风趋尚》，《文学遗产》2022 年第 1 期，第 42 页。
⑦ （宋）吕大防等著：《韩愈年谱》，中华书局 1991 年版，第 25 页。

《新唐书·欧阳詹传》："詹与韩愈、李观、李绛、崔群、王涯、冯宿、庾承宣联第，皆天下选，时称龙虎榜。"①则是榜由八人而重，故称"龙虎榜"。

这一年录取的进士中，有八人是梁肃推荐的。《唐摭言》卷八《通榜》："陆忠州榜时，梁补阙肃、王郎中杰佐之，肃荐八人俱捷，余皆共成之。故忠州之得人，皆烜赫。事见韩文公《与陆傪员外书》。"②又《唐摭言》卷七《知己》："贞元中，李元宾、韩愈、李绛、崔群同年进士。先是，四君子之定交久矣，共游梁补阙肃之门。居三岁，肃未之面，而四贤造肃多矣，靡不偕行。肃异之。一旦延接，观等俱以文学为肃所称，复奖以交游之道。然肃素有人伦之鉴。观、愈等既去，复止绛、群曰：'公等文行相契，他日皆振大名。然二君子位极人臣，勉旃，勉旃！'后二贤果如所言。"③《唐摭言》的记载可以与韩愈《与祠部陆员外书》相印证。梁肃所荐八人为王涯、崔群、李观、韩愈、李绛、冯宿、庾承宣、欧阳詹。

王涯，字广津，太原人，贞元八年（792）及第。《旧唐书·王涯传》："贞元八年进士擢第，登宏词科。"④王涯与韩愈同年及第，韩愈有《酬王二十舍人雪中见寄》诗，魏本引樊曰："王二十舍人，王涯也。公《赴江陵途中寄王二十补阙》即其人。涯，公之同年友，至是为中书舍人，以诗来寄。或云王仲舒，非也。"⑤《唐才子传》卷五《王涯传》："涯字广津，贞元八年贾棱榜进及第。博学工文，尤多雅思。梁肃异其才，荐于陆贽。又举宏词。"⑥

崔群，字敦诗，号养浩，贝州武城人。贞元八年及进士第。《旧唐书·崔群传》："崔群字敦诗，清河武城人，山东著姓。十九登进士第，又制策登科。""群年未冠，举进士。陆贽知举，访于梁肃，议其登第有才行者。肃曰：'崔群虽少年，他日必至公辅。'果如其言。"⑦《登科记考》卷一三："以大和六年，年六十一推之，是年二十一，传言年十九者误。"⑧《唐摭言》卷四《师友》条："崔群字敦诗，贞元八年陆贽下及第，与韩愈为友。"⑨柳宗元《送崔群序》："崔君以文学登于仪曹。"韩注："贞元八年，群试礼部，中其科。"童注："贞元十年，群举贤良方正，授校书郎。"⑩崔群又于元和十年（815）知贡举。元和十二年（817），拜中书侍郎，同中书门下平章事。

李观，字元宾，先为陇西人，后家江东。年二十四，贞元八年与韩愈同登第。时年二十八岁，又中博学宏辞科。官太子校书郎。年二十九病卒。唐末陆希声辑其集三卷，宋初赵昂另辑《后集》二卷。《全唐文》存文四卷，《全唐诗》存诗一卷。韩愈撰有《李观墓志铭》。《唐摭言》卷一《广文》云："始其春官氏擢广文生者，名第无高下。贞元八年，欧阳詹居第三人，李观第五人。"⑪李观《帖经日上侍郎书》云："昨者奉试《明水赋》《新柳诗》，平生也，实非其尚；是日也，颇亦极思。侍郎果不以媸夺妍，不以瑕废瑜，获邀福于一时，小子不虚也，而以帖经为本，求以过差去留。观去冬十首之文，不谋于侍郎矣，岂一赋一诗足云乎哉？十首之文，去冬之所献也。有《安边书》《汉祖斩白蛇剑赞》《报弟书》《邠宁庆三州飨军记》《谒文宣王庙》《文大夫种碑》《项籍碑》《请修太学书》《吊韩弇没胡中

① （宋）欧阳修、宋祁：《新唐书》卷二〇三，第5786页。
② 陶绍清：《唐摭言校证》卷八，第304页。
③ 陶绍清：《唐摭言校证》卷七，第295页。
④ （后晋）刘昫：《旧唐书》卷一六九，第4401页。
⑤ （宋）魏仲举：《五百家注韩昌黎集》卷九，第591页。
⑥ 傅璇琮：《唐才子传校笺》卷五，中华书局1989年版，第419—420页。
⑦ （后晋）刘昫：《旧唐书》卷一五九，第4187页。
⑧ （清）徐松：《登科记考》卷一三，第468页。
⑨ 陶绍清：《唐摭言校证》卷四，第176页。
⑩ （唐）柳宗元：《柳宗元集》卷二二，第588页。
⑪ 陶绍清：《唐摭言校证》卷一，第29页。

文》等作,上不罔古,下不附今,直以意到为辞,辞讫成章。中最逐情者,有《报弟书》一篇,不知侍郎尝览之耶?未尝览之耶?观尝窃览侍郎顷年诗一篇,言才者许以不一,端文者许以所长,则虽班固、司马迁、相如,未闻若话言,是侍郎雅评,掩于三贤矣。故观今日以所到之文,谋于侍郎,不以帖经疑侍郎也。"①是其应进士时投献兵部侍郎陆贽之作,书中还叙述前一年冬日向陆贽投献行卷的经过,对于唐代科举取士颇有认识作用。李观与陆贽门生与座主的关系,李观《上陆相公书》云:"观于相国,门人也;相国于观,师道也。门人得请于师道,师道得训于门人,古之典也。是仲尼门人七十子之徒,皎皎如也,申申如也,观诚至愚,不能庸敏,然颇常思古今治乱,邦家大体,生民之难,君臣之际,以为意也。"②李观与韩愈关系至为密切,韩愈有《重云李观疾赠之》《北极赠李观》诗,李观卒后,韩愈为其撰墓志铭。韩愈《瘞破砚文》:"陇西李观元宾始从进士贡在京师,或贻之砚,既四年,悲欢穷泰,未尝废其用。凡与之试艺春官,实二年登上第。行于褒谷间,役者刘胤误坠之地,毁焉,乃匣归,埋于京师里中。昌黎韩愈,其友人也。"③李观为中唐闻人,皇甫冉有《重阳日酬李观》《舟中送李观》等诗,孟郊有《赠李观》《答韩愈李观别因献张徐州》《哭李观》《李少府吊李元宾字》《吊李元宾》等诗。欧阳詹有《睹亡友李三十观稣归镇壁题诗处》诗。张众甫有《送李观之宣州谒袁中丞赋得三州渡》诗。

韩愈,字退之,河南河阳人。新、旧《唐书》有传。贞元二年(786)开始应进士举,直到贞元八年(792)才及第。贞元十二年(796),他开始入幕府,先从董晋在汴州,又从张建封在徐州。贞元十八年(802)授四门博士。贞元十九年(803),为监察御史,后被贬为阳山令。改江陵府法曹参军。宪宗即位,召为国子博士,河南令。改比部郎中、史馆修撰。转考功郎中、知制诰。至元和十一年(816)春迁中书舍人,又改太子右庶子。元和十二年(817),裴度宣慰淮西,奏为行军司马,淮西平后,以功擢授刑部侍郎。元和十四年(819)正月,上表极谏宪宗迎佛骨,贬潮州刺史,量移袁州刺史。元和十五年(820)征为国子祭酒,以后历兵部、吏部侍郎、京兆尹,长庆四年(824)终于吏部侍郎任。

李绛,字深之,赵郡赞皇人。《旧唐书》《新唐书》有传。唐德宗贞元八年,登进士第,又登博学宏词科。初授校书郎,补渭南县尉,拜监察御史。唐宪宗元和二年(807),授翰林学士。元和六年(811),升任中书侍郎、同平章事,成为宰相。罢为礼部尚书,转兵部尚书。唐穆宗、敬宗时,两任东都留守,又拜尚书右仆射。唐文宗时,被召为太常卿,出任山南西道节度使,累封赵郡公。唐文宗大和四年(830),山南兵变,李绛为乱军所害。

冯宿,王起《冯宿神道碑铭》:"公讳宿,字拱之,冀州长乐人。……年廿六举进士,是时明有司即兵部侍郎陆公赞其人也。又应宏词科,试《百步穿杨叶赋》,虽为势夺,而其文至今讽之,后生以为楷。"④冯宿文学活动非常活跃,韩愈有《郾城晚饮奉赠副使马侍郎及冯宿李宗闵二员外》《宿神龟招李二十八冯十七》《早春与张十八博士籍游杨尚书林亭寄第三阁老兼呈白冯二阁老》诗。李观有《赠冯宿》诗。白居易有《冯阁老处见与严郎中酬和诗因戏赠绝句》《送冯舍人阁老往襄阳》《送河南尹冯学士赴任》《分司到洛中偶题六韵兼戏呈冯尹》诗。刘禹锡有《酬冯十七舍人宿卫赠别五韵》《同乐天送河南冯尹学士》《遥贺白宾客分司初到洛中戏呈冯尹》诗。冯宿亦存有《尹河南酬乐天梦得》诗以及《酬广宣上人》残句。

---

① (清)董诰:《全唐文》卷五三三,第5415页。
② (清)董诰:《全唐文》卷五三三,第5417页。
③ (宋)魏仲举:《五百家注韩昌黎集》卷三六,第1401页。
④ (清)董诰:《全唐文》卷六四三,第6507—6508页。

庾承宣,邓州新野人。唐德宗贞元八年(792),登进士第。贞元十年(794)又登博学宏词科。初为秘书省校书郎,后为福建观察推官。宪宗元和初年,历任郑滑观察判官、殿中侍御史、考功、度支员外郎等职。元和十三年(818),权知礼部侍郎,知贡举。穆宗长庆二年(822),出任陕虢观察使。文宗大和元年(827),拜京兆尹兼御史大夫。大和四年(830),出为兖海沂密等州节度使。大和七年(833),入为太常卿。大和九年(835),检校吏部尚书充天平军节度使,七月丁卯,卒于镇。

欧阳詹,黄璞《欧阳行周传》:"欧阳詹字行周,泉州晋江人。弱冠能属文,天纵浩汗。贞元八年登进士第。毕关试,薄游太原,于乐籍中因有所悦,情甚相得。及归,乃与之盟曰:'至都当相迎耳。'即洒泣而别,仍赠之诗曰……寻除国子四门助教。往乐籍中者思之不已,经年得疾,且甚,乃危妆引鬓,刃而匣之。顾谓女弟曰:'吾其死矣,苟欧阳生使至,可以是为信。'又遗之诗曰:'自从别后减容光,半是思郎半恨郎。欲识旧时云鬓样,为奴开取镂金箱。'绝笔而逝。及詹使至,女弟如言。径持归京,具白其事。詹启函阅之,又见其诗,一恸而卒。"[1]《唐语林》卷四《企羡》云:"闽自贞元以前,未有进士。观察使李锜始建庠序,请独孤常州及为《新学记》云:'缦胡之缨,化为青衿。'林藻弟蕴与欧阳詹睹之叹息,相与结誓,继登科第。"[2]韩愈与欧阳詹有赠答,现存韩愈《驽骥吟示欧阳詹》诗,欧阳詹《答韩十八驽骥吟》诗。

四、梁肃与韩愈荐士之取向及效应

贞元八年(792)梁肃荐士和贞元十八年(802)韩愈荐士,应该说是中唐荐士的典范,而且这两次荐士有着密切的关联。两次荐士的纽带人物是韩愈,贞元八年他是被荐者,贞元十八年他是推荐者。韩愈与梁肃都是古文家,梁肃为韩愈古文运动的先驱者,二人都有较高的地位。崔元翰《右补阙翰林学士梁君墓志》品评梁肃:

> 在羁旅之中,当离乱之际,贞固而未尝忘于道,廉让而未尝亏于义。年十八,赵郡李遐叔、河南独孤至之始见其文,称其美,由是大名彰于海内,四方之诸侯泊使者之至郡,更遣招辟而宾礼之。其升于朝,无激讦以直已,无逶迤以曲从;不争逐以务进,不比周以为党。退则澹然而居于一室,傲遗乎万物,贯极乎六籍,旁罗乎百氏。考太史公之实录,又考老庄道家之言,皆睹其奥而观其妙。立德玩词以为文,其所论载讽咏,法于《春秋》,协于《谟训》,《大雅》之疏达而信,《颂》之宽静形焉。博约而深厚,优游而广大。[3]

宋代苏轼《潮州韩文公庙碑》品评韩愈:

> 匹夫而为百世师,一言而为天下法,是皆有以参天地之化,关盛衰之运。……自东汉以来,道丧文弊,异端并起,历唐贞观、开元之盛,辅以房、杜、姚、宋而不能救。独韩文公起布衣,谈笑而麾之,天下靡然从公,复归于正,盖三百年于此矣。文起八代之衰,而道济天下之溺;忠犯人主之怒,而勇夺三军之帅。岂非参天地,关盛衰,浩然而独存者乎?[4]

梁肃与韩愈都重道又重文,受时贤和后人的推重,故其所荐之士都是颇有文才而又能经世之人。而当时主持贡举者与二人荐才的方向颇相切合,即韩愈称陆贽"陆相之考文章甚详也",将陆

---

①　(清)董诰:《全唐文》卷八一七,第8603—8604页。
②　周勋初:《唐语林校证》卷四,第383页。
③　(清)董诰:《全唐文》卷五二三,第5322页。
④　(宋)苏轼:《苏轼文集》卷一七,中华书局1986年版,第508—509页。

赞之重文一语概括。贞元十八年主持贡举者是中书舍人权德舆,德舆也是中唐时期著名的古文家,《旧唐书·权德舆传》称:"于述作特盛。六经百氏,游泳渐渍,其文雅正而弘博,王侯将相泊当时名人薨殁,以铭纪为请者什八九,时人以为宗匠焉。"[①]时人皇甫湜所著《谕业》称:"权文公之文,如朱门大第,而气势宏敞,廊庑廪厩,户牖悉周,然而不能有新规胜概,令人竦观。"[②]正因为推荐者和主持选举者在重文的取向上具有高度的一致性,梁肃和韩愈的两次荐士都取得了极大的成功。

当然,他们的荐士取得成功,与贞元八年(792)陆贽知贡举和贞元十八年(802)权德舆知贡举具有共同的选士取向有关。唐代进士考试由诗赋取士到天宝时期已经形成固定的格局,助长了社会好尚诗文的风气。但也容易走向浮华一路,故而在唐德宗建中时期,就有赵匡上《选举议》《举选后论》以批评诗赋取士的弊端,赵赞又作《请以箴论等代诗赋奏》,建议进士考试以策论为主。仅在建中三年(782)试行过一年,就又回到了原来试诗赋的格局。但社会上改革的呼声不断,提倡复古、强调经世的思潮也逐渐高涨,安史之乱后强调儒道的古文创作也推进到了一个新阶段,故而到陆贽贞元八年主持进士考试时,会重视真才实学。其时,古文家梁肃又作为辅助陆贽的考官,重在推荐艺实之士,这样就使得陆贽主持选举之年,俊杰云集,号称"龙虎榜",及第之人后来都成为国之俊才,仅位至宰相者就有王涯、崔群、李绛等多人。但陆贽知举仅一年时间,没有能够彻底扭转时风,这一风气直到十年过后的权德舆知举,才得到了较大的改变,而权德舆对于风气的改革又是在高郢的基础上推进的。高郢在贞元十五、十六年(799、800)知举,重经艺,抑浮华。元稹《白氏长庆集序》称:"贞元末,进士尚驰竞,不尚文,就中六籍尤摈落。礼部侍郎高郢始用经艺为进退,乐天一举擢上第。"[③]贞元十八年权德舆知贡举,主张非常明确,他在《答柳福州书》中说:"至于礼部求才,犹似为仁由已,然亦沿于时风,岂能自振?……是以半年以来,参考对策,不访名物,不征隐奥,求通理而已,求辨惑而已,习常而力不足者,则不能回复于此,故或得其人,庶他时有通识懿文,可以持重不迁者,而不尽在于龌龊科第也。"[④]明确其知贡举时,重对策,求通理,录取标不以诗赋为主。他连续主持了三年的科举考试,选拔了百余名切合时用的人才。因为贞元八年陆贽知贡举和贞元十八年权德舆知贡举,有着共同的取向,故而作为古文家的梁肃和韩愈在荐士方面都取得了成功。

但二人荐士的效应仍然有所不同,即贞元八年梁肃荐士促成了"龙虎榜"成为唐代科举史上最具标志性的一年,而韩愈荐士的后续效应相比梁肃荐士还是稍逊一筹,这里的原因有很多,重要的原因之一应该在于这两次推荐者的身份不同。梁肃的身份是辅佐陆贽的考官,而韩愈是作为普通文人推荐举子给当时的考官陆傪,还要由陆傪再推荐给当时知贡举的权德舆。再加上陆贽知贡举与权德舆知举的时代环境也有所不同。李冗《独异志》卷下《崔群庄田》条记载了这样的一件事:"唐崔群为相,清名甚重。元和中自中书舍人知贡举。既罢,夫人李氏因暇日常劝其树庄田以为子孙之计。笑答曰:'余有三十所美庄良田遍天下,夫人复何忧?'夫人曰:'不闻君有此业。'群曰:'吾前岁放春榜三十人,岂非良田耶?'夫人曰:'若然者,君非陆相门生乎?然往年君掌文柄,使人约其子简礼,不令就春闱之试。如君以为良田,则陆氏一庄荒矣。'群惭而退,累日不食。"[⑤]陈寅恪先生说:"座主以门生为庄田,则其施恩望报之意显然可知。"[⑥]这件事发生在元和时期,稍后于贞元十八

① (后晋)刘昫:《旧唐书》卷一四八,第4005页。
② (清)董诰:《全唐文》卷六八七,第7035页。
③ (清)董诰:《全唐文》卷六五三,第6644页。
④ (清)董诰:《全唐文》卷四八九,第4993—4994页。
⑤ (唐)李冗:《独异志》卷下,第59页。
⑥ 陈寅恪:《唐代政治史述论稿》,第81页。

年,但也可以看出时事的变化。但权德舆毕竟三掌科举,韩愈推荐的十位文士在此后以几年中全部中了进士,这对于中晚唐科举进身的士人仍具有重大的影响。

五、陆傪之文士交游与荐士

陆傪与唐代文士颇有交游,上文所言韩愈、权德舆是最重要的交游人物,除此之外,也还有可考者,即如《陆傪墓志》:"常与故虔州刺史陇西李公受、故右补阙安定梁宽中、今礼部郎中京兆韦德符、右补阙广平刘茂宏、秘书郎赵郡李叔翰、方外士右谕德博陵崔公颖暨予友善。"①所载六人,史籍可以参证者有李公受、梁宽中、韦德符三人。

李公受,即李舟,字公受,唐代著名散文家,音韵学家。官至处州刺史。《全唐文》存文七篇。《新唐书·艺文志》卷四七载有《切韵》十卷,为《广韵》所设韵部序次奠定了基础。事详梁肃撰《处州刺史李公墓志铭》。李舟与杜甫、岑参、刘长卿等诗人往来颇多。乾元元年(758),李舟授弘文馆校书郎,乾元二年(759)告归,迎母于荆州,杜甫作《送李校书二十六韵》相赠,岑参亦有《送弘文李校书往汉南拜亲》诗。上元二年(761)为浙东节度使、越州刺史杜鸿渐从事,刘长卿有《送李校书赴东浙幕府》《送李校书适越谒杜中丞》诗。后李舟解官,赴西川拜谒张延赏,刘长卿又以《送李七之筜水谒张相公》诗相赠。其中,杜诗曰:"李舟名父子,清峻流辈伯。人间好少年,不必须白皙。十五富文史,十八足宾客。十九授校书,二十声辉赫。众中每一见,使我潜动魄。"②

梁宽中,即梁肃,唐代诗人兼古文家。崔元翰《右补阙翰林学士梁君墓志》叙其生平事迹:"公建中初以文词清丽应制,授太子校书。请告还吴,相国兰陵萧公荐之,擢授右拾遗修史。以太夫人羸老,有沉痼之疾,辞不应召。其后淮南节度使吏部尚书京兆杜公表为殿中侍御史内供奉,管书记之任,非其所好。贞元五年以监察御史征还台,于是备谏诤而侍于大君,传经术而授于储后;典文章于近署,垂劝戒于东观。授赤绂银印之锡,闻者荣之。九年冬十有一月旬有六日,寝疾于万年之永康里,享年四十有一。"③权德舆《唐使君盛山唱和集序》:"文编所友善者,仆多善之,周星之间,物故殆半。梁宽中、杨懋功,尤为莫逆,交友零落,如何可言?"④

韦德符,《郎官石题名考》卷一九"礼部郎中"载其名,引权德舆所撰《陆傪墓志铭》作为佐证,并言:"德符疑韦字。"⑤岑仲勉《郎官石柱题名新考订》"礼部郎中"云:"按李公受即李舟(据《新唐书》表),梁宽中即梁肃,则德符是字无疑,惜未求得其名也。"⑥

武元衡,建中四年(783)进士及第,历任监察御史、华原县令、比部员外郎、尚书右司郎中、御史中丞、户部侍郎,元和二年(807)入相,拜门下侍郎、同平章事。《旧唐书》卷一五八、《新唐书》卷一五二有传。武元衡有《酬陆员外歙州许员外郑州二使君》诗云:"吴洲云海接,楚驿梦林长。符节分忧重,鹓鸿去路翔。艳歌愁翠黛,宝瑟韵清商。洲草遥池合,春风晓旆张。晋臣多乐广,汉主识冯唐。不作经年别,离魂亦未伤。"⑦武元衡酬答诗时,陆傪为歙州刺史,武元衡大约为左司郎中。

(作者单位:浙江大学文学院)

---

①　(清)董诰:《全唐文》卷五〇三,第5119页。
②　(清)彭定求:《全唐诗》卷二一七,第2278页。
③　(清)董诰:《全唐文》卷五二三,第5322页。
④　(清)董诰:《全唐文》卷四九〇,第5001页。
⑤　(清)劳格:《唐尚书省郎官石柱题名考》一九,中华书局1992年版,第834页。
⑥　岑仲勉:《郎官石柱题名新考订》,上海古籍出版社1984年版,第132页。
⑦　(清)彭定求:《全唐诗》卷三一七,第3569页。

"采莲曲"中古主题演变研究

咸晓婷

摘　要："采莲曲"源起于汉乐府《江南》,南朝梁武帝编入《江南弄》七曲之一。民间"采莲曲"文字质朴,生动活泼,南朝贵族"采莲曲"文字华缛,描写女性的容貌、体态、服饰等,风格靡丽。初盛唐王勃、王昌龄、李白等人的"采莲曲"延续了南朝"采莲曲"的爱情主题,不过一扫南朝的靡丽风格,以描写两性纯真的爱情为主。贺知章、储光羲、张籍等人将文士隐逸、洒脱的精神趣味打入"采莲曲",改写了"采莲曲"的主题。"采莲曲"在中晚唐文士的手中完成了它在诗歌史上的雅化与升华。

关键词："采莲曲";民间乐曲;南朝贵族;文士;主题演变

"采莲"源起于汉乐府《江南》,自南朝梁武帝编入《江南弄》七曲之一,无论在南朝还是唐代,都吸引了众多的创作者,成为中古文学一种重要的主题。关于中古"采莲"文学主题的演变,诸葛忆兵先生《"采莲"杂考——兼谈"采莲"类题材唐宋诗词的阅读理解》一文,认为"唐宋时期'采莲'舞曲的表演者大都是歌妓。唐宋诗词借用'采莲'类题材所要表达的大都是男女情爱"[①]。而俞顺香先生《中国文学中的采莲主题研究》认为"南朝《采莲曲》最终沦为宫体诗,经过王勃、贺知章、李白等唐代作家的扭转、发展,采莲歌曲恢复民间本色,焕发生机,具有丰富的内涵"[②]。"采莲曲"原本是一种江南民间音乐文学,南朝时被改编入宫廷乐舞,在唐代,不仅在初盛唐时期,一直到中晚唐时期,文人创作者都甚多,在持续而漫长的历史中,"采莲曲"的主题丰富而复杂,非单一主题可以概括。本文深入于"采莲"文学各种创作主体,包括民间、贵族与文人,并结合"采莲曲"的音乐本质,重新梳理"采莲"文学在中古时期主题的演变。

一、梁武帝《江南弄》与民间"采莲曲"

梁武帝《江南弄》一共七曲,《采莲曲》为《江南弄》七曲之一。郭茂倩《乐府诗集》卷五〇"清商曲辞"载"梁武帝《江南弄》七首",云:"《古今乐录》曰:'梁天监十一年冬,武帝改西曲,制《江南上云乐》十四曲,《江南弄》七曲:一曰《江南弄》,二曰《龙笛曲》,三曰《采莲曲》,四曰《凤笛曲》,五曰《采菱曲》,六曰《游女曲》,七曰《朝云曲》。又沈约作四曲:一曰《赵瑟曲》,二曰《秦筝曲》,三曰《阳春曲》,四曰《朝云曲》,亦谓之《江南弄》云。'"[③]

也就是说,《江南弄》七曲为梁武帝根据西曲改编,沈约亦作《江南弄》四曲。《乐府诗集》除了

---

①　诸葛忆兵:《"采莲"杂考——兼谈"采莲"类题材唐宋诗词的阅读理解》,《文学遗产》2003 年第 5 期,第 62 页。
②　俞香顺:《中国文学中的采莲主题研究》,《南京师范大学文学院学报》2002 年第 4 期,第 7 页。
③　(宋)郭茂倩:《乐府诗集》卷五〇,中华书局 1979 年版,第 726 页。

载梁武帝《江南弄》七首、沈约《江南弄》四首之外，又载梁昭明太子《江南弄》三首，即《江南曲》《龙笛曲》《采莲曲》。

梁武帝《江南弄》七首在南北朝及唐代继作者非常多，但是最多的是《采莲曲》。

《江南弄》，继作者两人两首，初唐王勃一首，中唐李贺一首。

《龙笛曲》，继作者无。

《凤笛曲》，继作者两人两首，初唐沈佺期一首《凤笙曲》，盛唐李白一首《凤吹笙曲》。

《采菱歌》，梁武帝之前鲍照有《采菱歌》七首，梁武帝之后，继作者九人十首，梁简文帝一首《采菱曲》，陆罩一首，费昶一首，江淹一首，江洪两首，徐勉一首，盛唐储光羲一首，中唐刘禹锡一首《采菱行》。

《游女曲》，继作者无。

《朝云曲》，继作者一人一首，中唐郎大家宋氏一首《朝云引》。

《阳春曲》，沈约之前，宋吴迈远有《阳春歌》一首，沈约之后继作者九人九首，梁吴均一首，齐檀约一首，陈顾野王一首，隋柳顾言一首，盛唐李白一首，无名氏一首《阳春曲》，晚唐温庭筠一首，庄南杰一首，僧贯休一首。

而《采莲曲》，继作者共二十四人三十首。梁简文帝两首，梁元帝一首，梁刘孝威一首，朱超一首，沈君攸一首，吴均一首，陈后主一首，隋卢思道一首，殷英童一首，初唐崔国辅一首，王勃一首《采莲归》，阎朝隐一首《采莲女》，徐彦伯一首，盛唐贺知章一首，王昌龄三首，李白两首《采莲曲》与《湖边采莲妇》，戎昱一首，储光羲一首，中唐鲍溶一首，张籍一首，白居易一首，晚唐僧齐己一首。

《采莲曲》继作者人数众多，诗歌篇数甚至超过了前面七曲的总和，可见《采莲曲》在诗人中的受欢迎程度。

《采莲曲》的由来，《乐府诗集》卷二十六"相和歌辞"《江南》云："《乐府解题》曰：'江南古辞，盖美芳晨丽景，嬉游得时。若梁简文桂楫晚应旋，唯歌游戏也。'按梁武帝作《江南弄》以代西曲，有《采莲》《采菱》，盖出于此。"[1]诗云："江南可采莲，莲叶何田田。鱼戏莲叶间，鱼戏莲叶东，鱼戏莲叶西，鱼戏莲叶南，鱼戏莲叶北。"[2]

关于"江南可采莲"，《晋书·乐志》曰："相和，汉旧歌也，丝竹更相和，执节者歌……凡乐章古辞，今之存者，并汉世街陌讴谣，《江南可采莲》《乌生十五子》《白头吟》之属也……凡此诸曲，始皆徒歌，既而被之弦管。"[3]可见《采莲曲》"江南可采莲"原本为汉代相和歌辞，早于南朝吴声西曲。

现存吴声歌曲中亦有"采莲曲"，《乐府诗集》第四十七卷"清商曲辞""吴声歌曲"载《采莲童曲》两首：

> 泛舟采菱叶，过摘芙蓉花。扣楫命童侣，齐声采莲歌。[4]
> 东湖扶菰童，西湖采菱芰。不持歌作乐，为持解愁思。[5]

无论是汉代相和歌辞"江南可采莲"，还是吴声歌曲《采莲童曲》均为民间歌曲，写江南人民的采莲场景，内容生动活泼，充满生活的气息。《古今乐录》云梁武帝《江南弄》七曲改编自西曲，所指应该为《江南弄》七曲乐调改编自西曲。《乐府解题》云"作《江南弄》以代西曲，有采莲、采菱，盖出

---

①　(宋)郭茂倩：《乐府诗集》卷二六，第 384 页。
②　(宋)郭茂倩：《乐府诗集》卷二六，第 384 页。
③　(唐)房玄龄：《晋书》卷二三，中华书局 1974 年版，第 716—717 页。
④　(宋)郭茂倩：《乐府诗集》卷四七，第 685 页。
⑤　(宋)郭茂倩：《乐府诗集》卷四七，第 686 页。

于此"，"盖出于此"指的是《江南可采莲》就乐调而言是不确切的，"江南可采莲"原本为汉代相和歌辞而非吴声西曲。不过，撇开乐调而言，源自江南民间的"采莲曲"，汉代民间就有，南朝民间也有，流传久远，各种辞曲版本众多，主题又都不离"采莲"，说梁武帝歌曲承袭，亦不为错。

另外，在梁武帝之前，梁代羊侃也有作《采莲曲》。《梁书》卷三十九记载："侃性豪侈，善音律，自造《采莲》《棹歌》两曲，甚有新致。姬妾侍列，穷极奢靡。有弹筝人陆太喜，着鹿角爪长七寸。舞人张净琬，腰围一尺六寸，时人咸推能掌中舞。又有孙荆玉，能反腰帖地，衔得席上玉簪。敕赉歌人王娥儿，东宫亦赉歌者屈偶之，并妙尽奇曲，一时无对。"[1]温庭筠《张静婉采莲曲序》亦云："静婉，羊侃（同侃）妓也，其容绝世。侃自为《采莲》二曲。今乐府所存，失其故意，因歌以俟采诗者。事载具《梁史》。"[2]羊侃《张静婉采莲曲》歌辞不传，不过想必与民间汉代江南古辞不同，与吴声歌曲的劳动场面也不同，大抵是一首描写女性的贵族风格的诗歌。

二、南朝贵族"采莲曲"

梁武帝的七首《江南弄》由西曲改编而来，西曲原为吴越地区的民间歌曲，风格如上述《江南·古辞》生动活泼，既有男女之间纯真的爱情，有活泼的劳动场景，也有美好的生活的愿景。而梁武帝的七首《江南弄》均以女性与男女爱情为描写对象，描写的是女性的容貌、体态、妆容、服饰等，雕琢华丽，脂粉气息浓厚，就内容而言与吴声西曲不同，属于上层贵族的宫体诗风格。比如：

《龙笛曲》："美人绵眇在云堂，雕金镂竹眠玉床。婉爱寥亮绕红梁。绕红梁，流月台，驻狂风，郁徘徊。"[3]

《采莲曲》："游戏五湖采莲归，发花田叶芳袭衣。为君侬歌世所希。世所希，有如玉。江南弄，采莲曲。"[4]

《采菱曲》："江南稚女珠腕绳，金翠摇首红颜兴。桂棹容与歌采菱。歌采菱，心未怡，翳罗袖，望所思。"[5]

《游女曲》："氛氲兰麝体芳滑，容色玉耀眉如月。珠佩婐姬戏金阙。戏金阙，游紫庭。舞飞阁，歌长生。"[6]

南北朝至隋朝其他诗人所作《采莲曲》也都是同样的主题和表现内容。

梁昭明太子《江南弄》之《采莲曲》："桂楫兰桡浮碧水，江花玉面两相似。莲疏藕折香风起。香风起，白日低，采莲曲，使君迷。"[7]

梁简文帝的《采莲曲》："常闻蕖可爱，采撷欲为裙。叶滑不留绽，心忙无假薰。千春谁与乐，唯有妾随君。"[8]

梁元帝的《采莲曲》："碧玉小家女，来嫁江南王。莲花乱脸色，荷叶杂衣香。因持荐君子，

---

① （唐）姚思廉：《梁书》卷三九，中华书局1973年版，第561页。
② 刘学锴：《温庭筠全集校注》，中华书局2007年版，第41页。
③ （宋）郭茂倩：《乐府诗集》卷五〇，第727页。
④ （宋）郭茂倩：《乐府诗集》卷五〇，第727页。
⑤ （宋）郭茂倩：《乐府诗集》卷五〇，第727页。
⑥ （宋）郭茂倩：《乐府诗集》卷五〇，第728页。
⑦ （宋）郭茂倩：《乐府诗集》卷五〇，第729页。
⑧ （宋）郭茂倩：《乐府诗集》卷五〇，第731页。

愿袭芙蓉裳。"①

　　吴均《采莲曲》："锦带杂花钿，罗衣垂绿川。问子今何去，出采江南莲。辽西三千里，欲寄无因缘。愿君早旋返，及此荷花鲜。"②

　　卢思道的《采莲曲》："曲浦戏妖姬，轻盈不自持。攀荷爱圆水，折藕弄长丝。珮动裙风入，妆销粉汗滋。菱歌惜不唱，须待暝归时。"③

　　陈后主的《采莲曲》："相催暗中起，妆前日已光。随宜巧注口，薄落点花黄。风住疑衫密，船小畏裾长。波文散动楫，荻花拂度航。低荷乱翠影，采袖新莲香。归时会被唤，且试入兰房。"④

南北朝与隋代的采莲作品中，也有一些纯粹描写女性采莲活动的清新之作。如：

　　梁简文帝的《采莲曲》："晚日照空矶，采莲承晚晖。风起湖难度，莲多摘未稀。棹动芙蓉落，船移白鹭飞。荷丝傍绕腕，菱角远牵衣。"⑤

　　刘孝威的《采莲曲》："金桨木兰船，戏采江南莲。莲香隔浦渡，荷叶满江鲜。房垂易入手，柄曲自临盘。露花时湿钏，风茎乍拂钿。"⑥

　　朱超的《采莲曲》："艳色前后发，缓楫去来迟。看妆碍荷影，洗手畏菱滋。摘除莲上叶，拖出藕中丝。湖里人无限，何日满船时。"⑦

　　吴均的《采莲曲》："江南当夏清，桂楫逐流萦。初疑京兆剑，复似汉冠名。荷香带风远，莲影向根生。叶卷珠难溜，花舒红易倾。日暮凫舟满，归来渡锦城。"⑧

　　这些作品不以书写男女情感为旨趣，又与劳动人民天然的采莲劳动不同，而是以采莲活动本身为书写旨趣，这是一种贵族审美趣味。采莲本身具有丰富的审美因素，江南风景、湖、船、荷花、美女，众多因素糅合在一起，在南北朝至隋唐之际被贵族纯粹审美化乃极其自然而然之事。

　　初唐时期诗人的《采莲曲》仍然延续南朝梁陈的风格，内容以女性为主，不过与南朝贵族《采莲曲》的脂粉气不同，初唐诗人的《采莲曲》以书写纯真的男女爱情为主。初唐四杰之前的《采莲曲》仍有强烈的南朝色彩，如：

　　殷英童的《采莲曲》："荡舟无数伴，解缆自相催。汗粉无庸拭，风裾随意开。棹移浮荇乱，船进倚荷来。藕丝牵作缕，莲叶捧成杯。"⑨

　　崔国辅的《采莲曲》："玉溆花红发，金塘水碧流。相逢畏相失，并着采莲舟。"⑩

　　徐彦伯的《采莲曲》："妾家越水边，摇艇入江烟。既觅同心侣，复采同心莲。折藕丝能脆，开花叶正圆。春歌弄明月，归棹落花前。"⑪

①　（宋）郭茂倩：《乐府诗集》卷五〇，第 731 页。
②　（宋）郭茂倩：《乐府诗集》卷五〇，第 732 页。
③　（宋）郭茂倩：《乐府诗集》卷五〇，第 732 页。
④　（宋）郭茂倩：《乐府诗集》卷五〇，第 732 页。
⑤　（宋）郭茂倩：《乐府诗集》卷五〇，第 731 页。
⑥　（宋）郭茂倩：《乐府诗集》卷五〇，第 731 页。
⑦　（宋）郭茂倩：《乐府诗集》卷五〇，第 731 页。
⑧　（宋）郭茂倩：《乐府诗集》卷五〇，第 732 页。
⑨　（宋）郭茂倩：《乐府诗集》卷五〇，第 733 页。
⑩　（宋）郭茂倩：《乐府诗集》卷五〇，第 733 页。
⑪　（宋）郭茂倩：《乐府诗集》卷五〇，第 733 页。

王勃的七言歌行《采莲归》,采用的是南朝旧题,但就表现内容而言,实际上已经有了变化,就是一扫南朝脂粉气,代之以人间纯真的爱情:

采莲归,绿水芙蓉衣,秋风起浪凫雁飞。桂棹兰桡下长浦,罗裙玉腕摇轻橹。叶屿花潭极望平,江讴越吹相思苦。相思苦,佳期不可驻。塞外征夫犹未还,江南采莲今已暮。今已暮,摘莲花。今渠那必尽倡家。官道城南把桑叶,何如江上采莲花。莲花复莲花,花叶何重叠。叶翠本羞眉,花红强如颊。佳人不在兹,怅望别离时。牵花怜共蒂,折藕爱莲丝。故情何处所,新物徒华滋。不惜南津交佩解,还羞北海雁书迟。采莲歌有节,采莲夜未歇。正逢浩荡江上风,又值徘徊江上月。莲浦夜相逢,吴姬越女何丰茸。共问寒江千里外,征客关山更几重。①

王勃将征人思妇之情打并入采莲诗,丰富了采莲诗的内涵。到盛唐时期,李白、王昌龄的《采莲曲》仍然以爱情为主题,或者书写女性采莲活动,不过盛唐人笔下无论是写采莲女的爱情还是写采莲的乐趣,都更多清新自然的普通人的生活气息,与南朝贵族气不同。

李白《采莲曲》:"若耶溪边采莲女,笑隔荷花共人语。日照新妆水底明,风飘香袖空中举。岸上谁家游冶郎,三三五五映垂杨。紫骝嘶入落花去,见此踟蹰空断肠。"②

李白《湖边采莲妇》:"小姑织白纻,未解将人语。大嫂采芙蓉,溪湖千万重。长兄行不在,莫使外人逢。愿学秋胡妇,真心比古松。"③

王昌龄的三首《采莲曲》:

吴姬越艳楚王妃,争弄莲舟水湿衣。来时浦口花迎入,采罢江头月送归。④
荷叶罗裙一色裁,芙蓉向脸两边开。乱入池中看不见,闻歌始觉有人来。⑤
越女作桂舟,还将桂为楫。湖上水渺漫,清江初可涉。摘取芙蓉花,莫摘芙蓉叶。将归问夫婿,颜色何如妾。⑥

总而言之,源起于民间的"采莲曲"在南朝贵族的手中被宫体化,初唐诗人"采莲曲"仍然在延续南朝"采莲曲"的女性主题,但是转以书写两性纯真的爱情为主。

三、中唐文士"采莲曲"

在王勃、王昌龄、李白等人仍在延续南朝《采莲曲》爱情主题的同时,《采莲曲》在一些文士的笔下也渐渐地发生变化。贺知章的《采莲曲》云:"稽山罢雾郁嵯峨,镜水无风也自波。莫言春度芳菲尽,别有中流采芰荷。"⑦贺知章,越州人,晚年辞官还乡,他的《采莲曲》与女性无关,与爱情无关,贺知章所写的是悠游于山水的文人趣味,清新潇洒。

贺知章之后,储光羲也同样以《采莲曲》表现文士趣味:

浅渚荷花繁,深塘菱叶疏。独往方自得,耻邀淇上姝。广江无术阡,大泽绝方隅。浪中海

---

① (宋)郭茂倩:《乐府诗集》卷五〇,第 736 页。
② (宋)郭茂倩:《乐府诗集》卷五〇,第 733 页。
③ (宋)郭茂倩:《乐府诗集》卷五〇,第 737 页。
④ (宋)郭茂倩:《乐府诗集》卷五〇,第 734 页。
⑤ (宋)郭茂倩:《乐府诗集》卷五〇,第 734 页。
⑥ (宋)郭茂倩:《乐府诗集》卷五〇,第 734 页。
⑦ (宋)郭茂倩:《乐府诗集》卷五〇,第 733 页。

童语，流下鲛人居。春雁时隐舟，新荷复满湖。采采乘日暮，不思贤与愚。①

储光羲《采莲曲》，写"独往方自得"，写"不思贤与愚"，这里的抒情主人并非采莲女，而是一个类似于陶渊明的隐士形象。到储光羲，可以说，采莲意象已经不是一个女子的劳动意象，而是转变成了文士自身情怀的表现。

中唐张籍的《采莲曲》：

> 秋江岸边莲子多，采莲女儿凭船歌。青房圆实齐戢戢，争前竞折荡漾波。试牵绿茎下寻藕，断处丝多刺伤手。白练束腰袖半卷，不插玉钗妆梳浅。船中未满度前洲，借问谁家家住远。归时共待暮潮上，自弄芙蓉还荡桨。②

在张籍的这首《采莲曲》中，尽管采莲女仍然是诗中的主人公，但是张籍既不像南朝《采莲曲》那样写采莲女的容貌、服饰、体态，也不像初唐《采莲曲》那样写采莲女的爱情，他所描述的是采莲女潇洒的风采、神色，自在的姿态，"白练束腰袖半卷，不插玉钗妆梳浅"，率性洒脱。结尾"自弄芙蓉还荡桨"，像极了张志和的"斜风细雨不须归"。这描写的其实不是劳动女性，也不是爱情女性，而是对一个文士自身精神的写照，张籍将文士的精神趣味投射到了采莲女身上。

中晚唐鲍溶、戎昱、僧齐已的《采莲曲》也同样体现了文士趣味：

> 鲍溶《采莲曲》："弄舟揭来南塘水，荷叶映身摘莲子。暑衣清净鸳鸯喜，作浪舞花惊不起。殷勤护惜纤纤指，水菱初熟多新刺。""采莲揭来水无风，莲潭如镜松如龙。夏衣短袖交斜红，艳歌笑斗新芙蓉。戏鱼住听莲花东。"③

> 戎昱《采莲曲》其一："虽听采莲曲，讵识采莲心。漾楫爱花远，回船愁浪深。烟生极浦色，日落半江阴。同侣怜波静，看妆堕玉簪。"④

> 僧齐已《采莲曲》："越溪女，越江莲，齐菡萏，双婵娟。嬉游向何处，采摘且同船。浩唱发容与，清波生潋滟。时逢岛屿泊，几共鸳鸯眠。襟袖既盈溢，馨香亦相传。薄暮归去来，苧罗生碧烟。"⑤

尽管鲍溶、戎昱、僧齐已的《采莲曲》不像储光羲那样有说理的痕迹，也不想张籍那样有明显的文士的影子，但是鲍溶写采莲之趣，戎昱写采莲女"争唱菱歌"、齐已写采莲女"几共鸳鸯眠"的率真自然，都是文人笔下的"采莲"趣味，同样投射了文人的精神追求。

当然，也有少数中晚唐诗人在延续南朝以来的创作主题。比如：

> 白居易《采莲曲》："菱叶萦波荷飐风，荷花深处小船通。逢郎欲语低头笑，碧玉搔头落水中。"⑥

> 温庭筠的《张静琬采莲曲》："兰膏坠发红玉春，燕钗拖颈抛盘云。城西杨柳向娇晚，门前沟水波粼粼。麒麟公子朝天客，珮马珰珰度春陌。掌中无力舞衣轻，剪断鲛绡破春碧。抱月飘烟一尺腰，麝脐龙髓怜娇娆。秋罗拂水碎光动，露重花多香不销。鹭鹚胶胶塘水满，绿萍如粟莲茎短。一夜西风送雨来，粉痕零落愁红浅。船头折藕丝暗牵，藕根莲子相留连。郎心似

---

① （宋）郭茂倩：《乐府诗集》卷五〇，第734页。
② （宋）郭茂倩：《乐府诗集》卷五〇，第735页。
③ （宋）郭茂倩：《乐府诗集》卷五〇，第735页。
④ （宋）郭茂倩：《乐府诗集》卷五〇，第734页。
⑤ （宋）郭茂倩：《乐府诗集》卷五〇，第735页。
⑥ （宋）郭茂倩：《乐府诗集》卷五〇，第735页。

月月易缺,十五十六清光圆。"①

但是,像白居易、温庭筠的《采莲曲》在中晚唐《采莲曲》中属于少数,尤其是温庭筠的《采莲曲》,可以说是晚唐时期南朝宫体的复归。

总而言之,《采莲曲》源自汉代民间,历南北朝与唐代,先后经历了汉魏民歌阶段、南朝贵族阶段、初唐沿袭爱情主题阶段,最终在中晚唐文士的笔下完成了它主题的升华,文士们将自身的情怀与趣味贯注入其中,成为文士书写其隐逸情怀洒脱真率性情的对象。

四、作为乐曲的"采莲曲"

《采莲曲》在诞生之初,就是一种民间音乐,为汉代相和歌曲。南北朝时期,在民间清商曲辞中就有《采莲曲》,而宫廷《采莲曲》更是盛行一时,梁武帝改编西曲,制《江南弄》七曲,梁简文帝《江南弄》三首,羊侃造《采莲》《棹歌》两曲,也都是音乐文本。《乐府诗集》卷五〇梁武帝《采莲曲》引《古今乐录》云:"《采莲曲》,和云:'采莲渚,窈窕舞佳人。'"②可惜这些歌曲具体的表演形式已经不得而知。

入唐,清商曲渐渐衰落,《采莲曲》是否仍在宫廷表演很难有材料确证,不过包何《阙下芙蓉》云:"一人理国致升平,万物呈祥助圣明。天上河从阙下过,江南花向殿前生。庆云垂荫开难落,湛露为珠满不倾。更对乐悬张宴处,歌工欲奏采莲声。"③此诗应为包何观朝廷乐舞所作,可见《采莲曲》在宫廷也并未绝迹。崔令钦《教坊记》所记"曲名"与"采莲"有关的有两支,"折红莲"与"采莲子"。崔令钦《教坊记》所载多为燕乐,与南朝清商曲辞属不同的音乐体系,不过两者也未必没有传承的关系。至晚唐,温庭筠《张静婉采莲曲序》云:"静婉,羊侃妓也,其容绝世。侃自为《采莲》二曲,今乐府所存失其故意,因歌以俟采诗者。"④据温庭筠此言,朝廷乐府仍然保存着《采莲曲》,只是与南朝《采莲曲》已经不同了而已。

同时,士大夫宴饮也演唱《采莲曲》,独孤及《东平蓬莱驿夜宴平卢杨判官醉后赠别姚太守置酒留宴》云:"木兰为樽金为杯,江南急管卢女弦。齐童如花解郢曲,起舞激楚歌《采莲》。"⑤《采莲曲》原为江南歌曲,独孤及此诗言齐人也会歌《采莲》,可见《采莲曲》在当时流传广泛。

当然,毋庸置疑的是,《采莲曲》在江南民间歌唱更为广泛。阎朝隐《采莲女》诗云:"采莲女,采莲舟,春日春江碧水流。莲衣承玉钏,莲刺罥银钩。薄暮敛容歌一曲,氤氲香气满汀洲。"⑥李白《秋登巴陵望洞庭》云:"郢人唱白雪,越女歌采莲。听此更肠断,凭崖泪如泉。"⑦戎昱《采莲曲》其二云:"涔阳女儿花满头,毵毵同泛木兰舟。秋风日暮南湖里,争唱菱歌不肯休。"⑧李白《越女词》云:"耶溪采莲女,见客棹歌回。"⑨张籍《乌栖曲》云:"西山作宫潮满池,宫乌晓鸣茱萸枝。吴姬自唱采莲曲,君王昨夜舟中宿。"⑩齐己《采莲曲》云:"浩唱发容与,清波生漪涟。"

---

① (宋)郭茂倩:《乐府诗集》卷五〇,第 737 页。

② (宋)郭茂倩:《乐府诗集》卷五〇,第 727 页。

③ 《全唐诗》卷二百八,中华书局 1960 年版,第 2171 页。

④ 刘学锴:《温庭筠全集校注》,第 41 页。

⑤ 《全唐诗》卷二四七,第 2770 页。

⑥ (宋)郭茂倩:《乐府诗集》卷五〇,第 736 页。

⑦ (清)王琦注:《李太白全集》卷二一,第 995 页。

⑧ (宋)郭茂倩:《乐府诗集》卷五〇,第 734 页。

⑨ (清)王琦注:《李太白全集》卷二五,第 1195 页。

⑩ (宋)郭茂倩:《乐府诗集》卷四八,第 697 页。

　　尽管我们很难判断,这些文人诗中所言被歌唱的"采莲歌",究竟是原汁原味的民歌,还是文人歌词,或者两者均有,甚至互相影响,民间的"采莲歌"激发了文人创作的热情,文人诗也提升了"采莲歌"的意境。《乐府诗集》所载文人《采莲曲》也非常多,文献不足,我们难以确知哪些曾经是被演唱的音乐文本,哪些是文人徒诗,无法将《乐府诗集》中的《采莲曲》与这些材料中的吴姬越女的"采莲歌"一一对应。不过,《采莲曲》在唐代民间,尤其是吴越地区,仍在广泛歌唱应是不争的事实。民间歌唱的《采莲曲》除了《乐府诗集》所载三十多位诗人的诗,也未必尽是这三十多位诗人的诗,或者不是这三十多位诗人的诗,也很有可能是民间没有被文字记载下来的"采莲歌"。

结　语

　　"采莲曲"在中国音乐史与诗歌史上绵历久远。源起于民间,最早有文献记载的是汉代的相和歌词,"江南可采莲,莲叶何田田",文字质朴,生动活泼。南朝民间吴声西曲中也有采莲曲。梁武帝将西曲中的《采莲曲》改编成他的《江南弄》七曲之一。南朝贵族的"采莲曲"文字华缛,描写女性的容貌、体态、服饰等,风格靡丽。初盛唐王勃、王昌龄、李白等人的"采莲曲"延续了南朝"采莲曲"的爱情主题,不过一扫南朝的靡丽风格,以描写两性纯真的爱情为主。自贺知章,尤其是储光羲、张籍等人,中晚唐诗人的"采莲曲"将文士的隐逸、洒脱趣味打入"采莲曲"中,既无南朝之绮靡,亦无初盛唐之两性爱情,成为中唐士人书写其性情、精神的对象,彻底改写了"采莲曲"的主题,"采莲曲"在中晚唐文士的手中完成了它在诗歌史上的雅化与升华。

(作者单位:浙江大学文学院)

《元白诗笺证稿》中的文体关照

——从"特性之虚构"与"通性之写实"论起

赵辛宜

陈寅恪所著《元白诗笺证稿》对《长恨歌》《琵琶引》《连昌宫词》及元稹、白居易二人的艳诗及悼亡诗、新乐府诗进行了详细分析,其中运用了"文史互证"、比较研究等方法,为文学研究和历史研究树立了重要范式。同时,书中提出的许多概念也值得我们详细研究讨论。本文所探讨的"特性之虚构"与"通性之写实"便是一例。这在以往对陈寅恪著作及元白诗的研究中,尚未有过详细分析。

"特性之虚构"与"通性之写实"的总结出现在《连昌宫词》一章(增补第十):"乐天此诗乃写实之作,与微之此诗出于揣想者本自不同,然微之此诗亦根据唐代离宫一般之情况而言,绝非无中生有之描绘……故在《连昌宫词》为特性之虚构,《江南遇天宝乐叟》诗乃通性之写实。由是而论,元白两诗可以互相证发也。"[1]"特性之虚构"与"通性之写实"的提出,背后是陈寅恪"文史互证"研究方法的基本思路。两个概念的使用,实际暗含对元白诗特点的考量,指向元白诗歌在文体方面呈现出的新变,这对文体互动视角下的中唐文学研究具有重要的启发意义,是本文重点探讨的部分。

一、"特性之虚构"与"通性之写实"的内涵

在《元白诗笺证稿》中,陈寅恪以"特性之虚构"和"通性之写实"分论《连昌宫词》与《江南遇天宝乐叟》。两诗都涉及唐代离宫在寒食节开门砍竹之事,联系元白二人的创作时间,就会发现其中的不同。据陈寅恪考证,白居易在元和十年(815)贬江州司马时,华清宫已经非常破败但城墙尚存,诗中"红叶纷纷盖欹瓦,绿苔重重封坏垣"的描写是白居易曾耳闻目睹的真实景象,而元稹写《连昌宫词》为依题悬拟,是基于唐代离宫一般情况的想象描写。元白二诗可相互证发。由此处来看,特性之虚构侧重于诗人依据想象进行的艺术构思;通性之写实则是强调诗人基于亲身经历完成的相关描写。

"特性"与"通性"的并举不只出现在《元白诗笺证稿》中,《隋唐制度渊源略论稿》及《唐代政治史述论稿》中都有提到,《世说新语·文学篇》"阮宣子有令问"条关于王、阮具体指代的人物存在歧见,陈寅恪认为:"其实此问若乃代表当时通性之真实,其个性之真实见虽难以确定,然不足致疑也。"[2]《唐骈剧谈录》记载元稹年少以明经擢第,交结于李贺,有次登门拜访,仆人阻止说"明经及

① 陈寅恪:《元白诗笺证稿》,商务印书馆 2015 年版版,第 364—365 页。
② 陈寅恪:《隋唐制度渊源略论稿·唐代政治史述论稿》,《陈寅恪集》,生活·读书·新知三联书店 2001 年版,第 44 页。

第,何事看李贺?"日后,元稹以制策登科,势力增强,以李贺父亲姓名犯讳为由阻碍李贺进仕。陈寅恪评论:"《剧谈录》所纪多所疏误,自不待论。但据此故事之造成,可推见当时社会重进士轻明经之情状,故以通性之真实言之,仍不失为珍贵之社会史料也。"①由此,特性指向的是个体表现,通性指向的是历史原因。通性与个性相对而互补,即使无法判断某一特别的人、事、物的真实情况,也可以从中推见整体的趋势或背景。

"元稹之时,华清宫都已荒废了,连昌宫自然更不用说了。因为玄宗在开元二十四年以后,不再幸洛阳,连昌宫便年复一年地残破下去了。洪迈在论《琵琶引》时,说都虚假,其实实有其事;在论此诗时,又说都是实事,其实,《连昌宫词》纯属虚构。今天,考证其虚,可反辨其实,以明当日史事。因为,元氏诗作对唐时风俗方面并没有什么违背。以这首诗而论,虽然,它的个性如人物、地点是不真实的,但它的通性,即对那个时代风俗人情、典章制度的反映,却是真实的。如写宫廷'每年寒食一开门'便是唐时的风俗。"②这段记录正可以进一步解释陈寅恪所提出的"特性之虚构"与"通性之写实","特性"或"个性"指向的是某一人物、地点等具体史实,"通性"则指向整个时代风俗人情、典章制度等,对诗歌中虚构之处的发现与考证,反而能够从侧面推断其中涉及的历史真实。

《连昌宫词》中"上皇正在望仙楼,太真同凭栏干立"及"寝殿相连端正楼,太真梳洗楼上头"等句,为附会《杨太真外传》而想象虚构之辞。而诗中"明年十月东都破,御路犹存禄山过"也与历史情况相矛盾:连昌宫为长安、洛阳之行宫,据《通鉴》载安禄山既自反后不曾再到长安,更不会经过连昌宫前的御路,因此这同样出于诗人的假想。不过,陈寅恪指出,在这多处假想之中亦有真实,《连昌宫词》中写长安今昔之变迁,确为写实之词,对于华清宫的描写基于唐代离宫的一般情况,虽有不符事实之处,但绝非无中生有之描绘。通过此书的论述能够看到,"特性之虚构"与"通性之写实"其实也是一篇诗文的两个层面。

同样地,白居易《长恨歌》一诗也是集"特性之虚构"与"通性之写实"于一体。通过对时间、地点的考证,陈寅恪指出诗中长生殿七夕私誓之句与历史事实不符,只是诗人的浪漫想象。而"云鬓花颜金步摇,芙蓉帐暖度春宵"一句对杨妃妆容的细致描写并非虚构。据《安禄山事纪》下及《新唐书》三四《五行志》所述,天宝初妇人时世妆有步摇钗,陈寅恪推证杨妃入宫时间在开元季年入宫,此时的妆扮有步摇钗是符合时妆潮流的。可见,白居易此句不仅是铺陈杨妃美丽的藻饰之语,还是符合历史实际情况的纪实之句。

与"通性之真实"相对的,还有"个性之真实"这个层面。关于这一点,可举白居易的闲适诗为例。白居易自称闲适诗意在"独善","知足保和,吟玩性情"(《与元九书》),因此诗中表现的多是他的个人生活体验,虽然其中涉及住所、日常起居、游赏等,在一定程度上帮助我们考察和确定诗人的生平经历和具体的作诗背景,但是这种"个性之真实",与陈寅恪所强调的反映时代风俗人情与典章制度的"通性之真实"还有差别。整体来看,闲适诗在史料价值方面不如立足政治现实、"因事立题"的讽喻诗及"事物牵于外,情理动于内"的感伤诗。《元白诗笺证稿》中没有选择闲适诗进行详细考证,其中也有这个原因。

陈寅恪认为元稹写韦氏的悼亡诗情文并佳,是"贫贱夫妻,关系纯洁,因能措意遣词,悉为真实之故"。③ 如果缺少真情实感,虚美伪善,则"词虽美而情可鄙"。陈寅恪对诗中真实情感的强调,不

①　陈寅恪:《隋唐制度渊源略论稿·唐代政治史述论稿》,《陈寅恪集》,生活·读书·新知三联书店 2001 年版,第 272—273 页。
②　陈寅恪讲解,刘隆凯整理:《陈寅恪"元白诗证史"讲席侧记》,湖北教育出版社 2005 年版,第 82—83 页。
③　陈寅恪:《元白诗笺证稿》,商务印书馆 2015 年版,第 110 页。

仅有对诗人个性之真实的发现,还有对其中通性之真实的挖掘。元稹《梦游春》写自己与莺莺的一段因缘,用笔深情,但只是"一梦何足云",皆为虚语。以梦比之,可见他视莺莺本人及他们之间的这段因缘实微不足道。而白居易和诗云"韦门女清贵,裴氏甥贤淑"及"刘阮心渐忘,潘杨意方睦"是"真实语",从中可以看出,当时的文人对元稹抛弃双文而另娶成之的事情采取容许的态度。虽然陈寅恪对于元稹巧婚巧宦极为批判,但他也指出,在看待元稹另娶的行为时,需要明白一个重要的事实:"时代之习俗,自不可以今日之标准为苛刻之评论"[①],而要结合当时的文化传统和历史背景进行理解和评价。即使看起来是虚写情事,没有牵涉史事,仍能评其为"真实语"。这正是因为从诗人的个人行为与情感表现中,能见到当时的社会风气和道德观念。这种社会风气和道德观念,才是所特别强调的"通性之真实"。

联系此书多篇笺证,方能进一步理解何为"特性之虚构"与"通性之写实"。可以说,两者在差异之中仍具有统一性。虽然陈寅恪以历史学家的眼光力求将诗文中的时空、人事一一落实,但他对诗人的虚构想象也给予了充分的理解。在《连昌宫词》一篇笺证中,引史料考释杜甫《诸将五首》中"洛阳宫殿化为烽"一句,指出"子美此句乃诗人感伤之语,不可过于拘泥也"[②]。就像他评价白居易所说:"文人描写,每易过情,斯固无足怪也。"[③]

二、史书与诗歌的互动

陈寅恪对于文体的关注,从他早期的一系列跋文中就能看出。他从《维摩诘经文殊师利问疾品演义》《有相夫人生天因缘曲》等新发现的敦煌本佛典中追溯我国某些文学体裁的渊源:"佛典制裁长行与偈颂相间,演说经义自然仿效之,故为散文与诗歌互用之体。后世衍变既久,其散文体中偶杂以诗歌者,遂成今日章回体小说。其保存原式,仍用散文诗歌合体者,则为今日之弹词。"[④]指出:"佛教经典之体裁与后来小说文学,盖有直接关系。此为昔日吾国之治文学史者,所未尝留意者也。"[⑤]在《元白诗笺证稿》中,提出:"欲了解此诗(《长恨歌》),第一,须知当时文体之关系。第二,须知当时文人之关系。"第一点明确了文体的重要性。对"通性之写实"与"特性之虚构"两个概念的使用,并不是简单的对文学与现实关系的探讨,联系陈寅恪具体的论述,可见其中对元白诗歌特点的探究以及对中唐文体发展的关注。

元白二人都曾任翰林学士,对此元稹有相关记录:"大凡大诏令、大废置、丞相之密画、内外之密奏、上之所甚注意者,莫不专对,他人无得而参。非自异也,法不当言。用是十七年间,由郑至杜,十一人而九参大政。"[⑥]可见,翰林学士几乎参与到所有重大国家政事中,职能主要是起草诏书与参议政事[⑦],这就需要他们对史书非常熟悉。《通典·举人条例》列出了举人必读的史书书目:"其史书,《史记》为一史,《汉书》为一史,《后汉书》并刘昭所注志为一史,《三国志》为一史,《晋书》为一史,李延寿《南史》为一史,《北史》为一史。习《南史》者,兼通《宋》《齐》志;习《北史》者,通《后

① 陈寅恪:《元白诗笺证稿》,商务印书馆 2015 年版,第 92 页。
② 陈寅恪:《元白诗笺证稿》,商务印书馆 2015 年版,第 365 页。
③ 陈寅恪:《元白诗笺证稿》,商务印书馆 2015 年版,第 38 页。
④ 陈寅恪:《金明馆丛稿二编》,生活·读书·新知三联书店 2001 年版,第 203 页。
⑤ 陈寅恪:《金明馆丛稿二编》,生活·读书·新知三联书店 2001 年版,第 217 页。
⑥ (唐)元稹:《翰林承旨学士记》,《元稹集》,中华书局 2010 年版,第 647 页。
⑦ 傅璇琮:《唐代翰林学士传论》,辽海出版社 2011 年版,第 106 页。

魏《隋书》志。国朝自高祖以下及《睿宗实录》,并《贞观政要》,共为一史。"①当时的士人不仅需要熟读前四史,还要兼通唐初所修史书及旧注、政书、实录,而由朝廷严格选拔出来的翰林学士更应如此。故元白二人对于史书材料的熟悉程度也可以想见。参议政事的职责及对于史书的熟练掌握,都对二人的创作产生了深刻影响。

(一)从史书到诗歌的文本增改

元白二人不仅将其积累的史书材料应用于诏文制书的创作,还将其直接转化为诗歌文本。这点在白居易的新乐府诗中尤为明显。在对《七德舞》一篇的笺注中,陈寅恪对比《七德舞》与《贞观政要》文本,指出《七德舞》中叙写太宗事迹举唐太宗盛德之事共八件,其中有五事都能够在《贞观政要·论恻隐篇》中找到对应。参照其他史料,可以得出:"其中所咏太宗时事,一一皆有所本,而其所本者,似不限于《政要》一书,盖乐天根据《政要》以构成此篇骨干,复于《实录》中寻扯材料以修改其词句、增补其内容而完成此篇也。"②这种由史书材料直接融会演变而成的创作方式,还体现在《二王后》《海漫漫》《捕蝗》等多篇诗作中。《海漫漫》是取自史书中对秦皇求药,徐福出海之事。在这里的求仙之事被展开叙述,于史传的记载中增加了具体的描写。如"海漫漫,风浩浩,眼穿不见蓬莱岛。不见蓬莱不敢归,童男丱女舟中老。徐福文成多诳诞,上元太一虚祈祷"③。从篇幅巨大的《太宗实录》,到分类而编的《贞观政要》,最终变为具有文学性的诗歌,在新乐府五十首中可以看到一个发展的过程。

这种取材方式,实际与新乐府创作的观念相关。因此,理解元白诗所呈现出的"通性之真实",离不开对诗人选材与创作心态的考察。《新乐府》的结篇《采诗官》可谓组诗的理论阐述,其中白居易对采诗制度大加赞扬,对其失落不彰深言痛心,同时表达"欲开壅蔽达人情"④的志愿。在这种意为"采诗官"的自觉下,元白二人特意于史书中寻找材料,或是明确选取具有代表性的历史事件,例如《城盐州》选取唐德宗时修筑盐州城之事,《捕蝗》则追溯德宗兴元、贞元初的蝗灾及其所带来的灾难继而引出对德政消灾的强调,体现出作为"谏官"的言事职守。

杜诗"诗史"一说最早出自孟棨《本事诗》中《高逸》一篇:"杜所赠二十韵,备叙其事,读其文,尽得其故迹。杜逢禄山之难,流离陇蜀,毕陈于诗,推见至隐,殆无遗事,故当时号为'诗史'。"⑤分析《本事诗》中的这段论述,元白二人尽管没有使用"史"这一概念来解释杜诗,但是,他们所崇尚的"即事名篇"即书写时事,同样是对于其现实针对性和纪实性的肯定。结合他们提倡的"采诗观风"说,元白这种谏官视角下的写作,对于"时事"的强调与《本事诗》中内涵存在不同。相比于个人生活纪实,他们更注意的是诗歌中的"通性"史实。体现在创作之中,即将历史或现实中的重要事件采纳为诗中之"事",其"事"的选取非常明确,与其题下序紧密呼应,因而更具典型意义,以达到诗人的讽谏之意。

从史书到诗歌的另一个面向,则是诗歌对史书本事的改写和丰富。正如陈寅恪所论,"明皇与杨妃之关系,虽为唐世文人公开共同习作诗文之题目,而增入汉武帝李夫人故事,乃白、陈之所特创。"⑥《汉书·外戚传》所载李夫人死后二人相见之事:"上思念李夫人不已,方士齐人少翁言能致其神。乃夜张灯烛,设帷帐,陈酒肉,而令上居他帐,遥望见好女如李夫人之貌,还幄坐而步。又不

---

① (唐)杜佑:《通典》,中华书局1988年版,第423页。
② 陈寅恪:《元白诗笺证稿》,商务印书馆2015年版,第139页。
③ 谢思炜:《白居易诗集校注》,中华书局2006年版,第289页。
④ 谢思炜:《白居易诗集校注》,第443页。
⑤ (唐)孟棨:《本事诗》,《历代诗话续编》,中华书局2006年版,第1247页。
⑥ 陈寅恪:《元白诗笺证稿》,商务印书馆2015年版,第45页。

得就视,上愈益相思悲感,为作诗曰'是邪,非邪。立而望之,偏何姗姗其来迟'令乐府诸音家弦歌之。上又自为作赋,以伤悼夫人,其辞曰……"相比于《汉书》中未见而伤悼,《长恨歌》中将此拓展铺陈,生发出海上仙山、帐中美人及金钗寄情等情节,并将其用于唐玄宗与杨贵妃身上,又增方技家神仙之事与小说家夸诞之辞。

关于《长恨歌》的用典,程千帆在《〈长恨歌〉与〈圆圆曲〉》中,做出以下推论:"则知《长恨歌》所用之事,初虽假作暗喻,然其后半则由典实之比拟,进而为故事之演化。故所作之描写与所暗用之典实,始近而终远。其结果挥空成有,乃变为全诗整个本事中之一部分。是因中有创也。而《圆圆曲》所用之事,则始终居于比拟之地位。此典实非与全诗本事必不可分。故其于诗之主体,为渲染而非渗透,为陪衬而非演化。此二者同中之异,又读者所当留意也。"①"挥空成有",即是诗人基于史书中的题材,加之传奇小说、仙道之语等各方面的增益,从而创造出新的故事,运用想象而完成特性之虚构。

以文本从史书到诗歌的增改情况为线索,可以进一步了解元白二人在创作心态、创作技巧及题材选择等多方面的情况。出于记史求实的创作追求,凭借对史书材料的熟悉,元白二人的诗歌中常见对史书材料的应用与综合,反映出相关的通性之真实。同时,基于史书的材料,诗人还会进行融会与演绎,创造出史实之外的"本事",从而使诗歌在特性虚构中体现一定的艺术独创性。可谓"史家之实录"与"诗才之想象"为一体。

(二)记录"本事"的自觉

白居易现存自注诗歌的数量约五百六十首,元稹自注诗歌约为一百七十四首,占据了现存诗歌中相当一部分。② 大量补充事实、解释典故的自注体现了诗人对于诗歌本事的自我明确。

诗人在序和自注里说明作诗的背景,以表明自己的创作具有即事而发的真实可信性,同时会对诗歌中所使用的典故等进行说明,以说明其征引有所凭据,同时让读者更明确其使用语境与征引目的。如其新乐府诗中《七德舞》一篇,于"亡卒遗骸散帛收"下注"贞观初、诏收天下阵死骸骨,致祭瘗埋之,寻又散帛以求之也";于"饥人卖子分金赎"下注"贞观二年大饥,人有鬻男女者。诏出御府金帛尽赎之,还其父母"③。全诗几乎是逐句注明诗中所涉及的贞观时期史事。对于"本事"的自注,可见诗人纪实缀史的创作倾向,实为诗歌中"通性之写实"的部分。因此,以往对元白二人甚至整个中唐的自注研究,主要是关注其文献意义与诗史内涵。"自注作为一种文献,在证史、存诗、留曲三方面的功用,其超越于训释之外的特殊价值也从中得以显现……中唐诗歌自注更为典型而集中地体现了对时事及事实的忠实提供和保留,从而具有远胜于诗义释解的更为深远的文献学意义。"④

同时,在对典故"本事"的自注中,还能看到艺术性的创造。《连昌宫词》中有"力士传呼觅念奴,念奴潜伴诸郎宿"等数句,写念奴善歌、李谟偷曲之事,并在自注中详细叙述。自注以"念奴,天宝中名倡"开篇,写出其善歌,名盛,深受玄宗喜爱。接着又详笔写正月十五日玄宗于灯下游览之时,听到善笛者李谟偷奏前夕新曲之事。自注所写情节与原诗句相同,但加入了人物对话和更多细节,其篇幅之长堪比一篇传奇小说。唐史中关于念奴的形象没有详细记载。而《连昌宫词》中描

---

① 程千帆:《〈长恨歌〉与〈圆圆曲〉》,《程千帆全集第 8 卷:唐代进士行卷与文学·古诗考索》,河北教育出版社 2000 版,第496 页。

② 参见俞芝悦:《论中唐诗人自注其诗体现的读者意识——以白居易、元稹等诗人为中心》,《文艺理论研究》2016 年第 1 期,第 148 页。

③ 谢思炜:《白居易诗集校注》,中华书局 2006 年版,第 275 页。

④ 魏娜:《论中唐诗歌自注的纪实性及文献价值》,《文献》2010 年第 2 期,第 50 页。

写了念奴美丽的容貌身姿和悠扬的歌声，并在自注中详细叙述了玄宗宴会之盛大场面以及李谟偷曲的情节。从民间口传到《连昌宫词》自注的铺陈描述，念奴善歌、李谟偷曲之事才有所名定，最终广为人知并频繁出现在以后的文学作品中。

对于"本事"的明确，还与诗歌题材的扩容相关。《琵琶引序》中说明了和琵琶女偶遇的情况，与诗中琵琶女的自述相互补充；《连昌宫词》自注则对念奴、李谟之事详加解释，与诗中所举相呼应。琵琶女、念奴、李谟都不是秦皇汉武这样已经成为文化符号的人物形象，读者们最多只能耳闻却不清楚其本事，诗人也无法用一两个典故便画龙点睛。因此，元稹和白居易在塑造这类形象时会通过序或自注进行解释。

元白诗展现出来的对于诗歌"本事"的关注，实则是此时文学发展的典型特点。孟棨《本事诗》序言："讽刺雅言，虽著于群书，盈厨溢阁，其间触事兴咏，尤所钟情，不有发挥，孰明厥义？"①"触事兴咏"，与"即事名篇"的含义相同，都含有对"事"的强调，以说明本事注解对于诗歌理解的重要意义。中晚唐出现的诗歌本事集，以《本事诗》为代表，较为重要者还有如《朝野佥载》《隋唐嘉话》《唐国史补》《本事诗》《云溪友议》《刘宾客嘉话录》等。其中表现出对"实录"和"以补史缺"的强调，表现出史学传统对文学的深刻影响。

三、诗歌与小说的互动

《莺莺歌》与《莺莺传》围绕同一题材将两种文体联系起来，并出现互相补益的趋势。到了《长恨歌》与《长恨歌传》，诗人有意识的避免重复而注意互相联系，歌诗与议论的关系变得更加紧密。到了元稹的《连昌宫词》，两者已经交融为一体，展现在一篇诗歌中。通过对于元白诗歌中"通性之写实"与"特性之虚构"的考察，能够探究文人间的竞才创作与典型题材的敷衍创新。同时，在纵向的文学史发展层面上，透视文体的演变趋势。

（一）典型形象的塑造

南宋洪迈认为白居易《琵琶引》中情事不符合礼仪，而疑此诗实无其事。陈寅恪针对这个观点从"文字叙述问题"和"唐代风俗问题"两个方面进行了反驳，并根据诗中琵琶女的自述推测其本为酒家女，即当时所谓"酒家胡"。事实上，琵琶女这一形象并不完全是诗人偶遇即得，也并非洪迈所说纯属虚构，而是既有诗歌题材与诗人现实经验相结合熔铸而成，背后有着深刻的历史背景与文学发展趋势。

元稹于元和四年（809）所作《琵琶歌》已经为白居易提供了既有题材，其中对演奏者的形容、赞美以及关于贬谪的感伤，在之后的《琵琶引》中都有所承继。不仅如此，在《琵琶行》之前，白居易有《夜闻歌者》：

> 夜泊鹦鹉洲，秋江月澄澈。邻船有歌者，发调堪愁绝。歌罢继以泣，泣声通复咽。寻声见其人，有妇颜如雪。独倚帆樯立，娉婷十七八。夜泪似真珠，双双堕明月。借问谁家妇，歌泣何凄切？一问一沾襟，低眉终不说。②

《夜闻歌者》诗题下有小序"宿鄂州"。《旧唐书·地理志三》"江南西道鄂州"："隋江夏

---

① （唐）孟棨：《本事诗》，《历代诗话续编》，中华书局 2006 年版，第 2 页。
② 谢思炜：《白居易诗集校注》，中华书局 2006 年版，第 820 页。

郡。……在京师东南二千三百四十六里。"①鹦鹉洲,据《初学记》卷八:"《舆地志》曰:夏口江中有鹦鹉洲。"②《元和郡县图志》卷二十七:"江夏县,……属鄂州。……鹦鹉洲,在县西南二里。"③结合朱金城笺注"作于元和十年(815),四十四岁,长安至江州途中",《夜闻歌者》应该是白居易于元和十年(815)由京城谪赴江州,途经鄂州、夜泊鹦鹉洲时创作的一首诗。同样作于此时的还有《听崔七妓人筝》:"花脸云鬟坐玉楼,十三弦里一时愁。凭君向道休弹去,白尽江州司马头。"④

根据《琵琶引》序,该诗作于《夜闻歌者》和《听崔七妓人筝》后一年,即元和十一年(816)。《夜闻歌者》与《琵琶引》的抒情主人公都有姣好的面容、悲惨的处境,并通过音乐传递内心的悲痛,引发诗人的欣赏兴趣与伤感之情。由此可见,从《夜闻歌者》《听崔七妓人筝》到《琵琶行》,实际上是诗人对同一题材内容的丰富拓展。

在考察琵琶女形象的建构过程中,陈寅恪对"同是天涯沦落人"一句的解释仍可商榷。琵琶女自陈曾经历"门前冷落鞍马稀"的落寞,如今的生活又是"去来江口守空船,绕船月明江水寒"。这种落寞与孤寂,正是诗人谪居江州时候所感慨的:"萧条司马宅,门巷无人过。唯对大江水,秋风朝夕波。"(《司马宅》)两个人的处境是如此的相似,因此诗人感叹"同是天涯沦落人"便很好理解。不止如此,在贬谪江州的这段时间,凡是遇到他人他物沦落之境况,都会引发白居易类似的感触,例如写于元和十年的《放旅雁》:"我本北人今谪谪,人鸟虽殊同是客。见此客鸟伤客人,赎汝放汝飞入云。"可见,潜藏在诗人内心中的感伤,一遇处境相似的旁人外物,便浮现出来抒发于诗句。这样来看,陈寅恪解释"同是天涯沦落人"中寓含了白居易对二人均因用兵淮蔡而沦落的感叹,不免有过度阐释的情况。

在《琵琶引》之后,白居易也作有《听夜筝有感》《夜筝》及《听琵琶妓弹略略》,这在一定程度上说明了此题材具有一定的现实依据。琵琶女应是诗人联系友人的既有创作与艺术创造经验,从与偶遇乐女、江上送别有关的亲身经历中取材而创作的典型形象。在人物形象和类似情事的反复描写和增益中,体现了白居易对琵琶女这一题材的钟爱。这种钟爱并不是他的特殊,而是中唐文学在题材选择方面出现的一种整体趋势。在论及刘禹锡《泰娘歌》时,陈寅恪得出其与《琵琶引》是"各别发展、互不相谋"的结论。但是元、白、刘的诗中皆塑造了遗妾形象,除了以男女关系喻君臣关系的传统外,还体现出文学创作中特别的转向。对于这一点,日本学者川合康三有过详细论述。他在《中国的自传文学》中指出,杜甫的《饮中八仙歌》塑造了醉态奇行、情貌各异的八位诗人形象,"作了诗歌中人物描写个性化的率先尝试"。到韩愈写好古成癖的孟郊(《孟生诗》),拙于世故的卢仝(《寄卢仝》)以及四海流浪的刘生(《刘生》),"韩愈塑造的这些人物形象,既有的人物类型是无法包容的。就是说,他们是过去的人物画廊里从来没有见过的新面孔,因此只能称他们为'奇人'。'奇',就必须逸出传统规范,而正是从这些不合规范的'奇人'身上,我们可以看到韩愈新的人生观。对从来没有进入过文学殿堂的人物类型,深刻观察,积极表现,这种创作态度的出现,来自当时对人性多样化的新的时代认识"⑤。同样地,白居易笔下的琵琶女,体现了当时人物形象写实化和人物个性多元化的趋势。相比于韩愈笔下桀骜不驯的文人士子,琵琶女更是诗歌中少见的人物,正是中唐时期这种从集体转向个人、由共性转向个性的时代精神的产物,创造出了诗人个人经验与时代背景交织而成的集真实与虚构于一体的典型形象。

①　(后晋)刘昫:《旧唐书》,中华书局1975年版,第1610页。
②　(唐)徐坚:《初学记》,中华书局1962年版,第190页。
③　(唐)李吉甫:《元和郡县图志》,中华书局1983年版,第644—645页。
④　谢思炜:《白居易诗集校注》,中华书局2006年版,第1239页。
⑤　[日]川合康三:《中国的自传文学》,中央编译出版社1999年版,第170页。

(二)诗的传记性与叙事性

在评价元稹悼亡诗时,陈寅恪就将其与小说文体联系起来,认为元稹之所以能成就古今悼亡诗的绝唱,"实由其特具小说之繁详之天才所致"。在笺注《连昌宫词》时,陈寅恪指出此诗即受"歌""传"的影响,在一篇中展现诗笔与史才,在倾诉者这一人物设置与诗歌的整体构思方面,又仿效白居易的《新丰折臂翁》,体现了对同一题材的不断增益。

《新丰折臂翁》为《新乐府》中第九首,目的是"戒边功",其中塑造了一位折臂老人的形象。折臂翁为新丰人,新丰是昭应县的本名,华清宫即在此地。可见,折臂翁实为宫旁居民。在此之后的《连昌宫词》更是直接写为"宫边老翁",显然是受白居易此诗影响。还有韩愈《和李司勋过连昌宫》:"夹道疏槐出老根,高甍巨桷压山原。宫前遗老来相问,今是开元几叶孙?"其中也出现了"宫前遗老"的形象。住在宫旁,意味着老人对华清宫的变化应该有比较直观且真实的感受,借其口来抒写盛衰之变化更为真实可信。

受杜甫《兵车行》的影响,此篇也采用问答的形式,让当事者作直接倾诉。凄惨场面为诗人亲眼所见,悲切言辞是诗人亲耳所闻,由此显现出所述之事的真实性。但是对比《兵车行》中征人与《新丰折臂翁》中老翁的形象,两者的不同仍值得注意。《兵车行》中的倾诉者是诗人路过而见的征人,虽有"去时里正与裹头,归来头白还戍边"之句,但没有展开叙述,眼前人仍是被迫应征的青壮男子。杜甫生于先天元年(712),历经盛唐的巅峰与转折,亲身经历过盛衰变化,因此可以直接叙写亲眼所见,他所选择的答者就是身旁经过的行人,从而更凸显《兵车行》一诗为即事而发,有深切的现实感慨。到了白居易、元稹以及韩愈这里,因为诗人没有亲身经历开元的繁盛和平安,无法从自己的视角出发来叙写盛衰变化,否则会有损真实性。这时就需要一个特别的"亲历者"。因此,一个生逢圣代,经历天宝南诏战争一直活到天宝年间的老翁形象就产生了。可以说,折臂翁是为叙事而特别建构的典型形象,具有深刻的叙事功能。同时,诗中铺叙老翁的生平经历,展现出来一定的传记性,与唐传奇的人物志异可谓异曲同工。

《连昌宫词》的宫边老翁是由折臂翁进一步演化而来的,老翁于天宝十三载(754)清明入宫,正值宫中昌盛之时。而"去年敕使因斫竹"再次入宫,所目睹的已是衰败景象。老翁两次入宫对宫廷前后盛衰有着更直观而深切的感受,这种盛与衰的描写与对比相对于《新丰折臂翁》更加强烈。最后"我闻此语心骨悲,太平谁致乱者谁?"的议论,与《新丰折臂翁》中"老人言,君听取"的内容是一致。

折臂翁与宫边老翁形象的塑造,显现出元白二人有意建构跨度较大的时间范围,又希望通过亲历者的视角来凸显诗作的真实性,而对老翁形象的特性虚构,即为表现通性真实而服务。

在诗歌的篇幅方面。出于塑造人物形象、铺陈历史背景的需要,从《新丰折臂翁》到后来的《连昌宫词》,篇幅有所增加。同样地,《夜闻歌者》为五言古体诗,全诗计 8 韵 16 句,然而五言古诗无法容纳进一步对琵琶女形象的细致描绘与身世的详细铺陈,因此到《琵琶引》变为运用律句的七言古体诗,全诗计 44 韵 88 句,在字数和篇幅方面都大为增加。中唐诗歌中对于人物形象的塑造更加写实而深刻,叙事性与传记性进一步得到彰显。这种内容的丰富与题材的增益,在一定程度上推动了文体的转变。这种转向在中唐之后愈加明显,在宋代诗人的创作中日益清晰。例如梅尧臣,长篇歌行如《花娘歌》能够看到琵琶行的影响痕迹,还有取材于《世说新语》的《桓妒妻》等,都体现出诗歌中的传记性与叙事性的发展。

在诗与小说的文体互动中,自注作为原文本中不可或缺的一部分,其文体学上的意义也不能够忽视。对比《连昌宫词》对念奴之事的诗句和自注,"力士传呼觅念奴,念奴潜伴夜郎宿"在自注中被扩展为"玄宗遣高力士大呼于楼上曰:'欲遣念奴唱歌,欲遣念奴唱歌、邠二十五郎吹小管逐,看人能听否?'未尝不悄然奉诏",其后还有诗人发出"其为当时所重如此!"的感叹。这几乎相当于韵体与散体针对同一题材的创作。在《东南行一百韵》中,白居易写到朋友的病亡与自己的悲痛,"去夏微之疟,今春席八殁。天涯书达否? 泉下哭知无?"同时自注:"去年闻元九瘴疟,书去竟未报。今春闻席八殁。久与还往,能无恸矣。"这段注释内容与诗歌内容完全重复,并且出现了"能无恸矣"这样的抒情性感叹,可见,诗人在写作自注时,并非完全局限在解释本事之内,而在一定程度上具有散文创作的意识。

　　针对同一题材,自注相较于诗歌文本往往更加具有叙事性与完整性,诗歌中没有详尽表达的内容和情感,也可以在自注中容纳。同时,散体的自注穿插在格式整齐的韵文中,其中对于本事的铺陈描写,与注解的诗歌本句相联系,体现出史才与诗笔的结合,让人不免想到此时蓬勃发展的小说文体。在中唐文学出现的诗歌到小说文体的演变趋势中,自注这一书写形式的影响值得我们进一步关注。

结　　语

　　虽然陈寅恪没有明确地提出文史互证的理论,但实际上从他早期对韦庄《秦妇吟》的校笺到《元白诗笺证稿》,这种治学思路贯穿始终。关于这一方法,陈寅恪先生在讲课时有过总结:"中国诗虽短,却包括时间、人事、地理三点。中国诗既有此三特点,故与历史发生关系。把所有分散的诗集合在一起,于时代人物之关系、地域之所在,按照一个观点去研究,连贯起来可以有以下的作用:说明一个时代之关系;纠正一件事之发生及经过;可以补充和纠正历史记载之不足。最重要是在于纠正。元白诗证史即是利用中国诗之特点来研究历史的方法。"[1]而诗文集"特性之虚构"与"通性之写实"于一体的特点,正是使用这种文史互证方法的基础。

　　"特性之虚构"指的是诗人参照一般的经验,依据想象而进行的艺术构思;"通性之写实"则是诗人根据亲身经历或亲耳所闻,基于现实而完成的相关描写。特性指向的是个体表现,通性指向的是历史原因。通性与个性相对而互补。即使无法判断诗中某一特别的人、事、物的真实情况,也可以将其与相关诗作或史料相联系,从中推见当时的风俗人情或典章制度。对比钱大昕所言"通儒之学,必自实事求是始"[2],陈寅恪所强调的"通性之真实"是在个性之真实的基础上,对历史背景进行联系思考,得到关于当时风俗人情与典章制度的认知。

　　陈寅恪将"通性"和"个性"对举,其实超越了乾嘉学派就本事而论的传统,而更注重追溯不同个性之中共通的现实背景与时代原因,这无疑是在"实事求是"的基础上更进了一步。"特性之虚构"与"通性之写实"两个概念的提出与运用,对我们研究中唐文学特别是元白二人的诗歌也颇具启发意义。结合元白诗来看,"特性之虚构"与"通性之写实"往往结合出现在同一篇作品中,两者的平衡与协调,显现出元白诗与史传书写传统和小说写作的密切关系。

(作者单位:浙江大学文学院)

---

① 陈寅恪:《讲义及杂稿》,生活·读书·新知三联书店 2001 年版,第 48 页。
② (清)钱大昕:《卢氏〈群书拾补〉序》,《潜研堂文集》卷二五,上海古籍出版社 1989 年版,第 421 页。

"鸠居鹊巢"的《诗》学阐释流变

张慧菱

摘　要：历代学者对"鸠居鹊巢"的《诗》学阐释，存在着一个长期而曲折的流变过程。要之，汉至唐代从诗序到毛传、郑笺、孔疏，基本确立了"鸠居鹊巢"指"有鸤鸠之德的夫人嫁于国君"的传统阐释模式；部分宋代学者发现了诗、序、传、笺、疏之间的阐释缝隙，立足于鸠"拙"的特性对传统阐释提出质疑；更多的宋至清代学者对传统的"夫人之德"阐释进行修正和辩护，在反驳质疑说的同时，也试图弥补传统阐释的缝隙与漏洞；在《诗经》文本之外，"鸠居鹊巢"阐释的暗线启发了清代以后的部分学者提出"鸠居鹊巢"的新解；当下文献从三家诗遗说、文字训诂、出土文献三个维度为我们反观历代"鸠居鹊巢"阐释提供了参考，再次确证"夫人之德"为毛诗独创的阐释路径，延续和呼应了历代学者对"鸠居鹊巢"的不同阐释路径，同时启发了当代学者基于出土文献对"鸠居鹊巢"阐释新的思考。

关键词：鹊巢；鸠居鹊巢；鸠占鹊巢；阐释

引　言

近人一般把"鸠居鹊巢"等同于"鸠占鹊巢"，比喻强占他人的居处或措置不当等[①]。事实上，这一阐释与"鸠居鹊巢"的本义相去甚远。"鸠居鹊巢"首见于《召南·鹊巢》："维鹊有巢，维鸠居之。之子于归，百两御之。"《召南·鹊巢》把"鸠居鹊巢"与女子出嫁的场景相提并论，引起了历代学者围绕二者关系的丰富阐释。事实上，历代学者对"鸠居鹊巢"的阐释经历了长期而曲折的流变过程。

目前学界对于"鸠居鹊巢"意义流变的研究，或着重于汉语史角度的研究（赵立伟[②]、范琴[③]），或着重于词义训诂的辨析（纪懿珉[④]、王承略[⑤]），或限于诗旨阐发的总结而并未梳理其流变过程（王娟[⑥]、高艳丽[⑦]、张剑[⑧]），或对"鸠居鹊巢"的阐释有所梳理但不甚详细（刘承[⑨]）。本文收集了历代诗

---

① 　罗竹风主编：《汉语大词典》第十二卷，汉语大词典出版社1993年版，第1039页。

② 　赵立伟：《"鸠占鹊巢"词形词义的发展》，《学语文》2010年第1期，第44—45页。

③ 　范琴：《"鸠占鹊巢"与〈鹊巢〉之探微》，《汉字文化》2020年第7期，第9—10、19页。

④ 　纪懿珉：《我对〈诗经·鹊巢〉的新认识》，《第三届诗经国际学术研讨会论文集》1997年，第645—666页。

⑤ 　王承略：《〈孔子诗论〉说〈关雎〉等七篇义解》，《诗经研究丛刊》2011年第2期，第15—29页。

⑥ 　王娟：《〈诗·召南·鹊巢〉之"鹊鸠"何指——从各家注释看可能存在的叙事视角和诗旨》，《和田师范专科学校学报》2010年第4期，第95—96页。

⑦ 　高艳丽：《上博简〈孔子诗论〉所见"二南"诗篇诗旨研究》，硕士学位论文，长春理工大学，2019年。

⑧ 　张剑：《〈鹊巢〉诗义辨析》，《甘肃高师学报》2001年第4期，第90—94页。

⑨ 　刘承：《上博楚简与先秦儒家思想研究》，博士学位论文，郑州大学，2016年。

经学者对"鸠居鹊巢"意义阐释的代表性观点,按照时代与阐释立场分别梳理,试图呈现"鸠居鹊巢"在不同时代下的《诗》学阐释流变,简要探析其流变原因,最后立足当代文献反观历代"鸠居鹊巢"的《诗》学阐释。

一、汉至唐之"夫人有鸤鸠之德"

历代"鸠居鹊巢"的《诗》学阐释,始于汉代毛诗所确立的"夫人之德"传统。诗序云:"《鹊巢》,夫人之德也。国君积行累功,以致爵位,夫人起家而居有之,德如鸤鸠,乃可以配焉。"[①]诗序认为《鹊巢》是"夫人之德",指出"夫人之德"的具体依托就是诗中出现的"鸠"——鸤鸠,并以具有鸤鸠之德的夫人配积行累功的国君。《召南·鹊巢》原文"维鹊有巢,维鸠居之",并未指明具体是哪一种"鸠",而诗序直言"德如鸤鸠",此后毛传、郑笺、孔疏均顺承和发展了这一阐释路径。

毛传阐明了诗人将"鸠居鹊巢"与"之子于归"并言的用意,即运用了"兴"的手法,并解释了诗人以鸤鸠"兴"的原因是鸤鸠"不自为巢,居鹊之成巢"[②]的天性。这就对诗序的"德如鸤鸠"形成了一种补充和佐证。

郑笺延续诗序、毛传,具体阐释了以鸠居鹊巢"兴"的机理:"鹊之作巢,冬至架之,至春乃成,犹国君积行累功,故以兴焉。兴者,鸤鸠因鹊成巢而居有之,而有均一之德,犹国君夫人来嫁,居君子之室,德亦然。"[③]诗序、毛传指出了"鸠"为"鸤鸠",诗人以"鸠居鹊巢"兴"夫人之德",而并未指出具体反映了夫人的哪一种德行。郑笺指出这种夫人的德行是"均一之德",[④]整体的阐释更具体细致,由此确立了"鸠居鹊巢"《诗》学阐释的主基调——夫人有鸤鸠的均一之德。

郑笺之后,东汉至隋学者对《鹊巢》的阐释现已不可见,唯《文心雕龙·比兴》云"尸鸠贞一,故夫人象义"[⑤],也延续了郑笺的传统。

唐代孔颖达延续了诗序、毛传、郑笺的阐释,同时又有两点创见:其一,认为诗序中的"国君"指文王,"夫人"指太姒——"文王之迎大姒,未为诸侯而言国君者,召南诸侯之风,故以夫人国君言之。文王继世为诸侯,而云积行累功以致爵位者,言爵位致之为难,夫人起家而居有之,所以显夫人之德,非谓文王之身始有爵位也。"其二,认为鸤鸠是布谷,"……诸说皆未详,布谷者近得之"[⑥]。孔氏力图证明文王之化的广泛影响,却与诗序、毛传、郑笺、孔疏存在着明显的缝隙,因此引起了后世学者激烈的争论。不过总体而言,孔颖达的阐释还是凸显"夫人之德",经过他的继承和发展,"鸠居鹊巢"指"有鸤鸠之德的夫人嫁于国君"的阐释模式基本定型。至此,汉至唐代学者对"鸠居鹊巢"的阐释并无负面的倾向。

---

① 《毛诗传笺》,毛亨传,郑玄笺,陆德明音义,孔祥军点校,中华书局2018年版,第16页。

② 《毛诗传笺》,毛亨传,郑玄笺,陆德明音义,孔祥军点校,第16页。

③ 《毛诗传笺》,毛亨传,郑玄笺,陆德明音义,孔祥军点校,第16页。

④ 《曹风·鸤鸠》:"鸤鸠在桑,其子七兮。淑人君子,其仪一兮。"诗序曰:"刺不壹也。"(《毛诗传笺》,毛亨传,郑玄笺,陆德明音义,孔祥军点校,中华书局2018年版,第187—188页)《左传》曰:"祝鸠氏司徒也,雎鸠氏司马也,鸤鸠氏司空也,爽鸠氏司寇也,鹘鸠氏司事也。五鸠,鸠民者也。"杜注云:"鸤鸠平均,故为司空,平水土。"(《春秋左传正义·昭公十七年》,《十三经注疏》,清阮元校刻,中华书局2009年版,第4524—4525页)郑笺可能参照《鸤鸠》刺不壹,以及五鸠之官中鸤鸠为司空,具有平均的特性,因而以"鸤鸠平均"比附"夫人之德"。

⑤ (南朝梁)刘勰:《文心雕龙校注》,黄叔琳注,李详补注,杨明照校注拾遗,中华书局2021年版,第499页。

⑥ 《十三经注疏》,清阮元校刻,第595—596页。

二、宋代学者对传统阐释的质疑

诗序、毛传、郑笺、孔疏的注解虽然形成了"鸠居鹊巢"为"夫人之德"的基本阐释模式,但诗序与原诗之间存在着阐释的缝隙,同时,孔疏的文王太姒说也与诗序、毛传、郑笺存在矛盾之处。对此,宋代学者提出了质疑。[①]

欧阳修在《诗本义》中首先质疑了诗序、郑笺对鸠之"均一"的主流阐释:"据诗但言'维鸠居之',而序言'德如鸤鸠,乃可以配',郑氏因谓鸤鸠有均一之德。以今物理考之,失自序始,而郑氏又增之尔。且诗人本义,直谓鹊有成巢,鸠来居尔,初无配义;况鹊鸠异巢类,不能作配也。""今之所谓布谷、戴胜者,与鸠绝异。惟今人直谓之鸠者,拙鸟也,不能作巢……盖诗人取此拙鸟不能自营巢,而有居鹊之成巢者,以为兴尔。""诗人但取鹊之营巢用功多,以比周室积行累功以成王业;鸠居鹊之成巢,以比夫人起家来居已成之周室尔。其所以云之意,以兴夫人来居其位,当思周室创业积累之艰难,宜辅佐君子,共守而不失也。"[②]欧阳修反对诗序"德如鸤鸠"、郑笺"均一之德"的阐释,认为鸠并非鸤鸠,也不是布谷、戴胜,而是一种不能作巢的拙鸟,诗人只是取鹊营巢用功多比喻周室积行累功,以鸠居鹊之成巢比喻夫人来居周室,并辅佐君子共守之。此后,苏辙[③]、李樗[④]、刘克[⑤]均对欧阳说加以承继。

而王质在《诗总闻》中将欧阳修等人的观点又推进了一步:"鹊巢外圆中深,颇缜密,如小瓮,鸠巢外平中浅,如盘,极疏拙。鸠未闻其居鹊巢,当是诗人偶见鹊有空巢,而鸠来居,后人附会,必欲以为常然,此谈诗之病也。"[⑥]王质认为"鸠居鹊巢"是诗人偶见的现象,经后人附会才被认为是常事。黄櫄也认为"意不在于鹊巢鸠居,但以为维鹊能有巢,维鸠能居巢,鹊善营而鸠善守故也。诗人之辞,未必有是事也,而姑寓其意者,当不以辞害意也"[⑦]。黄櫄认为此诗的重点在于鹊、鸠各自的品性,淡化了鹊与鸠的实质联系,诗人作诗只是以鹊鸠为比喻,未必有鸠居鹊巢的实事。

在对诗序、郑笺鸠之"均一"阐释的质疑之上,宋代学者进一步对诗序的鸤鸠有德说提出了质疑。吕祖谦首先指出了"鸤鸠之德"与《鹊巢》原文的缝隙:"《鹊巢》之义,其末曰'德如鸤鸠,乃可以配焉'。毛传止曰'鸤鸠不自为巢,居鹊之成巢',未尝言鸤鸠之德。然则《鹊巢》之义,有毛公所不见者也。意者后之为毛学者如卫宏之徒附益之耳。毛传尚简,义之已明者固不重出,义之未明者亦必申言。如鸤鸠之义,虽刺不壹,而其旨未明,故传必言鸤鸠之养其子平均如一以训释之。今《鹊巢》之义,止云德如鸤鸠,而未知鸠之德若何。使毛公果见此语,传岂应略不及之乎?诗人本取鸠居鹊巢,以比夫人坐享成业,盖非有妇德者,殆无以堪之也。若又考鸤鸠之情性,以比其德,诗中

---

① (宋)段昌武《毛诗集解》引唐代郑覃语:"荥阳公曰:但取鸠之不自为巢,而居鹊之成巢,非取鹊之强而不淫,知岁之所在,亦非取鸠有均养之德也。"如段氏所引不虚,则可见宋代学者之质疑亦渊源有自。参见段昌武《毛诗集解》,清文渊阁四库全书本。

② (宋)欧阳修《诗本义》,夏传才、董治安主编:《诗经要籍集成》第 4 册,学苑出版社 2002 年版,第 168 页。

③ (宋)苏辙《诗集传》:"鸠性拙,不能自为巢,而居鹊之成巢。……毛诗之叙,以鸠为鸤鸠,言夫人如鸤鸠之均一,乃可以配焉。说虽无害,而鸠非鸤鸠也。"参见苏辙:《诗集传》,夏传才、董治安主编:《诗经要籍集成》第 4 册,第 282—283 页。

④ (宋)李樗、黄櫄《毛诗集解》:"李曰:有国家者,成之甚难,坏之甚易。……故序以为国君积行累功以致爵位,夫人起家而居有之,言国君积累之难也。如此,而夫人安而有之。不可以其安而有之,遂忘积累之难也。其曰'德如鸤鸠'者,欧阳以为鸠之种类最多,居鹊之巢鸠,诸家或以为布谷,或以为戴胜,与鸠大异,此序诗者之误也。"参见李樗:《毛诗集解》,夏传才主编:《诗经要籍集成二编》第 3 册,学苑出版社 2015 年版,第 66 页。

⑤ (宋)刘克《诗说》:"鸠之均壹,郑氏之说,似非诗人之旨。诗人之旨,若谓鸠者,呼妇逐妇之鸟,有妇道焉。后世诗人所谓鸠妇也。详观羽虫,未尝混处,鸠自能为巢,特拙甚尔。"参见刘克:《师说》,夏传才主编:《诗经要籍集成二编》第 7 册,第 181 页。

⑥ (宋)王质:《诗总闻》,夏传才、董治安主编:《诗经要籍集成》第 5 册,第 344 页。

⑦ (宋)李樗、黄櫄:《毛诗集解》,夏传才主编:《诗经要籍集成二编》第 3 册,第 67 页。

固亦包此意,但是说出于毛公之后,决无可疑也。"①他认为鳲鸠之德并非毛传之说,而是后世学者附益的说法。

杨简则将吕氏的说法更进一步:"观是诗惟言夫妇之礼,鸠居鹊巢,如妇来居夫室,不必推言均一之德。毛传惟言鳲鸠不自为巢,居鹊之成巢,不言鳲鸠均一之德,独卫宏之序与郑康成之笺言之。鳲鸠诚有均一之德,其在此诗则或可略言,不可专言。盖此诗于均一之意不甚著,而婚姻之礼甚详,卫郑不深信,婚姻即天地之大义,故不足焉,而谆谆外求其义,此不可不辨。"②他认为《鹊巢》重点在于婚姻而非均一,直接否认了卫宏与郑笺的"均一之德"。

同时,孔颖达的鹊鸠分指文王太姒之说,因与序、传、笺相扞格,也受宋代学者的质疑。戴溪《续吕氏家塾读诗记·读召南》云:"《鹊巢》,为诸侯夫人作也。不必有主名,当时诸侯昏姻,以礼被文王之化者,多矣。鹊营巢而鸠居之,取其享已成之业,非谓其德如鸠也。备礼以送迎之,成其为夫人也。"③他认为《鹊巢》只是为诸侯夫人身份的人所作,不必专指一人。戴溪很明显受欧阳修等人的影响,借用欧阳修的比兴之说来质疑孔颖达的文王太姒说。

宋代学者对两汉至唐传统阐释的质疑,主要由于诗、序、传、笺、疏在一步步的阐释之间本就存在缝隙——诗但言"鸠",序则言"鳲鸠";序但言"德如鳲鸠",郑笺则言鳲鸠有"均一之德";序、笺但言"国君""夫人",孔疏则直以国君为文王,夫人为太姒。如此递相辗转,层层累积,虽然形成了一条整体的、渐趋深入的阐释路径,但几乎每一层更加深入的阐释都与前一层阐释存在缝隙,整体的阐释路径并非无懈可击,因而为后人创造了反驳的空间。此外,"鸠"作为一个文化意象,在宋代的意义与先秦两汉的意义已截然不同——宋代之"鸠"的特性是"拙",与"鹊"之"巧"相对④;而先秦有"五鸠之官",鳲鸠因其平均而为司空,与《鹊巢》诗旨相合,故汉儒以均一之"鳲鸠"为居鹊巢之"鸠"。因此,宋代学者以鸠"拙"之特性质疑鳲鸠"均一"之特性,甚至认为居鹊巢之"鸠"并非"鳲鸠",是十分自然的转变。⑤

三、宋至清代学者对"夫人之德"的辩护

除了尖锐的质疑外,面对传统阐释的缝隙与矛盾,更多的宋至清代学者选择对传统的"夫人之德"阐释进行修正和辩护,在反驳质疑说的同时,也试图弥补传统阐释的缝隙与漏洞。如真德秀《读书记》引《四明袁氏讲义》云:"序言夫人之德,而诗之所称惟曰鹊有巢,而鸠居之,安在其为德乎?曰:此乃夫人之实德也。妇人无外事,谦柔正静,保养其良心而已。又曰:此诗三章,不称其多能,而以不能为贵,非恶夫能也。安于妇道之常,而不愿乎其外,乃所谓能也。至于於夫道则不然,以发强刚毅为本,以委靡谕安为戒。为夫而柔弱,则夫不夫矣;为妇而刚强,则妇不妇矣。各有攸当故也。序此诗者曰国君云云、夫人云云,兹其所以为夫妇之别乎?"⑥袁氏意识到了序与诗的脱节,于是尽力弥合序与诗的缝隙,认为妇人"以不能为能",强调夫妇之别,为诗序所谓"夫人之德"做了辩护。

在宋人对"夫人之德"阐释传统的辩护与推进中,影响力最大的是朱熹《诗集传》:"鹊善为巢,

---

① (宋)吕祖谦:《吕氏家塾读诗记》,夏传才、董治安主编:《诗经要籍集成》第6册,第439页。
② (宋)杨简:《慈湖诗传》,夏传才、董治安主编:《诗经要籍集成》第7册,第432页。
③ (宋)戴溪:《续吕氏家塾读诗记》,夏传才主编:《诗经要籍集成二编》第7册,第50页。
④ 宋代伪书《禽经》即有"鸠拙而安"之说,见《禽经》,宋百川学海本。
⑤ 关于"五鸠之官",见前注。
⑥ (宋)真德秀:《读书记》,清文渊阁四库全书本。

其巢最为顽固。鸠性拙，不能为巢，或有居鹊之成巢者。""南国诸侯被文王之化，能正心修身以齐其家；其女子亦被后妃之化，而有专静纯一之德。故嫁于诸侯，而其家人美之曰：维鹊有巢，则鸠来居之。是以之子于归，而百两迎之也。此诗之意，犹《周南》之有《关雎》也。"①朱熹在"夫人之德"的基础上，提出了"文王之化""后妃之化"，认为《鹊巢》展现了文王正心修身以齐其家、后妃专静纯一的品质在南国的教化作用。鸠"拙"本是欧阳修质疑"均一之德"的证据，朱熹在此化为己用，并将之融入对"夫人之德"的阐释中。对于鹊鸠所指，朱熹认为此诗的主人公是南国诸侯及其夫人，但并没有直接反对孔颖达所谓文王和太姒，而是将其抬升为"文王之化""后妃之化"的体现。此外，朱熹将《鹊巢》在《召南》的地位与《关雎》在《周南》的地位相提并论，力图使《周南》《召南》成为一个完整的体系，这一观点也广为后人所追随②。

郝敬则试图改良朱熹对鹊鸠所指的解释，认为"朱子改为南国诸侯被文王之化，诗人美其嫁娶而作，非也。《序》但言夫人之德，不言为某诸侯夫人，则凡为诸侯夫人者，皆当有是德也。……而不必当文王时果有君夫人如此者。文王教之，则皆欲其如此也。若朱传云'南国诸侯能正心修身以齐家，其女子有专静纯一之德'，则是纣时有二文王、两大姒也，岂其然乎？故毛公谓'国君积功累行'，意以文王当之，而亦不专指文王。又云'夫人起家居而有之'，意以大姒当之，而亦不专指大姒。"③郝敬试图弥合传统阐释之间的缝隙，认为国君、夫人的典范是文王、太姒，但并不专指文王、太姒，实现了朱熹的"文王之化""后妃之化"与孔颖达文王太姒说的结合。

此后，元明两代学者对于传统阐释的弥合与辩护，大都不出朱熹等人的范畴。

清代方濬师则指出了欧阳修等人论据的不可靠性："……又云鸠性拙，不能为巢，或有居鹊之成巢，则本于师旷《禽经》，恐非作诗者之本意。《禽经》，伪书也。后人误相援引，遂有鹊巢鸠占之语。诗人美夫人之德，则必以均壹之性拟之，鸠类甚多，此则专指鳲鸠无疑焉。若云夫人如鸠拙，不能为巢，是讥夫人而非美夫人矣。"④方濬师认为，如果居鹊巢之鸠是欧阳氏所谓"拙鸠"，那么《鹊巢》就并非赞颂夫人之德的美诗，而变成了一首刺诗。这固然是反驳宋人质疑、维护传统阐释之举，但也无意中点出了"鸠居鹊巢"新的阐释路径，笔者将在下一部分详细探析这一问题。

四、"鸠居鹊巢"阐释的暗线与清代以后的新解

值得注意的是，在《诗经》文本之外，中国历代文人学者对"鸠居鹊巢"典故的使用早已不限于《鹊巢》本义，这也启发了清代以后的部分学者提出"鸠居鹊巢"的新解。简而言之，"鸠居鹊巢"可以比喻一方代替另一方的工作、据有另一方的物品，后来也渐渐发展出了强占他人所有物或措置不当的贬义用法。

《诗经》文本之外，最先引用"鸠居鹊巢"的典籍是《左传》。《左传》记载："穆叔赋《鹊巢》。赵孟曰：'武不堪也。'"杜注云："《诗·召南》言：鹊有巢，而鸠居之。喻晋君有国，赵孟治之。"⑤穆叔用鸠

---

① （宋）朱熹：《诗集传》，赵长征点校，中华书局2017年版，第13页。
② （宋）段昌武《毛诗集解》："曹曰：成其为夫人之尊也。又曰：咏味《鹊巢》一诗，盖与《关雎》之义同。《关雎》之诗，未尝言后妃之德，而言诗人欲以琴瑟友之，欲以钟鼓乐之，则后妃之德可知。《鹊巢》之诗，未尝言夫人之德，而言诗人以百两御之、将之、成之，则夫人之德可知。后妃之德，宜如《关雎》，夫人之德，宜如《鹊巢》。二诗为二南之首，圣人之意深也。"参见段昌武：《毛诗集解》，清文渊阁四库全书本。
③ （明）郝敬：《毛诗原解》，夏传才主编：《诗经要籍集成二编》第15册，第35页。
④ （清）方濬师：《退一步斋文集》，清光绪十八年铅印本。
⑤ 《春秋左传正义·昭公元年》，（清）阮元校刻：《十三经注疏》，第4389页。

居鹊巢比况赵孟治理晋君之国,既可以看作是"夫人之德"从妻道到臣道的延伸,也可看作是一种单纯中性的比喻。无论选取哪种理解,这种断章取义式的外交辞令都已与《鹊巢》中的"之子于归"意义大不相同。①

此后,西汉的《易林》对"鸠居鹊巢"的阐释,是将其视为一种不祥之兆,代表着他人接替自己之成业,如《易林·豫之晋》:"鹊巢柳树,鸠集其处;任力薄德,天命不佑。"②《新序》③《三国志》④亦有类似的记载。

及至唐代,"鸠居鹊巢"仍然可以表示他人接替自己之成业⑤,同时也可以表示措置不当,张冠李戴,如刘知幾《史通·表历》:"且其书上自庖牺,下穷嬴氏,不言汉事,而编入《汉书》,鸠居鹊巢,茑施松上,附生疣赘,不知翦截,何断而为限乎?"⑥这一时期典籍对"鸠居鹊巢"典故的运用大都局限在历史方面,表示一种变化或变化的预兆。

在宋代,"鸠居鹊巢"的负面意义已经进入文人的诗歌中,如杨万里《鹊营巢既成为鸠所据》:"乾鹊平生浪苦辛,一年卜筑一番新。如何月下空三匝,宅子还将住别人。"⑦宋元易代之际,感慨异族入侵、山河破碎的文人,更多地借助"鸠居鹊巢"的意象表达自己的故国之思,如文天祥《文山集》:"故吏归心少,遗民出涕多。鸠居无鹊在,渔网有鸿过。"⑧元代陶宗仪则直接指出"鸤鸠攘鹊之居"⑨,认为"鸠居鹊巢"的性质是"攘",即是一种抢夺和占有。

明代出现了"鸠夺鹊巢"⑩"鸠占鹊巢"⑪等明显含有贬义的成语,表示占据他人的土地、财产。

---

① 关于《左传》所载卿大夫引《诗》的"断章取义"原则,可以参考夏承焘先生的如下论述:"先秦古书像《论语》《荀子》,引《诗》已有'断章取义'的例子(《礼记》的《表记》《坊记》《缁衣》里也有),孟子说《诗》,主张'不以文害辞,不以辞害意,以意逆志'。'文'指字义,'辞'指章句之义,'意'指读者的意思,'志'是诗的本意。到了汉代董仲舒,进一步说'《诗》无达诂',是说《诗》可以随自己的意思做解释,以合当时的用途;这些说法都开汉儒解《诗》的门径;可和《左传》所记卿大夫引《诗》的故事相参证。"参见夏承焘:《"采诗"和"赋'诗'"》,郭万金选编:《诗经二十讲》,华夏出版社2009年版,第91页。

② (汉)焦延寿:《易林》,士礼居丛书景刻陆校宋本。

③ 《新序·杂事二》:"晋文公逐麋而失之,问农夫老古曰:'吾麋何在?'老古以足指曰:'如是往矣。'文公曰:'寡人问子,子以足指,何也?'老古振衣而起曰:'一不意人君如此也,虎豹之居也,厌闲而近人,故得;鱼鳖之居也,厌深而之浅,故得;诸侯厌众而亡其国。《诗》云:"维鹊有巢,维鸠居之。"君放不归,人将君之矣。'"参见刘向:《新序校释》,石光瑛校释,陈新整理,中华书局2009年版,第230—232页。

④ 《三国志·高堂隆传》:"陵霄阙始构,有鹊巢其上,帝以问隆,对曰:'诗云"维鹊有巢,维鸠居之"。今兴宫室,起陵霄阙,而鹊巢之,宫室未成身不得居之象也。天意若曰,宫室未成,将有他姓制御之,斯乃上天之戒也。夫王道无亲,惟与善人,不可不深防,不可不深虑。夏、商之季,皆继体也,不钦承上天之明命,惟谗谄是从,废德适欲,故其亡也忽焉。太戊、武丁,觇灾竦惧,祗承天戒,故其兴也勃焉。今若休罢百役,俭以足用,增崇德政,动遵帝则,除普天之所患,兴兆民之所利,三王可四,五帝可六,岂惟殷宗转祸为福而已哉!臣备腹心,苟可以繁祉圣躬,安存社稷,臣虽灰身破族,犹生之年也。岂惮忤逆之灾,而令陛下不闻至言乎?'于是帝改容动色。"参见陈寿:《三国志》,裴松之注,中华书局编辑部点校,中华书局1982年版,第710—711页。

⑤ 如《旧唐书·苏安恒传》:"陛下虽居正统,实唐氏旧基,故诗曰:'惟鹊有巢,唯鸠居之。'此言虽小,可以喻大。"参见(后晋)刘昫:《旧唐书》,中华书局编辑部点校,中华书局1975年版,第4880页。

⑥ (唐)刘知幾:《史通·表历》,浦起龙通释,上海古籍出版社2015年版,第49页。

⑦ (宋)杨万里:《诚斋集》,四部丛刊景宋写本。

⑧ (宋)文天祥:《文山集》,四部丛刊景明本。此外还有倪瓒《鹊桥仙》:"富豪休恃,英雄休使,一旦繁华如洗。鹊巢何事借鸠居,数载主三易矣。"参见倪瓒:《清閟阁遗稿》,明万历刻本。

⑨ 元陶宗仪《南村辍耕录》:"鸟知吉凶,言妖祥以惑众听。鹊道河以阻水,利鸤鸠攘鹊之居。"参见(元)陶宗仪:《南村辍耕录》,四部丛刊三编景元本。

⑩ 如陈继儒《陈眉公先生全集》:"未几,鸠夺鹊巢,不免复还。""鹊之巢,而鸠夺之;蜂之膳,而人甘之。"参见陈继儒:《陈眉公先生全集》,明崇祯陈氏家刻本。

⑪ 如张国维《张忠敏公遗集》:"租祠地之举,实属无补。而租地者鹊巢鸠占,渐至侵践堂庑,秽亵庙貌。"参见张国维:《张忠敏公遗集》,清咸丰刻本。

孟思《孟龙川文集》直接指出："乃鹊巢而鸠居，为鸠之宅。在彼则背亲而忘本，于此为贪利而辞伦。"①清代，"鸠居鹊巢"贬义的用法继续发展，进入民间文学的领域，如《醒世恒言·张孝基陈留认舅》："若是小婿承受，外人必有逐子爱婿之谤。鸠僭鹊巢，小婿亦被人谈论。"②

"鸠居鹊巢"在非《诗经》文本中贬义阐释路径的发展，在清代以后也影响了《诗》学领域的阐释。清人姚际恒、方玉润、牟庭，近人高亨，今人程俊英、蒋见元、姚小鸥等，都受"鸠占鹊巢"作为习语用法的影响，对《召南·鹊巢》做出了全新的阐释。

方玉润将这首诗理解为婚礼告庙词，认为："然诗本咏昏姻，而何以鸤鸠起兴，终无定解。自序、传来，说《诗》者无不以鹊巢鸠居况女居男室矣。夫男女同类也，鹊鸠异物也，而何以为配乎？……窃意鹊巢自喻他人成室耳，鸠乃取譬新昏人也。盖新昏者必治室，所谓鸟革翚飞，蝉联鹊起，无不极意辉煌以为美观。又况鹊善营巢，故以为比；鸠则性慈而多子。《曹》之诗曰：'鸤鸠在桑，其子七兮。'凡娶妇者，未有不祝其多男，而又冀其肯堂肯构也。当时之人，必有依人大厦以成昏者，故诗人咏之，后竟以为典要耳。"③方玉润认为"鸠居鹊巢"是新婚之人借他人家室成婚。方氏虽然仍然认为此诗咏婚姻，但也指出了此诗"美中含刺"，为后人进一步的申说奠定了基础。

此后，牟庭在《诗切》中明确提出："《鹊巢》，刺召南君以妾为妻也。""鹊有巢而鸠居之，以喻嫡有室而妾据之也。"④高亨的《诗经今注》也认为此诗"以鸠侵占鹊巢比喻新夫人夺取原配夫人的宫室。"⑤他们显然受"鸠占鹊巢"负面阐释的影响，进一步发展方氏说，将此诗完全视为一首倾诉弃妇之怨的刺诗。

清代学者姚际恒则将"鸠居鹊巢"的含义重新归于"风人之旨"，认为："愚意大抵为文王公族之女往嫁于诸大夫之家，诗人见而美之，与《桃夭》篇略同，然均之不可考矣。""鹊巢鸠居，自传序以来，无不附会为说，失风人之旨。""按此诗之意，其言鹊鸠者，以鸟之异类况人之异类也。其言巢与居者，以鸠之居鹊巢况女之居男室也，其义止此。不穿凿，不刻画，方可说诗，一切纷纭尽可扫却矣。"⑥姚氏否定了前人的"夫人之德""文王太姒""鸠为拙鸟"与"诗人偶见"说，另辟蹊径，认为此诗只是以鸠居鹊巢比况贵族女子出嫁，并无他意。

今人程俊英、蒋见元和姚小鸥也赞同姚际恒之说，认为此诗"言鸠居鹊巢，只作妇归夫室之喻，并无深意"⑦，"前两句都用鸠住进鹊巢来起兴，比喻新娘出嫁到夫家"⑧，更加关注此诗起兴的手法，强调风人之旨，而弱化了美刺之义。

五、从当下文献反观历代"鸠居鹊巢"阐释

（一）三家诗遗说

纵观历代学者对"鸠居鹊巢"的阐释，无不以毛诗说为中心。通过目前可见的三家诗遗说来反观传统阐释，可以帮助我们确证"鸠居鹊巢"在西汉及以前《诗》学阐释中的意义，同时对毛诗阐释

① （明）孟思：《孟龙川文集》，明万历十七年金继镇刻本。
② （明）冯梦龙编撰：《醒世恒言》，中华书局 2009 年版，第 224 页。
③ （明）方玉润：《诗经原始》，李先耕点校，中华书局 1986 年版，第 94—96 页。
④ （清）牟庭：《诗切》，夏传才、董治安主编：《诗经要籍集成》第 31 册，第 5 页、第 42 页。
⑤ 高亨：《诗经今注》，清华大学出版社 2010 年版，第 12 页。
⑥ （清）姚际恒：《诗经通论》，夏传才、董治安主编：《诗经要籍集成》第 26 册，第 373 页。
⑦ 程俊英、蒋见元：《诗经注析》，中华书局 2018 年版，第 33 页。
⑧ 姚小鸥：《诗经译注》，当代世界出版社 2009 年版，第 20 页。

的源流有进一步的了解。据陆可教《陆学士遗稿》^①与王先谦《诗三家义集疏》^②，三家诗对《鹊巢》的阐释与毛诗大体一致。目前韩诗对《鹊巢》的解读已佚，《诗三家义集疏》惟余齐说与鲁说。鲁说限于字义的解读，齐说则保存了较为详细的诗义解读。

"维鹊有巢，维鸠居之。"齐说曰："鹊以复至之月始作室家，鸤鸠因成事，天性如此也。""维鹊有巢，维鸠盈之。之子于归，百两成之。"齐说曰："以成嘉福。"王疏云："以成嘉福者，《易林·节之贲》云：'鹊巢百两，以成嘉福。'谓夫人有此嘉福，用百两之礼以成之也。""笺意与《易林》合，知郑参用齐诗义也。"^③由此可见，齐诗也认为"鸠"指"鸤鸠"，居鹊巢是鸠的天性。不过齐诗并未指出"鸠居鹊巢"与国君夫人的关系，遑论诗序所谓"夫人之德"。可见"夫人之德"确为诗序与毛诗的一家之言，并在后世成为"鸠居鹊巢"阐释路径的主流。

(二)文字训诂

清代学者王引之对"维鸠方之"之"方"的辨析，可以为我们从训诂角度理解"鸠居鹊巢"意义的流变提供参考。对"方"字的阐释，是探究《鹊巢》"夫人之德"与"以妾为妻"之分歧的关键。

《召南·鹊巢》篇"维鹊有巢，维鸠方之"，毛传曰"方，有之也"。戴氏东原《诗考正》读"方"为"房"，云"房之，犹居之也"。引之谨案：鸟巢不得言"房"，当读为"放"。《天官·食医》"凡君子之食恒放焉"，《论语·里仁》篇"放于利而行"，郑、孔注并曰"放，依也"。《墨子·法仪》篇"放依以从事"，"放"亦"依"也。"放依"之"放"通作"方"，犹"放命"之"放"通作"方"也。字或作"旁"。《庄子·齐物论》篇"旁日月，挟宇宙"，《释文》引司马彪注曰"旁，依也"。"维鹊有巢，维鸠方之"者，"维鹊有巢，维鸠依之"也。古字多假借，后人失其读耳。^④

王引之指出，"方"字并非毛传所谓"有之也"，而是"依也"。毛传依据诗序"夫人起家而居有之"将"方"训为"有"，郑笺及后世学者均从毛传之解，但"有"既可训为中性的"居有"，又可引申为贬义的"据有""据为己有"，导致"鸠居鹊巢"在后世的流传中逐渐由赞颂"夫人之德"变成了贬义的"以妾为妻"。清代以后学者之所以会将"鸠居鹊巢"理解为"以妾为妻"，正是因为将"方"理解成了"据有"，由此产生以妾代妻的联想。若将"方"理解为"依"，则正与毛传所谓"嫁于诸侯也"、郑笺所谓"国君夫人来嫁"意义相合。总之，"凭依"之"方"最终导向的是"夫人之德"，而"据有"之"方"最终导向的是"以妾为妻"。

(三)出土文献

当下可见的出土文献，可与《召南·鹊巢》对读的有安徽大学藏战国竹简(以下简称"安大简")和上海博物馆藏战国楚竹书(以下简称"上博简")等。与安大简对照来看，传世本《召南·鹊巢》基本保留了历史原貌^⑤，这侧面证明了毛氏并未擅改《召南·鹊巢》的文本，而是在阐释层面由原诗引申出赞颂"夫人之德"之义。上博简《孔子诗论》涉及《召南·鹊巢》的片段，因关键字"离"的考释尚未有定论，学界的阐释也众说纷纭。

上博简《孔子诗论》中谈及《鹊巢》的语句为：

《鹊巢》之归

① 明人陆可教云："此诗三家训义略同。"参见陆可教：《陆学士遗稿》，明万历刻本。
② 王疏云："三家无异义。"参见王先谦：《诗三家义集疏》，吴格点校，中华书局1987年版，第65页。
③ (清)王先谦：《诗三家义集疏》，吴格点校，第65、69页。
④ (清)王引之：《经义述闻》，夏传才、董治安主编：《诗经要籍集成》第29册，第51页。
⑤ 黄德宽、徐在国主编：《安徽大学藏战国竹简(一)》，中西书局2019年版，第17、84—85页。

　　《鹊巢》出以百两，不亦有离乎？

　　《鹊巢》之归，则离者……①

　　《孔子诗论》中"《鹊巢》之归"的"归"字表示女子出嫁，这一点得到学界的广泛认同，由此可以确证《鹊巢》早在孔子时代已被视为一首描写婚姻的诗。而当代学者对于"离"字的不同阐释，反映了他们对这场婚姻性质的不同理解。这基本上可以呼应历代学者对"鸠居鹊巢"阐释的倾向，说明历代"鸠居鹊巢"的不同《诗》学阐释一直影响至当代。

　　第一，"夫人之德"说。冯时延续了传统的"夫人之德"说，以《周易》为参照，将"离"释为"附丽"，认为"《诗论》以此诗写妇嫁于夫，旨在阐明妇德必依夫德而显，此《诗》教之义"②。

　　第二，刺诗说。黄怀信立足于《鹊巢》是一首诸侯废掉原配夫人另娶新夫人的诗，谓"离"为"远离"，诸侯之子嫁于诸侯，是远离其家。③ 孙定辉延续了"刺诗"说，认为"从原诗语义语法逻辑与上古礼教论，本诗意旨有二：一在讽刺指责一位诸侯废原配夫人另娶一位诸侯新欢是'鸠占鹊巢'；二在以'出以百辆'表现该婚礼婚娶之诸侯双方奢华无度，不合礼教崇尚节俭之礼"④。

　　第三，歌咏婚礼说。廖名春认为，"'离'是离开母家，'归'是前往夫家，词异义同。但这种'离'和'归'，是'出以百两'，礼节是极其隆重的"⑤。刘信芳将"离"释为"两"，"不亦有离乎"，"谓迎送乃比并相离之礼……先秦诸侯嫁女，迎送皆百两，乃成夫妇之礼"⑥。王承略则从诗的内容出发，认为"孔子从'《鹊巢》之归'里看到的是婚礼的隆重，引发的是婚姻的大义，这与他一贯的思想是相一致的"⑦。

　　第四，"以情解诗"说。徐正英将"离"释为"别离"，独创"以情解诗"说："场面越盛大，越说明亲人离别的发生不可逆转，同时客观上还暗示了中国式上古婚礼隆重喜庆外在仪式下掩盖着的女子婚姻不幸这一普遍社会问题。"⑧

　　可见，"夫人之德"说延续了汉至唐代学者的主流阐释，刺诗说延续了牟庭、高亨等人受"鸠夺鹊巢"之阐释暗线影响的"以妾为妻"阐释路径，歌咏婚礼说延续了姚际恒等人"风人之旨"角度的阐释，而"以情解诗"说可以看作《孔子诗论》作为新出文献带给当代学者的新启发。总体而言，当代学者对出土文献上博简《孔子诗论》中《鹊巢》的阐释，从不同角度呼应和印证了历代学者对"鸠居鹊巢"的不同阐释路径，同时又含基于出土文献对《鹊巢》阐释新的思考。

结　　语

　　本文从今人"鸠占鹊巢"阐释与传统"鸠居鹊巢"本义的迥异出发，梳理了历代"鸠居鹊巢"阐释长期而曲折的流变过程，简要探析其流变原因，最后立足当代文献反观历代"鸠居鹊巢"的《诗》学阐释。要之，汉至唐代从诗序到毛传、郑笺、孔疏，基本确立了"鸠居鹊巢"指"有鸤鸠之德的夫人嫁于国君"的传统阐释模式；部分宋代学者发现了诗、序、传、笺、疏之间的阐释缝隙，立足于鸠"拙"的

①　夏传才主编：《诗经要籍集成二编》第 40 册，第 25 页。

②　冯时：《战国楚竹书〈子羔·孔子诗论〉研究》，《考古学报》2004 年第 4 期，第 337—418 页。

③　黄怀信：《上海博物馆藏战国楚竹书〈诗论〉解义》，社会科学文献出版社 2004 年版，第 37—40 页。

④　孙定辉：《竹书〈诗论〉文本原义与〈诗经〉文本原义互考之一：〈关雎〉、〈鹊巢〉》，《诗经研究丛刊》2011 年第 2 期，第 30—40 页。

⑤　转引自黄怀信：《上海博物馆藏战国楚竹书〈诗论〉解义》，第 37 页。

⑥　刘信芳：《孔子诗论述学》，安徽大学出版社 2002 年版，第 31 页。

⑦　王承略：《〈孔子诗论〉说〈关雎〉等七篇义解》，《诗经研究丛刊》2011 年第 2 期，第 15—29 页。

⑧　徐正英：《上博简〈孔子诗论〉〈关雎〉组诗论发微》，《文艺研究》2022 年第 1 期，第 41—54 页。

特性对传统阐释提出质疑;更多的宋至清代学者对传统的"夫人之德"阐释进行修正和辩护,在对质疑说进行反驳的同时,也试图弥补传统阐释的缝隙与漏洞;在《诗经》文本之外,"鸠居鹊巢"阐释的暗线启发了清代以后的部分学者提出"鸠居鹊巢"的新解;当下文献从三家诗遗说、文字训诂、出土文献三个维度为我们反观历代"鸠居鹊巢"阐释提供了参考,再次确证"夫人之德"为毛诗独创的阐释路径,延续和呼应了历代学者对"鸠居鹊巢"的不同阐释路径,同时提供了基于出土文献对《鹊巢》阐释新的思考。

　　附记:笔者在撰写本文的过程中承蒙浙江大学文学院咸晓婷老师的指导,在"面向未来的中文研究——沪浙三校中文专业本科生菁英论坛"上承蒙复旦大学中文系张金耀老师的指点与补充,在此致以诚挚的谢意。

(作者单位:浙江大学文学院)

高丽朝鲜词校勘举隅

陶　然

摘　要：校词与校诗文颇有异同，校勘域外词与校勘中国词亦如之。高丽朝鲜文集中词作的刊刻与编排方式容易产生词调名后置、脱落、疑误、隐没等现象，在词作文本的校勘中除常见的音形相近而讹之情况外，尚需注意迭字、典故、地名、对仗等导致的讹误，并可参证中国诗词进行理校。在词作归属的考察及辑佚工作时尤需综合运用中国及高丽朝鲜两国的多种文献进行综合判断，方能厘然有当。

关键词：高丽；朝鲜；词；校勘

　　朝鲜半岛古代词文学创作，始于高丽宣宗王运（1049—1094），至近现代，近千年间，虽不能比肩中国词坛之繁盛，然亦不绝如缕。其著名词人如李奎报、李齐贤、金时习、申光汉、曹友仁、李冕镐等，颇能自立，足堪称道。近世以来，朱孝臧《彊村丛书》即已收入高丽李齐贤《益斋长短句》，夏承焘先生《域外词选》将朝鲜半岛词与日本词、越南词并列为"域外词"，将其视为"词之流传，广及海外"[①]的结果，开辟了东亚域外词研究的新领域。韩国学者柳己洙先后编撰《历代韩国词总集》和《全高丽朝鲜词》[②]，高丽朝鲜词人之作品遂得大体展现。在文献搜集的基础上，对这批词作进行更为全面深入的校释，可为域外词研究提供坚实的基础。古代高丽朝鲜文献虽主要为汉文著作，但版本刊刻及传钞、文化语言及习俗等方面均与中国古代典籍颇有异同，欲对其进行完备的整理，不仅需要广博搜罗，在观念与方法上还需要注意其独特性。兹从校勘方面略加举隅，总结义例，或可供研治域外词者参考。

一、词调名校勘四例

　　高丽朝鲜词之别集，除李齐贤《益斋长短句》外，不仅不见于中国古代典籍，事实上高丽朝鲜古代典籍中也几乎未见刊刻，绝大多数词作均存于诗文别集之中。其中有以独立成卷的方式刊刻的，如朝鲜词人申光汉（1484—1555）《企斋集》别集卷七《歌词》，收录申氏词作二十九阕。但这种情况并不多见，常见者多为与诗歌作品混刊。如高丽词人郑誧（1309—1345）存词十一阕，其中《临江仙》及《浣沙溪》二首见其《雪谷集》卷上，《巫山一段云》八首则见《雪谷集》卷下。朝鲜词人金时习（1435—1493）存词十四阕，分见其《梅月堂集》卷七、卷十三。这种编排方式在一定程度上反映

---

　　①　夏承焘：《域外词选》前言，商务印书馆 2018 年版。

　　②　［韩］柳己洙：《历代韩国词总集》，韩国韩神大学出版部 2006 年版。［韩］柳己洙：《全高丽朝鲜词》，华东师范大学出版社 2019 年版。

了当时文人对词体的态度与认知。正因为辑录高丽朝鲜词需要从诗文别集中搜讨补辑,除了一般的辑录工作所要求的细致精微之外,和词在诗文集中的刊刻方式有关,往往在词调名问题上容易导致判断失误或漏辑,还需要特别加以关注。

(一)词调名后置例

高丽朝鲜文集中对于词调名的位置安排,常置于词小序之后,而将词序升格为标题,与诗歌标题类似或并列。如朝鲜崔正模(1858—1915)《云溪集》卷一《乐府》存词二阕,其题分别为"回文菩萨蛮""赠族大父汝敬　临江仙"。这与中国词集中先刻词调名,再附以词序的刊刻顺序相反。有的时候就容易滑过而不觉。

(二)词调名脱落例

词调名脱落的,在高丽朝鲜诗文别集中尤其常见。如申晋运(1849—1922)《晚寤遗稿》卷一有《水调歌头》二阕,但集中只以"渔父词""牧童词"为题,未注明"水调歌头"字样。又其《巫山一段云》八首组词,每首题名分别为"山亭观稼""水田农讴""石径樵歌""江郊牧笛""春圃香蔬""秋园黄果""榆社春酒""松灯夜话",而其前仅有"田园乐八景"为总题名,无"巫山一段云"词调名。这就需要辑录者对词调较为敏感,否则就很容易失收。以上两种情况较为常见,亦不难判断,兹不赘述。

(三)词调名有疑误例

燕乐表演及词的创作,对于高丽朝鲜文人而言,远不如诗歌易于掌握,当行者不多,于词调、词调、词韵多有不协或疑误之处,遂使记录词作的文献往往发生抵牾。如高丽时代最早的存世词作宣宗王运所撰《贺圣朝影》(即《添声杨柳枝》),在高丽文献中多省称其为"贺圣朝",遂与词调《贺圣朝》相淆。此即为词调名省称导致的讹误①。

又如,朝鲜裴龙吉(1556—1609)撰有《琴易堂先生文集》七卷,卷一有《西江月》二阕,其词云:

和桓夫《西江月》二首

虫鸣乌鸣,时序去鼎鼎。风清月清。客子心耿耿。封豕长蛇,左海横行。天道屯而亨。直待功业成。报君恩幸,政好泛五湖烟艇。

云狂雨狂。波浪高千丈。山长谷长。蕙兰无人赏。考盘之乐,永矢不忘。世事那入梦想。素琴一张弹罢,峨峨与洋洋。千载遇圣皇。东征济黔苍。洪恩甚广。为日日祝寿稽颡。

按此二词柳已洙《全高丽朝鲜词》失收。盖揆之词律,此二词与《西江月》或《西江月慢》之格律均不相合,且二词之间句法迥异,很难判断其体式。将其阑入存目或存疑以备考,是较为稳妥的做法。但是再详检裴氏《琴易堂先生文集》,卷一有《赠薛都司桓夫虎臣(中原人)》诗二首:

皇朝良将薛其姓,冰蘗清标伯夷圣。行营来住永嘉府,人人手额争相庆。腐儒如生亦草偃,饱观号令秋霜净。壶浆一朝拜和门,载色载笑恩眷盛。燕颔虎头是前身,投笔英心自天性。肆筵设席酒未半,令弹琵琶和新咏。曲中何者最堪传,忠孝一言我所敬。千年休诧景宗才,妙韵胜似狎竞病。

东征两载意如何,雨雪直抵杨柳花。属国风土异中华,万里食息鼍鼕影。登楼已草仲宣赋,望辰每吟工部歌。丹衷半夜冲斗牛,鞅掌不遑顾私家。将军此行小邦幸,行猎岛夷若麋麛。莫教关笛动乡思,麒麟异日生光华。即今醉酒又饱德,逸兴恰似乘烟霞。巴谣不合和阳

① 详见陶然《欧阳修词与早期高丽词关系三议》(《新国学》2015年第1期,第89—98页)及《论域外词的研究立场与考察维度——以高丽朝鲜词为例》(《国学学刊》2019第4期,第62—70、142页)。

春,日向储胥手空叉。

又卷五有《薛将军歌词跋》云:

乐府歌词昉于汉魏,盛于唐宋,即古诗言志依永之遗意。其辞质而不俚,腴而不艳,被之管弦,播之乡邦,无施不宜。余尝爱而咏叹之,顾以区域既别,言音又殊,恒以不得游华夏学声调为病。将军薛萍溪之东征也,适住安东府。余慕其风流,献名和门,将军亦酷好儒冠,色笑以待。从游半载,胆照秦镜,间出所作歌词若干篇示之。其跋涉道远,崎岖万里,凡触之目而感之心,爱君忧国、被发缨冠之义,离情客况、无聊不平之气,溢于词外,丰约合律,徐疾适节,虽古之作者,无以过之。余见天将之来镇,不下十数人,其间能横槊赋词者,惟萍溪公而已,可谓奇才矣。其奏凯还朝也,不外其辞笔之蹇拙,俯求写跋,既勤且恳。窃念鲰生晚生偏荒,得闻其一唱三叹之妙,其声与调,既以风气之不同,不敢知其如何,若其刚而不虐,简而不傲,乐而不失之淫,哀而不失之伤,则可以考其词而知其人。公名虎臣,字桓夫,萍溪号也,保定之定兴人。保定属冀州,乃尧都舜封也。赓载之风,千载犹传,可见于公,其绣诸梓而传于世也无疑矣。写还歌词讫,谨以管见跋其尾,效颦两章,僭附词末,知言君子,毋以不知而作为诮,幸甚。万历二十七年春王正月,海外腐儒裴龙吉明瑞谨跋。

据此二诗一跋,对于裴龙吉与明将薛虎臣的关系可有清晰的了解。按薛虎臣,字桓夫,号萍溪。保定定兴人。薛论道从弟。《(乾隆)定兴县志》卷八:“薛虎臣,字桓夫,初名好道。性刚沉,有威重,嗜书。从兄论道宦密云,以官籍就童试,密人不可。许襄毅为制府,闻其事,召试,大奇之,曰:此虎臣也。趣就武,改今名。为立武学,给饩试。甫冠,寻举将材,授中卫镇抚,历都司。谋勇日着。尝奉秘檄侦口外,遇敌,战失利,法当死,已赴市曹矣,忽以杀伤相当贷其死。虎臣伏不起,呼之,乃曰:腹有刀,盖自刺也。有黄冠予药,创愈。万历朝鲜之役,征诸路兵,所在淫掠,唯虎臣所部正定营兵以节制称。会南原不守,三路奔溃,虎臣孤军坚壁,与倭相持踰年,乘间夺万山之老寨,独获奇功。朝鲜人遗美姝,坚拒之。其王嘱陪臣筑宫肖貌以旌其德。好直使气,与监军睚眦,没其勋,仅陟标营游击,再陟石门参将,仍以使气罢。虎臣历官二十余载,座无狎客,帷无旁媵,俸入公诸兄,自谓生平无暧昧欺人事,文士或不逮焉。”观此,薛氏生平亦略可见。而据《薛将军歌词跋》这篇几乎可作朝鲜文人之词论读的文章所载,可知裴龙吉所作二词即跋中所谓“效颦两章”之作,唯其词调名或有疑误而已。这种疑误之处,也较易导致后人辑录时的误判。

(四)教坊乐语隐没词调名例

《高丽史·乐志》有较完整的高丽时代宫廷教坊乐舞表演记录,如其中《献仙桃》组曲载:

舞队(皂衫)率乐官及妓(乐官黑衣幞头,妓黑衫红带)立于南,乐官及妓重行而坐。妓一人为王母,左右各一人为二挟,齐行横列。奉盖三人立其后,引人:丈二人、凤扇二人、龙扇二人、雀扇二人、尾扇二人,左右分立。奉旌节八人,每一队间立。乐官《奏会八仙》引子,奉竹竿子二人,先舞蹈而入,左右分立,乐止。口号致语曰:邈在龟台,来朝凤阙。奉千年之美实,呈万福之休祥。敢冒宸颜,谨进口号。讫,左右对立。乐官又奏《会八仙》引子,奉威仪十八人,如前舞蹈而进,左右分立。王母三人、奉盖三人舞蹈而进,立定,乐止。乐官一人奉仙桃盘,授妓一人(择年少者),妓传奉,进王母,王母奉盘唱《献仙桃》(元宵嘉会)词曰:“元宵嘉会赏春光。盛事当年忆上阳。尧颡喜瞻天北极,舜衣深拱殿中央。欢声浩荡连韶曲,和气氤氲带御香。壮观太平何以报,蟠桃一朵献千祥。”讫。乐官奏《献天寿(慢)》,王母三人唱“日暖风和”词曰:“日暖风和春更迟。是太平时。我从蓬岛整容姿。来降贺丹墀。　　　　幸逢灯夕真佳会,喜近天威。神仙寿算远无期。献君寿,万千斯。"讫。乐官仍奏《献天寿令(嗺子)》:"阆苑人间虽隔,遥闻圣德弥高。西离仙境下云霄。来献千岁灵桃。　上祝皇龄齐天久,犹舞蹈、贺贺圣朝。梯航交凑四方来,端拱永保宗祧。"讫。乐官又奏《金盏子(慢)》。王母不出队,周旋而舞。讫。乐止。王母少进,奉袂唱"丽日舒长"词曰:"丽日舒长,正葱葱瑞气,遍满神京。九重天上,五云开处,丹楼碧阁峥嵘。盛宴初开,锦帐绣幕交横。应上元佳节,君臣际会,共乐升平。　广庭。罗绮纷盈。动一部、笙歌尽新声。蓬莱宫殿神仙景,浩荡春光,迤逦王城。烟收雨歇,天色夜更澄清。又千寻火树,灯山参差,带月鲜明。"讫。退立。乐官奏《金盏子令(嗺子)》。两挟舞舞进,舞退,复位。乐止。两挟舞唱"东风报暖"词曰:"东风报暖,到头嘉气渐融怡。巍峨凤阙,起鳌山万仞,争耸云涯。　梨园弟子,齐奏新曲,半是埙篪。见满筵、簪绅醉饱,颂鹿鸣诗。"讫。乐官奏《瑞鹧鸪(慢)》。三成。讫,王母少进,唱"海东今日"词曰:"海东今日太平天。喜望龙云庆会筵。尾扇初开明黼座,画帘高卷罩祥烟。　梯航交凑端门外,玉帛森罗殿陛前。妾献皇龄千万岁,封人何更祝遐年。"讫。复位。乐官奏《瑞鹧鸪(慢嗺子)》。两挟舞,齐行舞进,舞退,复位,乐止。两挟舞唱"北暴东顽"词曰:"北暴东顽,纳款慕义争来。日新君德更明哉。歌咏载衢街。　清宁海宇无余事,乐与民、同燕春台。一年一度上元回。愿醉万年杯。"乐官奏《千年万岁》引子,奉威仪十八人回旋而舞,三匝,退,复位,乐止。奉竹竿子少进,致语曰:敛霞裾而少退,指云路以言旋。再拜阶前,相将好去。讫。乐官奏《会八仙》引子,竹竿子舞蹈而退,奉盖、王母各三人亦从舞蹈而退,奉威仪十八人亦如之。[1]

按其间所载教坊乐语,计有《献仙桃》《献天寿(慢)》《献天寿令(嗺子)》《金盏子》《金盏子令(嗺子)》《瑞鹧鸪(慢)》《瑞鹧鸪(慢嗺子)》七阕。这是高丽时代乐舞表演和教坊唱词的原始记录,弥足珍贵,亦多为论者所关注。

但是,不见于正史而见于别集的教坊乐语,就较容易被忽略。如朝鲜俞好仁(1445—1494)《𤀽溪集》卷四有《虞美人》二阕,柳己洙《全高丽朝鲜词》即据以辑录。但同卷之内,尚有四阕词失收:

教坊谣

东郊有事,日御驱六龙以照临;下民争欢,嵩呼环四海而鼓舞。山川动色,草木增辉。恭惟刚健对时,中和育物。艰食庶食,思夏后之胼胝;康功田功,体周文之徽懿。肆宸衷特殄于敦本,而大孝尤切于供粢。属星鸟之以殷,协吉亥而爰启。肃青坛而三献,庶祈贻我来年;劳玉趾于五推,实惟教民稼穑。曷徒竟终亩之喜,上帝降有年之祥。聿熙事之观听,值韶华之浩荡。天表穆穆,回銮辂于九重;仙乐飘飘,堕蓬莱之几许。绮陌整鹓鹭之序,都人仰日月之光。至治馨香,超千805而独步;太平熙皞,与万物而同春。兹旷古之罕闻,幸当今而获睹。伏念阆苑玉籍,姑射冰姿。指下界以回飙,暂辍三清之梦;望北辰而稽首,愿献千岁之桃

震霆催花,条风起垫,城东景物微茫。尘清黄道,宝辇丽青阳。玉色亲祈田租,抚供糜,教我耕桑。三韩福,黄童白叟,鳌抃沸滂滂。　熙熙皆帝力,康衢扣腹,歌颂虞唐。缅华山积翠,汉水汤汤。中有明光宫里,坐垂衣,万寿无疆。莲花队,云軿霞佩,拜献满庭芳。

安东教坊谣

烟霞阆花,穆穆玉皇之高居;海峤辰韩,哕哕星轺之远届。竞整幽兰之蕙质,试调白雪之新腔。词云

---

① [朝鲜]郑麟趾:《高丽史》卷七一《乐志》,奎章阁本。

良山近南斗，云海更苍茫。是间钟秀，英杰鱼水庆明良。奕世盐梅殷鼎，满腹经纶事业。袭美更联芳。□□荷天眷，熊罴指南方。　　棠花遍，东风路，绣衣光。澄清揽辔，随处当道屏豺狼。太伯山称姑射，千古元嘉文物，云雨缈高唐。珍重赠霞佩，铁石广平肠。

永川教坊谣

紫府儒仙，擎凤诏而登鹑野；姑射处子，迓星轺而整霞裾。竞将芳蕙之姿，试调阳春之曲。词云

明远楼中双燕住。画栋喃喃，犹带清明雨。岭表光阴春欲暮。王孙芳草东京渡。　　绣帐深深鹦鹉诉。慵把金笺，倩写伤春句。一掬相思连理树。高唐倘逐襄王遇。

花山教坊谣

日边星轺，降云宵之缥缈；天涯花县，增绣衮之光辉。幸蒙荣戟之临，仰献甘棠之咏。词曰

千古广陵形胜地，江山磅礴储精。满床簪笏尽豪英，诗书真世业，经济是家声。　　尺五城南天眷重，手扶殷鼎调美。棠花岭外管澄清。春风吹露冕，星节响琮琤。

按以上四词，均标为"教坊谣"，实即教坊乐语。第一阕为朝鲜国王春日藉田而作，据词律，词调名为"满庭芳"，词之结句亦谓"拜献满庭芳"。第二阕为安东府长官而作，据词律，词调名为"水调歌头"。第三阕之"永川"，谓庆尚道永川郡，词调名应为"蝶恋花"。第四阕之"花山"，指庆尚道永川郡新宁县（《新增东国舆地胜览》卷二二永川郡："新宁县，在郡北二十五里。本新罗史丁火县，又名花山。"），词调名应为"临江仙"。诗文集中教坊乐语前有较长的念语，容易被视为骈偶之文，事实上，俞好仁《满庭芳》前的长篇致语，就被作为独立的文章重复收录于其《潘溪集》卷七之中，亦题曰"教坊谣"，而此处致语之后的词作又无词调名之标注，故致漏略。

二、文本校勘五例

高丽朝鲜词文本的校勘，与一般的古籍校勘类似，在形近而讹、音近而讹等方面，均不乏其例。如高丽金克己（1150？—1204？）《望江南》（江南乐）词尾句"鸟道上钩连"，柳己洙《历代韩国词总集》及《全高丽朝鲜词》本均误作"钓连"。按此处用李白《蜀道难》"西当太白有鸟道，可以横绝峨眉巅"以及"地崩山摧壮士死，然后天梯石栈相钩连"句意，"钓连"一词，显因形近而误。朝鲜李洪男（1515—1572），字士重，号汲古，《全高丽朝鲜词》误作李洪南，男、南盖因音近而讹。朝鲜许筬（1569—1618）《雨中花慢》（雨过巫山）词中"野棠晚扑晴香"句，"野棠"误作"野堂"，亦因音近而讹。朝鲜申琓（1646—1707）《絅庵集》卷一有《柳梢青》（暮烟衰草）词，其下片"吊古处、斜阳乱鸦"句中"鸦"字，底本作"雅"，亦为音误。这些都是比较常见的显例。而另有叠字标志致误例、以典故校词例、以地名校词例、以对仗校词例、以中国诗词理校例等。以下略作例述。

（一）叠字标志致误例

古籍中叠字标志常以两点替代，其形如"二"字，故颇易致讹。如朝鲜俞好仁（1445—1494）《潘溪集》卷四《虞美人·金庾信墓》词云：

吉祥山拥红云朵。天遣金童随，万灵鼓鞴铸英豪。烈烈雄图、磅礴妥金鳌。　　轩天撼地今无迹，蔓草西兄麓。祁连三丈夕阳边。一匊东溟、回首几桑田。

上片"烈烈雄图"句，韩国学综合 DB 数据库即释为"烈二雄图"，《全高丽朝鲜词》同之。"烈二"，不能索解，检《韩国文集丛刊》影印日本尊经阁文库本《潘溪集》，可知"二"实为迭字标识。按

烈烈,功业显赫貌。《汉书·韦贤传》:"明明天子,俊德烈烈。"此赞新罗金庾信之功业,当作"烈烈雄图"为是。

(二)以典故校词例

高丽朝鲜时代,以汉文典籍为最基本的知识载体,其文人多精熟中国旧籍,故词中用典,与中国词人无大差异,据典故以校勘词作,是有效的校勘手段。如池光翰(1695—1756)《雪岳先生文集》卷二有和南宋朱熹《念奴娇》词云:

> 江苹郁郁,岸兰芳又是,金波澹白。夜气清明,夕携得、湖海二三豪客。琉璃净清,帆舻广张,不与仙都隔。美酝佳肴,烂熳吸露餐雪。　　忘却虎符铜节,随身诩诩化,庄园春蝶。飞渡重滇三万里,拜舞绣宫烟月。橹肖三声,蓬窗悄坐,流涕无休歇。何其然也,请看江汉东折。

底本下片"随身诩诩化"句,按"诩诩"为自得貌,汉焦赣《易林·离之中孚》:"鲂鲔诩诩,利来无忧。"而据上下文词意,此处应用庄子化蝶之典。《庄子·齐物论》:"昔者庄周梦为蝴蝶,栩栩然蝴蝶也。"故"诩诩"当为"栩栩"之讹,当据以校正。

(三)以地名校词例

高丽朝鲜词中地名、山水名胜之名甚多,校词者若熟悉朝鲜半岛古代地名,则易于判断。如朝鲜张锡荩(1841—1923)《果齐先生文集》卷二有《菩萨蛮》词云:

> 黄河歌。周武王封箕子于朝鲜,人民欢悦,以大同江比黄河水
> 大同江水清如鉴。祥云暧霼川原蘸。东国圣人来。千年礼俗开。　　练光亭下水。日夜流千里。圣德休无疆。洋洋万古长。

练光亭,《全高丽朝鲜词》作"炼光亭"。检《新增东国舆地胜览》卷五十一平壤府载:"练光亭,在德岩上。"可知"炼"字误,当作"练"为是。

而有些词中地名实际用的是中国地名,尤需注意。如朝鲜赵宜阳(1719—1808)《梧竹斋文集》卷三有和朱熹之《水调歌头》词云:

> 昔作金文客,同辞宛落城。青山绿水归去,万事何时平。铁濑穿花外径,青猿弄烟中艇,云月递微明。且赌醉乡睡,不关世上情。　　牧童去,疏雨里,一笛横。不脱蓑衣卧户,真乐了平生。深巷鞅轮寡到,澄江蓼荻幽蔓,居士遂逃名。何必买山隐,莫要丹灶成。

底本上片次句"同辞宛落城",初疑"宛落城"为朝鲜地名,然遍检无得。复读上句"金文客"意,盖代指在朝廷中任撰制之职。金文谓朝廷诏诰等文字,唐代唐彦谦《贺李昌时禁苑新命》诗:"玉简金文直上清,禁垣丹地闭严扃。"而朱熹原词此句作"丹凤九重城",遂可推知"宛落城"为"宛洛城"之误,以南阳和洛阳借指名都。《文选·谢朓〈和徐都曹〉》:"宛洛佳遨游,春色满皇州。"张铣注:"宛,南阳也;洛,洛阳也;皇州,帝都也。时都在江东,而言宛洛者,举名都以言之也。"可证。

(四)以对仗校词例

词中对句,骈偶相对,词性亦相对或相近,往往在校勘上可以提供判断的线索或依据。如朝鲜李祥奎(1847—1922)《如梦令》词云:

> 鸠啄槿花喎赤。鸭踏蓣文爪碧。试手写芭蕉,思结露珠寒滴。何处。何处。君与暮云重隔。

"爪碧",初看不甚通顺,故《全高丽朝鲜词》作"瓜碧"。但读上句"鸠啄槿花喎赤",喎,本指嘴

歪,此代指鸠鸟之喙,因啄槿花而变红。下句"鸭踏藓文爪碧"中,"爪"与"喙"对,"赤"与"碧"对,对仗工整。可证"瓜"字必误。

(五)以中国诗词理校例

一般而言,作为域外词作,其文化背景、语境与中国文学均有差异,在无别本可据的情况下,行理校之法,确易武断鲁莽。但由于高丽朝鲜词又是中国唐宋诗词传播域外的产物,高丽朝鲜的一流文人对于中国唐宋诗词名作同样是信手拈来的,在必要时亦有据理校正之可能。如朝鲜吴尚濂(1656—?)《燕超斋遗稿》卷四有《长相思·晓卧》词云:

> 一鸡鸣。二鸡鸣。凄凄风露动帘旌。薙箪有余清。　　东窗明。北窗明。知是扶桑旭日生。村径几人行。

底本上片"薙箪有余清"句中,"薙箪"一词显有讹误,以理推之,当作"薙簟",指草席或竹席。唐陆龟蒙《以竹夹膝寄赠袭美》:"堪临薙簟闲凭月,好向松窗卧跂风。"可证。又该句"余清"一词,亦不甚能解,当作"余情"。此句实即宋周邦彦《蝶恋花》"唤起两眸清炯炯。泪花落枕红棉冷"之意,故作"余情"较胜。又如朝鲜姜玮(1820—1884)《古欢堂收艸》卷十七有《水龙吟·金松年在玉诗屋夜话,遇雪,同成次兰蕙永、白小香春培用东坡杨花词韵,即景书怀》词云:

> 谢家飞絮漫空,无风庭院纷纷坠。揽衣中夜,眼前清景,天涯情思。岁暮山空,樵踪久灭,蓬门早闭。有炉头榾柮,筒中菰粒,青缕缕、炊烟起。　　谁道琼糜代饭,更晶晶、瑶华堪缀。见无差别,几人抟弄,几人踏碎。各有风怀,党家羔酒,陶家茶水。大长安,一个袁安,清籁籁、忧时泪。

上片"有炉头榾柮"句,《全高丽朝鲜词》误作"榾梓"。按,榾柮,谓木柴块、树根疙瘩,以代炭用。宋陆游《霜夜》诗:"榾柮烧残地炉冷,喔咿声断天窗明。"可证。而依据高丽朝鲜词人所和韵的中国词作,尤可作为校勘的有力佐证。如姜玮《古欢堂收艸》卷十七另有未题调名词一首,云:

> 己卯上元夜同李二堂、吕荷亭、闵见山衡镇、郑寿山显五、徐怡堂、葆堂、郑憇亭、徐蔚斋相臣、徐养泉周辅、吴经斋、吕至斋载铉、金沧江泽荣、白小香、李兰坨、李心荃,分韵"前招三辰后引凤凰晓策六鳌濯足搏桑"十六字。得晓字
>
> 惯曾晨夕相过,况迎新月临云表。千门积素,九衢储洁,珠围玉绕。锦笺闉墨,芳樽泛绿,幽情袅袅。叹古今易尽,清光难住,此一会,如何少。　　仰看一规寒镜,影得来、山河大小。谁能离地,纵游无际,为余说了。只好坐谈,路由杖底,春在梅杪。怪鬓边渐渐,星辉历历,又澹将晓。

《全高丽朝鲜词》补词调名为"水调歌头"。然据该词用韵,实为和苏轼《水龙吟》(楚山修竹如云)词之作,故当据此校改为《水龙吟》。

三、词作归属考例

高丽朝鲜词人的创作阵容及作品数量均不能与中国词坛相提并论,其词作归属总体上互见者不多。但在校勘时仍需注意特定背景所导致的作品归属问题。如朝鲜苏世让(1486—1562)《阳谷续集》卷一、卷二存词两组十二阕,每组所用词调为《蝶恋花》二阕及《忆王孙》《菩萨蛮》《谒金门》《玉楼春》二阕共六首。第一组首阕《蝶恋花》题为"次副使《蝶恋花》韵。残春风雨。用云冈惜暮春词",第二组首阕《蝶恋花》题为"次正使《蝶恋花》韵。肃宁道中。和云冈惜春词"。据此可知,这两

组皆为苏世让和韵明朝遣往朝鲜之正副使节之作。按苏世让字彦谦，号阳谷、退斋、退休堂。晋州人。燕山君十年（1504）登第。历仕刑曹判书、汉城府判尹、知中枢府事、兵曹判书、吏曹判书、右赞成、左赞成，卒谥文靖。有《阳谷集》。明嘉靖十八年（朝鲜中宗三十四年，1589）明遣华察、薛廷宠为正副使出使朝鲜，苏世让为远接使，此两组词即其时所作。此似略无疑义。

　　然而，检朝鲜申光汉（1484—1555）《企斋集》卷十一《皇华集》亦同样收录了这两组词作。该集卷首注云："嘉靖己亥春，天使翰林侍读华察、工科左给事中薛廷宠奉诏来颁，特遣公为都司迎慰使，代远接使苏世让作。"按明赴朝鲜正使华察（1497—1574），字子潜，号鸿山，无锡人。嘉靖五年（1526）进士，选翰林院庶吉士。授户部主事，督淮安税，调兵部，历员外郎、郎中，转翰林院修撰，迁侍读。嘉靖十八年（1539）奉使朝鲜，改司经局洗马，升侍读学士、掌南京翰林院事，以考察致仕。有《岩居稿》等。副使薛廷宠，字莘轩，福清人，嘉靖十一年（1532）进士，以工科给事中出使朝鲜。《蝶恋花》词序中之"云冈"，谓此前两年奉使朝鲜的龚用卿（1500—1563），字鸣治，号云冈，福建怀安人。嘉靖五年（1526）进士第一，授翰林院修撰，历右春坊右谕德，兼翰林院侍读、直经筵。嘉靖十六年（1537）奉使朝鲜。擢南京国子监祭酒，以病乞归。有《云冈选稿》等。龚用卿使朝期间作《蝶恋花》等六阕，见《皇华集》（嘉靖十六年）卷四。华察、薛廷宠于嘉靖十八年出使期间和龚词各六阕，申光汉以都司迎慰使的身份为远接使苏世让代笔和华察词六阕、薛廷宠词六阕。华词、薛词分见（嘉靖十八年）《皇华集》卷三、卷一。据此可知，这两组十二阕词均为申光汉所作。申氏除此十二词外，其《企斋集》别集卷七另有词二十九阕，然苏世让除此之外即无词传世。按朝鲜许筠《鹤山樵谈》载："歌词之作，必分字之清浊、律之高下。我国音律不同中原，固无作歌词者。龚、吴之来，湖阴不次之，世谓得体。其后苏退休次华侍讲之韵，有'伤心人复卷帘看，目断凄凄芳草色'之句。华公赞赏不一，抑皆中于律邪？抑只取其藻丽而然邪？（原夹注：退休，名世让，字彦谦，晋州人，官赞成，谥文靖。）"[①]许筠与苏、申二人时代相接，却未知此两组词皆为申光汉代笔。

　　另外，在第一组词中，《菩萨蛮》一阕云：

　　　　若到晓钟春已过。春光此日伤兼暮。谁送断肠声。黄鹂知客情。　　　山花娇靥湿。似带伤春泣。绿酒泻杯心。卷帘空抱琴。

　　按集中原题作"次《菩萨蛮》韵"。《全明词》据《兰皋明词汇选》收录此词，题序作"春闺"，置于苏世让名下。又据《云韶集》收录明成化间西域人锁懋坚《菩萨蛮·送春》词一阕，然与本词亦仅字句略异。或锁氏曾抄录此词，《全明词》遂误作锁氏所作。由此可见，高丽朝鲜词对于考订校勘明词亦有其值得关注的价值。

　　高丽朝鲜词是中国词文学东传朝鲜半岛的结果，也是古代东亚文化传播与融汇的产物。对高丽朝鲜词进行完备的校勘整理是进一步研究的基础。本文略作发凡起例，希望有助于高丽朝鲜词的文献学研究。

（作者单位：浙江大学文学院）

---

① ［朝鲜］许筠：《鹤山樵谈》，蔡美花、赵季《韩国诗话全编校注》第二册，人民文学出版社 2012 年版，第 1448 页。

光影的时空切割

——论《达洛卫夫人》的人物组群织构

王语歌

摘　要：作为伍尔夫意识流代表之作，《达洛卫夫人》一书中共出现了百余名让人应接不暇的人物，而在发散奔涌的思绪之下实则是伍尔夫精巧的叙事架构。以自由间接式叙事话语为经，以四重联结方式为纬，以双重时间推进序列为纵，以图解式的人物组设计为横，零散的人物组群如同几何图案般被精妙地拼贴组合起来，使得小说具备了形散而神不散的暗隐根基。

关键词：《达洛卫夫人》人物组群；话语；联结方式；时间

《达洛卫夫人》初读迷失，仿佛被伍尔夫牵引着在光影迷离、忽明忽暗的隧道中穿行，小说中的人名如潮水般扑面而来，对此加以统计，人名已过百，按照人物出场的时空相关性可以将小说中的人物主要分为以下四组：a. 克拉丽莎、理查德和伊丽莎白·达洛卫、休和伊芙琳·惠特布莱德、萨利·塞顿、布鲁顿夫人和多丽丝·基尔曼；b. 彼得·沃尔什和黛西·西蒙斯；c. 塞普蒂默斯、卢克雷齐亚·沃伦·史密斯、霍姆斯医生、威廉爵士和布拉德肖夫人以及埃文斯；d. 116 个次要人物组。

其中，d 组次要人物组扮演的主要是串联起前三个人物组的功能性角色，在垂直的层面上穿插入前三组的叙事轨道中，通常表现为一个新人物的内心独白或者自言自语、毫无预示地闪现又倏然消失，像突然出现在摄像机前的遮挡物，移开之后风景已然变换，其作用只是为了实现从一个人物组到另一个人物组的过渡，而在少数情况下，这组人物也以群像的方式出现，与另外三组呈平行关系。对各组人物出场的顺序进行梳理，则发现他们在文本中以 abcadcacdab 的出场顺序向前推进，然而仅如此来看这本书的叙事结构仍然蒙眬不清。

有学者因此评论说《达洛卫夫人》不过是一部由"外部世界转瞬即逝的意象和附着在短暂的现在和在过去记忆中来回游移的意识和潜意识的影子相互杂糅"[①]的小说，不过表象而已，凌乱思绪下实有形散神不散的叙事架构。以"自由间接式"叙事话语为经、以四种联结方式为纬，以双重时间推进序列为纵、以图解式的人物组群设计为横，流光溢彩的布匹如此被一针一线地串联起来，花纹繁复而针脚细腻，图案抽象而构图纤巧。

一、平视象限——以"自由间接式"叙事话语为经

以热奈特的叙事原理对该书进行分析，《达洛卫夫人》的聚焦模式包含了具有渗透性的"不定式内聚焦"和具有整合性的"零聚焦"，但不同于传统内聚焦的是小说在以这种模式叙述时略显艰

---

① 刘炳善：《英国文学简史》，河南大学出版社 1993 年版，第 492 页。

涩的笔调和口吻。戴维·洛奇曾评价道,如果将小说中以第三人称传达出的人物思想或话语以第一人称进行重新叙述"就会显得太有文采、太审慎,根本不像是对某人自由思想的记述"①。举以例证,赛普蒂莫斯看见停在花店门口的汽车时脑中所想"世界已经高举鞭子,它将抽向何方?"②又如,本特利看见飞机的光点消失于天际时所言"那是理想,是凝聚点,象征人的灵魂"(p26)。所使用都是纯然文学性的、抽象的、置于日常语境中难免过于正式的书面语言。

　　诚然,伍尔夫的笔触在转向某个特定的人物内心描写或者用于某个人物的言语时,往往并不会刻意地转换其叙述的语调,而似乎始终是以作者的口吻通过"自由间接式"的叙事话语来传其心意,好像不过是在芸芸众生里随意挑出其中之一,以导演指派任务的方式命其作为表达观点的媒介。正是这种方式给予了伍尔夫极大的自由度,让她得以灵活地嵌进或滑入叙述话语,穿梭于各个人物的内心世界和外部世界,通过"双重声音"和人物形成对话,产生复调的效果。

　　个体的视角固然是受限的,而数百上千个体视角的集合使得其聚合而成的整体变得无所不知且无处不在,不同于从高处俯视的上帝视角,一切来回的思想流转都如同弹丸般在平面上变轨、迸射、滚动,这是伍尔夫创造的人世间的、平视的、世俗杂糅而成但又高于世俗的"上帝"。如同悟空轻吹一口自己的毫毛,于是在人世间出现了千万个悟空,其实归根结底只有一个悟空而已。这种来回自如的视角转换如同钩连的针线般遍布整个象限,使得人物组群之间灵活的几何式拼贴成为可能。

二、交织纽结——以"四种联结方式"为纬

　　"自由间接式"的叙事话语使得人物意识屏幕的快速切换成为可能,而人物组群之间不同的联结方式是实现这一可能的具体渠道。罗森塔尔曾概括道:"《达洛卫夫人》使用了四种联结方式,即通过人物在空间具体的接触为线索的联接、以不同人物对某个中心刺激物(central stimulus)做出的反应为线索的联结、以不同人物共同关心的主题(subject)为线索的联结和以过去和现在在时间隧道(cave)内的穿梭为线索的联结。"③以此为参照,可以将小说中的联结方式概括为以下四种。

　　空间联结方式,即安排两个人物身处同一空间,产生肢体上或者视线上的接触,从而使得意识屏幕的主体发生转换。比如,在小说开篇斯科普洛·铂维斯看见克拉丽莎"犹如碧绿的鲣鸟"(p1)站在人行道旁,下一刻作者的笔触就转向克拉丽莎的意识活动,感慨"只有老天才知道人为何如此热爱生活"(p2)。

　　中心刺激物联结,指的是通过交替描摹不同人物对同一事物的反映,从而将同一时间内的意识碎片编织在一起。比如,邦德街口停着的小汽车所引发的是"静态发散式推进"④,呈现的是辐射状的图景;而广告飞机所引起的是"动态发散式的推进"⑤,呈现的是射线状的图景。

　　主题桥梁联结,指的是不同人物同时对一个主题做出反应,这时候他们之间的沟通不再借助语言,而是凭借某种心有灵犀式的默契沟通,在意识领域完成对话。比如,彼得和克拉丽莎"不必交谈便能息息相通"(p56)。

　　①　[英]戴维·洛奇:《小说的艺术》,王峻岩等译,北京出版社1998年版,第49页。

　　②　[英]弗吉尼亚·伍尔夫:《达洛卫夫人》,孙梁、苏美译,上海译文出版社2011年版,第12页。文章此后出现的来自该书的引文直接在文中标注页码,不再另注。

　　③　Machael Rosenthal, Virginia Woolf. *London and Henley: Revelation as Art*, London: Peter Owen, 1971, pp. 88—89.

　　④　李慧明、俞东明:意识流小说《达洛卫夫人》中的文本世界初探,《复旦外国语言文学论丛》2018年第2期,第97页。

　　⑤　李慧明、俞东明:意识流小说《达洛卫夫人》中的文本世界初探,《复旦外国语言文学论丛》2018年第2期,第97页。

此外,伍尔夫自身所提出的"时间隧道"①联结方式指的则是人物现时现地的所作所为不过是在深水表层漂浮,而真正将人物之间的意识串联起来的是表层之下相互连接的记忆隧道。

三、异行线条——以双重时间推进序列为纵

如果说以四种联结方式为纬,把各个人物组群转瞬即逝的意识碎片和生活体验相互串联起来,那么小说的客观时间和主观时间织构而成的双重时间序列就成了绵延性的纵轴,它使得人物组群的意识碎片和生活体验在不同的时间序列内被赋予不同的意义。

就客观时间推进而言,大本钟的奏响在小说的结构搭建中起到了相当重要的作用。这部小说并不像传统的小说一样按照章节的形式划分,而是由特定的时间组块构成,遵循的是尤利西斯的"压缩传统"。整部小说中一共涉及了 13 次关于钟声的描写,对应 10 个时间点,将 17 个小时切分成 9 个时间组块,不同的时间组块内被分配进不同的人物组群(见表 1)。

表 1　各时间组块与人物组群关系表

时间点	10:00	11:00	11:30	11:45	12:00	1:30	3:00	3:30	6:00	次日 3:00
时间组块/分钟	60	30	15	15	90	90	30	150	540	
人物组群	abc	ad	cd	c	a	a	a	c	dab	

在《时间的观念》中,吴国盛称时间为"支配着所有人的最高的道德标准"②,小说中关于一点半的钟声颇具代表性:"哈利街上钟声齐鸣,把六月里这一天又剁又切,分割又分割,仿佛在劝人驯服,维护权威。"(p98)钟声规律地运行于个体的人物意识之外,以一种不由分说的规训式的语式将人物如弹丸般流散的思想汇集起来。

而在客观时间之外,还有一个不容忽视的"主观时间",在客观上短暂的 17 个小时之内,所有人物内心的主观时间总共横跨了大约 60 年,对各个时间组块在文章中所占的篇幅进行统计(见表 2)。

表 2　各时间组块在文章中所占的篇幅表

时间点	10:00	11:00	11:30	11:45	12:00	1:30	3:00	3:30	6:00	次日 3:00
时间组块/分钟	60	30	15	15	90	90	30	150	540	
篇幅/页	2	9	10	19	1	2	2	4	7	

颇有意思的现象是越短的客观时间对应的主观时间反而越长,也即容纳了更多人物在过去和现在、意识和潜意识之间来回漂游往返的思绪,似乎是伍尔夫有意为之的对于规训的挑衅和反叛。

除了通过记忆的流动让主观时间的触角得以触碰到遥远的过去外,"顿悟"对于主观时间的"凝固"同样打乱了客观时间的平稳和规则。比如,克拉丽莎在"闻到一缕幽香,听到邻家的小提琴声"(p29)时,会感到一种"骤然的启示","她看见了光明:一根火柴在一朵藏红花中燃烧,一种内涵的奥妙几乎得到诠释了"(p30)。高度抽象化的玄妙话语被连缀起来,如同秋风扫落叶一般圈地自围形成寂然转动的漩涡,搭构起充盈而空旷的自我世界。伍尔夫将这些称作"生活的切片"③,使得

---

①　Woolf, Virginia. *A Writer's Diary*. London: Hogargth Press, 1965, p. 60.

②　吴国盛:《时间的观念》,北京大学出版社 2006 年版,第 100 页。

③　Woolf, Virginia. *A Writer's Diary*, London: Hogargth Press, 1965, p. 30.

人物的意识在时间组块的划分与规训之下依然享有无限的自由,自成一条与客观时间异行的波浪形轨道。

四、光影对位——以图解式的人物组群设计为横

以"自由间接式"叙事话语为经,以四种联结方式为纬,《达洛卫夫人》中个性鲜明的人物群像得以在纵深的双重时间上横向铺展开来,而人物群像之间的二元对立几乎是"图解式的",构成了呈几何状的极具美感和情感冲击力的对称性。比如,渴望自由的伊丽莎白和窒杀性灵的基尔曼、不合时宜的彼得和庸庸碌碌的理查德、"平稳"的威廉爵士和"动荡"的史密斯……

而关键人物的出场往往伴随着暗示其性格的颜色或标志性物品。比如,彼得每次出场必定携带他的一柄折刀,隐喻了他内心对世界的不信任和潜在的攻击性,而事实上从与已婚女子陷入爱情到早年从牛津退学,无处不体现他对于成规的反叛和与社会评价体系的撕裂。而克拉丽莎在分别多年后再次与他见面,当彼得"啪的一声把折刀合拢"时,克拉丽莎一面"打开剪刀,一面告诉他,她家今晚有宴会"(p38)折刀和剪子既对立又联结,锐利的金属器具挑动敏感的神经,既隐喻了两者内心激烈的冲突,也暗示着两者在根本上是同一类人。而赛普蒂莫斯的妻子雷西娅的每次出场,常伴随着帽子的出现,或是走在街上对着帽子津津乐道,或是在家中缝制新的帽子。而帽子在英国文化中除了用以装饰外,更多的是一种用以展现个人社会地位的载体,将社会的上层与下层区别开来。帽子是雷西娅与社会紧密联系的象征,而相反地赛普蒂莫斯则对此漠不关心而耽溺于自己的幻想之中,两者之间的矛盾张力在暗处得以强化。

而在这些图解式的对比中,最不容忽视的是小说中作为明、暗主线出现的 a 组中心人物达洛卫夫人和 c 组中心人物,即达洛卫夫人的"dark double"——赛普蒂莫斯,而 b 组中的关键人物彼得作为和达洛卫夫人"心灵相通"的存在,主要起到了在 a 组和 c 组之间进行钩连的作用。

(一)光影分割与交叠——人物组群的内部同构性

根据小说中两者的行踪可以大致地整理出他们的空间位移,二人除了在小说的开头短暂地处于同一个空间中,之后再也没有交集,直到有人将赛普蒂莫斯的死讯带到了达洛卫夫人的聚会上,才算达成了神性层面上的"相知"。

而对比二者外在的社会地位和性情,达洛卫夫人代表的是爱慕虚荣且受人追捧的上流阶层,整日穿梭于聚会间,思考与写作的能力在岁月流逝中已然消耗殆尽;而赛普蒂莫斯则对莎士比亚的诗句信手拈来,是医生口中的精神病患者,也是孤傲的零余人。从这两个人物从头至尾的处境变化来看,达洛卫夫人从买花到缝制衣服再到宴会顺利举行,整体的情感基调是向上攀升的,直至宴会气氛达到高潮,而赛普蒂莫斯从一开始出现幻觉,到后来威廉爵士为其开出"平稳"的药方,最后赛普蒂莫斯无法忍受而跳楼自杀,一步一步迈向黑暗的深渊。如此看来两者似乎毫无瓜葛,分别是截然不同的命运,处于极昼与极夜对立的两端。但如果在相同时间组块内,将他们分别置于 a 与 c 两个人物组内进行纵向对比,两者之间的联系性便渐次浮出水面。

在同一时间组块内,克拉丽莎在回忆萨利时,赛普蒂莫斯幻听到埃文斯在唱歌。

在 a 人物组群中,萨利是克拉丽莎往日至为亲密的好友,同时也是她年轻时爱慕的对象,将要见到萨莉时她"深信自己的感情与莎士比亚想让奥赛罗感受的情感同样强烈"(p32)。而在 c 人物组群中,埃文斯和赛普蒂莫斯之间的感情则更多地从隐微的层面流露出来,两人在互为战友时如同"老狗"和"小狗",而"puppy"在英文中常常被用于爱人间的互称,他们"形影不离,分享一切,又争吵、打架"(p81)。埃文斯在战场上牺牲后,赛普蒂莫斯陷入了梦魇一般的回忆中,表现出了超出

寻常的愧疚之情。反之，面对自己的妻子雷西娅的爱意时，赛普蒂莫斯想的是"莎士比亚厌恶男女之间的爱情。两性关系使他感到肮脏。可是雷西娅说，她一定要有孩子。他俩结婚已经五年了嘛"（p84）。从"可是""一定""已经"等词中流露出的赛普蒂莫对于异性亲密关系的拒斥，更加证了赛普蒂莫斯同性爱恋倾向的可能性。据此可以看出，萨莉和埃文斯都可以看作美好时光的具身化象征和与过去相连接的桥梁，同时也是他们隐秘性取向的承载对象，萨利嫁人、埃文斯身亡则分别隐喻着克拉丽莎和赛普蒂莫斯部分主体的彻底消失。

而在下午，克拉丽莎在与基尔曼小姐发生冲突的同时，威廉爵士给赛普蒂莫斯开出了"平稳"的药方。

基尔曼是克拉丽莎女儿的家庭教师，也是一个极其虔诚的宗教宣讲者，作为"感化女神"的具象化的存在，"尽情地蹂躏弱者的意志，热衷于引人注目，发号施令，强加于人，把自己的容貌刻在民众脸上而得意扬扬"（p96），视克拉丽莎为缺乏信仰而应当遭到惩戒的"异己者"；而威廉爵士是在社会上颇有声名的医生，将神圣的"平稳"视为自己的"女神"，打破平衡的人一旦出现，他就会对其"猛扑""吞噬"（p98），直到他们臣服。他们二者都是社会权力规训的"执鞭者"，也是福柯所言"对秩序、权威、惩罚的古老仪式的补充"①。

伍尔夫将这两组精巧的对立置于相同时间组块内书写，使得克拉丽莎和赛普蒂莫斯在各自所处的人物组群中展现出命运般的相似性。一方面被往昔的记忆所承托和浸润；另一方面被社会的规训力量鄙夷和压制。于是，二者似乎搭建起了一对平行世界，在各自的人物组群中找到与他人的关系从而定位自身，由对立的两面走向了统一的阵地。

（二）"人格面具"与"另一自我"——组群间的"应答"与交汇

以荣格的心理学理论分析，克拉丽莎所代表的是"人格面具"的化身，在社交场上她游刃有余地怀着极大的爱心将来自四面八方的人汇聚起来，所做的全部努力都是将自己塑造成为一个社会希冀她成为的"理想形象"。当她听到女仆告诉他达洛卫先生不能回来与她共进晚餐时，她用一种夸张的语调来表达自己的遗憾，而她这样做的原因是让女仆"感到他们之间的默契，领会其中的含义，并体验绅士、淑女如何相爱"（p27）。她不断地对仆人表达感激，也是因为"他们帮了她的忙，使她成为现在这样温柔、敦厚（的人），这正是她所希望的"（p36），她一直在以一种奉献式的"救世主式的"姿态进行表演，然而"奉献给谁呢？或许是为了奉献而奉献吧"（p118）。她的每一个行为都有指向自身之外的外界凝视的目的，而对于外界凝视的过度关注恰恰反过来证明了她有自恋情结，也使得她陷入了由他人眼光搭建起来的虚无的牢笼，陷入了萨特所谓的"自欺"的漩涡，仅仅以"婚姻主体"②的身份出现而"在存在主义的层面上被活埋"③。

反观赛普蒂莫斯，作为被压抑的达洛卫夫人的"另一个自我"也即潜意识中的自我，他虽然是外人眼中疯癫的化身，但同时又荒谬地展现出对于现实世界深刻、清醒的剖析，对社会规训的本质持有直觉式的认知，以福柯所言是"遭到理性排斥和禁锢的沉默的思想家"④。赛普蒂莫斯对于达洛卫夫人热心经营的一切在另一个时空——予以击碎和否定，与克拉丽莎的心理活动形成了前后应答。"崇高的独立不羁，逍遥自在，那是有牵挂的人无法享受的"（p88），"人既无善意，也无信念，

---

① ［法］米歇尔·福柯：《疯癫与文明》，刘北城等译，生活·读书·新知三联书店 1999 年版，第 252 页。

② 魏玉洁、赵培玲：《阁楼中的存在瞬间：〈达洛卫夫人〉的存在主义女性主义解读》，《外语与翻译》2019 年，第 26 页。

③ Scott, Laurence. "Petrified Mermaids: Transcendence and female subjectivity in the aesthetics of Virginia Woolf's Mrs Dalloway", *Textual Practice*, 121(2014).

④ 洪流：《规训权力与反抗权力——吉尔曼〈黄色墙纸〉的权力机制解析》，《外国文学》2006 年第 3 期，第 63 页。

除了追求眼前更多的欢乐外,没有仁慈之心,这就是真相"(p85)。他的思想中充盈着含有"not"
"yet"等否定式的表达,思考的口吻似乎始终不是在立论而是在反击,也许克拉丽莎和赛普蒂莫所
用的根本就是一个大脑,两者的意识都是透明且向对方敞开的,用伍尔夫自己的话来说,他们"心
灵深处的隧道相互连接并且在现在的瞬间通向阳光"①。赛普蒂莫斯所代表的人物组群原本是作
为克拉丽莎所代表的人物组群意识领域的补充而出现的,而在不断的立论和驳论中,光影的关系
已经悄然发生了对调。克拉丽莎陷入了自我逻辑的循环悖论无法脱身,而赛普蒂莫斯则在最深刻
的绝望之中领悟到生命的真谛,从而蹈向了精神层面上的光明。

　　直至小说的结尾,曾经穿插着交错出现的 abcd 四个人物组群终于汇集于同一时空,主观时间
重新回到客观时间规律运行的轨道,而赛普蒂莫斯的死亡也唤起了达洛卫夫人对于生命本质的
"顿悟",使得她终于作为"克拉丽莎"而存在,"剥去了'理查德·达洛卫夫人'的虚假外衣"②而成为
一个具有真正主体性的人,光与影之间的对立彻底被消除。阴阳两隔的人成为灵与肉、理智与疯
狂、男性与女性的结合体,死亡也不再是生命的终点,而成为与生命首尾相接的圆,与消逝在空中
的钟声永远同在。

(作者单位:浙江大学文学院)

---

①　Woolf, Virginia. *A Writer's Diary*. London: Hogargth Press, 1965, p. 70.
②　郝琳:《唯美与纪实性别与叙事——弗吉尼亚·伍尔夫创作研究》,科学出版社 2012 年版,第 73 页。

新见唐代诗人吴顗墓志与《送最澄上人还日本国》组诗研究

杨 琼

摘 要：《送最澄上人还日本国》组诗是中日文学交往史上的重要作品，但中土传世文献对这组作品以及创作者均未作记载。直到清人陆心源《唐文续拾》自《日本邻交征书》转录吴顗所作诗序，今人张步云、周琦《唐代逸诗辑存》自《显戒论缘起》辑录诗歌内容，才对组诗的创作缘起及参与者有所揭示。然而由于史料的缺乏，对于创作者的具体情况和生平事迹，仍难以做进一步的考察。新近发现的《吴顗墓志》则为我们研究诗序及其中一首诗歌的创作者吴顗的生平事迹提供了新材料。吴顗出身于濮阳吴氏，凭借唐肃宗章敬皇后家族门荫入仕，官至剑州刺史。吴顗曾担任台州司马，与时任台州刺史的唐代大儒陆质为翁婿关系。《送最澄上人还日本国》组诗是吴顗在台州司马任上带领地方文士赠别日本遣唐使最澄所作，集中体现了他的文学才能。九首送行诗皆为五言律诗，内容皆围绕吴顗所作诗序展开，彼此之间多有呼应，序与诗都充分把握了送别的要义与送别对象的特点，对于研究唐代中日交往活动是具有一定价值和意义的。

关键词：吴顗墓志；最澄；组诗

贞元二十一年（805）三月，被后人尊称为"传教大师"的日本入唐求法僧最澄结束了在天台的求法之旅，准备启程返回日本。与之相识的台州地方官员、文士以及僧侣为其举办了饯行茶会并作诗赠别。最澄回国后，将这组赠别诗连同台州司马吴顗撰写的诗序编集成卷，名曰"台州相送诗"，载入其《显戒论缘起》一书中，这组中日交往诗也由此保存下来。

中土传世文献对这次诗会及相关作品均未作记载，故参与这次组诗创作的诗人们多湮没于历史的尘埃中。直到清人陆心源《唐文续拾》[①]自《日本邻交征书》转录吴顗所作诗序，今人张步云、周琦《唐代逸诗辑存》[②]自《显戒论缘起》辑录整组诗歌，我们才对这次诗会的缘起和参与者有所了解。然而由于史料的缺乏，对于创作者的具体情况和生平事迹，我们仍难以做进一步的考察。笔者近日于浙江大学图书馆碑帖中心新发现《吴顗墓志》一方，为我们研究该集诗序作者台州司马吴顗提供了新材料。为方便讨论，据拓片将墓志释文标点如下：

唐故普安郡太守濮阳吴府君墓志铭并序

从父弟朝请郎前行左监门卫录事参军吴居易撰兼书

---

① （清）董诰等编：《全唐文·唐文续拾》卷五，中华书局1983年版，第11222页。
② 张步云：《唐代逸诗辑存》，《文学遗产》1983年第2期，第142—143页。

普安太守之先,出自帝喾之后,播种百谷,命以为稷。能平九土,祀以为社。武王尅商,追尊我王。奄有东土,无怠无荒,三让天下,仁德何长。降自秦汉,迄于晋魏。蓍蓍长沙,著之于忠。桓桓武阳,拊[附]凤攀龙。我文我武,昔周之度。我伯我季,光启我祖。炳兮焕兮,发迹岐下。凛凛清风,粲然可睹。皆□□□,宁不我谷。祖从谏,皇洪州高安县尉。父赓,皇尚舍直长。太守即尚舍之长子也。先太夫人弘农杨氏。今太守吴公,濮阳人,讳顗,字体仁。天不祐善,孑然早孤,野云无依,飘荡江湖。会帝元舅列公从祖,学诗学礼,以道以知,十年之间,名播京师。贞元初,起家参并州军事,令问令望,曰美曰彰。长源陆公作镇于汝,暗然上闻。屈迹于掾,俄迤数年。兴元相国严公奏天子,降赐诏豸冠绣服,委以军府,同舍外郎罕出其右。监临二州,星回半纪。如风偃草,煦然若春。道之不行,出为台州司马。廉使叹其能,请遥倅戎事。元和初,拜洛州福昌令,又迁雍州兴平令。歌咏之声不绝,虽古之人,无以加也。荆州户计十万,控三江,扼五岭,方伯思其材,相国难其人。屈公之行,超以赤县,不言而化,长淮自清,颓纲一振,朝廷喧然,乃荷□之德。元和中,出刺于沔,龚黄之化,复见前朝。贡禹岂足名哉!才一二年,□复领剑州诸军事。剑阁之高可仰,如公之德不可仰也。元和末,不幸遘疾,终于剑州官舍,年将六十有二。呜呼哀哉!善人云亡,复何言哉!以元和十五年二月十八日归葬于长安县居安乡,祔大茔,礼也。夫人吴郡陆氏,携弱抱幼,还于旧里。一恸一绝,泪血如水。悠悠高天,无所依倚。夫人先府君讳质,皇给事中。太夫人琅耶王氏,皆盛德良家,四海仰止。有男五人,何其盛欤!泣血逾度,何其孝欤!野客最幼,何其悼欤!季弟居易奉嫂厚命,喻以慈分,遣□于文。惊沙暗飞,愁骨可断。文不尽言,言岂尽意。铭曰:

天色苍苍,善人云亡。白日西昵,热我中肠。贤愚一贯,善恶何臧。悲哉已矣,天道茫茫。

一、外戚身份与早年成长

吴顗出身于濮阳吴氏,《元和姓纂》卷三吴姓"濮阳鄄城"条云:"汉有长沙吴王芮,后汉有广平侯吴汉,南阳宛人也。桓帝时吴遵。遵孙质。质六代孙隐之,晋广州刺史。其先祖自濮阳过江,居丹阳,历仕江左。七代孙景达,唐尚药奉御。曾孙令珪,赠太尉,女即章敬皇太后也。珪子溆、澄、凑。"①是知吴氏在唐虽非显姓,但因出了唐肃宗章敬吴皇后,亦曾显贵一时。吴顗门第出身不高,祖父吴从谏仅官至县尉,父亲吴赓官终尚舍直长,在唐时属殿中省尚舍局,为正七品下②,故未见载诸史。又墓志云:"今太守吴公,濮阳人,讳顗,字体仁。天不祐善,孑然早孤,野云无依,飘荡江湖。会帝元舅列公从祖,学诗学礼,以道以知,十年之间,名播京师。"由此可知,吴顗父母在其年幼时便已逝世,未能给予更多的照拂,吴顗的成长和学习主要倚仗其从祖父一族。"帝元舅"即章敬皇后弟弟,唐代宗舅舅吴凑、吴溆、吴澄兄弟,事迹详见于《旧唐书》卷一八三《外戚传》。史书叙其家世云:

吴溆,章敬皇后之弟也,濮州濮阳人。祖神泉,位终县令。父令珪,益州郫县丞。宝历二年,代宗始封拜外族,赠神泉司徒,令珪太尉,令珪母弟前宣城令令瑶为开府仪同三司、太子家令,封濮阳郡公;中郎将令瑜为开府仪同三司、太子谕德、济阳郡公。溆时为盛王府录事参军,拜开府仪同三司、太子詹事、濮阳郡公。以元舅迁鸿胪少卿、金吾将军。建中初,迁大将军。……弟凑。凑,宝历中与兄溆同日开府,授太子詹事,俱封濮阳郡公。凑以兄弟三品,固辞太过,乞授卑官,乃以凑检校太子宾客,兼太子家令,充十王宅使。累转左金吾卫大将军……凑于德宗为老舅，汉魏故事，多退居散地，才免罪戾而已。凑自贞元已来，特承恩顾，历中外显贵，虽圣奖隆深，亦由凑小心办事，奉职有方故也。①

章敬皇后家族墓志，近年来多有出土，所载家族世系可补订史籍记载之缺误。崔德元所撰《唐秘书省校书郎薛公夫人濮阳吴氏墓志铭并序》云：

曾祖讳思训，皇汉州德阳县令。蹈道贞纯，不居显位，以贵孙章敬皇太后诞先元圣，追赠司徒。祖令珪，仕至益州郫县丞。秀钟河岳，气含精粹。以太后之灵，追赠太尉。夫人即兵部尚书、右金吾大将军凑之第二女也。尚书，帝之元舅，作圣股肱。允武允文，智周万物。娶河东裴氏，丰庆茂祉，而生夫人。②

志主为肃宗吴后弟弟吴凑之女，墓志记载其先世"不居显位"。曾祖吴思训仅官至县令，祖父吴令珪亦仅为县丞，因接姻皇家而渐次通显，被追赠太尉，父亲吴凑则官至兵部尚书、右金吾大将军，记载了这一外戚家庭显贵的过程。该墓志书者署"兄士矩"，乃章敬皇后侄子，吴溆之子。陈鸿撰《唐故朝议郎行大理司直临濮县开国男吴君墓志铭并序》曰：

高祖绚，德阳县令，赠司空。曾祖训，神泉县令，赠司徒。祖珪，郫县丞，赠太尉。父溆，右金吾卫大将军，赠太子太傅。四代经明，藉在春官。人物公望，仪冠当时。才如命何，不为将相。代宗践祚，始以外戚受封。君讳士平，字贞之，太傅第三子。既生，食太官之膳，服御府之缯。伯父叔公，朱轮华毂。③

志主吴士平为章敬皇后弟弟吴溆之子，尚有兄弟士则、士矩。又吴士范撰《唐陕虢都防御押衙朝议郎试抚州司马上柱国冯夫人吴氏阴堂志》云：

夫人讳惎，姓吴氏，濮阳人。……洎五代祖景达，随西阁祭酒；大王父思训，唐绵州神泉县令，□赠至太师；王父令瑜，开府仪同三司、光禄卿；皇考湾，朝议大夫、秘书郎、河中府田曹参军。……秘书即章敬皇太后之从父弟也。大历初，代宗皇帝以孝理，追升太后之族，次授五品阶，拜秘书郎。④

志主吴惎的祖父令瑜与章敬皇后父亲令珪为亲兄弟，故其祖、父皆因此显达。从已出土的三方墓志来看，章敬皇后祖父的名讳，史书、墓志皆有抵牾之处。史书记载为"神泉"，《吴士平墓志》记载为"训"，其他两方墓志则为"思训"，综合来看当以"思训"为准，其官至神泉县令，史书误将其官职记载为名字。《吴士平》墓志记载章敬皇后父亲名字为"珪"，亦误，当为"令珪"。

《吴顗墓志》记载志主与吴凑兄弟有从祖关系，然所言并不十分明确。从其先世名讳来看，吴顗祖父名"从谏"，吴凑祖父名"思训"，后字部首皆为"言"，词语结构与含义也颇为相合，可推测二人祖父辈为兄弟关系，故有"帝元舅列公从祖"之说。结合史籍与墓志，我们可以梳理出章敬皇后与吴顗家族世系表如下：

从墓志与史籍记载来看，吴凑家族成员也有一定的文学才能。《吴士平墓志》专门提到了"君之元兄士则，季弟士矩，理行名节，标准衣冠。文学刀笔，波澜江海。后族不华，家风未改"⑤。《新

① （后晋）刘昫等撰：《旧唐书》卷一八三，中华书局1975年版，第4746—4749页。
② 胡戟著：《珍稀墓志百品》，陕西师范大学出版社2016年版，第164—165页。
③ 崔庚浩、王京阳：《唐高陵县尉吴士平夫妻墓志考释》，《陕西历史博物馆馆刊》第7辑，第222页。
④ 周绍良主编：《全唐文新编》，吉林文史出版社2000年版，第8914页。
⑤ 崔庚浩、王京阳：《唐高陵县尉吴士平夫妻墓志考释》，《陕西历史博物馆馆刊》第7辑，第223页。

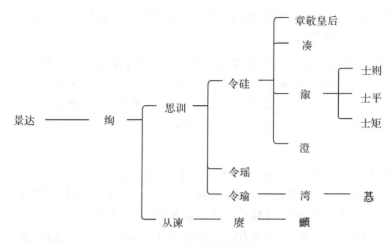

图 1　吴氏宗族关系图

唐书·吴士矩传》亦云："溆子士矩,文学蚤就,喜与豪英游,故人人助为谈说。"①《全唐诗》卷八八七有吴士矩《饮后献时相》诗一首。同书卷四〇五元稹《开元观闲居酬吴士矩侍御三十韵》自注:"本句有'永惭沾药犬,多谢出囊锥'。"②当为吴士矩诗残句,是知《新唐书》本传言其早具文学不虚。元稹《开元观闲居酬吴士矩侍御三十韵》《元和五年予官不了罚俸西归三月六日至陕府与吴十一见端公崔二十二院长思怆曩游因投五十韵》《寄吴士矩端公五十韵》,皆是酬吴士矩之作。白居易《京使回累得南省诸公书因以长句诗寄谢萧五刘二元八吴十一韦大陆郎中崔二十二牛二李七庾三十二李六李十杨三樊大杨十二员外》《雪中酒熟欲携访吴监先寄此诗》《吴秘监每有美酒独酌独醉但蒙诗报不以饮招辄此戏酬兼呈梦得》《懒放二首呈刘梦得吴方之》,诗中吴十一、吴监、吴秘监即吴士矩。刘禹锡有《秋斋独坐寄乐天兼呈吴方之大夫》《吴方之见示听江西故吏朱幼恭歌三篇颇有怀故林之思吟讽不足因而和之》《酬瑞(端)州吴大夫夜泊湘川见寄一绝》,诗中吴方之即吴士矩。由此可见,吴士矩与当时文人交游之盛,大诗人元稹、白居易、刘禹锡皆为诗友,常在一起饮酒唱和。

由于和吴皇后家族的宗族关系(图1),吴顗虽然早失恃怙,犹能在吴氏家族浓郁的文化氛围中"学诗学礼,以道以知,十年之间,名播京师"。而吴顗后来的仕途与婚姻,应该也与他的外戚身份颇有关系。

二、仕宦经历

吴顗的入仕当是通过门荫,墓志亦未记载其科举经历,应该是没有参加过科举考试。其解褐之职为并州军事,之后又在多个幕府中担任幕僚。

首先是汝州刺史陆长源幕。墓志云:"贞元初,起家参并州军事,令问令望,曰美曰彰。长源陆公作镇于汝,暗然上闻。屈迹于掾,俄迻数年。"长源陆公即陆长源。陆长源为唐代著名文人、书法家,《旧唐书》卷一四五与《新唐书》卷一五一皆有其传。陆长源先后在昭义军节度使薛嵩和浙西节度使韩滉幕府中担任幕僚和转运副使,又担任过监察御史,建、信、汝等州刺史。贞元十二年(796),被授检校礼部尚书、宣武军行军司马,决断汴州政事。贞元十五年(799),朝廷又任命他宣武军节

①　(宋)欧阳修、宋祁撰:《新唐书》卷一五九,中华书局1975年版,第4956页。
②　(清)彭定求:《全唐诗》卷四〇五,第4518页。

度使,结果遭遇军士哗变被害。陆长源刺汝州之事,大约在贞元五年(789)前后。欧阳修《集古录跋尾》卷六"唐流杯亭侍宴诗"云:

> 右《流杯亭侍宴诗》者,唐武后久视元年幸临汝温汤,留宴群臣应制诗也,李峤序,殷仲容书。开元十年,汝水坏亭,碑遂沉废。至贞元中,刺史陆长源以为峤之文、仲容之书,绝代之宝也,乃复立碑造亭,又自为记,刻其碑阴。武氏乱唐,毒流天下,其遗迹宜为唐人所弃。而长源当时号称贤者,乃独区区于此,何哉?然余今又录之,盖亦以仲容之书可惜,是以君子患乎多爱。①

赵明诚《金石录》卷五:"第八百五,周流杯亭碑阴。陆长源撰。八分书,无姓名。贞元五年立附。"②陆长源在汝州时曾为损毁的殷仲容书《流杯亭侍宴诗》造亭立碑,自记其事于碑阴,此碑重立于贞元五年(789),则其当时已在汝州刺史任上。陆长源博学擅书法,好褒扬贤能,曾撰东阳令戴叔伦《去思颂》及颜真卿《去思碑》。著述有《唐春秋》六十卷,小说《辨疑志》三卷,专斥神怪妖异迷信之说。与韩愈、李翱、封演及高僧皎然、澄观及茅山宗师韦景昭等交善,与孟郊交谊最为久切。陆长源被害后,众多文士有悼念之作。如李翱《故处士侯君墓志》:"侯高字元览,上谷人。少为道士,学黄老练气保形之术,居庐山,号华阳居士。每激发则为文达意,其高处骎骎乎有汉魏之风。性刚劲,怀救物之略,自侪周昌、王陵,所如固不合,视贵善宦者如粪溲。与平昌孟郊东野、昌黎韩愈退之、陇西李渤濬之、河南独孤朗用晦、陇西李翱习之相往来。汴州乱,兵士杀留后陆长源,东取刘逸淮,乃作《吊汴州文》,投之大川以诉。"③叙述了侯高在陆长源被害后曾作《吊汴州文》,并投于大川以祭之。白居易《哀二良文并序》赞陆长源曰:"洁于身,俭于家,勤于邦,又申之以言行、文学、智谋、政事,故其历要官,参剧务,如刀剑发硎,割而无滞;如钟磬在悬,动而有声。"韩愈《汴州乱》二首亦是为凭吊陆长源而作。陆长源在汝州时间较长,一直到贞元十二年(796)方离开前往汴州,吴顗在陆长源幕担任掾官当在贞元五年到贞元十二年之间。

墓志续云:"兴元相国严公奏天子,降赐诏豸冠绣服,委以军府,同舍外郎罕出其右。监临二州,星回半纪。如风偃草,煦然若春。"兴元相国严公即严震。《旧唐书》卷一三"本纪第十三":"(贞元)十二年春正月……乙丑,成德军节度使、检校司徒、兼侍中浑瑊兼中书令;兴元节度使严震、魏博田绪、西川韦皋并加检校左右仆射、同中书门下平章事。于是方镇皆叙进兼官。"④严震在贞元十二年拜相,同年,陆长源离开汝州,前往汴州任职,吴顗转而投入了严震府中担任幕僚。又《旧唐书》卷一三:"(贞元十五年)六月……癸巳,山南西道节度使、检校尚书左仆射、平章事严震卒。秋七月乙巳,以兴州刺史、兴元都虞候严砺为兴元尹兼御史大夫、山南西道节度、度支营田观察等使。"⑤贞元十五年(799),严震卒,从祖弟严砺继其位。据《新唐书·严砺传》:"砺在位,贪沓苟得,士民不胜其苦。素恶凤州刺史马勋,即诬奏,贬贺州司户参军。"⑥又《新唐书》卷一七四《元稹传》:"按狱东川,因劾奏节度使严砺违诏过赋数百万,没入涂山甫等八十余家田产奴婢。时砺已死,七刺史皆夺俸,砺党怒。俄分司东都。"⑦严砺去世后,元稹弹劾其生前贪腐之事,还因惹怒其党羽被贬。《吴顗墓志》言:"道之不行,出为台州司马。"盖亦因得罪了严砺而被贬斥到台州这样的偏远之

---

① (宋)欧阳修著,李逸安点校:《欧阳修全集》卷一三九,中华书局2001年版,第2206—2207页。
② (宋)赵明诚撰,金文明校证:《金石录校证》卷五,第85页。
③ (清)董诰:《全唐文》卷六三九,第6456页。
④ (后晋)刘昫等撰:《旧唐书》卷一三,第383页。
⑤ (后晋)刘昫等撰:《旧唐书》卷一三,第390页。
⑥ (宋)欧阳修、宋祁:《新唐书》卷一四四,第4709页。
⑦ (宋)欧阳修、宋祁:《新唐书》卷一七四,第5227页。

地担任司马的闲职。从墓志"监临二州,星回半纪"来看,吴顗在山南西道的幕僚经历持续了6年,即贞元十二年至贞元十八年(796—802)。

墓志又云:"廉使叹其能,请遥倅戎事。"此处廉使盖即台州刺史。据《千唐志斋藏志》载《唐故中散大夫使持节台州诸军事守台州刺史上柱国赐紫金鱼袋颍川陈国公(皆)墓志铭并序》:"贞元十四年迁台州刺史,十八年十二月十五日遭厉薨于郡之适寝,享年七十三。"①《嘉定赤城志》卷八《郡守》:"贞元十八年,韦叶。"②则贞元十八年(802)分别有陈皆、韦叶担任过台州刺史,韦叶之后是陆质。陆质,《旧唐书》本传云:"陆质,吴郡人,本名淳,避宪宗名改之。质有经学,尤深于《春秋》,少师事赵匡,匡师啖助。助、匡皆为异儒,颇传其学,由是知名。陈少游镇扬州,爱其才,辟为从事。后荐于朝,拜左拾遗。转太常博士,累迁左司郎中,坐细故,改国子博士,历信、台二州刺史。"③陆质是唐代著名的经学家,学宗异儒啖助、赵匡,在综合啖、赵二人学说的基础上,著有《集注春秋》二十卷、《春秋集传纂例》十卷、《春秋微旨》二卷、《春秋集传辨疑》七卷等。陆质在当时长安的文人群体中颇有影响力,如柳宗元即以执弟子礼于陆质为荣:"恒愿扫于陆先生之门,及先生为给事中,与宗元入尚书同日,居又与先生同巷,始得执弟子礼。"④又称其学曰:"有吴郡人陆先生质,与其师友天水啖助洎赵匡,能知圣人之旨。故《春秋》之言,及是而光明,使庸人、小童,皆可积学以入圣人之道,传圣人之教,是其德岂不侈大矣哉!"⑤当时在长安的青年子弟,竞相讲论陆质新学,并关联时政,形成了一个长安"新学"讨论圈。陆质在台州任上,曾接待过日本求法僧最澄,这也是中日关系史上的一件大事。日僧圆仁《入唐求法巡礼行记》:"志远和上自说云:'日本国最澄三藏贞元廿年入天台求法,台州刺史陆公自出纸及书手,写数百卷与澄三藏。'"⑥《唐文续拾》卷五吴顗《送最澄上人还日本国诗序》:"以贞元二十年(804)九月二十六日臻于海郡,谒太守陆公。……台州司马吴顗叙。"⑦《唐文续拾》卷四《印记》后题:"大唐贞元廿一年二月廿日,朝议大夫、持节台州诸军事、守台州刺史、上柱国陆淳给。"⑧综合上述几种文献来看,陆质最迟二十年(804)九月已在台州刺史任。吴顗与陈皆、韦叶的交往情况没有更多的记载,不过可以确定的是陆质有请吴顗"倅戎事"的经历。贞元二十一年(805)二月二十日,陆质给最澄发了印记,三月一日,又发了通关文牒。不久之后便被召还回京任给事中。同年四月,顺宗立广陵王李纯为皇太子,陆质旋即被征为太子侍读。

值得注意的是,吴顗与陆质不仅是上下级,还是翁婿关系。据墓志记载:"夫人吴郡陆氏,携弱抱幼,还于旧里。一恸一绝,泪血如水。悠悠高天,无所依倚。夫人先府君讳质,皇给事中。太夫人琅耶王氏,皆盛德良家,四海仰止。"陆质与唐代历史上著名的"二王八司马"事件有密切关系,被认为是革新派的重要人物之一。据《旧唐书》记载,陆质任太子侍读期间曾替革新派打探宪宗心意,因此遭到皇帝斥责:"时(韦)执谊得幸,顺宗寝疾,与王叔文等窃弄权柄。上(指李纯)在春宫,执谊惧,质已用事,故令质入侍,而潜伺上意,因用解。及质发言,上果怒曰:'陛下令先生与寡人讲义,何得言他。'质惶惧而出。"⑨这件事发生后不久,陆质便卧病不起。直至永贞元年(805)九月,王叔文领导的永贞革新彻底失败,九月十三日(己卯),柳宗元、刘禹锡等人被唐宪宗贬官,逐出庙堂,

① 河南省文物研究所、河南省洛阳地区文管处编:《千唐志斋藏志》,第985页。
② (宋)陈耆卿:《嘉定赤城志》卷八,《宋元方志丛刊》第七册,第7341—7342页。
③ (后晋)刘昫:《旧唐书》卷一八九,第4977页。
④ (唐)柳宗元:《柳宗元集》卷三一,中华书局1979年版,第819页。
⑤ (唐)柳宗元:《柳宗元集》卷九,第208—209页。
⑥ [日]圆仁著,白化文、李鼎霞、许德楠校注:《入唐求法巡礼行记校注》,花山文艺出版社2007年版,第269页。
⑦ (清)陆心源:《唐文续拾》卷五,《全唐文》末附,中华书局1983年版,第11222页。
⑧ (清)陆心源:《唐文续拾》卷四,《全唐文》末附,中华书局1983年版,第11221页。
⑨ (后晋)刘昫:《旧唐书》卷一八九,第4977页。

两天之后陆质卒于长安。

从吴顗的仕宦梳理中可以看出，吴顗应该在陆质离开台州不久后便北返了，但北返后的吴顗在仕途上并没有多大的起色，元和初年先后担任了洛州福昌令和雍州兴平令，都是下层官僚，这与永贞革新的失败应该是有一定关系的。但是相比"二王"黜往四川，柳宗元、韦执谊、刘禹锡、吕温、韩泰、凌准、陈谏、韩晔、程异等都远黜江南为州郡司马而言，吴顗受永贞革新事件的影响还是比较小的，甚至在事件平息之后步步升迁，最后官至州郡刺史。这一方面与陆质去世有关；另一方面与其吴皇后族人的身份也颇有关系，甚至以陆质在当时的身份地位，能将女儿嫁给"孑然早孤"的吴顗，想必也与其皇室外戚身份相关。

雍州兴平令任后，为追求仕途，吴顗又前往荆南，墓志云："荆州户计十万，控三江，扼五岭，方伯思其材，相国难其人。屈公之行，超以赤县，不言而化，长淮自清，颓纲一振，朝廷喧然，乃荷□之德。"查吴廷燮《唐方镇年表》卷五"荆南"条，在元和年间担任过荆南节度使的主要有元和元年至元和三年（806—808）的裴均，元和三年至元和四年（808—809）的赵昌，元和四年至元和六年（809—811）的赵宗儒，元和六年至元和九年（811—814）的严绶，元和九年至元和十一年（814—816）的袁滋，以及元和十一年至长庆元年（816—821）的裴武[1]。从墓志下文来看，吴顗元和中便已出刺沔州，至其元和末年去世前又有剑州一任，从时间上来说，其在荆南应该是在元和前期。志文所言"方伯"可能是赵宗儒或严绶。相国则是李吉甫，《新唐书·李吉甫传》云："德宗以来，姑息藩镇，有终身不易地者。吉甫为相岁余，凡易三十六镇，殿最分明。"[2]可见其当时是掌握方镇官员任命大权的主要人物。可以推论吴顗在荆南的时间大致为元和四年（809）到元和九年（814）之间。

离开荆南幕后，吴顗的仕途开始有所发展："元和中，出刺于沔，龚黄之化，复见前朝。贡禹岂足名哉！才一二年，□复领剑州诸军事。剑阁之高可仰，如公之德不可仰也。"则其在荆南后一直到去世前年前分别担任过沔州刺史和剑州刺史。《唐刺史考全编》对于沔、剑二州的记载较少，元和年间担任过沔州刺史的仅元和八年（813）的严公弼和元和中的崔元方[3]，剑州刺史则有元和元年（806）武德昭、元和二年（807）崔实成、元和中王潜[4]。吴顗墓志可以为元和中的沔州刺史与元和末的剑州刺史等人员研究提供补充材料。剑州刺史为吴顗之终官，墓志首题以其官职为"普安郡太守"，盖因唐玄宗天宝元年（742），曾改剑州为普安郡，领普安、黄安、武连、梓潼、阴平、临津、永归、剑门八县，唐肃宗乾元元年（758）又复名剑州，之后便一直沿用"剑州"之名。据墓志，吴顗卒于元和末年，享年近62岁，于元和十五年（820）二月归葬长安，其卒年大致在元和十四年（819）末到元和十五年初，逆推其生年当在乾元元年（758）左右。

三、吴顗的文学才能与《送最澄上人还日本国》组诗考察

纵观吴顗的一生，出身寒微，孑然早孤，凭借与肃宗吴皇后同宗的亲缘关系得以接受教育并获门荫出仕，然仕途生涯的大部分时间都沉沦下僚。但从他辗转多次的幕僚经历来看，所从府主陆长源、陆质，皆为唐代著名文学家，严震等人亦为当代名臣，其中陆质更是与其有翁婿之谊，可见吴顗在当时是有一定声名的，墓志谓其"学诗学礼，以道以知，十年之间，名播京师"，虽有一定的美饰

---

① 吴廷燮：《唐方镇年表》卷五"荆南"，中华书局1980年版，第689—691页。
② （宋）欧阳修、宋祁：《新唐书》卷一四六，中华书局1975年版，第4740页。
③ 郁贤皓：《唐刺史考全编》，安徽大学出版社2000年版，第1842页。
④ 郁贤皓：《唐刺史考全编》，第3014页。

成分,但也并非虚言。只是他的生平经历与文学才能多湮没于历史之尘埃,仅有一篇诗序与一首赠别诗因日本遣唐僧人最澄被保留了下来,正是这两篇作品展现了他的文学才能,也使后人得以窥见他人生最生动的一个片段和一场极具历史意义的中日交往活动。

最澄在唐求法结束,返回日本时曾带回了数量庞大的佛教典籍、文集以及诗歌作品。就赠别诗而言,目前可见主要就是《送最澄上人还日本国叙》一篇,诗九首,收录于《显戒论缘起》上卷中,乃最澄离开台州返回明州前,由吴顗组织当地送别的官员、文士、僧人所作。值得注意的是,日本学者户崎哲彦在《唐代台州刺史陆淳与日僧最澄(上)》一文中曾做过梳理,指出《天台霞标》有《比叡山经藏目录》,载《大唐将来书》,其目录记载有"《天台师友相送诗集》四卷";又今存《传教大师将来目录》一卷,载有"《相送集》四卷(一作七卷)百纸"。由《将来目录》末署名"大唐贞元贰拾壹年岁次乙酉,五月朔己巳,拾叁日辛巳,日本国求法僧最澄录",可知最澄临归所编,有"《相送集》四卷(一作七卷)"者。此集亦最澄所将来,书名及卷数与《天台师友相送诗集》相符。从时间推考,先称《相送集》四卷(805),后称《天台师友相送诗集》四卷(812)。《台州相送诗》一卷,似专结集以州治送诗,《相送集》四卷则含越州、明州等地送诗,然而《天台师友相送诗集》作"七卷",有改正,可置信。或归国后以《相送集》四卷改编为七卷。诗集所题"天台",地名,限于天台山,则七卷太多,似应删改而未删[①]。也就是说,最澄归日后,编纂有《相送集》四卷,或后改为七卷,我们今日所见载入《显戒论缘起》上卷的九首《送最澄上人还日本国》,只是最澄所编《相送集》中的一部分,应当还有明州和越州送别诗。以此推论,则《送最澄上人还日本国》组诗,亦可能是台州相送诗的其中一部分。

诗叙和诗歌的文本,最早发现于最澄《显戒论缘起》上卷之中。《显戒论缘起》不同版本亦有差异,户崎哲彦在《唐代台州刺史陆淳与日僧最澄》一文对不同版本进行了细致的互校,今参合各家,迻录如下:

送最澄上人还日本国叙

过去诸佛,为求法故,或碎身如尘,或捐躯强虎。尝闻其说,今睹其人。日本沙门最澄,宿植善根,早知幻影,处世界而不着,等虚空而不碍。于有为而证无为,在烦恼而得解脱。闻中国故大师智顗,传如来心印于天台山,遂赍黄金,涉巨海,不惮滔天之骇浪,不怖映日之惊鳌,外其身而身存,思其法而法得,大哉其求法也。以贞元二十年九月二十六日,臻于临海郡,谒太守陆公,献金十五两、筑紫斐纸二百张、筑紫笔二管、筑紫墨四挺、刀子一、加斑组二、火铁二、加火石八、兰木九、水精珠一贯。陆公精孔门之奥旨,蕴经国之宏才,清比冰囊,明逾霜月,以纸等九物,达于庶使,返金于师。师译言请货金贸纸,用书《天台止观》。陆公从之,乃命大师门人之裔哲曰道邃,集工写之,逾月而毕。邃公亦开宗指审焉,最澄忻然瞻仰,作礼而去。三月初吉,退方景浓,酌新茗以饯行,对春风以送远。上人还国谒奏,知我唐圣君之御宇也。

贞元二十一年巳日,台州司马吴顗叙

诗

重译越沧溟,来求观行经。问乡朝指日,寻路夜看星。
得法心愈喜,乘杯体自宁。扶桑一念到,风水岂劳形。

台州录事参军孟光

往岁来求请,新年受法归。众香随贝叶,一雨润禅衣。

① [日]户崎哲彦:《唐代台州刺史陆淳与日僧最澄(上)——唐诗在日本》,《台州学院学报》2019年第1期,第13—14页。

素舸轻翻浪，征帆背落晖。遥知到本国，相见道流稀。

　　　　　　　台州临海县令毛涣

万里求文教，王春怆别离。来传不住相，归集祖行诗。
举笔论蕃意，焚香问汉仪。莫言沧海阔，杯度自应知。

　　　　　　　乡贡进士崔蕃

一叶来自东，路在沧溟中。远思日边国，却逐波上风。
问法言语异，传经文字同。何当至本处，定作玄门宗。

　　　　　　　广文馆进士全济时

家与扶桑近，烟波望不穷。来求贝叶偈，还过海龙官。
流水随归处，征帆远向东。相思渺无畔，应使梦魂通。

　　　　　　　天台沙门行满

异域乡音别，观心法性同。来时求半偈，去罢悟真空。
贝叶翻经疏，归程大海东。何当到本国，继踵大师风。

　　　　　　　天台归真弟子许兰

道高心转实，德重意唯坚。不惧洪波远，中华访法缘。
精勤同慧可，广学等弥天。归到扶桑国，迎人拥海埭。

　　　　　　　天台僧幻梦

却返扶桑路，还乘芦叶船。上潮看浸日，翻浪欲滔天。
求宿宁逾月，云行讵来年。远将干竺法，归去化生缘。

　　　　　　　前国子监明经林晕

求获真乘妙，言归倍有情。玄关心地得，乡思日边生。
作梵慈云布，浮杯涨海清。看看达彼岸，长老散华迎。

　　在这组送行诗中，吴顗的诗叙具有统摄作用。与一般诗序交代送行时间、地点、缘由不同，吴顗这篇诗叙着墨于最澄求法的全过程：首句揭示过去诸佛求法之艰难，次两句点明赠别的主体——日本沙门最澄，同时赞扬最澄早知佛理之道行以及不惧万里波涛前来天台求法之诚心。接着引入叙事，陈述最澄求法的具体经历：最澄入台后，首先拜谒了台州刺史陆淳（质），献上了随身携带的异域宝物与黄金，陆淳收下了纸、笔等九物，婉拒了黄金。最澄便提出以金换纸，抄写佛教典籍。陆淳遂安排龙兴寺和尚、天台宗师道邃用一个多月时间替最澄集工抄写智者大师《天台止观》并加以讲解，直至他"忻然瞻仰，作礼而去"。整个过程不仅清楚交代了最澄的求法过程，还突出了陆淳在弘扬天台佛法中的主导作用，同时展现了其"精孔门之奥旨，蕴经国之宏才，清比冰囊，明逾霜月"的品格。诗叙最后引出了送行的主题，点明了送行的时间、场景，并表达了对最澄回国后展现大唐国风的期待。整篇诗序以散句为主，偶尔夹杂骈句，在简短、精练的篇幅中融入了层次丰富的叙事内容和颂扬之情。

　　从九首送行诗的创作来看，体裁统一，皆为五言律诗，内容上既与诗序有所关联，彼此之间亦多有呼应。如吴顗本人的诗歌，首联"重译越沧溟，来求观行经"，描写越洋求经之不易，颔联"问乡朝指日，寻路夜看星"，点明赠别对象日本僧人之身份，颈联"得法心愈喜，乘杯体自宁"写得法之后的愉悦之情，尾联"扶桑一念到，风水岂劳形"寄托最澄顺利回国的祝福，与其诗叙的论述次序基本一致。而对照诸人诗歌，我们亦能找到共同的内容和情感表达，如写求法路途遥远、艰难重重，有"一叶来自东，路在沧溟中""上潮看浸日，翻浪欲滔天""来求贝叶偈，还过海龙宫""不惧洪波远，中华访法缘"；写求法成功之喜悦，有"往岁来求请，新年受法归""来时求半偈，去罢悟真空""求获真乘妙,言归倍有情";写送别最澄的不舍与思念之情,有"万里求文教,王春怆别离""遥知到本国,相见道流稀""莫言沧海阔,杯度自应知""相思渺无畔,应使梦魂通";最多的还是对最澄归国的祝福和期许,如"何当至本处,定作玄门宗""何当到本国,继踵大师风""归到扶桑国,迎人拥海埌""远将干竺法,归去化生缘""看看达彼岸,长老散华迎"。凡此主题皆在诗序涵盖的范围之内,盖是先有吴顗之序,后有赠别之诗,序和诗都充分把握住了送别的要义与送别对象的特点。

值得注意的是,除了上述九首诗歌外,《天台霞标》第四篇第一卷尚有陆淳诗一首,诗名题为"台州刺史陆淳送最澄阇梨还日本",诗云:"海东国主尊台教,遣僧来听妙法华。归来香风满衣裓,讲堂日出映朝霞。"此诗未载于《天台相送诗》中,且为七言,体裁上亦与前诗不同,故学术界对此诗多抱有怀疑态度。据户崎哲彦《唐代台州刺史陆淳与日僧最澄(下)》:

> 此诗,未知出于何书。慈本获之希烈宿祢钞书中也。原本"海"作"汝","妙"作"于"。慈本依义改之。或曰:"此诗载在《禅宗日工集》,又改数字,载之《本朝高僧传》某传也。"……《禅宗日工集》者,禅僧义堂周信(1325—1388,号空华)所撰日记,别称《空华日用工夫集》,四十八卷……卷一"应安二年(1369)五月十四日"条云:"古天和尚(周誓)说话次,问《圆悟心要》载六祖怀集、四会之义。又举台州太守《送传教大师诗》曰:"海东国主尊台教,故遣僧来听《法华》。舨去香风满衣裓,讲堂日出映朝霞。"乃最澄也。今比叡山中秘筐第一云云。[1]

这是最早记载陆淳诗歌的文献。对比《天台霞标》本所录诗歌,除了"故遣僧来听《法华》"被改动之外,颔联"舨去"亦被改为"归来",从作诗者的身份来看,前者较为恰当,且此诗收录时间亦早于《天台霞标》本,似更贴近诗歌原貌。结合前文所述《送最澄上人还日本国》组诗,极有可能只是最澄《相送集》四卷乃至《台州相送诗》的其中一部分,那么陆淳此诗体裁非五言律诗,且未与九首送别组诗编在一处,也是说得通的。从吴顗的身份背景、其与陆淳的翁婿关系以及诗叙的创作来看,这次送别茶会的组织者和主导者应该就是吴顗,陆淳并未参与,诗亦非同时创作。从最澄离开前,陆淳为其所作印记来看,作送别诗亦非只有三月上巳日这一个机会。

上述台州送别诗歌对于研究唐代中日交往活动无疑具有特殊的意义。一方面体现了中日物质文化的交流状况。吴顗《送最澄上人还日本国叙》云:"以贞元二十年九月二十六日,臻于临海郡,谒太守陆公,献金十五两、筑紫斐纸二百张、筑紫笔二管、筑紫墨四挺、刀子一、加斑组二、火铁二、加火石八、兰木九、水精珠一贯。"筑紫是日本出产优良纸张笔墨的地区,据《延喜式》记载,太宰府每年要向朝廷进贡"笔一千一百二十管(兔毛、鹿毛各五百六十管)、墨四百五十挺、斐纸二百张、麻纸二百张"[2]最澄带到大唐的筑紫斐纸、筑紫笔、筑紫墨皆为当地采用独特工艺所制的质量上乘之物。从最澄明州到台州的过所记载来看,还有水精念珠十贯、檀龛水天菩萨一躯送往天台山供养。另一方面也促进了中日诗歌文化之交流。最澄回国后,日本嵯峨天皇、仲雄王等多有赠答最澄之作,就内容来看,多与天台宗有关。如嵯峨天皇有《答澄公奉献诗》[3],诗中"远传南岳教,夏久老天台"直接点明其求法之所为天台,又"羽客亲讲席,山精供茶杯"则是想象最澄聆听道邃亲自讲法的场景,"山精供茶杯"亦与天台产茶的特色相契合。最澄卧病,嵯峨天皇、仲雄王又有《和澄公卧病述怀之作》[4]同题诗,表达出对最澄高深佛法的赞美以及卧病的极大关怀。最澄去世后天皇又有《哭澄上人》诗云:"吁嗟双树下,摄化契如如。惠远名仍驻,支公业已虚。草深新庙塔,松掩旧禅

① [日]户崎哲彦:《唐代台州刺史陆淳与日僧最澄(下)》,《台州学院学报》2019年第2期,第1—2页。
② [日]藤原忠平编:《延喜式》卷二三,仁孝天皇文政十一年松平齐贵校刊本,第16页。
③ [日]小岛宪之校注:《文华秀丽集》,岩波书店1964年版,第258页。
④ [日]小岛宪之校注:《文华秀丽集》,岩波书店1964年版,第262页。

居。灯焰残空座,香烟绕像炉。苍生稍集少,缁侣律仪疏。法体何久住,尘心伤有余。"①表达了对最澄创立传播天台宗这一功绩的肯定以及失去最澄的悲痛。这些诗歌体裁皆为五言诗,想必与当时送别诗多为五律有关。

　　附记:此文完成于2021年4月,节选于本人博士后出站报告《唐代诗人浙东游历寓居考》。曾得出站报告评审、复旦大学中文系查屏球教授指正,特此致谢。

(作者单位:浙江大学文学院)

---

① ［日］小岛宪之校注:《文华秀丽集》,岩波书店1964年版,第263页。

唐代墓志骚体铭文述论
——以《唐代诗人墓志汇编》为中心的考察

余筱然

摘　要：墓志铭一般由志文(又称序文)和铭文组成，是一种特殊的文体。志文与铭文既相互联系又各自独立。如果说墓志铭中的志文是一篇人物传记，那么铭文就是最后的挽歌，为唐代诗人灿若星辰的一生留下余音。志文征实，铭文凌虚，从文学的层面研究墓志铭的铭文，更能彰显其独特的价值。就体式而言，唐代墓志铭文大致有四言、骚体、诗体等类型。楚骚的"兮"字句以其哀怨的情感和独特的风格，将浓烈的抒情色彩和文学色彩引入文人的挽歌，为滞重的正体铭文增添了一抹异彩。渊源上，主要来源于《楚辞》，特别是受《离骚》的影响；形式上，骚体铭文因为"兮"字的嵌入表现出与齐言体铭不同的章节组合；情感上，形成了哀悼与幽怨的基调。文人们选择用骚体创作铭文，其一是为了抒发哀悼之情的真挚性，其二是为了追求文章的新异性。

关键词：唐代墓志；铭文；骚体

一、材料来源与选择范围

墓志铭一般由志文和铭文组成，是一种特殊的文体。志文与铭文既相互联系又各自独立。唐代墓志铭文大致有四言、骚体、诗体等类型。而骚体铭在墓志铭文中更是一种特别的类型，这也是自先秦以来铭文发展的一种变化，而且更能体现出文学价值。在新发现的唐代墓志当中，骚体铭占据了很大的比重。以骚体铭文为研究对象展开探讨，是墓志文学研究的重要内容。在新出土超过万方的唐代墓志当中，诗人墓志的铭文更具文学价值，因而就作为本文研究的样本。本文所引用的诗人墓志铭文选自胡可先、杨琼主编的《唐代诗人墓志汇编·出土文献卷》，全书分为初唐卷、盛唐卷、中唐卷、晚唐卷和五代十国卷五部分，总计汇录诗人墓志 194 方，诗人配偶等墓志 65 方。编者于绪论中阐明墓志的收录范围："举凡《全唐诗》与《全唐诗补编》收录的诗人，在出土文献中有墓志者，均在搜辑之列；没有诗作传世，而墓志载其能诗或经过其他文献证实其能诗者之墓志，亦在辑集之列。……主要来源：一是汇集著作，如《千唐志斋藏志》《隋唐五代墓志汇编》《北京图书馆藏中国历代石刻拓本汇编》《西安碑林全集》；二是释文著作，如《唐代墓志汇编》《唐代墓志汇编续集》；三是拓片兼释文著作，如《新中国出土墓志》《大唐西市博物馆藏墓志》《洛阳新获墓志》《洛阳流散唐代墓志汇编》等；四是散见拓片，来源于浙江大学图书馆碑帖保护中心所藏拓片，本书编者个人所藏拓片，网络公布的少量拓片；五是学刊揭载，如《文物》《考古与文物》《书法丛刊》等各类杂志与书籍所载之诗人墓志。"①该书的编纂是在前人整理研究的基础上展开的一项集成工作,同时融进编者的研究所得。

唐代墓志铭一般由志文和铭文两个部分组成,就目的和功用来看,志文叙事、铭文颂德是唐代墓志铭撰写的基本格局。就体式而言,志文由于要记叙墓主的籍贯、仕宦、丧葬等"十三事",篇幅较长,大多运用散体写成,也有部分沿用前代的骈体形式。而铭文相对短小整齐,胡可先老师认为:"中古时期特别是唐代墓志铭文大致有四言、骚体、诗体等类型。"②就结构而言,墓志铭文还存在分章的情况。孟国栋认为:"四言体依然是唐代铭文的主体句法。"③本文将《唐代诗人墓志汇编(出土文献卷)》中含有"兮"字骚体句的铭文均归为骚体铭文,将"兮"字脱落后的铭文归入非骚体铭文,暂时不予研究。其中,大部分铭文仍为齐言体,骚体铭文数量相对较少,通过表 1 可以看出明确的对比。

表 1　《唐代诗人墓志汇编(出土文献卷)》铭文体式分类表

卷数	时代	铭文篇数	四言体铭文篇数	骚体铭文篇数
卷一	初唐	28	16	5
卷二	盛唐	49	21	20
卷三	中唐	29	15	5
卷四	晚唐	69	30	22
卷五	五代十国	9	6	3

初唐时期,诗人墓志的骚体铭文数量较少,到了盛唐时期,运用骚体创作的诗人墓志铭在数量上达到了一个高峰,中唐、晚唐直到五代十国时期都存在骚体铭文,但是始终未成为主流。骚体铭文的墓主囊括了各种身份:有国之栋梁,如宰相张九龄,其铭曰:"龟筮从兮宅其吉,山盘踞兮土坚实。呜呼相国君之墓,与气运而齐毕。"(第158页)也有终身不仕的贤达,如陈元造,其铭曰:"洪源遐绪,自帝妫兮。累庆重休,其承晖兮。沧波无涯,烟云驰[兮]。白日中沉,何所之兮。含泪酸茹,痛有违兮。魂兮永安,此山□兮。"(第265页)有李氏之后的王公贵族,如李承干之孙李适之,铭文开头有言:"道家皇室兮,含祉储精。间生英杰兮,郁不可名。"(第180页)也有弑父杀君的被贬为勃逆宫人的安乐公主。有内子淑媛,如姚潜的夫人马琬,还有夫妻合祔墓志,如《郑居中与夫人崔氏合祔墓志》:"法箴诫兮克明,合礼经兮有程。济芳猷以德峻,推华族而门清。素范流而激俗,修途指而期荣。何报应之斯爽,均福位而不平。遵九原而归路,启一世之佳城。吟悲风而树拱,逼高嵩而气盈。奄幽埏之无恨,俾流庆而垂名。"(第327页)

除少量几篇敕造墓志铭等,大部分撰写者与墓主之间都是熟识的关系,或姻旧之私,或通旧之好,或忘年之交,或师徒之情等。这些墓志铭的主人是诗人,撰写者大多也是文人雅士,如贺知章、崔融、权德舆等大手笔都加入了骚体创作铭文的行列。或为表达最真挚的哀思,或为展现深茂的文思,在唐代这一诗歌文学的黄金时代,撰写者们打破板滞的四言正体,将楚骚的韵律与情思一并移入墓志铭中去。

---

①　胡可先、杨琼:《唐代诗人墓志汇编·出土文献卷》,上海古籍出版社 2021 年版,第 30 页。以下所引该书均随文标注页码。
②　胡可先:《中古墓志铭的文体形态与书写规则》,《浙江大学学报(人文社会科学版)》2019 年第 3 期,第 69 页。
③　孟国栋、胡可先:《论墓志文体志文和铭文的特点、功用及相互关系——以新出土唐代墓志为中心的考察》,《浙江大学学报(人文社会科学版)》2012 年第 6 期,第 53 页。

二、骚体铭文创作指向

　　就铭文的形式来说,以《文选》录铭为例,李乃龙《论〈文选〉"铭"类》提出:"其形式大致分为两种:一为骚体,二为齐言。而齐言又以四言为主,五言为辅。从实际作品上看,以齐言最为常见。同时运用骚体和齐言两种形式的铭文甚为罕见。"①到了唐代,铭文的体式越来越多样化,出现了六言、七言、杂言等句法,如《邵炅墓志铭》铭文骈散结合,五言句、七言句和骚体句参差变化,语气抑扬顿挫,感情真挚充沛:

　　　　伟高文之嵘起,含变化于神理。焕缛锦以夺目,亦铿锵而盈耳。天何生此才,而台阶不履,与颜冉兮早世?噫!玉折兮兰死,不其悲矣!河水逶迤洛水清,皇衢中坦天地亨。闾阖嵯峨而洞烈,冠剑肃穆而罗英。于嗟硕人兮今不见,山苍苍兮雨冥冥。(第112页)

　　胡可先老师认为:"自初唐起,墓志铭的写作手法开始发生变化,骚体手法逐渐渗透到铭文中来。"②作为一种文体,骚体具有两个典型特征:一是"兮"字的运用,二是其强烈的抒情性。金开诚先生的《屈原辞研究》③一书中将"兮"字的运用归纳为三种模式:第一种是《九歌》模式,"兮"字用在各句之中,如宰相张九龄墓志铭"龟筮从兮宅其吉,山盘踞兮土坚实"(第158页);第二种是《橘颂》模式,上下两句各为四字,"兮"字用在偶句末,如唐代诗人王之涣墓志铭"有斐君子,闭兹辰兮。于嗟海内,涕哀辛兮"(第168页);第三种是《离骚》模式,上下两句字数增多,"兮"字用在奇句末,如韦渠牟墓志铭"逝者固不可作兮,镂贞坚于墓门"(第261页)。唐代墓志铭中骚体句法的形式是多种多样的,除了上述三种之外,还有三兮二式、四兮四式等句式。如《李问政墓志铭》:

　　　　猗欤彦士兮含章挺生,才杰业茂兮道融德成。有美淑媛兮闲家保贞,运移化尽兮永扬修名。(第121页)

　　从内容和功用上来看,志文重在记事,铭文重在颂德,明代徐师曾《文章辨体序说》云:"志者,记也;铭者,名也。"④总的来说,铭文部分是用韵文来统括全篇,以表对死者的赞扬、悼念或安慰。《礼记·祭统》中说:"夫鼎有铭,铭者,自名也,自名以称扬其先祖之美,而明着之后世者也。"⑤《铭论》云:"钟鼎礼乐之器,昭德纪功,以示子孙,物不朽者莫不朽于金石。"⑥上古时期,为纪念赞颂祖先功绩而铸钟鼎,铭文是对所铸钟鼎由来的说明,故铭文实为扬名而撰。后世虽然以石代金转变了铭文的载体,但却保留了铭文颂美的功能。事实上,铭文的内容和形式两者之间是相辅相成、共同演进的,唐代墓志铭文开始突破四言体的局限,出现三言、杂言、骚体等新形式,增加了文本的抒情性,有助于更好的颂扬先祖功德。

　　唐人自己也提出了铭文创作的标准,在部分唐代墓志铭的文本中真实地记述了铭文写作的指导思想。孟国栋认为:"大部分作者都会在志文的末尾交代创作该文的主要目的,以表现志主家属

---

①　李乃龙:《论〈文选〉"铭"类》,《河池学院学报》2012年第1期,第17页。

②　胡可先:《中古墓志铭的文体形态与书写规则》,《浙江大学学报(人文社会科学版)》2019年第3期,第69页。

③　金开诚:《屈原辞研究》,江苏古籍出版社1992年版。

④　(明)徐师曾:《文体明辨序说》,人民文学出版社1962年版,第148页。

⑤　(唐)孔颖达:《礼记正义》卷五七,上海古籍出版社2008年版,第1891页。

⑥　严可均:《全上古三代秦汉三国六朝文》,中华书局1958年版,第875页。

对逝者的哀悼和思念之情。新出土的唐代墓志铭更是真实地体现了古人最初的创作理念。"① 兹举《刘袆之墓志铭》为例，以窥其一斑。墓志铭由逝者长子刘扬名撰写，其在志文文末写道：

> 是用依卢谌之诔，取陆机之赋。啜其泣矣，敢作铭云：父兮母兮尽劬劳，屺兮岵兮肆哀号。履霜庭兮感感，攀泪柏兮忉忉。钦若先君兮道在天下，憨余小子兮孰敢挥豪。欲报德兮空罔极，地既厚兮天盖高。（第72页）

其中，"依卢谌之诔，取陆机之赋"两句便是作者自己提出的铭文指导标准。前者指的是晋朝文学家卢谌遭父丧后所作的《尚书武强侯卢府君诔》，后者为陆机的《文赋》。

《尚书武强侯卢府君诔》全文以四字韵文为主，撰述卢谌父亲平素之迹，于开头结尾叙述哀思，具备了墓志铭的基本格式和内容。刘永翔说："先生（钱锺书）谓人死讣告中'不自殒灭，祸延显考（妣）'套语，文献微存，似莫古于卢谌《尚书武强侯卢府君诔》中之'身不灰灭，延于家门'不知俗成格定，当在何时。余谓先生已探其本。卢谌之诔虽其滥觞，而厥格之定当在赵宋。"② 可见，"卢谌之诔"作为哀悼类韵文的代表，在初唐时就被奉为取法对象，其中部分语句在后代成为哀悼类韵文的固定套语。

陆机《文赋》云"铭博约而温润"，准确表述出铭文的形制和内容。张铣注："博谓意深，约谓文省。"强调"博约"是因为铭文的载体为金石，铸刻不易，故其文字体制以简约为基本特征。陆机以"温润"二字概括铭文风格，极其精辟。赞颂功德不能吹嘘，故也须以"温"为界域；赞颂不能无情，故曰"润"。《文心雕龙·铭箴》："箴全御过，故文资确切；铭兼褒赞，故体贵弘润：其取事也必核以辨，其摛文也必简而深，此其大要也。"③ 铭文重在褒奖，但是引用事例一定要核实而辨明，作文一定要简练深刻。这些都是后人撰写铭文时应遵循的准则。综上所述，此处的"依卢谌之诔，取陆机之赋"并非两篇文章中具体的词句的套用，而是铭文写法的概述：子女为父母撰写墓志铭时应效法卢谌为其父所作之诔，铭文的形式要以"博约"为主，风格应当"温润"。

铭文部分是承《诗经》而来的骚体句，抒发子女不能终养父母的痛极之情。首句"父兮母兮尽劬劳"化用《诗经·小雅·蓼莪》中的"哀哀父母，生我劬劳"④。感念父母的养育之恩，末尾"欲报德兮空罔极，地既厚兮天盖高"同样出自《诗经·小雅·蓼莪》"欲报之德，昊天罔极"⑤。传达出子嗣不能回报父母的哀痛心情。"钦若先君兮道在天下，憨余小子兮孰敢挥豪。"一句赞美了父亲的贤明卓越。子女对父亲的赞颂和悼念感情真挚，既符合"卢谌之诔"情感基础，又保持了"博约而温润"的铭文风格。因此，骚体是铭文形式在句法方面产生的演变，以便更好地发挥其颂美与哀悼的双重功能，骚体铭文的思想感情和内容主旨等都没有背离传统模式。

三、骚体铭文形式分析

（一）通篇全用骚体

全书52篇骚体铭文中，通篇全用骚体的铭文共有33篇，篇幅有长有短。其中篇幅最短的是初

---

① 孟国栋，胡可先：《论墓志文体志文和铭文的特点、功用及相互关系——以新出土唐代墓志为中心的考察》，《浙江大学学报（人文社会科学版）》2012年第6期，第51页。

② 刘永翔：《蓬山舟影 刘永翔文史杂说》，汉语大词典出版社2004年版，第96页。

③ 范文澜：《文心雕龙注》卷三，人民文学出版社1958年版，第195页。

④ 高亨：《诗经今注》，上海古籍出版社1980年版，第307页。

⑤ 高亨：《诗经今注》，第307页。

唐《大唐故勃逆宫人志文并序》:"德不逮兮身招耻,葬礼陈兮迈千祀。皇泽降兮鸿德施,贞石勒兮幽坟纪。"(第96页)仅28字而已,四句均为三兮三式。这是一篇充满贬斥和警示意味的墓志铭,安乐公主毒杀先帝被贬为勃逆宫人,后因圣上感念骨肉至亲方为罪臣立碑。传统的四言句典雅庄重,不适宜用于罪臣,初唐时期骚体并非铭文的正式文体,运用楚骚"兮"字句撰写铭文既显示出对罪臣的谪遣,又维护了皇室血脉的体面。

篇幅最长的是五代十国时期的《冯晖墓志铭》,铭文内容如下:

> 乾坤孕灵兮集祯祥,奇运会合兮降贤良。龙蛇未辩兮风惨切,海岳竞摇兮日苍凉。玉钤金匮兮韬兼略,宝马铁衣兮剑与枪。皂盖重移兮条纲振,碧油累换兮惠爱彰。远朝凤阙兮倾进奉,荐临鹤塞兮积仓场。雄摧北虏兮安士庶,勇慑西陲兮走梯航。福隆沧海兮弥厚禄,贵跃荀池兮极封王。室家多庆兮增邑号,象贤袭世兮拥儿郎。大地时至兮皆须尽,百年数穷兮势不长。三十余载兮日在位,五十有九兮人云亡。岘山德化兮咸涕泣,田门簪履兮洞悲伤。新平倚郭兮古齒国,禄堡限山兮临泾乡。封册焚告兮生且异,赠赙吟襚兮事非常。言下莫穷兮论凤彩,笔头难尽兮纪龙光。功勋镂鼎兮流万古,史籍标名兮散八方。挽铎玲玲兮飘蜃绋,佳城郁郁兮对牛岗。埋魂委骨兮空黯澹,鹤来燕去兮竞飞翔。松风冷落兮啸寒月,夜台萧索兮闭夯堂。生前殁后兮福渺渺,古往今来兮事茫茫。累功积德兮述不尽,门庭袭庆兮势无疆。
> (第499页)

全篇铭文句式均为四兮三式,共40句320字,气势恢宏。撰者刘应在志文中说:"应沓承旨顾,敢怠搜罗,旌烈绩于繁文,载鸿猷于翠琰。"作者是奉旨为周朔方军节度使冯公撰写墓志铭,字里行间尽显其累累战功与赫赫威名。铭文分为两部分,从"乾坤孕灵兮集祯祥"一句至"五十有九兮人云亡"是对志文内容的缩写,以诗化的语言讲述了墓主从出身不凡到戎马半生再到长辞于世的"生前事"。"岘山德化兮咸涕泣"一句至"庭袭庆兮势无疆"一句是第二部分,记述了墓主人彪炳史册的"身后名",并描写了埋骨地的萧索以及后人的沉痛,对志文的内容进行补充。与初唐不同,五代十国时期用骚体铭文撰写功臣墓志,可见后期着重于强烈抒情性的骚体句来表达哀悼与赞美,这使得骚体铭文的正式性进一步确立,逐渐缩小其与四言铭文的差距。

《九章·橘颂》模式的四言句(□□□□,□□□兮)在唐代墓志铭中发生了异变,在每个小节之前又增加了一个四言句,形成了新的模式(□□□□,□□□□,□□□兮)。《卢照己墓志铭》《徐峤墓志铭》《崔泰之墓志铭》《崔尚墓志铭》都是运用了这一句式,兹举《崔尚墓志铭》为例:

> 我祖伯夷,为尧四岳,嗣厥先兮。应期而生,含章命代,象其贤兮。衰也王门,屯如铉路,奄梦年兮。高名不朽,贻尔后昆,闭黄泉兮。(第173页)

除了全篇运用同一句式外,有些铭文中灵活运用各种骚体句,句式交错变化,感情更加深邃。如《韦志洁墓志铭》:

> 南山峨峨兮,其气熊熊;生我贤达兮,厥德崇崇。天经地义兮,哀毁过礼;遁世高蹈兮,昭明有融。式从王事兮,施于有政;倬彼曾构兮,孝不可以无忠。东流之水兮去不归,人生一代兮逝者如斯。黄绶效官兮名未达,素盖迁神兮何所之?佳城郁郁三千年见白日,于嗟韦公兮居此室。双魂一去,大夜宁春。白杨早落,风萧萧兮愁煞人。(第100页)

这篇墓志铭以《九章·怀沙》的四言句(□□□□兮,□□□□)为主,赞美韦志洁的品德,而后,随着情绪的跌宕换用四兮三、四兮四句式,作者在哀叹中融入"逝者如斯夫,不舍昼夜"的生命体会,用反问手法表达了对墓主名未达身先散的叹惋,将悲痛的情绪推至高潮。"佳城郁郁三千年见白日,于嗟韦公兮居此室。"一句典出《西京杂记》卷四:"佳城郁郁,三千年见白日。吁嗟滕公居此室。"①作者直接将汉太仆"滕公"换为"韦公",再次提高了墓主的地位。最后以四言句作结,化用《古诗十九首·去者日以疏》中"白杨多悲风,萧萧愁杀人"之语,感情古朴凄凉,强烈的悲痛被克制住,唯余绵长的哀悼长存于天地间,久久不能逝去。骚体句式的灵活多变及其强大的抒情效果在这篇铭文中体现得淋漓尽致。

胡可先老师与孟国栋博士合撰的《论墓志文体志文和铭文的特点、功用及相互关系》一文对骚体铭文进行论述:"这些骚体句法的形式也是多种多样的,有三兮三式、四兮四式、四兮三式、三兮四式等。但凡楚辞体中存在的句式,都在唐代墓志铭中得到了运用。"除了上面提到的例子外,贺知章撰写的《戴令言墓志铭》即全篇运用三兮四式,如"橘洲浮兮昭潭无底,沙如雪兮泉味犹醴"(第110页)。《韦瓃墓志铭》全篇共24句均为四兮四式,如开头"豢龙垂祉兮世绪延昌,源流自远兮作伯于商"(第358页)。另外,还有六兮四式、七兮四式等句式,如在女性墓志《马琬墓志铭》开头四句:"谓天之戕贤淑兮胡生于时,谓神之厚柔德兮胡好而欺。抑浮生之自有穷兮苦短其期,将世氛不可久留兮归真希夷。"(第369页)等,唐代墓志铭当中的骚体句式可谓是无所不备。

(二)"齐言＋骚体"模式

第二种形式是骚体作为四、六言句的辅助出现,往往仅用于铭文的开头、结尾或两段叙述之间,在结尾的情况最为常见,这种骚体句入诗的情况得益于骚体兼容多变的体式特征。王德华老师在《骚体"兮"字表征作用及限度——兼论唐前骚体兼融多变的句式特征》一文中提道:"所谓'兼融多变',不是指一篇作品已不单一使用《九歌》型或者《离骚》型句式,也不是指两者的兼用,而是指三言、四言、五言、六言、七言等诗体语言与骚体句式的兼用。"②这种现象在南朝的骚体创作中就已经非常普遍了,促进骚体文学由"外整内散"向"外杂内整"转变。在风格上整齐有序的四言或六言正体,存在着陈述铺排的单调板滞、抒情方面的过度克制以及颂美的程序化等弊病,骚体句赋予四言、六言韵文更多的节奏变化,打破原本整齐有序的风格,骚体强烈的抒情性增加了悼念的哀伤和颂美的真挚。这一"外杂内整"的风格能够更好地服务于铭文哀悼颂美的内在要求。

"齐言＋骚体"这一形式的分工较为明确,四言韵文侧重于描写和记叙,补充说明志主的身世、性格,或是与执笔者的关系,或是表明归葬地点。胡可先老师在《出土文献与中古文学研究》一文中提出:"因为墓志文是一种特殊的文体,要对墓主一生的行迹加以记述,就必须吸取史传文体之优长,又要对其一生功绩加以评价,这就综合了铭辞既铭功颂德又古朴典雅的特点。"四言韵文继承了上古时期铭文的体式和功能,简明且富有韵律的概括出墓主生平,古朴庄重的风格使其颂美却不虚美。郭建勋认为:"汉代以来的哀吊类韵文有不少采用楚骚句式,其哀伤悲叹的风格也与楚骚的抒情特色存在某种联系。"③骚体韵文继续发挥其强烈的抒情性,充分表达后人的哀思之情。如《王洛客墓志铭》:

> 王子上宾,太原祁人。王者之后,公侯必亲。凉州不赦,汉有忠臣。伐吴争长,功多水滨。代有贤子,衣冠旧里。作牧徐方,半年闻喜。鸣弦宰邑,说经环市。理亦有声,人济其美。挺生英灵,抬紫纡青。黄绶司职,绣衣惟□。秦楼书记,汉阁玄经。独有杨子,鸿飞冥冥。人之云亡,邦国殄瘁。制葬哀挽,城旁冢地。鸾匣不孤,龙镡双闭。昔□文籍,今生垄隧。帝城车

---

① 周天游:《西京杂记校注》卷四,中华书局2020年版,第164页。

② 王德华:《骚体"兮"字表征作用及限度——兼论唐前骚体兼融多变的句式特征》,《浙江大学学报(人文社会科学版)》2008第5期,第90页。

③ 郭建勋:《楚骚与哀吊类韵文》,《云梦学刊》2002年第2期,第7页。

马南洛阳,箫鼓风尘登北邙。中有汉家郡书郎,忽下蓬莱松柏行。胤子哀哀天昊苍,悲风萧萧愁白杨。痛夫君兮声芳,年河山兮夜长。(第107页)

铭文以四言韵文为主,是对之前志文的统括和补充,再次交代了墓主的出身、事迹、品德等内容。七言诗句是对墓地环境的描写,最后以骚体句收束,长呼内心的哀思,将沉痛的感情推至极点。

《郑居中与夫人崔氏合祔墓志》中骚体句出现在铭文开头,古人注重礼法,讲求"事死如事生",铭文以"法箴诚兮克明,合礼经兮有程"(第327页)。总起,交代了夫妻合祔的合理合法性,为下文六言句的颂美做铺垫。《李潘墓志铭》由其亲兄李恭仁撰写,以"负修途兮未大伸,卷壮节兮归穷尘"(第329页)。领起,概述了李潘壮志未酬身先死的悲惨命运,后文的七言诗句和四言句进一步抒发兄弟的哀痛与惋惜。《蔡勋墓志铭》的骚体句运用在铭文中间,"□□□□兮泉波夜逝,萧萧白杨兮阴风昼寒"(第445页)。在生前身后事之间起到承上启下的作用。

杨知温所撰《李朋墓志铭》末尾的骚体诗由"重曰"引出,其在结构上模仿了屈原的《远游》。该篇铭文共418字,分为两个部分。前面七十四句是四言体铭文,结尾以"亶德懿行兮不泯,陵谷寒暑兮自迁。梁木坏兮归大夜,噫无穷兮千万年"(第417页),收束全文。

有的墓志铭文不仅在句式上加入骚体句,在结构上还采用了分章形式,如《卢大琰墓志铭》:

常山有祥,易水源长。纂庆迈德,蔓叶有光。门风可揖,家声载扬。百代珠玉,一毛凤凰。(其一)鹏抟海上,松生涧中。九万之势,百寻之雄。羽翮方举,霜霰才封。如何不憖,良时道穷。(其二)培坟剪棘,先封旧域。萧瑟松声,苍茫草色。双轮逶迟兮路入斜。孤弟悲号兮血沾臆。旋虚仪兮奄黄泉,铭盛德兮斫青石。(其三)(第317—318页)

胡可先老师认为:"墓志铭文的分章到了唐代则成为普遍现象。"①该篇铭文一共分为三章,前两章皆由四言韵文组成,其主要职能在于"颂美",第一章赞美墓主人出身望族,簪缨门第。第二章以鹏鸟举翅却铩羽而归来比喻卢公的人生经历,表达了对卢大琰才德兼备却被诬惑的哀痛与惋惜。最后一章为"四言+骚体"的形式,点明埋葬地点,描写坟地悲凉渲染悲怆气氛,以骚体句收束全文,抒发了哀悼之情与赞美之意。齐言和骚体二者融合,通过文体变化,使铭文语言更具层次,感情表达抑扬顿挫。

除四言和六言之外,唐代墓志铭中还存在"三言+骚体"的特殊形式,如盛唐《蔡希周墓志铭》:"才不器,寿不将,惜君止位诸曹郎。安所归,山首阳。岁将落,时雪霜。气沾凝,木苍唐。寒釭翳兮昼不扬,玄扉一掩天地长。"(第181页)唐代诗歌体式繁荣多元,各种诗句都能与骚体句式兼容,除了增强情感外,骚体句还能在韵律上起到的调整节奏与规整诗行的作用,创造了散体句式进入诗体铭文的新形式,促使铭文更加个性化和抒情化。

四、骚体铭文内容分析

(一)骚体铭文的人物主体

贺知章撰写的《戴令言墓志铭》是骚体墓志铭中的典范,其铭文内容如下:

橘洲浮兮昭潭无底,沙如雪兮泉味犹醴。楚人秀兮地灵所启,旌弓招兮载笔云陛。饷馈

---

① 胡可先:《中古墓志铭的文体形态与书写规则》,《浙江大学学报(人文社会科学版)》2019年第3期,第70页。

给兮含香建礼，彼君子兮如王之玭，人之亡兮潸焉出涕。彼达人兮何必故乡，树枌槚兮封兹北邙。篆幽石兮志夫阴堂，岁道尽兮烟野微茫。（第110页）

贺知章在志文中提到戴令言族出"谯郡"位于今安徽省，又言其乡邑"初自九江东介，因从吴兴武原，追府君大父为湘乡令而寓居长沙"，从浙东侨居长沙，《史记·货殖列传》："越楚则有三俗……江南、豫章、长沙，是南楚也。"①这一带均是楚国曾经的疆域，故铭文赞曰："橘洲浮兮昭潭无底，沙如雪兮泉味犹醴。楚人秀兮地灵所启，旌弓招兮载笔云陛。"橘洲和昭潭是长沙的两处名迹，相传周昭王南征不复，没于此潭，故得名。唐朝杜易简《湘川新曲二首》有云："昭潭深无底，橘洲浅而浮。"②宋人黄伯思《东观余论》卷下《校定楚辞序》："屈、宋诸骚皆书楚语，作楚声，纪楚地，名楚物，故可谓之楚辞。"③楚歌、楚辞不仅以"兮"字入句，还应具备楚地的地域特色。贺知章开篇吟咏楚地山川风物，以楚地之灵秀起兴引出楚地才俊，在风格方面也效法楚辞。

上古时期以旌旗和弓征聘贤士，《孟子·万章下》："（招）大夫以旌。"④《左传·庄公二十二年》引逸《诗》："翘翘车乘，招我以弓。"⑤"载笔"指携带文具以记录王事，语本《礼记·曲礼上》："史载笔，士载言。"孔颖达疏："史，谓国史，书录王事者。"⑥戴令言曾任起居郎等官职，唐贞观初于门下省置起居郎，掌记录皇帝日常行动与国家大事。"建礼"指尚书郎执勤之处，《文选》沈约《和谢宣城》诗："晨趋朝建礼，晚沐卧郊园。"李善注引《汉书典职》："尚书郎昼夜更直于建礼门内。"⑦这句话中仅仅八个字却借用了四个典故，不赞一言却处处称颂。骚体是楚国诗人屈原在本国民歌基础上创造的抒情韵文，以楚国之文说楚人一生，这是创作者的人文关怀，也是一代文豪雄健笔力的彰显。

骚体铭文不只用作畅叙哀情、抒发幽怨，还可以记叙写实。如《周涯墓志铭》短短几句话就概述了墓主人博学、薄宦、奇才、明道的一生：

富学而文兮，不登于名。薄宦而禄兮，不给于生。奇才怪语兮，施诸名卿。所得则昧兮，其道甚明。既殁而寿兮，何所不平。刻石穷泉兮，表列休声。（第352页）

徐浩撰写的《李岘墓志铭》在铭文中对墓主一生的事迹进行了精练的概括：

蔚闲气兮生哲人，卓昭代兮羌良臣。麟之趾兮何振振，才济时兮运遭屯。家多难兮方经纶，使宣风兮牧行春。七持宪兮一徼巡，六曳履兮二秉钧。亮帝采兮叙彝伦，唐旧邦兮命惟新。孰贤贤兮我亲亲，五列戟兮十朱轮。累勋业兮据要津，叹窄路兮悲短辰。彼穹苍兮胡不仁，如可赎兮百其身。哀同气兮坟相邻，邈千古兮流芳尘。（第215页）

开篇四句即赞美了墓主的才华和功绩，也概括了其多舛的命途。铭文中"家多难兮方经纶，使宣风兮牧行春。七持宪兮一徼巡，六曳履兮二秉钧。亮帝采兮叙彝伦，唐旧邦兮命惟新。"对志文中"公凡宰三县，典九州岛，两为江陵，再尹京兆，五登亚相，六拜尚书，七拥使车，再秉钧轴。牧宰为政也，作人父母；台省持纲也，为国准绳；皇华将命也，澄汰风俗；宰辅致理也，裁成景化"的内容做出了高度提炼和概括，李岘是"今上之三从叔也"，可谓"亲亲"，又是国之重臣，可谓"贤贤"，具

---

①　（汉）司马迁：《史记》卷一二九，中华书局1959年版，第3267页。

②　《全唐诗》卷四五，中华书局1960年版，第550页。

③　（宋）黄伯思：《东观余论》卷下，《景印文渊阁四库全书》第850册，第381页。

④　（宋）孙奭：《孟子注疏》卷一〇下，《十三经注疏》，中华书局1980年版，第2745页。

⑤　（唐）孔颖达：《春秋左传正义》卷九，《十三经注疏》，中华书局1980年版，第1774页。

⑥　（唐）孔颖达：《礼记正义》卷三，《十三经注疏》，中华书局1980年版，第1254页。

⑦　（唐）李善注：《文选》卷三〇，中华书局1977年版，第433页。

有"亲贤大名"。最后六句则表达了作者对志主去世的哀悼之情。

(二)骚体铭文的情感基调

骚体强烈的抒情性使得铭文中的哀痛之情更加浓重,女性诗人马琬的墓志铭文能较好体现这一点。由于女性墓主大多不具备政治身份,没有重大的功过来书写,而古代又尤重妇德,因此在撰写墓志铭时常以她们的道德品质为主要描写内容。如卢大琰为妻子撰写的《唐故陇西李夫人墓志铭并序》铭文:

> 相庭华绪,德门令族。家声炳焕,淑问郁穆。二姓是宜,百两有归。光华阀阅,仪范闺闱。妇德妇容,和鸣肃雍。奉以祭祀,谐于听从。荣媚有托,孝敬无怠。义著宗姻,德彰中外。嗟嗟令德,超绝伦辈。贞规雅志,清风朗月。如何不吊,芳华遽歇。百身是赎,叫天无彻。松扃一闭,生死长诀。夫人夫人,陵谷兮有变,令名兮不灭。(第 319 页)

卢大琰主要赞美了夫人美好的品德,结尾虽也是骚体句收束,但是标准的四言韵文使他的哀伤隐忍克制。而马琬的丈夫姚潜则是将自己隐藏在楚骚无数的"兮"字背后纵声大哭,无法抑制内心的哀痛,毫不掩饰地书写着对于亡妻的眷恋与思念。姚潜为亡妻马琬撰写的《唐姚氏故夫人扶风马氏墓志铭并序》全篇运用骚体,全力叙说着内心的哀痛:

> 谓天之戕贤淑兮胡生于时,谓神之厚柔德兮胡好而欺。抑浮生之自有穷兮苦短其期,将世氛不可久留兮归真希夷。广庭寂寞兮昼永花萎,茕茕稚弱兮随我涕洟。念和鸣兮十稔如驰,忽去我兮奚以家为。万安之原兮位列其卑,往侍先茔兮式展妇仪。同□□□□□前知,投笔血袂兮其奈余悲。"(第 369 页)

这位丈夫开篇即向上天与神明发出两个疑问:上天要伤害贤淑之人又为何让他们出世?神明宽厚仁德又为何欺压好人?丈夫哀怨命运的不公,夺走枕边才德兼备的良人。明知浮生总有穷尽,但没有想到如此短暂,他宁愿相信是信奉道教的妻子不愿被世俗侵染而归一太虚。庭院寂寞,稚子哀啼,以《楚辞·远游》中的"夜耿耿而不寐兮,魂茕茕而至曙"[1]表达其内心的孤寂。琴瑟和鸣十载光阴飞逝,没有了你何以为家?悲痛的情绪升至极点,最后只能泣血投笔,但是却也"料得年年肠断处,明月夜,短松冈"。说尽了懿德,丈夫选择将未亡的悼念一并刻入贞石,永垂不朽。骚体强烈的抒情性让这一悲痛鲜活了千年。

骚"长于言幽怨之情",除表达悲痛外,撰写者们还用骚体铭文抒写穷愁哀怨之情,为墓主人鸣不平。如李鄂为其兄李郜撰写的墓志铭:

> 名不必高兮,行不必羶。苟熏灼甚兮,掇其生之蹇连。丰恶刻善兮何为则?然丰恶刻善兮何?(第 338 页)

"行不必羶"语本《庄子·徐无鬼》:"羊肉不慕蚁,蚁慕羊肉,羊肉羶也。舜有羶行,百姓悦之。"[2]一个人的德行好坏不在于名声的高低和仰慕者的多少,其兄李郜名声不显但山高景行,可谓是"百行必具,百善无缺"。可这样一个人却被埋没,由于卷入牛李党争、科举风波、得罪宦官等,李郜被恶势力打压,仕途失意。正如李鄂在志文中所言:"吾观天赋生物,多穷薄之。自古理日常少,则善人良士振滞之数可知也。俾善人良士皆不得时,是天意果穷薄于生物不疑也。不如是,何夺

---

① (宋)洪兴祖:《楚辞补注》卷五,中华书局 1983 年版,第 163 页。

② (清)郭庆藩:《庄子集释》卷八中,中华书局 2004 年版,第 864 页。

吾兄之速乎？"（第 337 页）铭文用《周易·蹇》典："往蹇来连。"①比喻李邰人生的艰难困厄，为兄弟鸣不公，抱不平，如此不顺难道是上天善恶不分吗？李鄂在铭文中再次为其兄发出不平的哀鸣。韦邈撰写的《张浑墓志铭》中也有这样的不平："瓦釜长鸣兮，而黄钟韵咽；天不与善兮，而神反其罚。"（第 340 页）这一句不仅运用了骚体，还借用了屈原《楚辞·卜居》的诗句："世溷浊而不清，蝉翼为重，千钧为轻；黄钟毁弃，瓦釜雷鸣；谗人高张，贤士无名。"②喻指奸人当道，埋没才士。这些文人与屈原有着相似的命运，他们的亲友在撰写墓志铭时借骚体为墓主人发出愤懑的哀鸣。"饮中八仙"之一的李适之墓志铭有云："大盗谋国兮，璆石摧隅。神理不昧兮，巨猾其诛。幽阴雪愤兮，人代昭苏。"（第 180 页）李适之被李林甫所害含冤自尽于宜春，与屈原有相似的境遇，房琯受牵连被贬为宜春郡太守，仍在墓志铭中为其友仗义执言。

结　　语

　　自初唐起，骚体的手法便逐渐渗透到铭文中来，虽然始终未成为铭文创作的主流，但是仍然在板滞的铭文领域掀起了不小的浪潮。骚体句的加入使得原本整齐有序的铭文出现了参差变化，节奏抑扬顿挫，感情跌宕起伏。在唐代诗人墓志的铭文中，骚体主要以两种形式呈现：第一种是通篇铭文全部运用骚体创作，这些铭文中的骚体句式可谓无所不备，凡是楚辞体中存在的句式，都在唐代墓志铭中得到了运用；第二种是"齐言＋骚体"的模式，这一模式得益于骚体句的"兼容多变"，使得三言、四言、五言、六言、七言等诗体语言都能够与骚体句式兼用。文人们选择用骚体创作铭文，其一是为了抒发哀悼之情的真挚性；其二是为了追求文章的新异性，而有的墓主人与屈原有着相似的人生境遇，撰写者们也借用楚骚幽怨的情感基调，为墓主鸣不平，叙说无尽的愤懑与悲哀。另外，部分撰写者们会在铭文中用精练的语言概括出志文中的事迹，骚体铭文也能承担这样的叙事功能。综上所述，骚体句虽然在体式上对铭文做出改变，却并未改变铭文的功能，是更好的辅助铭文发挥哀悼与颂美的双重职能。作为骚体文学这一广袤原野中的小小苔花，骚体铭文也将继续发挥其价值。

（作者单位：浙江大学文学院）

---

① （唐）孔颖达：《周易正义》卷四，《十三经注疏》，中华书局 1980 年版，第 51 页。
② （宋）洪兴祖：《楚辞补注》卷六，第 178 页。

《永王东巡歌》与安史之乱时期李白的政治想象

马子懿

摘　要:《永王东巡歌》是大诗人李白至德元载(756)在永王李璘幕府创作的著名组诗,记述了永王东巡的史事,抒发了宏伟远大的抱负,表现出豪放飘逸的风格。历代对这组诗的研究,大多集中于永王叛逆与否的论辩上,实际上这一组诗的意义远不止此。这组诗展现了李白怀着"谢公不徒然,起来为苍生"的平叛报国热忱与豪迈激情。借由诗歌,凸显了李白为国为民之志的政治想象。而其政治想象在其中表现为永王出师合法性的正统想象、对军队壮阔而骁勇善战的强军想象和"为君谈笑静胡沙"的伐胡想象。李白的这些想象,也是安史之乱时期文人救国救民士大夫意识的集体政治想象的典型表现。

关键词:李白;永王东巡歌;安史之乱;政治想象

从永王璘事件是李白最为复杂的人生经历之一段,因此引发后人不断考证与探讨,其观点也众说纷纭。或称其自愿从之,或称其胁迫事之,或叹其命运多舛。在笔者看来,《永王东巡歌》实际上是诗人李白的政治想象。在安史之乱背景下,李白怀着"谢公不徒然,起来为苍生"[①]的平叛报国热忱与豪迈激情,想象着自己在"帝子许专征"[②]的正统前提下跟随着永王东巡的部队驻军丹阳、南下广陵,再一举北上伐胡,以解玄肃之忧,亦成其为国为民之志。这样的情感表露恰似李白在开元二十四年(736)"天生我材必有用"[③]之高喊,亦是"何王公大人之门,不可以弹长剑乎"[④]的意气之问;更像天宝三载(744)李白尽管被玄宗赐金放还,仍然不卑不亢,心怀天下,在梁园的高唱:"东山高卧时起来,欲济苍生未应晚"[⑤]激昂之思,澎湃之感,见于言外。更深层次而言,《永王东巡歌》实际上代表了安史之乱时期文人知识分子在国家危难时的集体政治想象。

一、永王璘事件再考证与《永王东巡歌》之历史评价

永王璘事件的真相随着新材料的出土与考证的不断深入而逐渐大白。诸学者在《旧唐书》《新唐书》《资治通鉴》等史籍文本基础上利用新发现的唐制为扑朔迷离的永王璘事件前前后后提供足

---

① (唐)李白:《赠韦秘书子春二首》其一,《李太白全集》卷九,中华书局 1977 年版,第 478 页。
② (唐)李白:《经乱离后天恩流夜郎忆旧游书怀赠江夏韦太守良宰》,《李太白全集》卷一一,第 567 页。
③ (唐)李白:《将进酒》,《李太白全集》卷一,第 179 页。
④ (唐)李白:《上安州裴长史书》,《李太白全集》卷二六,第 1250 页。
⑤ (唐)李白:《梁园吟》,《李太白全集》卷七,第 392 页。

以解释其行为的原因。比如邓小军《永王璘案真相——并释李白〈永王东巡歌十一首〉》认为：永王璘"叛逆"案是唐肃宗为和玄宗进行政治夺权斗争而蓄意制造的冤案，永王璘东巡之举是符合玄宗之命的。[1] 这个观点类似于郭沫若在《李白与杜甫》中所提出的"永王璘事件是肃宗于玄宗父子之间的矛盾斗争结果"[2]一说，与《旧唐书》《资治通鉴》等正史以及寇养后、乔想钟等学者之"永王璘趁机夺取王位"[3]说相异。

（一）"诸子无贤于王"——永王璘事件再考证

永王璘事件大致的发展经过见图1：

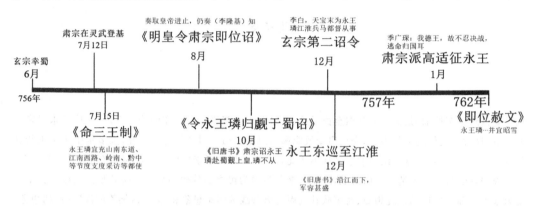

图1 永王璘事件基本经过图

其背景在《旧唐书·玄宗纪》中已有记述。唐玄宗天宝十五载（756）六月，在镇守潼关的哥舒翰降于安禄山之后，玄宗仓皇幸蜀，途中发生马嵬之变。天宝十五载七月十五，西行至普安郡，发布了对永王璘最为重要的一条诏令《命三王制》。他诏令皇子代领以往边疆节度使典兵之责，目的是孤立在幽州作乱的安禄山，同时避免边疆重兵节度使叛乱。

> 太子亨宜充天下兵马元帅，仍都统朔方、河东、河北、平卢等节度采访等都使，与诸路及诸副大使等，计会南收长安、洛阳……永王璘宜充山南东道、江南西路、岭南、黔中等节度支度采访等都使。江陵大都督如故……盛王琦宜充广陵郡大都督，以府长史□汇为之副……丰王珙宜充武威郡都督，仍领河西陇右安西北庭等路节度支度采访等都使，以陇西太守邓景山为之副，兼武威郡都督长史御史中丞充副大使。[4]

事实情况是，盛王琦、丰王珙皆未依照诏令出阁赴任，因此实际上执行诏令者只有太子李亨与永王李璘。这个诏令值得注意的内容有二：一是玄宗命令永王璘南下东巡，然而只在长江中游以及江陵一带，金陵乃至广陵之地节度之职仍属原官；二是尽管玄宗在诏令中封李亨以朔方、河东、河北、平卢四道节度使，但李亨与玄宗分兵，携广平王李俶、心腹李辅国等人北上灵武乃至登基之事早在诏令颁布三天前就已经完成。《命三王制》不过是玄宗对这个既成事实的合法性进行无奈的声明。依据《资治通鉴》，天宝十五载七月初，太子李亨与玄宗同幸蜀时，被父老乡亲所挽留："父老因曰：'至尊既不肯留，某等愿帅子弟从殿下东破贼，取长安。若殿下与至尊皆入蜀，使中原百姓

① 邓小军：《永王璘案真相——并释李白〈永王东巡歌十一首〉》，《文学遗产》2010年第5期，第44—56页。
② 郭沫若：《李白与杜甫》，人民文学出版社1982年版，第35—44页。
③ 寇养厚：《永王东巡与〈永王东巡歌〉》，《山西大学学报（哲学社会科学版）》，1984年第3期，第58—65页。
④ （宋）宋敏求：《唐大诏令集》卷三六，中华书局2008年版，第155页。

谁为之主？'"①于是，太子便"使（李）俶驰白上"②，讲到了李亨及其部将分兵北上之事。玄宗的回答很有意思："上曰：'天也。'乃分后军两千人及飞龙厩马从太子。"③相当于是被迫答应其北上之命。玄宗与李亨之间其实早有裂隙，开元十二年（724）符厌事件、开元二十五年（737）的"一日杀三子"事件与后期李林甫、武惠妃党对其的迫害都使李亨对其父亲带有深深的忌惮。因此，天宝十五载（756）的北上事件，以及灵武登基事件都是对玄宗的政治反抗。

　　评判永王璘事件另一个极为重要的诏令，是玄宗在至德元载（756）八月十六日，在听闻肃宗即位的消息后草草发出的《明皇令肃宗即位诏》。任士英认为这个诏令实际上标志着天宝十五载到至德二载（757）间以代表南方的太上皇李隆基与代表朔方的新皇帝李亨共同执政的二元格局的形成。④ 这样的二元格局，既是李隆基与肃宗"先奏取皇帝进止，仍奏（李隆基）知"⑤互相共享情报的二元理政的格局，同时亦是两人互相制衡与分权的斗争。《资治通鉴》曾记录了贺兰进明对肃宗之言：

> 且琯在南朝佐上皇，使陛下与诸王分领诸道节制仍置，陛下于沙塞空虚之地，又布私党于诸道，使统大权。其意以为上皇一子得天下，则己不失富贵，此岂忠臣所为乎！⑥

　　这是对这种政治制衡局面的最好论述。玄宗分派永王璘南下东巡，意乃于肃宗所代表的朔方军事力量相位抗衡。《旧唐书·永王璘传》载永王"沿江而下，军容甚盛"⑦，及至江陵，望见"江淮租赋矩亿万在所山委"⑧，于是立即招募将士、补署官吏，乃是从玄宗之命以巩固东南军事以抗肃宗。永王说："寡人上皇子皇帝弟，地尊礼绝令。"⑨以正统自居。萧士赟在《李太白集分类补注》言其"璘生宫中，于不通，晓见富且强，遂有窥江左意"⑩。从而认为永王为反，实际是受肃宗诏令之影响，忽略了玄宗为永王所赋予的合法性。东巡的永王显然对肃宗王朝形成了威胁，因此至德元载十月，肃宗便下《令永王璘归觐于蜀诏》，而永王璘不从，于是肃宗便以璘为叛，招高适与永王璘之都副大使李岘于麾下，并在十二月"置淮南节度使，领广陵等十二郡，以适为之；置淮南西道节度使，领汝南等五郡，以来瑱为之；使与江东节度使韦陟共图璘。"⑪

　　永王璘另外一个常为历代史学家所指认为"逆反"的一点则是其十二月由长江中游兴师至下游扬州一带。《旧唐书·永王璘传》载："十二月，擅领舟师东下，甲仗五千人趋广陵。"⑫依上文所引用的《命三王制》，永王璘并没有被授予广陵的任何职位，领兵私下扬州及广陵，自然是谋反无疑。然而实际情况是，玄宗很有可能对永王璘下过两次诏令，而第二次的诏令便是要求永王璘南下扬州广陵一带。《旧唐书·李白传》记载："禄山之乱，玄宗幸蜀，在途以永王璘为江淮兵马都督、扬州

---

　　① （宋）司马光：《资治通鉴》卷二一八，中华书局 1956 年版，第 6975 页。
　　② （宋）司马光：《资治通鉴》卷二一八，第 6976 页。
　　③ （宋）司马光：《资治通鉴》卷二一八，第 6976 页。
　　④ 任士英：《唐肃宗时期中央政治的二元格局》，《中国史研究》1996 年第 4 期，第 55—64 页。
　　⑤ （宋）宋敏求：《唐大诏令集》卷三十，第 117 页。
　　⑥ （宋）司马光：《资治通鉴》卷二一九，第 7002 页。
　　⑦ （后晋）刘昫：《旧唐书》卷一〇七，中华书局 2011 年版，第 3257—3274 页。
　　⑧ （后晋）刘昫：《旧唐书》卷一〇七，第 3257—3274 页。
　　⑨ （宋）欧阳修、宋祁：《新唐书》卷八二，中华书局 2011 年版，第 3811 页。
　　⑩ （唐）李白撰，（宋）杨齐贤集注，（元）萧士赟删补：《李太白集分类补注》，《钦定四库全书荟要》卷三五九，吉林出版集团有限责任公司 2005 年版，第 395 页。
　　⑪ （宋）司马光：《资治通鉴》卷二一九，第 7001—7031 页。
　　⑫ （后晋）刘昫：《旧唐书》卷一〇七，第 3257—3274 页。

节度大使,白在宣州谒见,遂辟从事。"①谈及永王为江淮兵马总督,江淮之地既包括了扬州、广陵,甚至还包括了金陵。这里提供了两条信息:第一,李白应当是天宝十五载(756)十二月加入永王军队的,这自然是十分重要的一点。《李太白全集分类补注》载萧士赟依"永王正月东出师"与诗文中常常出现的春景为证,认为李白从璘是在至德二载(757)正月。这个判断可信度不高。第二,永王此时身兼江淮兵马都督从事,趋扬州一带自然是分内之事。

当肃宗派高适等伐璘时,永王璘的部下季广琛对手下部将有言:"与公等从王,岂欲反邪?上皇播迁,道路不通,而诸子无贤于王者。如总江淮锐兵,长驱雍、洛,大功可成。今乃不然,使吾等名挂叛逆,如后世何?"②季广琛非但不言永王失孝逆反,反而说"诸子无贤于王"。即在他看来,永王是一直忠诚于玄宗的。他也提到了这时永王能够"总江淮锐兵",证明他实际上得到了在江淮地区的用兵的权力。季广琛说到"逆反"时,并没有说是"永王璘逆",而是"使吾等名挂叛逆",这暗示着谋反的罪名是他人所指认的,并不代表着事实就是如此。这个指认者应该就是肃宗。肃宗至德元载(756)十二月在淮南地区亦任命了自己的亲信,且其目标就是对抗玄宗册封的淮南节度使永王。

肃宗为何能够颁布与玄宗相悖的命令?他或许利用了《明皇令肃宗即位诏》中肃宗诏令呈太上皇李隆基的时间差与信息不对等情况,推进自身对永王的征伐,毕竟即位诏上确实有载:"皇帝未至长安已来,其有与此便近,去皇帝路远,奏报难通之处,朕且以诰旨随事处置,仍令所司奏报皇帝。"③两皇共同执政的二元格局存在着自由发布诏令的空间,肃宗便利用这个空间假以永王璘为叛,实则铲除威胁。或许季广琛亦想到了此层,尽管上命难违,但不忍和永王交情,因此并未如历史上以往叛乱军队中的将领哗变反戈一般,而是离开军队南奔广陵:"我德王,故不忍决战,逃命归国耳。"④此外,亦有学者引用池天温编《唐代诏敕目录》中作于至德元载八月二十一日的《停颖王等节度诰》与十二月二十五日的《降永王璘为庶人诰》为永王叛乱之依据,然而《停颖王等节度诰》被证明乃是伪作⑤,《降永王璘为庶人诰》实际颁布时间是至德二载二月,彼时永王早已兵败,至德元载十二月二十五日发生的事情在《资治通鉴》中说明得很清楚:"(十二月)甲辰,永王璘擅引兵东巡。"⑥永王刚刚启程,且得到了玄宗许可,此时玄宗又怎么可能立即发布诏书降其为庶人?

通过对史料的分析,我们有理由认为永王璘从头至尾都不存在任何叛乱的迹象,而是一直恪守玄宗的命令,所谓叛乱之言皆出于肃宗口,玄宗也只在事情无法挽回的至德二载二月之时才被迫承认。而更为有趣的是,肃宗驾崩,代宗即位的第一年宝应元年(762)便在《即位赦文》中为永王璘平反,亦足以说明永王东巡的正当性。

(二)《永王东巡歌》的历史评价

对于永王璘事件的考证工作当代较古代完善很多。自宋至清诸诗家评论对永王叛逆与否似乎并不怎么关注,反而十分注重对李白从璘之事以及《永王东巡歌》的评价。这些评价总体可分为"失节"说、"胁迫"说与"文人胸怀"说。

1. 失节说

失节说最为著名的无疑是清人洪亮吉在《江北诗话》中所言:

① (后晋)刘昫:《旧唐书》卷一九〇,第 5053—5054 页。
② (宋)欧阳修、宋祁:《新唐书》卷八二,第 3611 页。
③ (宋)宋敏求:《唐大诏令集》卷三〇,第 117 页。
④ (宋)欧阳修、宋祁:《新唐书》卷八二,第 3612 页。
⑤ 武承权:《永王、李白谋反乎》,《中国李白研究会第十七届年会暨李白国际学术研讨会论文集》2015 年,第 313—334 页。
⑥ (宋)司马光:《资治通鉴》卷二一九,第 7009 页。

　　诗人不可无品，至大节所在，更不可亏。杜工部、韩吏部、白少傅、司空工部、韩兵部，上矣。李太白之于永王璘，已难为讳。又次则王摩诘，再次则柳子厚、刘梦得，又次则元微之，最下则郑广文。若宋之问、沈佺期，尚不在此数。至王、杨、卢、骆及崔国辅、温飞卿等，不过轻薄之尤，丧检则有之，失节则未也。①

　　在他看来，李白从永王璘无疑是从逆，乃是放弃自身气节之所为。朱熹亦有如此的见解："李白见永王璘反，便从臾之，文人之没头脑乃尔。"②认为李白从璘是缺乏头脑而做出的错误判断。朱熹还认为李白在《南奔抒怀》中所言"胁迫上楼船"乃是"被捉着罪过"时的自我辩护。李白本来是"谪仙"，糊涂地进入永王军队折废了一身名节，因此更多的文人在批判其失节之后亦为其被永王所污而倍感惋惜。刘克庄言："昔有二士，太白、子昂拔起词林，虎跃龙翔。一毙圜土，一谪夜郎。千载而下，犹为感伤。若夫不为永王所污，而受岭海之窜，非有射洪之富，而为狱吏所戕酷哉。"③值得注意的是，当时还有两位文人萧颖士与孔巢父亦为永王所诏而皆不从。因此也有不少评论将三位选择不同的文人相比较。沈周《石田诗选》云："独输萧颖士，不见永王璘。"④刘克庄对李白之污也深感惋惜："按璘尝辟巢父，而巢父不应，可见太白当去就欠商量也。"⑤但他进一步从诗中所引用的谢安典故出发，言李白"自负不浅"，认为正是这种自负使得李白受污。不过他却十分敏锐地察觉到了永王是"为帝子受命东巡"，对逆反的观点提出了质疑。

　　2. 胁迫说

　　最早的胁迫说源于李白自己。《南奔书怀》诗云："主将动谗疑，王师忽离叛。"⑥《赠江夏韦太守良宰》诗云："空名适自误，迫胁上楼船。"⑦《为宋中丞自荐表》亦言："属逆胡暴乱，避地庐山，遇永王东巡胁行，中道奔走，却至彭泽。具已陈首。"⑧由此引发后代文人以"胁迫"一词为李白开脱。典型的是苏轼：

　　　　李太白狂士也，又尝失节于永王璘，此岂济世之人哉？…吾于太白亦云.太白之从永王璘，当由迫胁。不然，璘之狂肆寝陋，虽庸人知其必败也。太白识郭子仪之为人杰，知璘之无成，此理之必不然者也。吾不可以不辩。⑨

　　再如，安磐在《颐山诗话》评李白《山鹧鸪词》时便认为"末句云'紫塞严霜如剑戟，苍梧欲巢难背违。我心誓死不能去，哀鸣警叫泪沾衣'。岂永王南巡被胁时作邪？其情亦可见矣"⑩。然而依据《李白诗文系年》，这样的分析与李白的生平经历并不吻合。

　　3. 文人气节说

　　胁迫说自一提起便遭到了诸多文人之反驳，邓肃便直驳苏轼："臣以谓苏轼诚喜李白，谓白从永王璘也，当由迫胁，终以李白为豪杰之士。殊不知迫胁而从不过畏死耳。岂有豪杰之士畏死而

①　（清）洪吉亮：《北江诗话》卷四，人民文学出版社 1983 年版，第 65 页。
②　（宋）黎靖德编：《朱子语类》卷一三六，中华书局 1986 年版，第 3234 页。
③　（宋）刘克庄：《祭文·周淳仁》，《刘克庄集笺校》卷一三六，中华书局 2011 年版，第 5479 页。
④　（明）沈周：《题李太白像》，《石田诗选》卷八，《钦定四库全书荟要》卷四一四，第 126 页。
⑤　辛更儒：《刘克庄集笺校》卷一七三，第 6711 页。
⑥　（唐）李白：《南奔书怀》，《李太白全集》卷二四，第 1330 页。
⑦　（唐）李白：《经乱离后天恩流夜郎忆旧游书怀赠江夏韦太守良宰》，《李太白全集》卷一一，第 667 页。
⑧　（唐）李白：《为宋中丞自荐表》，《李太白全集》卷二六，第 1424 页。
⑨　（宋）苏轼：《李太白碑阴记》，《苏东坡全集》，中华书局 2021 年版，第 2861 页。
⑩　（明）安磐：《颐山诗话》，《景印文渊阁四库全书》第 1482 册，第 471—472 页。

亡义乎？"①李白豪士死亦不畏，怎么可能畏于胁迫？相反，他们认为李白之从璘是其内心"纵横气节"之外在映射，亦是其报国情节的自然表露。因此，他们也更倾向于认为永王璘实际并未逆反。如许学夷在《诗源辩体》中言："《东巡歌》十一首，第九首昔人辩其为伪，其他篇篇规讽，无一语许其僭窃，乃以为太白累耶？②"尽管这样的判断是以李白的视角去判断永王的从逆问题，本末倒置了，但是仍然抓住了李白这类文人立命"规讽"于政这一特点。宋人《蔡宽夫诗话》亦言：

> 然太白岂从人为乱者哉？盖其学本出纵横，以气侠自任，当中原扰攘。时欲藉之以立奇功耳。故其东巡歌有"但用东山谢安石，为君谈笑静胡沙"之句。至其卒章乃云"南风一扫胡尘静，西入长安到日边"，亦可见其志矣。大抵才高意广，如孔北海之徒，固未必有成功，而知人料事，尤其所难。议者或责以璘之猖獗，而欲仰以立事。不能如孔巢父、萧颖士察于未萌，斯可矣。若其志亦可哀矣。③

李白从璘，乃是他在中原扰攘之下救国立功之抱负，可惜未能选对名主，痛失前程，因此"其志可哀"，这个评价无疑是更接近李白原意的。何以如此？正如上文所言，李白《永王东巡歌》正是他"起来为苍生"的政治想象之写照。

二、"为君谈笑静胡沙"——《永王东巡歌》中的政治想象

松浦友久在《李白诗歌抒情艺术研究》中认为李白之所以不同于其他诗人，乃是因为他本是异域儿，没有一个固定的、真正意义上的故乡。相反，他"永远生活在长期的旅行与漂流之中"，因此永远"客寓"于或名山大川，或朱门通衢，或孤僻陋巷之间，无数次求取功名以期得到在朝人士的欣赏和提拔，却从未获得成功，这样的失败又反过来造成了他更为长久的漂流与无定④。这样对于参政的渴望与对于故乡的"疏离感"两者矛盾复合而成的独特感觉和心情，正是其作品具有强烈的放纵性、非拘束性与夸张的想象力的原因。因此，当读者在读到扶摇直上九万里的大鹏、白齿若雪山的长鲸、去天不盈尺的蜀道、似银河落九天的瀑布之时，能够毫无困难地感受到其中蕴含着诗人的激情。那么，从李白诗歌的总体风格和抒情艺术考察，便很容易可以发现《永王东巡歌》正是李白"客寓"生活的一个注脚：他加入永王军队，并非头脑糊涂，更不是受胁迫，而是豪气干云、傲气十足，就如天宝初年李白奉召如京"神气高郎，轩轩然若霞举"之态，期望着能跟随"战舰森森罗虎士"⑤的永王之军，斩杀安禄山之逆，最终"南风一扫胡尘静，西入长安到日边"⑥，恢复往日强盛的唐王朝。李白将自身永恒的报国理想投身这场在他看来伟大的东巡之中，怀着豪迈的气节，抱着雄壮的政治理想，因此写下慷慨激昂的诗歌。在这至德元载（756）的年末，李白挥笔写下十一首《永王东巡歌》以显志，从国王永王册命之正统想象、对永王军队的强军想象以及对未来"一扫胡尘静"的伐胡想象三者来展现自身的政治想象。

（一）"永王正月东出师"——正统想象

《永王东巡歌》中的政治想象首先是对永王之正统的想象。李白通过对永王自天宝十五载

① （宋）邓肃：《辞免除左正言第一劄子（第六）》，《栟榈集》卷十二，《景印文渊阁四库全书》第1133册，第318页。
② （明）许学夷：《诗源辩体》卷十八，人民文学出版社1987年版，第208页。
③ 郭绍虞：《宋诗话辑佚》卷下，中华书局1980年版，第5页。
④ ［日］松浦友久：《李白诗歌抒情艺术研究》，上海古籍出版社1996年版，第139页。
⑤ （唐）李白：《永王东巡歌十一首》其七，《李太白全集》卷八，第430页。
⑥ （唐）李白：《永王东巡歌十一首》其十一，《李太白全集》卷八，第433—434页。

(756)册命以来的事迹进行回忆性的想象,以确认永王军的正统性。组诗的第一首言曰"永王正月东出师"①,即是一个很好的例子。依照《旧唐书》与《文苑英华》记载,永王自长江中游向下游东巡是发生在至德元载(756)十二月份的事情,李白从璘亦是这个时间发生的事情。至德二载(757)正月时,肃宗早已派高适等将领南下征璘,永王仓皇南奔,并非东巡,如此败绩根本不可能被形容为"出师"。王琦在《李太白全集》中注"所谓'永王正月东出师'者恐正字有误",《李白全集校注汇释集评》则言王注非是,并解释说《永王东巡歌》中大量出现了春日景象,如第三首云"春日遥看五色光",因此正字无误②。王琦的说法确实有问题,然而《校注汇释集评》的分析也显得十分牵强。尽管《周易集解》里面确实有言"正月春",但正月与春并非完全相连,在许多地方,正月属于季冬与孟春的交汇点,正月这个意象因此拥有春日与冬日两个不同的意指。

那么李白在此言"永王正月"是何故?萧士赟认为是"夫子作《春秋》而书王之意也。"③我们看《春秋繁露》对于"正月"的解释:"何以谓之王正月?曰:王者必受命而后王"④。以强调永王璘乃是受命于天子之正统军队。无独有偶,杜甫《人日》其一也载"元日到人日,未有不阴时"⑤,蔡梦弼《草堂诗笺》便注:"甫意谓天宝乱后人物岁岁风灾丰,《春秋》书王正月之意也。"⑥元日,乃正月初一之日;人日,乃正月初七之日,杜甫言正月初七日皆阴,暗示着安史之乱王臣失序之状。因此李白"永王正月东出师"实际上是为了说明永王军之正统。而正因为是"正月"之正统军队,李白进一步遥想玄宗任命永王时之盛况——"天子遥分龙虎旗"。《释名·释兵》言:"熊虎为旗,将军所建,象其猛如龙虎也。"⑦玄宗授予永王以卫国将军之龙虎旗,期望永王能够经营南方,使得"楼船一举风波静,江汉翻为雁鹜池。"⑧他想象着永王东巡所到之处叛乱平息风波静,将整个江汉纳入永王及其所代表的唐正统的旗下。萧士赟言之:"太白忠君之心,于此可见。"诚哉斯言!

《永王东巡歌》第二首所回忆的片段则更为遥远:

> 三川北虏乱如麻,四海南奔似永嘉。但用东山谢安石,为君谈笑静胡沙。⑨

李白将目光移向安史之乱下满目疮痍的神州大地,战火兵燹灾祸、人民流离失所,此情此景唤起了诗人对西晋末年永嘉之乱的历史记忆,故而在诗歌中运用了这个典故。《李诗选注》亦言:"三川之地,禄山之寇纷然如麻之多,犬羊充斥而东京陷没矣。天子西狩,百姓南奔,有如晋怀帝永嘉之时刘聪陷京师,而天子蒙尘于外也。"⑩作于永王璘败后的《赠张相镐》里也可见此:

> 想像晋末时,崩腾胡尘起。衣冠陷锋镝,戎虏盈朝市。⑪

大唐安史之乱恰如西晋永嘉之乱,乱世亟待一位能够奉王之诏而平定天下的能人。永王李璘正是李白期待的对象。借由将历史的并置,李白为永王东巡赋予了救天下于如永嘉一般乱世之中正当而伟大的使命。从这个典故出发,他进一步自比东晋的传奇将领谢安,直言"为君谈笑静胡

---

① (唐)李白:《永王东巡歌十一首》其一,《李太白全集》卷八,第427页。

② 詹锳:《李白全集校注汇释集评》卷四,百花文艺出版社1996年版,第1599页。

③ (唐)李白撰,(宋)杨齐贤集注,(元)萧士赟删补:《李太白集分类补注》,《钦定四库全书荟要》卷三百五十九,第395页。

④ 苏舆:《春秋繁露义证》卷七,中华书局1992年版,第185页。

⑤ (宋)蔡梦弼:《杜工部草堂诗笺》卷三五《人日二首》,《丛书集成初编》卷四七五,中华书局2011年版,第516—517页。

⑥ (宋)蔡梦弼:《杜工部草堂诗笺》卷三五《人日二首》,《丛书集成初编》卷四七五,第517页。

⑦ (东汉)刘熙:《释名》卷七,中华书局2020年版,第104页。

⑧ (唐)李白:《永王东巡歌十一首》其一,《李太白全集》卷八,第427页。

⑨ (唐)李白:《永王东巡歌十一首》,《李太白全集》卷八,第427页。

⑩ (明)朱谏:《李诗选注》,中国国家图书馆藏明隆庆壬申刊本,第47页。

⑪ (唐)李白:《赠张相镐》其二,《李太白全集》卷一一,第599页。

沙"，谈笑间便破安禄山百万大军。诸多诗家所诟病李白"自负不浅"正在于此，因为如果李白是谢安，如此推算下来，永王则变成了晋孝武帝司马曜，那在任何意义上都是逆反。事实上，李白自比于谢安并非孤篇，写于从璘之前的诗作《与贾少公书》中便有"谢安高卧东山，苍生属望"①的暗示，《赠韦秘书子春》亦言："谢公不徒然，起来为苍生。"②李白自比为谢安并无暗示永王称帝意，不过是他自身高傲的自喻，以及从永嘉之典的延伸，对自己在永王军中担任要职的想象。更为重要的是，李白运用这一典故在于进一步强调永王东巡的正统。《晋书》内记载了太元八年（383）淝水之战中，汉人谢安所代表的东晋王朝与身为胡人的苻坚所代表前秦王朝发生战争，最终东晋仅以八万军力便胜前秦二十余万人，为史所称。由此，胡人一统南北之望破灭，东晋虽仍然偏安南方，但至少获得了一时的发展时机。借用这个典故，李白意在说明永王之军便是这样以正统汉人的身份去征伐胡人安禄山的军队，因此无疑是完全正当的。由此我们亦不难理解其"为君谈笑静胡沙"的豪迈气概与乐观情绪。

　　其十"初从云梦开朱邸，更取金陵作小山"③也是正统想象的一个例证。云梦，据《江夏郡志》言为江陵（江汉）之地，即永王璘受玄宗命东巡之地。《李太白全集》记载王琦引《史记》言："诸侯朝天子，于天子之所立宅舍曰邸。"同时引《汉书》的解释说："代王入代邸，诸侯王朱户，故曰朱邸"④，由此而言朱邸亦是正统的代表。和其三相似，李白亦在诗中进行了视角的转变，不过在此是从对于过往的想象转向对于未来"更取金陵作小山"豪迈前途的自信。

　　无论是王正月、永嘉之典，抑或谢安之自况、雷鼓云旗无色光之意象皆不必是实际描写，更有可能是李白对永王军队之想象。借由这种想象，李白旨在声明与强调永王东巡之正统，为其参与其间，实现抱负，达成"一扫胡尘静"的政治想象做合法性的指认。

（二）"战舰森森罗虎士"——强军想象

　　《永王东巡歌》将大量笔墨放置于对永王军队的描写。这既是李白亲眼看到的景象，也在描绘永王水军时用了大量意象，承载他对于军队壮阔而骁勇善战的想象。

　　《永王东巡歌》其六曰："千岩烽火连沧海，两岸旌旗绕碧山。"⑤依据其三曰"秋毫不犯三吴悦"已经言明当时永王军队正在丹阳。萧士赟亦考证，当时永王军队的确在润州丹阳郡附近。诗言"丹阳北固是吴关"，乃是李白所亲眼看到的永王军队盛况。丹阳乃东南之要害之区，《元和郡县图志》载其为秦时王气之地，后又有梁武帝登楼一事。李白望见沧海烽火连绵、青山战舰环绕之军队盛况，不由得自豪倍增，作以言之。不过，依据《旧唐书》的记载，永王"十二月，擅领舟师东下，甲仗五千人趋广陵。"⑥《资治通鉴》言"璘召集猛士数万人……军容甚盛"之后兵败逃难时，又言"以六千人麾下奔广陵，浑惟明奔江宁，冯季康奔白沙。"⑦二书对于永王军队的人数记载不一。如果《旧唐书》所载更贴近于实际，那么随永王东巡人数并没有这么多，至少达不到"千岩烽火连沧海，两岸旌旗绕碧山"的盛况，这又是李白的夸张想象。

　①　（唐）李白：《与贾少公书》其二，《李太白全集》卷二六，第1234页。
　②　（唐）李白：《赠韦秘书子春二首》其一，《李太白全集》卷九，第478页。
　③　（唐）李白：《永王东巡歌十一首》其十，《李太白全集》卷八，第433页。
　④　（唐）李白：《永王东巡歌十一首》，其十《李太白全集》卷八，第433页。
　⑤　（唐）李白：《永王东巡歌十一首》其六，《李太白全集》卷八，第430页。
　⑥　（后晋）刘昫：《旧唐书》卷一〇七，第3257—3274页。
　⑦　（宋）司马光：《资治通鉴》卷二一九，第7001—7031页。

　　《永王东巡歌》其七言"征帆一一引龙驹"①，其八"君看帝子浮江日,何似龙骧出峡来"②,其九"我王楼舰轻秦汉,却似文皇欲渡辽"③,这三者更为显著地展现了李白对强盛永王军队的想象。

　　其七前两句曰:"王出三山按五湖,楼船跨海次扬都"④依照句意,应是描写永王军沿着长江东巡向广陵一带进发的场景。三江五湖,各本记载有异,《李太白全集分类补注》作"三江"而《李太白全集》作"三山",为何会出现这样的差异,以及李白最初的文本是如何已经难以考证,历史诸诗家都有纷繁复杂的考证,但都莫衷一是,若跳出必须细究"三山"还是"三江"的窠臼,这种语词的变化似乎说明三江五湖可能并非一个实际的地名,而是一个泛指。《李太白全集》因此言:"江不必相同。学者或据其一说而争以相难,其何以异于扣盘扪烛之见也欤?"⑤李白之"三江五湖"很大可能上是代指永王自襄阳受命以来到如今丹阳乃至更东处的整个航程,并言其征途之长,军容之盛。出,离开也;按,下也。王出三山按五湖,李白亲眼看着并亦积极想象着永王东巡的庞大舰队航行于长江奔流之中,出于群山之间,豪壮骁勇;又一举航下大湖巨泊,盛况熠然。

　　其八言:"君看帝子浮江日,何似龙骧出峡来"则比第七首更壮阔一层。龙骧将军是引用王濬之典,《晋书》载王浚受晋武帝之命伐吴,"濬乃作大船连舫百二十步,受二千余人…又画鹢首怪兽于船首,以惧江神。舟楫之盛,自古未有。"⑥煌煌王军,乾坤为震。永王军亦如王濬之军,正统而强盛。因此他进一步描绘这盛况:"战舰森森罗虎士,征帆一一引龙驹。"虎士与龙驹可以从《尚书》《周礼》中找到最早的出处,但其含义仅仅看词语便早已明晰,无需多言。虎士,士之如虎者乃骁勇善战之徒;龙驹便是千里绝影之战马。全诗将现实之景与想象之景进行交叠,展示永王军骁勇而盛阔的强大军力,同样作于永王军中的《在水军宴赠幕府诸侍御》亦言:"云旗卷海雪,金戟罗江烟。"⑦而如此强盛的军队,其目的地是"楼船跨海次扬都",其目的是"海动山倾古月摧",东入扬州,再北上伐胡。李白亲眼所见并夸张地想象永王军队的盛况,但最终依旧回归到了玄宗之命与伐安禄山之志的正统之志中。

(三)"南风一扫胡尘静"——伐胡想象

　　李白借由《永王东巡歌》所欲表达的澎湃想象,幻想着自己跟随正统而强盛的永王军,坚守玄宗之命,先东巡至广陵,再一举北上,犹如上古尧舜时那股南风穿越千年的历史,再扶摇而上,扫清朔方幽州一带的安禄山叛军,还神州之清明,长安不再遥远。这是他政治想象的终点,亦是他政治抱负的最大期盼。在《永王东巡歌》中,我们随处可以看到他不断地运用奇警而豪迈的意象入诗,构筑想象中的征伐场景,描绘着一幅激昂而热血的正统王军驱除胡虏恢复大唐的壮丽诗篇。

　　一个基本判断是,诗中的胡人当指安禄山叛军。《旧唐书·安禄山传》载:"安禄山,营州柳城杂种胡人也,本无姓氏,名轧荦山。"⑧其祖先是中亚西部的粟特人。《永王东巡歌》从第二首诗开始,李白就坚定地以消灭胡人为其最终极目标。"但用东山谢安石"⑨,李白之自比谢安,这一想象已在上文讨论过了。这样想象的目的便是"为君谈笑静胡沙":谈笑之间运筹帷幄,扫净胡尘,清明

---

①　(唐)李白:《永王东巡歌十一首》其七,《李太白全集》卷八,第430页。
②　(唐)李白:《永王东巡歌十一首》其八,《李太白全集》卷八,第431页。
③　(唐)李白:《永王东巡歌十一首》其九,《李太白全集》卷八,第432页。
④　(唐)李白:《永王东巡歌十一首》其七,《李太白全集》卷八,第430页。
⑤　(唐)李白:《永王东巡歌十一首》其七,《李太白全集》卷八,第430页。
⑥　(唐)房玄龄:《晋书》卷四二,中华书局1974年版,第1208页。
⑦　(唐)李白:《在水军宴赠幕府诸侍御》著,《李太白全集》卷一一,第555页。
⑧　(后晋)刘昫:《旧唐书》卷二〇〇,第5367页。
⑨　(唐)李白:《永王东巡歌十一首》其一一,《李太白全集》卷八,第433页。

中原。其五"诸侯不救河南地，更喜贤王远道来"①，倒是较其他篇章气势稍微收敛。李白既已知其他诸侯在国家危难之际或明哲保身，或仓皇出逃，只有永王璘不辱使命，勉力救国，于是他想象当永王北上河南地拯救当地苍生之时，叛逆可平，旧京可复，其救国之盼、伐胡之思寓于其中。

诗行至后四篇，气势更为磅礴。其八曰"长风挂席势难回，海动山倾古月摧"②，短字连用，气促而豪壮。长风挂席之典是回应他在天宝三载(744)赐金放还离开长安之时"长风破浪会有时，直挂云帆济沧海"③之自信。由此可见李白是何等的志向坚定。尽管黯然离京，隐居金陵、庐山十年间未曾磨灭过自身理想、放弃自身坚守，仍然"抚剑夜吟啸，雄心日千里"④。结帆十年，终得永王之南风，乃高呼"长风挂席"，乃长歌"龙骧出峡"，乃极言"海动山倾"，以盼"古月摧"之政治抱负的实现。

更为高昂甚至出格的想象无疑来自第九首诗歌。在其中，李白蔑视秦皇汉武之功绩，认为他们一个"不成"，一个"空射"，而喻永王北上之军正如太宗贞观十九年(645)渡海征辽之壮举。这确实口气太大，不得不让读者认为永王打算自立为帝的图谋。萧士赟因此以伪作为李白开脱"观此篇用事非伦，句调鄙俗，别是一格。伪赝无疑，识者必能辨之。"⑤

然而仅从这点来判断诗歌为伪作是不足的，萧士赟也没有给出其他的证据，因这个此观点有待商榷之处。实际上，李白在诗中引帝王典故有很多例证。作于永王兵败后的《赠张相镐》中，李白逃难至宿松，干谒当朝宰相张相镐时的也有"庶同昆阳举，再睹汉仪新"⑥这样的语句。昆阳举，无疑典出刘秀与王莽的昆阳之战，刘秀以昆阳城中不足万人之兵，面对新莽"军陈数百里，不见其后"之师却临危不乱，趁风而势，最终"莽兵大溃，走者相腾践，奔殪百余里间"⑦。李白以此喻张相镐，并进一步说他的举动能够重建汉朝之威仪，这难道不是更加反叛？李白绝对没有暗喻张相镐是光武帝刘秀之意，同样也没有暗喻永王是唐太宗之意。奇警、宏伟的想象本就是李白的特色，此诗亦不例外，无需以微言大义之思来揣度。此外，过度探求如此用典的叛逆与否，便很容易忽略了文皇之典更深的一层含义。文皇东征句丽的原因是贞观十六年(642)高句丽权臣渊盖苏文弑君篡权而大张军队，危及唐朝河北道之治。《亲征高丽手诏》言："高丽莫离支盖苏文，弑逆其主，酷害其臣，窃据边隅，肆其蜂虿"，因此玄宗为维持大唐之治，必须"诛鬎遐秽，澄肃中华。"⑧李白之引文皇渡辽典，在很大程度上是想说明永王璘与文皇在"辅王室以正四方"这一目标上的共同点，而仅仅认为是"将永王东巡比喻为文皇建立帝国"，无疑是浅陋而偏颇之言。

尽管没有证据说明李白这十一首诗是依照创作时间顺序所排列的，但是我们似乎能够看到李白在其中所蕴含的愈来愈磅礴的激情与越来越奇警而豪迈的征胡想象。这样的想象从李白自比谢安开始，历经苍然的古金陵、森森下扬州的征帆、壮阔渡辽安国的文皇，最终在第十一首中达到想象的最大值。在这首诗中，李白首先高呼"试借君王玉马鞭，指挥戎虏坐琼筵"⑨。这两句与前十首诗最大的不同在其用典上。玉马鞭与琼筵在历史上并没有一个确切的典故被其所指，但又能代表众多与其含义相似的历史事件。鞭，驱也。鞭乃君主之虎符，军权之征也。尽管历史上并无记载哪位君王有一把"玉马鞭"，但晋明帝之七宝鞭、尉迟公的打王鞭、唐明皇之珊瑚鞭却皆有实物。

---

① （唐）李白：《永王东巡歌十一首》，《李太白全集》卷八七，第429页。
② （唐）李白：《永王东巡歌》其八，《李太白全集》卷八，第431页。
③ （唐）李白：《行路难》，《李太白全集》卷三，第189页。
④ （唐）李白：《赠张相镐》其二，《李太白全集》卷一一，第599页。
⑤ （唐）李白撰，（宋）杨齐贤集注，（元）萧士赟删补：《李太白集分类补注》，《钦定四库全书荟要》卷三百五十九，第397页。
⑥ （唐）李白：《赠张相镐》其一，《李太白全集》卷一一，第595页。
⑦ （南朝宋）范晔：《后汉书》卷一，中华书局1965年版，第6页。
⑧ （宋）宋敏求：《唐大诏令集》卷一三〇，第703页。
⑨ （唐）李白：《永王东巡歌十一首》其十一，《李太白全集》卷八，第433页。

琼筵之典指代则更为广阔，它是所有古代谋士最为理想"运筹帷幄之中，决胜千里之外"的形象与期盼。无论是引典张良宛城之捷、诸葛亮羽扇纶巾之挥斥方遒，还是回应上文李白谢安之自况，纷繁而纵横之内蕴皆可隐含于短短"琼筵"二字之中。玉马鞭与琼筵构成了高友工所言"用典集群①"。在打破词语的所指和其所代表典故的所指这种一对一的关系之下，鞭与琼筵从两个简单的词语转变为了一种历史原型，并"引诱"着读者从其自身经验与共同知识中选择最为适合的意象进行指认。

　　李白也正是在这样的广阔指涉空间中展现他最为磅礴也最为豪壮之征伐想象：他想象着自己手持玄宗借与他的玉马鞭，正如他手执历史上所有君王权力之鞭一样，一挥一扫，而天下尽臣服；他想象着自己稳坐琼筵，羽扇纶巾，折冲樽俎，挥斥方遒，正如历史上每一个建功立业、指挥百万之军的谋士一样，指挥着永王数万龙骧之军，北上中原，征胡幽州。这何以不是李白在整篇《永王东巡歌》中气势最为雄浑也最为豪迈的想象？何以不是他最为纯粹亦最为炽热的政治抱负？

　　如果说"试借君王玉马鞭，指挥戎虏坐琼筵"是李白对于自身在征伐安禄山叛军的决战中能够"浮云在一决，誓欲清幽燕"的豪壮想象，那么诗的后两句"南风一扫胡尘静，西入长安到日边"则是他为国赴难、救国救民政治抱负的最终夙愿；亦是整篇《永王东巡歌》家国情怀最为强烈、情感最为深沉之处。南风一典便将时间拉回中国文明滥觞的夏朝，在那个"贤明而又淳朴"的时代，伏羲造瑟，神农作琴，而舜弹五弦之曲，名为"南风"，其歌曰："南风之熏兮，可以解吾民之愠兮。南风之时兮，可以阜吾民之财兮。"②在这样南风的吹拂下，政治清明、社会和平而人民淳朴，无作奸犯科之徒；亦无兵燹灾遭之殃，就如郑玄所注"长养之风也"。这样的理想社会自然为众多文人所追寻，于是构成了大量文学作品中的"南风想象"。阮籍《咏怀》其六十便言："屣履咏南风，缊袍笑华轩。"③虽穷困潦倒而仍念南风之治。袁朗《赋饮马长城窟》亦言："汤征随北怨，舜咏起南风"④，穷兵黩武之只会带来更大的灾祸，真正清明的政治应当如南风一般温暖而抚育人心。唐太宗李世民甚至也作诗言"于焉欢击筑，聊以咏南风"，将高祖《大风歌》之典与舜《南风歌》之典并用，展现其"垂衣天下治，端拱车书同"⑤的伟大治国之思。

　　回观《永王东巡歌》，李白在此将尧舜之南风喻永王北上之军队，便显得尤有新意。依照前十首的想象，李白对永王军之想象或是"龙骧出峡"，或是"文皇渡辽"，皆是骁勇善战的军士，而此时却转变为一股代表和平与清明的熏风，何以如此？这里无疑潜藏着他最深层的政治想象。我们需要联系诗歌的最后一句进行理解。"西入长安到日边"，很明显指涉着晋明帝"举目见日，不见长安"之典。此典亦是回应第二首中永嘉之喻。彼时八王之乱，东晋偏安建康，是所谓"东渡意"。正如田晓菲在《烽火与流星》中所叙述的一样，偏安建康的东晋一方面在大力营造自己的都城以展现王权与长江以北的胡人朝廷分庭抗礼，强调自身的正统；另一方面，永嘉之乱的创伤记忆与家国情怀又不断地刺激着南渡士人对于北边曾经辉煌如今已经毁于战火中的城市的追忆，这是一种对于自身合法性的指认与对于侵占了他们北方家园的胡人的无声控诉。大量的侨治州郡县便是一个例子。在文学中也常常能够见到以南方之地比附北方之地的诗句。然而，江南宫殿建造得再繁华，"北方已被胡人所据"这个事实依旧是他们心中永远迈不过去的坎。晋明帝"举目见日，不见长安"的无忌童言，正是勾起了历朝文人这段创伤记忆，因此元帝等才"莫不嗟叹"。而李白却说"西

---

①　[美]高友工、梅祖麟：《唐诗三论：诗歌的结构主义批评》，商务印书馆1989年版，第184—191页。

②　(清)阮元校刻：《十三轻注疏》六《礼记正义》卷三八，中华书局2009年版，第3325页。

③　(三国魏)阮籍：《咏怀八十二首》其六十，《阮籍集校注》卷下，中华书局1987年版，第363页。

④　(唐)袁朗：《赋饮马长城窟》，《全唐诗》卷三○，第432页。

⑤　(唐)李世民：《重幸武功》，《全唐诗》卷一，第4页。

入长安到日边"，在他笔下，永王北上伐安禄山成功而"胡尘静"之后，便可回到长安日边。那么何人可回到长安？必然是此时一位在蜀、一位在灵武的玄肃二宗。卒章显志，李白极言永王军之强盛、征伐场景之豪壮，想象自身化作谢安执鞭而号天下、羽扇而令四方，一扫胡尘，这一切最终的目的是结束君主偏安的现状，恢复大唐的国土，重现盛唐之治。因此他才会使用"南风"来比喻永王北上之军——虽用武力，其志在和，惟恢复大唐，惟再造长安。这便是李白报国之志最为深刻的表达，亦是李白最为深沉的政治想象。

总体而言，在这十一首《永王东巡歌》中，李白将自身之抱负寄喻于正统想象、强军想象与征伐想象三种政治想象之中，并最终道出他恢复大唐这一最为深刻的凤愿。李白有着和杜甫一样"致君尧舜上，再使风俗淳"①的伟大抱负，他选择加入永王军队，随永王东巡，在自身"客寓意识"的影响下，选择着实现自身政治理想的方式，用奇警而豪迈的诗歌表达着自身的政治想象，如此纵横之气，乃李白之本，亦是《永王东巡歌》真正的价值所在。

同时，我们亦有理由相信如此之志并非李白一时之想法，而是他一以贯之的理想。即使在永王兵败之后，李白南奔之时亦穷困而不忘其志。至德二载（757），他为避战乱逃至安徽宿松，遇见当朝宰相张相镐，李白便赠诗以示己志。《赠张相镐》二首整体脉络与《永王东巡歌》有很大的相似之处，有趣的是，尽管历史没有记载，但是从这首诗中看，张相镐也有一支东巡的军队。在诗中，他仍以时局落笔，言"六龙迁白日，四海暗胡尘"②，和《永王东巡歌》一样把当前局势比作永嘉时期"想象晋末时，崩腾胡尘起"，重言安禄山之叛逆。继而高赞张相镐之东巡军队骁勇善战："虎将如雷霆，总戎向东巡"③；又将张相镐比作辅佐刘邦大业之士张良："佐汉解鸿门，生唐为后身"④。李白转向自述，言永王兵败对他的影响是如此之大，尽管"一生欲报主"，但是却"其事竟不就，哀哉难重陈"⑤，只得南奔潜逃，又被小人所陷："晚途未云已，蹭蹬招谗毁"⑥，然而他仍然雄心未亡，挑灯观剑，心中决然："抚剑夜吟啸，雄心日千里。誓欲斩鲸鲵，澄清洛阳水。"⑦而张相镐正是这样一位李白可以信任的将军："闻君自天来，目张气益振"⑧，于是李白期望能和他一起征伐胡虏，恢复中华。李白之强烈家国情怀，灭虏之志，于斯可见。

三、"苟无济代心，独善亦何益"——安史之乱文人的共同政治想象

在文章的最后，笔者想要提出的问题是，这样的报国情怀是只属于李白，还是在安史之乱天下兴亡之际，所有文人共同的政治抱负与政治想象？身为胡人的安禄山危机正统汉族的统治，无疑是"亡天下"之事。王忠同样指出："安禄山亦昭武九姓之羯胡，曾利用其混合血统胡人之资格笼络诸不同之善战胡族以增强其武力。故安史乱起，士大夫皆视为胡族乱华，民族意识自觉而亢张。"⑨大量产生安史之乱时期的文学作品亦指出，李白在这一点上并不是一位孤独的侠客，实际上他的

---

① （宋）蔡梦弼：《杜工部草堂诗笺》卷三十五《奉赠韦左丞丈二十二韵》，《丛书集成初编》卷四七五，中华书局 2011 年版，第207 页。

② （唐）李白：《赠张相镐》其一，《李太白全集》卷一一，第 595 页。

③ （唐）李白：《赠张相镐》其一，《李太白全集》卷一一，第 595 页。

④ （唐）李白：《赠张相镐》其一，《李太白全集》卷一一，第 595 页。

⑤ （唐）李白：《赠张相镐》其一，《李太白全集》卷一一，第 595 页。

⑥ （唐）李白：《赠张相镐》其二，《李太白全集》卷一一，第 599 页。

⑦ （唐）李白：《赠张相镐》其二，《李太白全集》卷一一，第 599 页。

⑧ （唐）李白：《赠张相镐》其一，《李太白全集》卷一一，第 595 页。

⑨ 王忠：《安史之乱前后文学演变问题》，《清华汉学研究》第三辑，清华大学出版社 2000 年版，第 16 页。

政治想象代表着那个时期许多满怀着社会责任感的文人所形成的共同想象。

李白在《永王东巡歌》与《赠张相镐》中出现的永嘉之喻便是一个理解这种想象的十分有趣的窗口。将安史之乱想象为以永嘉之乱、五胡乱华为主的两晋南北朝时期,不是李白的创造,而是安史之乱文人的共同想象。这种想象生成的机制可以追溯到唐人对安禄山的指认。王炳文在《从胡地到戎墟》中发现"细审至德以降百年间的唐人墓志,'羯胡构逆'的指称要远较单纯的'胡人'或者'逆胡'说法为多"①。羯胡构逆无疑指代的就是晋朝自五胡乱华开始的动荡时期。不同于具有广含义的"胡人","羯胡"专指两晋南北朝侵犯中原王朝的少数民族,此词本是晋人对于后赵统治者石勒之族的称谓。在南北朝时期"羯胡"的含义不断扩大,以至于被用来指称整个北方少数民族政权。回观唐朝,诸多安史之乱时期的唐人文献都将安禄山之徒称为"羯胡",当朝大臣颜杲卿在常山失手被叛军押至洛阳安禄山之处时,当面大骂安禄山:"营州牧羊羯奴""臊羯狗"。这样的称谓最终在肃宗即位之时得到了合法性的指认,《肃宗即位赦》中载"羯胡乱常,京阙失守"②,将彼时占领幽州的安禄山之叛军比作两晋南北朝的胡虏,以凸显自身"宁亲复国"的正统。对安禄山以"羯胡"的指认进一步唤起了安史之乱文人对于整个两晋南北朝胡汉之争的文化记忆:朝廷偏安一隅,人民流离失所,两者无疑十分相似,然而汉族最终收复了失地,重建起辉煌的王朝,那么此时的唐朝最终的未来也必然会如彼时一样,获得最终的胜利和光复。唐时的文人多以晋事入诗,正是保有这样的想象。因此一方面,他们在诗歌中大量引用着晋朝的典故,以晋之乱世寓唐之安史:"长安不可望,远处边愁起。"③另一方面,他们尽管认识到了乱世大背景下文人团体的渺小与卑微,欲报国而无能为力:"可怜蹭蹬失风波,仰天大叫无奈何。"④却不像晋朝文人那样失望于世,转向言谈玄理,或如南北朝大量文士投身州府官之中祈求平安一生,仍然主动请缨,为国赴难:"丈夫当为国,破敌入催山。何必事州府,坐使鬓毛斑。"⑤对于两晋南北朝的政治想象不过是当时文人庞大的想象体系的一个例证。然而亦足以说明这样的想象并非特例。借由诗歌,安史之乱时期大量的文人得以展现自身最为纯粹亦最为深刻的政治想象,表达最为豪壮最为坚定的报国意志。他们或是自比谢安、祖逖,"指挥戎虏坐琼筵",运筹帷幄之中,决胜千里之外;或愿征战沙场,弯弓射箭指向胡人的大本营天山:"莫遣只轮归海窟,仍留一箭射天山。"⑥或是着眼苍生,如杜甫以"维时遭艰虞""生理焉得说""济时肯杀身"等来表达他一贯的不顾自身要为国为民牺牲的志向⑦。即使如萧颖士一般的隐者,亦上书当朝宰相崔圆,试图为唐王朝的收复大业提出自己的见解与想象。不难看出在安史之乱后的阴霾下,唐时的文人并没有选择明哲保身,追求偏安与退缩。相反,他们带着盛唐以来磅礴满怀的激情,肩负着救国救民的伟大使命,将豪壮的志向赋予诗歌,构筑自身驱除胡虏、恢复大唐的政治想象。这样的想象正是内心之强烈社会责任感的呐喊与追求。

(作者单位:浙江大学文学院)

① 王炳文:《从胡地到戎墟:安史之乱与河北胡化问题研究》,北京师范大学出版社 2020 年版,第 22 页。
② (宋)宋敏求:《唐大诏令集》卷二,第 7 页。
③ (唐)钱起:《广德初銮驾出关后登高愁望二首》其一,《钱起集校注》,浙江古籍出版社 2015 年版,第 11 页。
④ (唐)韦应物:《温泉行》,《韦应物集校注》卷九,上海古籍出版社 2019 年版,第 677 页。
⑤ (唐)韦应物:《寄畅当》,《韦应物集校注》卷三,第 196 页。
⑥ (唐)李益:《塞下曲》,《全唐诗》二八三,第 3231 页。
⑦ 胡可先:《杜甫与安史之乱》,《杜甫研究学刊》2003 年第 2 期,第 1—11 页。

疾病视角下杜甫的文学创作与人生选择

诸佳怡

摘　要:杜甫一生所患疾病颇多,根据梳理,其病历病期与所处环境呈现一种因果关系。个体疾病引发了诗人对身心状态的关注,诗歌中的身体书写显著增加,并进一步影响了诗歌创作。在疾病困扰下,诗人对药类名物的关注度上升,并在诗歌中被大量书写。药类名物一方面针对诗人病症彰显其疗疾之效;另一方面构成生活空间的要素之一,体现诗人的卜居观。从华州时期到湘潭时期,疾病对杜甫的心态塑造和人生选择均产生了一定影响,成为杜甫留峡与出蜀计划背后的考虑因素之一。

关键字:疾病;身体书写;药类名物;人生选择

从文学层面讲,杜甫作为一位诗人而存在,而从社会层面讲,杜甫首先应当是一位有七情六欲的人。当面临生死问题时,诗人不可能不将个体自身作为凝视对象。疾病伴随诗人多年,在身心双重层面上,均产生了较大影响。本文即以疾病为视角,对杜甫及其诗歌进行分析。分析思路及目标如下:一方面,挖掘诗歌书写背后的诗人动机,以此考察疾病在何种程度以及何种层面上对诗人及其人生产生了影响,力图对诗人进行立体层面上的观照;另一方面,在还原诗人动机的同时,对诗歌内容进行更好的理解。总体而言,我想大致解决三个问题:首先,疾病在身体层面上对杜甫造成了怎么样的影响,并如何影响诗歌创作;其次,药类名物在诗歌中被大量书写,对诗人而言有什么样的意义;最后,疾病在杜甫的人生轨迹和人生选择中扮演着怎样的角色。

以往谈及杜甫一生的经历或选择时,疾病并不作为一个主要视角被关注。尽管疾病对诗人的影响不至于到逆转性格及人生的程度,但至少不能成为一种被遮蔽掉的存在。在历史被后人建构的同时,任何一种因素都会影响我们对诗人的判断和解读,包括疾病。从住到行,从身体到心态,任何一种变化都影响着诗人的选择,而疾病是一个不可忽略的分析要素。从疾病角度再次考虑诗人的人生,或许能还原一个更为动态立体的诗人本身。

一、杜甫病历及身体书写

杜甫年少体弱,在《进封西岳赋表》中言己"少小多病,贫穷好学",后期疾病多发可能也和先天遗传因素有关。由于杜诗多有散佚,多种疾病是否在青年时期已有端倪不得而知,不过根据《壮游》诗言"放荡齐赵间,裘马颇清狂"[①],以及《百忧集行》言"忆年十五心尚孩,健如黄犊走复来。庭前八月梨枣熟,一日上树能千回"可知,杜甫青年时期的身体状况总体而言还是康健的。从现存杜诗看,自天宝十载(751)困居长安时,杜甫衰疾渐呈。现根据《杜甫全集校注》,将杜甫疾病按时间

---

① 本文所引杜甫诗歌均出自萧涤非主编:《杜甫全集校注》,人民文学出版社 2014 年版。

进行梳理,以此对诗人病历作一概观。杜甫中老年时期漂泊各地,因此在梳理时,会将杜甫所居之处标明。通过这种梳理方式,他的病历、病期与所处环境的关系会以更显明的因果关系呈现(对于初次出现的疾病名称,会在其后给出完整的诗歌标题):

　　　　1. 天宝十载(751)到乾元元年(758):在长安,40岁,眼暗(《病后过王倚饮赠歌》),疟疾(《病后过王倚饮赠歌》);41—47岁,眼暗,疟疾。

　　　　2. 乾元二年(759):在秦州、同谷一带,48岁,眼暗,疟疾,关鬲冷(《秋日阮隐居致薤三十束》),手脚冻皴(《乾元中寓居同谷县作歌七首》)。

　　　　3. 上元元年(760)到广德二年(764):在蜀中一带,49—52岁,眼暗,疟疾,肺疾(《宾至》),消渴(《赠王二十四侍御契四十韵》);53岁,眼暗,疟疾,肺疾,消渴,坐痹(《遣闷奉呈严郑公二十韵》),头风(《遣闷奉呈严郑公二十韵》)。

　　　　4. 永泰元年(765):在云安,54岁,眼暗,肺疾,消渴。

　　　　5. 大历元年(766)到大历二年(767):在夔州,55岁,眼暗,肺疾,消渴,疟疾,瘴气病(《寄韦有夏郎中》),风疾(《催宗文树鸡栅》),足疾(《西阁曝日》);56岁,眼暗,肺疾,消渴,疟疾,坠马受伤(《醉为马坠,群公携酒相看》),疟疾(《雨》),左耳聋(《耳聋》),落齿(《复阴》)。

　　　　6. 大历三年(768)到大历五年(770):在湘潭一带,57岁,肺疾,左耳聋,落齿,眼暗;58岁,消渴,肺疾,左耳聋,落齿,眼暗,右臂偏枯(《清明二首》);59岁,眼暗,落齿,左耳聋,风疾。

　　从病历来看,杜甫所患之病,涉及呼吸系统、消化系统、视听器官等身体部位,且不同疾病之间呈现着一种互为因果的关系。如消渴,根据《中医内科学》记载,消渴的形成,与肺、脾胃、肾的功能失调有关。杜甫患有肺疾和胃疾,消渴病的形成和加剧,殆由于此。仔细检阅病历,也可发现,肺疾与消渴往往同时发作,且此两种病症短期内均不易痊愈,成为困扰诗人后半生的典型病症。《中医内科学》又言消渴拖延日久,病必加剧,可并发痈疽、雀目、耳聋等症。杜甫晚年耳聋,或由于年衰。但耳聋之前,诗人肺疾与消渴的病症有加剧的情况,《返照》诗言:“衰年肺病唯高枕。”《雨》诗又言:“消中日伏枕。”由此可知,杜甫病情到了卧床不起的程度。故而推测耳聋与消渴病的严重有一定关系。又如杜甫于广德二年(764)时便患有痹病,后又患有风疾,晚年右臂偏枯病症的出现自然也与痹病严重有关。值得注意的是,从上元元年(760)起,杜甫疾病渐多,长期困扰杜甫的肺疾与消渴病也是在此时期发病。可以说,拥有北方体质的诗人并不适应南方的环境和气候,特别是长江中游一带夏季闷热多雨,不利于肺疾治疗。大历元年(766)起杜甫进入了疾病高发期,尽管这与杜甫年老体衰有关,但也不可否认夔州的风土气候对诗人身体造成的影响,这一期杜甫患有瘴气病,确因夔州多瘴所致。对诗人来讲,影响程度较深的疾病有肺疾、消渴和疟疾。这几种疾病对诗人的身心状态都产生了较为深刻的影响,当杜甫面临人生选择之时,此三种疾病,特别是肺疾,往往成为一种强大的顾虑因素被写入诗歌中。

　　除了疾病书写,杜甫在涉病诗中对其身体部位书写同样不吝笔墨。身体书写包括身体姿势书写和身体状态书写。诗歌中的身体书写伴随着疾病书写而来,身体书写一方面反映出疾病带来的身体变化;另一方面也说明诗人对个体疾病引发的身心变化的关注程度之高。下面将同样按照时间顺序梳理涉病诗中诗人身体姿势和身体状态的书写情况(梳理时并不给出完整诗句,而主要截取诗句中的身体书写,但会在其后给出诗题,诗题较长者省略部分):

　　　　1. 天宝十载(751)到乾元二年(759):在长安,40岁,身体姿势——伏枕艰难遍(《病后过王倚饮赠歌》),坐有胝(《病后过王倚饮赠歌》);身体状态——头白眼暗(《病后过王倚饮赠歌》),肉黄皮皱(《病后过王倚饮赠歌》)。在秦州、同谷一带,48岁,远游令人瘦(《水会渡》),孱孺婴（《石柜阁》），梳头满面丝（《遣兴》），手脚冻皱皮肉死（《乾元中寓居同谷县作歌七首》）。

2. 上元元年（760）到广德二年（764）：在蜀中一带，49—53岁，<u>身体姿势</u>——人扶再拜难（《有客》），江边卧（《云山》），力疾坐清晓（《奉酬李都督表丈早春作》），暮倚高楼（《暮登四安寺钟楼寄裴十》），衣干枕席清（《水槛遣心二首》），坐卧只多（《百忧集行》），卧病荒郊远（《王竟携酒高亦同过共用寒字》），幽事供高卧（《屏迹三首》），杜藜从白首（《屏迹三首》），晚起家何事（《屏迹三首》），拄杖穿花（《中丞严公雨中垂寄见忆一绝，奉答二绝》），伶俜卧疾频（《赠王二十四侍御契四十韵》），晚起索谁亲（《赠王二十四侍御契四十韵》），小睡凭藤轮（《赠王二十四侍御契四十韵》），高枕对南楼（《立秋日雨院中有作》），平地专敧倒（《遣闷奉呈严郑公二十韵》），绝域唯高枕（《送舍弟颖赴齐州三首》），清风独杜藜（《送舍弟颖赴齐州三首》），病肺卧江沱（《别唐十五诫因寄礼部贾侍郎》）；<u>身体状态</u>——白首（《屏迹三首》），白发翁（《九日登梓州城》），筋力异（《九日登梓州城》），筋力岂能及（《早发射洪县南途中作》），鬓发白成丝（《薄暮》），恨白头（《陪王使君晦日泛江就黄家亭子二首》），鹤发翁（《遣闷奉呈严郑公二十韵》），暮齿借前筹（《立秋日雨院中有作》）。

3. 永泰元年（765）：在云安，54岁，<u>身体姿势</u>——儿扶犹杖策（《别常徵君》），卧病一秋强（《别常徵君》）；<u>身体状态</u>——白发少新洗（《别常徵君》），寒衣宽总长（《别常徵君》），重嗟筋力（《十二月一日三首》）。

4. 大历元年到大历二年：在夔州，55—56岁，<u>身体姿势</u>——卧愁（《客居》），归楫生衣卧（《寄韦有夏郎中》），移衾枕（《览物》），并坐石下堂（《贻华阳柳少府》），卧江汉（《贻华阳柳少府》），杜藜风尘际（《七月三日亭午已后较热退晚加小凉稳睡有诗……》），贱夫美一睡（《七月三日亭午已后较热退晚加小凉稳睡有诗……》），人卧病（《夜》），步檐倚仗（《夜》），萧索倚朱楼（《西阁二首》），江喧长少睡（《垂白》），卧病复高秋（《摇落》），衰年肺病惟高枕（《返照》），敧倾烦注眼（《西阁曝日》），起晚堪从事（《览镜呈柏中丞》），卧病拥塞在峡中（《暮春》），消中日伏枕（《雨》），卧久尘及屦（《雨》），卧病识山鬼（《奉酬薛十二丈判官见赠》），隐几临轩楹（《同元使君春陵行》），秋风吹几杖（《秋野五首》），卧病数秋天（《历历》），抱病起登江上台（《九日五首》），伏枕泪双痕（《九日五首》），更觅藜床坐（《寒雨朝行视园树》），缓步仍须竹杖扶（《寒雨朝行视园树》），多病马卿无日起（《即事》），《独坐二首》，杜藜还客拜（《秋清》），隐几亦青山（《闷》），伏枕闻别离（《送高司直寻封阆州》），侧望苦伤神（《奉送十七舅下邵桂》）；<u>身体状态</u>——病脚废（《客居》），头白免短促（《客堂》），惭筋力（《客堂》），筋力苏摧折（《七月三日亭午已后较热退晚加小凉稳睡有诗……》），毛发具自和（《西阁曝日》），肌肤潜沃若（《西阁曝日》），病脚（《西阁曝日》），镜中衰谢色（《览镜呈柏中丞》），尪羸（《雨》），衰颜（《寒雨朝行视园树》），垂素发（《秋峡》），耳多聋（《独坐二首》），白发自能梳（《秋清》），照我衰颜忽落地（《晚晴》），支离委绝（《晚晴》），半顶梳头白（《入宅三首》），眼复几时暗（《耳聋》），耳从前月聋（《耳聋》），牙齿半落左耳聋（《复阴》）。

5. 大历三年到大历五年：在湘潭一带，57—59岁，<u>身体姿势</u>——巫山坐复春（《太岁日》），散地逾高枕（《太岁日》），敧倒衰年废（《上巳日徐司录林园宴集》），倚杖背孤城（《独坐》），乌几伴栖迟（《移居公安敬赠卫大郎钧》），隐几看帆席（《北风》），云州涌坐隅（《北风》），悠悠伏枕左书空（《清明二首》），颓倚睡未醒（《早发》），卧病却愁春（《送赵十七明府之县》），几杖将衰齿（《回棹》），江楼枕席清（《江阁卧病，走笔寄呈崔卢两侍御》），《风疾舟中，伏枕书怀三十六韵，奉呈湖南亲友》；<u>身体状态</u>——蓬鬓稀疏久（《人日两篇》），鬓毛垂领白（《上巳日徐司录林园宴集》），耳聋须画字，发短不胜篦（《水宿遣兴奉呈群公》），右臂偏枯半耳聋（《清明二首》），暮颜觑青镜(《早发》),暮齿依蒲柳(《上水遣怀》),衰容问仆夫(《北风》),几杖将衰齿(《回棹》),疏布缠枯骨(《逃难》),衰年病祗瘦(《江阁卧病走笔寄呈崔卢两侍御》)。

从身体书写的频率看,旧疾复发或新病多呈时期,也是诗人身体书写的集中时期。根据梳理,杜甫涉病诗中,"卧""伏枕""高枕""睡""衾枕"等表示躺卧的身体姿态被更多地进行了书写,为遭受疾病困扰下的诗人的生存境遇提供了更为生动的刻画。诗人书写身体状态时,涉及"发""首""颜""臂""耳""骨""齿""肌肤""筋力""眼""形体"等多种身体组织和器官,并多形容以"白""衰""瘦""暮""羸"等词,代表了诗人对自我状态的不断审视和心理定位。

疾病所致的身体变化影响了诗人的文学创作。从上述梳理可看出,身体书写作为一种诗语被运用于酬赠送别以及抒情言事等多种题材的诗歌之中。除了当下书写外,作为一种痛苦记忆,患病时期的身体状态被时时忆及并写入诗歌中,如《赠王二十四侍御契四十韵》,其中言及"伶俜卧疾频",便是对稽留阆梓时期患病经历的回忆。且杜甫善于将身体姿势与所处空间进行结合,这多用于表达一种凄清、孤寂的意境。如《独坐》一诗言"倚杖背孤城","倚杖"点明身体状态的衰惫,并以其作为诗人个体隐喻,"孤城"为诗人所处空间,"孤"字点出江陵城孤峭阔大的环境,简单的语料运用,便使个体与江陵城之间形成了渺小与辽阔的极具空间感的对照,突显出个体处于辽阔空间下的孤独感。其后"江敛洲渚出,天虚风物清",则以所见之景,刻画冷然淡寂的氛围。此后引出"沧溟服衰谢",沧溟之中甘服衰谢,这是诗人寂寞无依的心态表露,与"倚杖背孤城"形成绝妙呼应,于广袤乾坤中衬托出个体的孤独。这是利用身体姿势刻画意境心态的佳例。又如《闷》一诗中言"卷帘唯白水,隐几亦青山","卷帘""隐几"皆为诗人私人空间的象征,"隐几"还同时作为身体书写点明诗人病态,而"白水""青山"则为公共空间的象征,此句道出诗人因病态未能起行,只能借助双眼从私人领域向公共空间探寻,而"唯"与"亦"二字则已点明探寻无果,徒增失望烦闷之情。

本节通过梳理杜甫的涉病诗,清晰地展现了诗人病历、病期与所处环境的关系。此外,疾病引发了诗人对自身状态的关注与审视,与疾病相关的身体部位与身体状态作为一种语料被写入诗歌中,并在内容与题材上影响了杜甫诗歌创作。

二、药类名物背后的生存考量

杜甫药歌中涉及不少药类名物,药类名物作为疗病之用,在诗歌中体现了诗人两种书写倾向:一是从名物自身层面而言,考虑其治病之效;二是将名物作为生活环境的要素之一,考虑卜居之地。

先就第一种书写倾向进行阐述。杜甫所患病症不一,对不同药物的药性药理也有深刻的把握,通常能对症下药。《秋日阮隐居致薤三十束》一诗中,杜甫末尾言"衰年关鬲冷,味暖并无忧"。诗人在此不仅仅将薤视为一种饱肚的食材,更将其看作治病养生的药物。薤性温,有温中散结功效,《伤寒论·四逆散方》记载:"泄利下重者,先以水五升,煮薤白三升,煮取三升,去滓,以散三方寸匕内汤中,煮取一升半,分温再服。"[①]又《外台秘要》中的《范东阳方》载以"豉一升,薤白一把寸切","以水三升煮令薤熟,漉去滓,分为再服",来治疗伤寒及滞利腹痛。[②]《千金要方》对薤白的功能记载更为全面,其中有胃腑方,可知薤确有去寒热水气的温补功能,对消化系统有一定影响。根据日中传统医学研究专家真柳诚的说法,关鬲指横膈膜,杜诗言"关鬲冷",也就是所谓的"冷虚

---

① (汉)张机:《伤寒论》,上海人民出版社 1976 年版,第 75 页。
② (唐)王焘:《外台秘要》卷二,人民卫生出版社 1955 年版,第 94 页。

火"，即横膈膜处阴阳之气交流受阻，上半身阳气高升，下半身阴气瘀寒，是比较严重的状态。另外，横膈膜部分的气瘀，轻者会导致"消化不良"。故而，杜甫的"关鬲冷"症状，是用来表达消化不良和下半身寒症。①而蕹正好能有效治疗消化系统方面的病症。又如《驱竖子摘苍耳》一诗，其中提及"卷耳况疗风"，这是针对苍耳的药性作用而言。根据《神农本草经》记载，枲耳实"主风头寒痛，风湿周痹，四肢拘挛痛，恶肉死肌"②。当时杜甫身患风疾。《千金方·论杂风状第一》记载："岐伯曰：中风大法有四，一曰偏枯，二曰风痱，三曰风懿，四曰风痹。"③根据四种病症介绍，杜甫当时所患很可能是风痹。风痹为痹症类型之一，《素问·痹论》载："风寒湿三气杂至，合而为痹也。"④后《催宗文树鸡栅》一诗中，杜甫言"愈风传乌鸡，秋卵方漫吃"，这里也是在针对风疾进行治疗。由《日华子本草》"乌雄鸡肉"下云："温，无毒。止肚痛，除风湿麻痹，补虚羸。"⑤可知苍耳和乌鸡同为愈风药物。

此外，在"多病所需唯药物"观念的影响下，药类名物作为生活空间的要素之一在诗歌中被不断强调，同时也成为杜甫思考卜居之地因素之一。

杜甫寓居秦州时期，曾想过在秦州寻一处隐居之地。从秦州杂诗来看，杜甫曾考虑过东柯谷和仇池。《秦州杂诗》其十四中言仇池为"神鱼人不见，福地语真传"，道出了仇池的奇胜。末尾还有"何时一茅屋，送老白云边"的想法。《秦州杂诗》其十三提到了东柯谷，言"传道东柯谷，深藏数十家"。似乎对东柯谷"清泉映竹""瘦地种粟""阳坡种瓜"的居住环境比较满意，诗末尾还表达了诗人"但恐失桃花"的心情。另外，《秦州杂诗》多有"采药吾将老，儿童遣未闻""晒药能无妇，野老复何知"之语。杜甫的确想过效仿庞公隐不还，在秦州这个地方过着采药避世的生活，故而极力地寻找适合卜居之地。《太平寺泉眼》一诗即写在秦州期间。诗人于佛寺处见到一汪泉眼，并由此展开想象，"石间见海眼，天畔萦水府"，极言泉水丰沛之貌，又将其与"水府"相联系，水府为主水之官，且多有蛟龙传说，暗言泉水幽深神奇之处。后又加入"青白二小蛇，幽姿可时睹""如丝气或上，烂熳为云雨"的想象，进一步道出泉水灵气凝聚之状。"取供十方僧，香美胜牛乳"言泉水味道香美，"明涵客衣净，细荡林影趣"言泉水明净。泉眼的神奇灵秀引发了诗人在此处种植道教仙药的设想，并进而引动了诗人卜居之念。诗末尾言："何当宅下流，馀润通药圃。三春湿黄精，一食生毛羽。"黄精有"久服轻身、延年、不饥"⑥的功效，体现了诗人卜居养生的态度。

又如《寄彭州高三十五使君适、虢州岑二十七长史参三十韵》一诗，诗中言"乌麻蒸续晒，丹橘露应尝"。此句是接续"荆玉簪头冷，巴笺染翰光"而来。乌麻即胡麻，根据《新修本草》"青蘘"条下记载："（青蘘），巨胜苗也。生中原川谷。"⑦胡麻一名巨胜，青蘘即胡麻叶。虢州于唐时属河南道，⑧地处中原，为胡麻叶产地之一。至于丹橘则为蜀地特产。故而在这里应当是继续谈虢州、彭州两地的物产。再结合接下来所言"岂异神仙宅，俱兼山水乡"，可知诗人对高岑二人的居住地是表明了歆羡之意的。根据本草类书籍记载，乌麻"主伤中，虚羸，补五内，益气力，长肌肉，填髓脑。久服

① 按：此处关于真柳诚专家的说法，引用了古川末喜著《杜甫农业诗研究》一书中对杜甫"关鬲冷"病症的解释。（[日]古川末喜：《杜甫农业诗研究——八世纪中国农事与生活之歌》，董璐译，西北大学出版社2018年版，第42页。）

② 尚志钧：《神农本草经校注》，学苑出版社2008年版，第138页。

③ （唐）孙思邈：《千金方》卷八，吉林人民出版社1994年版，第280页。

④ 《黄帝内经素问》卷一二，人民卫生出版社1963年版，第240页。

⑤ 常敏毅：《日华子本草辑注》，中国医药科技出版社2016年版，第105页。

⑥ （南朝梁）陶弘景：《名医别录》上品卷一，人民卫生出版社1986年版，第23页。

⑦ （唐）苏敬等：《新修本草》卷一九，安徽科学技术出版社1981版，第480页。

⑧ （后晋）刘昫：《旧唐书》卷三八《地理志》，中华书局1975年版，第1429页。

轻身,不老"①,橘"甘者润肺,酸者聚痰。止消渴,开胃,除胸中膈气"②。对于当时身染疟疾,患有胃病的杜甫来说,有此物产,岂非"神仙宅"了。对于"心微傍鱼鸟,肉瘦怯豺狼"的诗人来说,"竹斋烧药灶,花屿读书床"可谓是理想的生活环境。杜甫将药类名物纳入对居住环境的期许中,并于诗歌中体现出来。

杜甫随后离秦入同谷,也有这方面的考虑。《发秦州》一诗便是他自秦州赴同谷县纪行十二首之一。诗言"无食问乐土,无衣思南州"交代了诗人离开秦州的原因,中间十二句便描述了对丰衣足食的同谷乐土的向往。"汉源十月交,天气凉如秋。草木未黄落,况闻山水幽",点明同谷风景气候的宜人;"栗亭名更嘉,下有良田畴",点明同谷有良田,可用于粮食种植;"充肠多薯蓣,崖蜜亦易求。密竹复冬笋,清池可方舟",点明同谷此地物产丰富。此十二句,从气候、风景、物产等方面说明同谷作为乐土的原因,同时说明诗人理想寓居之地所应当具备的条件。里面还特别提到了秦州的"薯蓣"和"崖蜜"。从书写动机层面考虑,此处提到这两种物产应当与杜甫一贯的卜居观有关。薯蓣,《神农本草经》载其"补虚羸,除寒热邪气,补中,益气力,长肌肉"③。崖蜜,即石蜜,《神农本草经》载:"安五脏,诸不足,益气,补中,止痛,解毒,除众病。"④这两种物产对于身体羸弱的诗人来说无疑有很大的吸引力,诗人想到同谷有如此养生好物,自然满心欢喜搬家前往。

其后寓居成都时,杜甫于锦江之畔营建了草堂。《有客》云:"不嫌野外无供给,乘兴还来看药栏。"又《高楠》诗云:"近根开药圃,接叶制茅亭。"药田成了草堂的空间建构中不可或缺的部分。且杜甫对这一方药圃照顾得颇为用心,"常持小斧柯"以修剪恶木。《将赴成都草堂,途中有作,先寄严郑公五首》是杜甫从阆州即将回成都时所作,诗含对草堂光景的想象,许久未归,草堂或已"荒庭""封蛛网"。且笔墨又一次提到药圃,言"常苦沙崩损药栏",担心风沙崩损药栏。从中也可看出,药圃从属于诗人住行空间之内,且彰显着它的有效性和重要性。

后杜甫搬家至夔州,初居住在客堂。《客堂》一诗大致说明了诗人刚到夔州时的住处情况。由诗言"舍舟复深山,窅窱一林麓",可知诗人所处的客堂位置应该在深山林麓。之后,诗人所写《引水》《信行远修水筒》《寄韦有夏郎中》《催宗文树鸡栅》等诗,一方面佐证诗人居住地的地理位置;另一方面反映了诗人的生活环境。《引水》诗首言"月峡瞿塘云作顶",可见诗人所处地带山势高峻。后言"乱石峥嵘俗无井",可知夔州因地势原因难以凿井。而杜甫又患有消渴症,需要大量饮水。于是诗的后半部分即写他是如何汲水的:"白帝城西万竹蟠,接筒引水喉不干。"是靠竹筒从高处汲引山泉。《信行远修水筒》还特意提到了因山石破碎毁坏水筒,故而修水筒一事。除了用水不太方便外,峡中药饵也甚少,《潏水集·夔州药记》载:"他处药材皆不至,市无药肆,亦无学医者。其俗信巫,而不求医。"⑤《寄韦有夏郎中》诗也指明"药味峡中无",作此诗也是为了答谢韦夏有郎中寄来柴胡之事。柴胡,《新修本草》载其功能为"去寒热邪气""除伤寒心下烦热及湿痹拘挛"⑥。夔州居重山之间,壅蔽多热,又地气噫泄而常雨,多有湿热蒸郁致人疾病之瘴气,诗人或因瘴气染病,柴胡性能发汗,可除瘴。夔州的生活环境对于初来乍到的诗人而言,的确是恶劣之极,无怪诗人会流露出"形胜有余风土恶"的厌恶情绪。在暂时无法搬家情况下,诗人对居住地进行了改善,特别是养了一群乌鸡。《催宗文树鸡栅》诗言"墙东有隙地,可以树高栅",故而"课奴杀青竹"以立栅养鸡。

① 尚志均:《神农本草经校注》,第95页。
② (明)李时珍:《本草纲目》卷三〇,人民卫生出版社1979年版,第1786—1787页。
③ 尚志均:《神农本草经校注》,第42页。
④ 尚志均:《神农本草经校注》,第83页。
⑤ (宋)李復:《潏水集》,文渊阁《四库全书》本第1121册,第64页。
⑥ (唐)苏敬:《新修本草》卷六,第167页。

杜甫养鸡的原因主要是为了治疗自己的风疾，前已提及，乌鸡肉有除风湿麻痹的功效。尽管夔州生活环境险恶，诗人依然能因地制宜，综合考虑自己所处的环境，对自己的居住地进行一番规划。其中，药物作为自身疾病治疗的不可或缺之物，在诗人的生活空间内总能被考虑到。诗歌中的药类名物书写，其原因主要有二：一是在长期患病的过程中，特定名物对自身疾病治疗的有效性，使得诗人在诗歌中对其进行自觉运用；二是抛开个别药物本身，药类名物时时作为诗人对卜居之地的设想和布局条件之一，成为诗人生活环境组成部分，背后反映了诗人对个体生存环境的考量。

自然，此种考量背后，也侧面反映出患病所引致的焦灼感与生命垂危感，而且杜甫的这种感受在其诗中多有体现。如《赤谷》云："贫病转零落，故乡不可思。常恐死道路，永为高人嗤。"《客居》云："我在路中央，生理不得论。"《寄薛三郎中》："人生无贤愚，飘飘若埃尘。自非得神仙，谁免危其身。"于杜甫而言，药物构成其生养环境的必要条件，给予杜甫一种心理慰藉，蕴含着诗人强烈的生命意识。

三、疾病影响下的诗人选择与心态

早在华州担任司功参军时，杜甫便已萌生了弃官归隐、不复顾世的想法。他在《立秋后题》中言："平生独往愿，惆怅年半百。罢官亦由人，何事拘形役。"独往，即委任自然，徜徉山水间也。杜甫在华州受人事纷扰，而又感慨自身体衰多病，因而有了归隐意。来到秦州，前已言及，杜甫的确有想过找一处隐居之地，"自闻茅屋趣，只想竹林眠"，是他当时愿与杜佐同隐的心迹表露。后离同谷来到蜀中，草堂刚建成之时，杜甫的生活较为适意，故有"多病所需唯药物，微躯此外更何求"之言，《漫成二首》中，诗人以陶渊明之类的隐士自比，表达了欲与陶渊明同调，不与世俗为伍的隐逸情怀。

直到宝应元年（762），徐知道反，杜甫滞留绵州。从宝应元年到广德二年（764），杜甫辗转各地。特别是广德元年（763）秋，来回奔走于梓阆间。且此时期的诗歌呈现出对战事的密切关注，如《王命》《征夫》《西山三首》均叙吐蕃寇松、维等州事，表达了诗人的深忧。此时期杜甫作《为阆州王使君进论巴蜀安危表》，在分析蜀地的重要性以及寇乱现状基础上，提出了合并东西两川、派亲贤出镇、减少诸色杂赋等建议，陈贻焮在《杜甫评传》中言："老杜去阆州，当应王邀请。"[1]推测杜甫留于阆州或是应王阆州之邀共商国是。《愁坐》言"终日忧奔走"，即言诗人为蜀中安危而忧心奔走之状。尽管此时期杜甫诗中描写身体状况的诗并不多，但从其后来的回忆也可知，他此时身体状态并不理想。从《汉州王大录事宅作》一诗言"南溪老病客，相见下肩舆"可知，广德元年在汉州时，杜甫身体已呈恙态。后又作《哭台州郑司户苏少监》诗，诗中言及"疟病餐巴水，疮痍老蜀都"，巴水为嘉陵江别称，阆州即在嘉陵江边，此诗上句所述即是他在阆州的情况。由此可知，杜甫奔波于阆梓时，曾受疟病困扰。又《赠王二十四御史》中同样言及其沦落奔走之状，中云"恐惧行装数，伶俜卧疾频"，知其身体抱恙。因而更能理解，他在《严氏溪放歌行》中所言"东游西还力实倦"的身心状态，以至于末尾萌发"知子松根长茯苓，迟暮有意来同煮"的隐居休养之念也不足为怪。

如此情势下，杜甫于诗歌中不止一次表达了出峡想法，如《题郪县郭三十二明府茅屋壁》云："别后巴东路，逢人问几贤。"《双燕》云："今秋天地在，吾亦离殊方。"又如《游子》云："巴蜀愁谁语，吴门兴杳然。"有思游吴中之想。《客旧馆》云："无由出江汉，愁绪月冥冥。"有出蜀不得之意。杜甫意欲出峡的原因有二：第一，《游子》诗言"巴蜀愁谁语"，因严武出蜀后，杜甫缺少知己和依靠对象；

---

① 陈贻焮：《杜甫评传》，上海古籍出版社 1982 年版，第 830 页。

第二，杜甫疾病缠身，有避乱养生之思，后所作《将赴成都草堂，途中有作，先寄严郑公五首》中言"三年奔走空皮骨，信有人间行路难"，由此可知战乱使得杜甫背负的身心压力极大。

由此可以理解，杜甫得知严武再度镇蜀后，对其所寄之诗的含义。广德二年（764），当杜甫准备下峡时，听到了严武再度镇蜀的消息，即刻放弃了下峡之意。《奉待严大夫》言："殊方又喜故人来，重镇还须济世才。"杜甫将严武看作平定吐蕃之乱、治理蜀中的人才，视其为可一吐襟怀的知己，故而诗末尾言"身老时危思会面，一生襟抱向谁开"。当然，对于严武的到来，杜甫除了对其抱有安蜀信心之外，另有个人生存的考虑。《先寄严郑公五首》诗中曾有"生理只凭黄阁老，衰颜欲付紫金丹"之语，又言"侧身天地更怀古，回首风尘甘息机"。息机即世念灰冷，王士禛评言："读公五诗，想见公居草堂，种竹浇花，大有幽人之志，乃其望严公者，不过生理细务，绝不及一毫用世之心。"①从原本计划出峡到愿意留峡，影响杜甫计划的重要因素，与严武能否成全个人的独往之愿不能说没有一点关系。

然而根据之后发生的事来看，留居蜀地与杜甫最初设想背道而驰。杜甫再度出蜀的其中一个原因，应当与此有关。

再留成都时，杜甫受严武之邀入幕。但从诗歌也不难发现，杜甫并无入幕之志。以往的分析中，多侧重从杜甫入幕以后分析诗人退居幕府的原因。其实从《绝句四首》可以分析出，杜甫最开始就不曾有入幕之想。《绝句四首》写于广德二年夏初，即杜甫刚到成都不久。诗前两首摹画了一种幽居状态，其三言"窗含西岭千秋雪，门泊东吴万里船"，似有出吴之志，但细想却不合人情常理。杜甫本年春刚到草堂，不可能短时间内又改变留峡计划。再来看其四，诗言："药条药甲润青青，色过棕亭入草亭。苗满空山惭取誉，根居隙地怯成形。"邵宝评此诗曰："其苗则惭取誉，其形则怯人知，公以自比。流寓成都，甘于隐遁，犹药之恐见知也。"②此解得之。故而回看其三，对于"窗含"句的理解，也可以从诗人之志出发。杜甫并非借此诗表达出峡计划，而意图通过隐迹江湖表明自己的江湖之志，而非有庙堂之愿。推测此组诗应是针对严武入幕之邀，而隐晦提出拒绝。《绝句六首》也言及自身"幽栖身懒动"的倦怠状态。即便后来杜甫被严武表奏为检校工部员外郎，《立秋日雨院中有作》仍然有"主将归调鼎，吾还访旧丘"的退居之意。自然，这与他当时缠绵病榻的状态有一定关系，从第一部分梳理中也可知，当时痹病、头风、肺病等正困扰着诗人。《长吟》中也言及"已拨形骸累，真为烂漫深"，可谓是退出幕府后的真实情感表露。特别是在《春日江村五首》诗中，诗人进一步表露出"岂知牙齿落，名沾荐贤中"的心态。而杜甫的出峡之思，也于这时期显现，《到村》《绝句三首》均为此时期所作。进一步推测，杜甫之所以要出峡，其中一个原因便是身体层面上的考虑。一方面，诗人受困于自身病体，精力衰疲，无法应对蜀中人事；另一方面，"扶病垂朱绂"的做法，引发了"名沾荐贤中"的顾虑，这也是诗人顾全大局之处。总之，诗人生起去峡之心的原因之一，或与其最初留峡设想并不一致有关。因此，杜甫的去峡原因并非没有交代，而是应当联系杜甫的经历以及长时间以来的心态进行考虑。《去蜀》诗即写于此背景下，"万事遂黄发，残生随白鸥"，"残生""黄发"道出了自身衰态，又表明了他意欲远离人事纷扰的人生态度；"安危大臣在，何必泪长流"，进一步揭露"岂知牙齿落，名沾荐贤中"心态背后的无奈与辛酸。杜甫自知衰老已极，无法担起社稷之责，"心虽在朝谒，力与愿矛盾"，此为坚定去峡之心的重要因素之一。

诗人于大历元年（766）至夔州时所作的《客堂》一诗，可谓是对其心迹的一番总陈。从"忆昨离少城"陈述了自己离蜀入夔，因病栖泊云安之事。后皆忆及成都事。从"台郎选才俊"到"埋没何所

---

①　萧涤非主编：《杜甫全集校注》卷一一，人民文学出版社 2014 年版，第 3132 页。
②　萧涤非主编：《杜甫全集校注》卷一一，人民文学出版社 2014 年版，第 3227 页。

得",言其荣幸被任命为工部员外郎之事,自顾恩遇已极。"居然绾章绂"到"必种数竿竹"述其幽栖之性。从"上公有记者"到"进退委行色",点明了存在于诗人身上的关于庙堂之愿与江湖之志的矛盾。于前者而言,"为君洗乾坤"是杜甫一生抱负所在。从杜甫抱病奔走梓阆时期以及身居严武幕府时期,都能看出他的这番赤子之心。只不过从"旧疾廿载来,衰年得无足""死为殊方鬼,头白免短促"等言语来看,疾病引发了诗人对个体生命的关注,患病所带来的痛切记忆使其不得不转向自我审视,将目光转到生死问题上来,故而"进退委行色",此为诗人矛盾心情的集中表露。《客堂》一诗,作为杜甫卧病时的心声吐露,可以将其看作是离蜀背后的动因阐释。

　　疾病牵制住了诗人的行动,却无法妨碍诗人对国家形势的关注。离开蜀中后,杜甫因肺病、消渴等病加剧,便滞留云安,后又迁往夔州。杜甫离蜀时为永泰元年夏初,就在本年秋,蜀中发生了崔旰之乱。杜甫居夔时得知蜀中大乱的消息,忧心不已,于诗中表现颇多。《白帝》诗言"戎马不如归马逸,千家今有百家存",痛感战火连绵、生民涂炭。《夔府书怀四十韵》述己受恩之深,故忧世更切。《西阁口号呈元二十一》记诗人和元曹长共话国家情事,表现了诗人对国家命运的深切关注。忧国之外,杜甫又再次萌生了回朝供职之心,并不止一次于诗中吐露。然而一想到自身病态,又立即流露出了哀叹感伤情绪。如《江上》诗言:"勋业频看镜,行藏独倚楼。"又言:"时危思报主,衰谢不能休。"《摇落》言:"长怀报明主,卧病复高秋。"《老病》言:"合分双赐笔,犹作一飘蓬。"《西阁曝日》却言:"胡为将暮年,忧世心力弱。"背后皆为行藏进止矛盾的体现。战乱牵动了诗人忧国济世之心,而疾病引发了诗人关于人生选择层面的思考。大历五年(770)臧玠之乱的发生,再一次使矛盾显露。从诗人于逃难中言己"愧为江湖客,看此戎马乱",又言"耻以风病辞,胡然泊湘岸"(《舟中苦热遣怀奉呈阳中丞通简台省诸公》),可知诗人报国之心强烈。而与此同时,杜甫也早已认清了"报主身已老,入朝病见妨"的残酷现实,可知诗人无奈之深。《风疾舟中伏枕》是诗人的绝笔诗,其中提及"反朴时难遇,忘机陆易沉",杜甫在生命的最后一刻,意识到实现自己理想的时机是终生难遇了,诗句背后体现的是一位力图"致君尧舜上"的诗人在理想破灭后所产生的无助感与幻灭感,于此悲剧性的命运中诗人走到了人生终点。

　　在杜甫的人生选择背后,疾病尽管可能并不被当作计划的唯一因素进行考虑,但却彰显了其重要性,同样具备成为选择背后的动机的可能性,影响着计划的实施。此部分试图结合诗人病况及心态考察诗人在出处问题上的选择,或能为更好地解读诗人再添一视角。

（作者单位：浙江大学文学院）

杜甫与唐代河东薛氏关系述论

张忠杨

摘 要：京兆杜氏与河东薛氏同为唐代关中望族，杜甫也与河东薛氏关系紧密，有与之相关的诗文逾二十篇。杜甫家族与河东薛氏婚姻关系频密，其祖母即为薛氏，杜乾祚及杜济等也与之有姻。杜甫对薛稷的文艺产生向慕，与其自身的文艺观点、姻亲家传及社会风潮相关。杜甫与薛稷保持长期往还，影响到并呈现出其由青年至老年的心态变化。杜甫的安史之乱书写既以薛氏军将为重要对象，同时亦不同程度地受其形塑。此外，杜甫与薛华、石首薛明府等河东薛氏族人也有一定联系。探索杜甫与唐代河东薛氏的关系，对唐代文士与家族研究具有一定的样本意义。

关键词：杜甫；京兆杜氏；河东薛氏；薛稷；薛据；薛景先；薛嵩

《新唐书·柳冲传》载其后世柳芳论氏族云："其别贵贱、分士庶，不可易也……山东则为'郡姓'，王、崔、卢、李、郑为大；关中亦号'郡姓'，韦、裴、柳、薛、杨、杜首之……关中之人雄，故尚冠冕，其达可与也。"①京兆杜氏与河东薛氏同为关中望族，也有着相似的群体性格与价值追求；杜甫既深受自身家学与家风的影响，也与河东薛氏人物关系甚密。其祖父杜审言的原配妻子即为薛氏，父亲杜闲及"义姑"②杜氏亦并为薛氏所生；其与当时薛据、薛华、薛景先、石首薛明府等多有往还酬赠，又多次提及薛稷、薛嵩、薛兼训等人，与河东薛氏相关的诗文合计逾二十篇。

对于杜甫与唐代河东薛氏的关系，学界目前主要从后者的视角进行讨论。梁静、沈文凡与孟祥娟、李杨婷、谢振中及胡可先师等着眼于河东薛氏家族整体的文学状况，均或多或少地关注到薛氏族人与杜甫的联系；其中李杨婷由薛据与杜甫的交游及相似经历探索其诗风的成因，胡可先师则以杜诗为参证考论薛稷在诗、书、画等方面的成就，研究较为深入。③此外，张志攀、李茂华及杨亚林等也都在对薛稷或薛据的专题研究中论及其与杜甫的关联。④尽管已有刘占召、杜文静及刘丹等经由杜甫的视角探查其与河东薛氏人物的关系，但其基本限于对交游时地的考证，不仅讨论

---

① （宋）欧阳修、宋祁：《新唐书》卷一九九，中华书局1975年版，第5677—5679页。

② 本文所引杜甫诗文，无特别出注者均出自仇兆鳌：《杜诗详注》，中华书局1979年版。

③ 参见梁静：《中古"河东三姓"文学研究》，陕西师范大学博士论文，2006年。沈文凡、孟祥娟：《河东薛氏文学家族传论》，《古籍整理研究学刊》2009年第1期，第43—52页。李杨婷：《唐代薛氏西祖家族与文学研究》，河北师范大学硕士论文，2012年。谢振中：《河东望族万荣薛氏》，三晋出版社2013年版，第56—60页。胡可先：《出土墓志与唐代河东薛氏文学家族考论》，《中国文学研究》（辑刊）2014年第2期，第18—43页。胡可先：《新出石刻与唐代文学家族研究》，北京大学出版社2017年版，第143—187页。

④ 参见张志攀：《薛稷诗书画评析》，《浙江师范大学学报》2005年第5期，第88—91页。李茂华：《论薛稷之"瘦硬"书风及其影响》，四川师范大学硕士论文，2015年。杨亚林：《略论薛据诗歌艺术风格及其成因》，《淮南职业技术学院学报》2020年第5期，第150—152页。

难言深入，还缺乏整体性的观照。① 事实上，杜甫与河东薛氏的关系贯穿其家世、生活、心态、政治及文艺观念等诸多层面，并在相关诗文中得到集中体现；以传世文献及新出文献与诗文相互印证，尝试对这些关系予以揭示，将有助于从特定侧面呈现出杜甫的历史与心灵世界。

一、杜甫家族与薛氏婚姻

唐刘餗《隋唐嘉话》卷中载："薛中书元超谓所亲曰：'吾不才，富贵过分，然平生有三恨：始不以进士擢第，不得娶五姓女，不得修国史。'"②薛元超曾任宰相七年之久，文学亦"擅一时之羽仪，光百代之宗匠"③，堪称初唐河东薛氏的代表；且其出自唐代较兴盛的西祖第三房，对子孙后世亦影响深远。④ 由此，尽管"三恨"说的真伪尚未定论，然其被记载为薛元超所言，一定程度上也可说明河东薛氏对姻亲门第的重视。杜甫家族与薛氏婚姻联系甚繁，其中与杜甫关系最亲密的应是其亲祖母，也即其祖父杜审言的原配妻子薛氏。

杜甫《唐故范阳太君卢氏墓志》载："前夫人薛氏之合葬也，初太君令之，诸子受之，流俗难之，太君易之……薛氏所生子，适曰某，故朝议大夫、兖州司马。"此"某"即"闲"，也即杜甫之父杜闲。墓志并未明确提及薛氏的郡望，但可推知其应属河东薛氏。谢思炜曾据杜甫叔父杜并墓志指出："其母薛氏当卒于天授二年（691）……薛氏在 684 至 691 年之间接连育有四个子女，处在生育高峰期，如果此前有较长婚期（例如十年以上）而只育有一子一女，显然不符合常理。另外，杜甫生于先天元年（712），当时杜闲已三十开外，而杜甫为长子，其下有弟颖、观、丰、占及韦氏妹，所以杜闲的生年也不宜过于往前推。根据以上情况……杜审言约于上元二年（675）前后娶薛氏。"⑤其说可从。又元辛文房《唐才子传》卷一"杜审言"载："咸亨元年宋守节榜进士，为隰城尉。"⑥咸亨元年（670）与上元二年相去不远，则杜审言娶薛氏很可能是在隰城尉任上；而隰城县地属河东道汾州，若杜审言在此娶妻，则其应为河东薛氏无疑。尽管丈夫仅与前室合葬在当时已日渐成为士族通例，但在"流俗难之"的情况下仍令卢氏祔葬，也显现出嫡长孙杜甫对这位未曾谋面的祖母的尊重。这样的尊重除源自其父杜闲以外，也可能与同为薛氏所生的"义姑"有关。《卢氏墓志》载："薛氏……息女……次适河东裴荣期，济王府录事。"又杜甫《唐故万年县君京兆杜氏墓志》："作配君子，实为好仇。河东裴君讳荣期，见任济王府录事参军。"知此杜氏即为薛氏所生之次女。墓志载："县君既早习于家风，以阴教为己任，执妇道而纯一，与礼法而终始，可得闻也。昔舅没姑老，承顺颜色，侍历年之寝疾，力不暇于须臾……先人后己，上下敦睦……内则置诸子于无过之地，外则使他人见贤而思齐。"由礼法、孝道、持家、教子等方面铺叙其功绩，崇敬称扬之意跃然纸上。卒章又回忆幼年与杜氏子同病，杜氏弃子救侄，杜甫遂"定谥曰义""孝义之勤"，撰志时亦"情至无文"，足见与其"义姑"的深切恩分。杜甫将此归结于"家风"，薛氏的影响是不可忽略的。

---

　　① 参见刘占召：《安史之乱前后杜甫的交游对杜诗创作的影响》，《南京师范大学文学院学报》2013 年第 1 期，第 44—48 页。杜文静：《杜甫夔州时期的交游考论》，陕西师范大学硕士论文，2017 年。刘丹：《杜甫漂泊荆湘行迹交游考论》，陕西师范大学硕士论文，2017 年。

　　② （唐）刘餗：《隋唐嘉话》卷中，中华书局 1979 年版，第 28 页。

　　③ （唐）崔融：《大唐故中书令兼检校太子左庶子户部尚书汾阴男赠光禄大夫使持节都督秦州诸军事秦州刺史薛公墓志铭》，《新中国出土墓志》陕西（一），文物出版社 2000 年版，第 83 页。

　　④ 参见胡可先：《出土文献与唐代诗学研究》，中华书局 2012 年版，第 172—192 页。

　　⑤ 谢思炜：《唐代葬法与杜审言夫妻合葬问题——据杜甫〈卢氏墓志〉考察》，《清华大学学报（哲学社会科学版）》2014 年第 3 期，第 8、62—73 页。

　　⑥ 傅璇琮主编：《唐才子传校笺》卷一，中华书局 1995 年版，第 67 页。

　　杜甫先世中又有杜乾祚娶河东薛氏女。景云二年（711）《大唐故杜府君（乾祚）并夫人（薛氏）墓志铭并序》载："君讳乾祚，京兆人也……曾祖颙，后魏征西将军、金紫光禄大夫、东荆泾岐三州刺史、安平公……祖景秀，后魏黄门侍郎、金紫光禄大夫、仪同三司、赠渭州刺史……父懿，随银青光禄大夫、金部礼部侍郎、殿中监、甘棠公……夫人河东薛氏，良玉婉娩，幽兰芬茂。紫水映其金门，黄云荣其鼎族。蕣华晨美，箴训无闻于吾宫；婺影宵悬，言容作配于君子。"①杜颙、杜景秀及杜懿皆与杜甫一系出于同门，而以骈文极力渲染薛氏夫人之佳美、河东薛氏之豪贵，也足见杜氏对婚事及薛氏家族的认可。

　　杜甫后世中则有杜济之女嫁河东薛技。贞元十年（794）杜济夫人韦玄存墓志载："夫人姓韦氏，讳玄存，字平仲，京兆城南人也……祖景骏，皇房州刺史……伯父工部侍郎述，尝重叹异焉。既笄，嫔于同郡杜公济……有女四人，其长适陇西李宣，次适范阳卢少康，次适安定皇甫澈，次适河东薛技……子婿大理评事薛技，受词其家，敬遵遗约，以其年八月辛丑朔廿日庚申，葬于黄台乡姜堡原南面玄故茔六里……薛氏女痛侍疾之不及，哀本枝之永坠，号毁过礼，行路所伤。"②又乾符四年（877）薛崇墓志载："公系第四房……公之曾祖琳，抚州别驾，娶京兆韦氏；祖技，试评事，娶京兆杜氏。"③由两方墓志相互印证，可知杜济之幼女嫁与河东薛氏西祖第四房的薛技。此杜济为杜甫从孙，杜甫与之交往甚密，有《示从孙济》《送严侍郎到绵州同登杜使君江楼宴》《陪王汉州留杜绵州泛房公西湖》等诗。薛技受命组织岳母的葬礼，可见杜氏对薛氏家族的看重；而墓志详写薛氏女悲恸之状及回乡探望等事，亦含有褒扬其孝道的意涵。

　　唐代京兆杜氏与河东薛氏互为婚姻的情况，在新出墓志中也不难发现其他实例。如显庆三年（658）《大唐太子左卫杜长史（延基）故妻薛氏墓志铭并序》："夫人讳瑶华，河东人也……太子左卫长史、上轻车都尉京兆杜延基，藉望清华，声芳寓县，求我令德，宜其室家。"④麟德元年（664）杜君绰碑载："嗣子□王府□曹参军事上柱国延基。"⑤知杜延基为唐初名将杜君绰之嗣子，在当时也应声名赫赫。又调露元年（679）《唐故朝散郎行洛州洛阳县尉薛君（矩）墓志铭并序》："君讳矩，字尚信，河东汾阴人也……曾祖琰……祖潘……考玄祐……夫人京兆杜氏。"⑥《新唐书·宰相世系三下》有薛琰及子薛潘，与墓文相合；其属西祖第二房，是后文中薛据的始祖。⑦又开成二年（837）薛抡墓志载："君讳抡，字安维，河东人也……严考遏，建陵台丞……建陵娶左庶子京兆杜氏女而生君……君夫人京兆杜氏，仓部员外郎正元女也。"⑧《元和姓纂》有"奉天令杜正元"⑨，又《旧唐书·苏弁传》载"朱泚之乱，德宗仓卒出幸，县令杜正元上府计事"⑩，时地相合，应即此人。薛遏、薛抡父子均娶京兆杜氏女，不仅足见河东薛氏对杜氏家族的认可，还在一定程度上反映出唐代姻亲选择的家族传承。以上墓志所呈现的薛杜联姻虽不涉杜甫一系，但也可与其家族的婚姻情况相参证；这些婚姻

　　①　《大唐故杜府君并夫人墓志铭并序》，《新中国出土墓志》河南（三）千唐志斋（一），文物出版社2008年版，第87页。
　　②　（唐）李宣：《唐故京兆尹兼御史中丞杭州刺史杜公夫人京兆韦氏墓志铭并序》，《全唐文补编》，中华书局2005年版，第2392—2293页。
　　③　赵水静：《新出〈唐天平节度使薛崇墓志铭〉考释》，《唐史论丛》2020年第1期，第317—332页。
　　④　《大唐太子左卫杜长史故妻薛氏墓志铭并序》，《陕西金石录》卷九，三秦出版社2016年版，第5页。
　　⑤　（唐）李俨：《大唐故左戎卫大将军兼太子左典戎卫率赠荆州都督怀宁县开国襄公杜公碑》，《全唐文补编》卷一四，中华书局2005年版，第174页。
　　⑥　《唐故朝散郎行洛州洛阳县尉薛君墓志铭并序》，《洛阳新获墓志续编》，科学出版社2008年版，第51页。
　　⑦　（宋）欧阳修、宋祁：《新唐书》卷七三下，第3003—3004页。
　　⑧　（唐）侯能：《唐故承务郎前河南府王屋县丞河东薛府君墓志铭并序》，《秦晋豫新出墓志搜佚》，国家图书馆出版社2011年版，第964页。
　　⑨　（唐）林宝：《元和姓纂》卷六，中华书局1994年版，第941页。
　　⑩　（后晋）刘昫：《旧唐书》卷一八九下，中华书局1975年版，第4976页。

又往往涉及京兆韦氏，杜甫家族亦与之关系紧密，其中韦景骏、韦述一系尤甚①，也可见唐代望族间互为婚姻的状况。

二、杜甫对薛稷文艺的向慕

《新唐书·薛稷传》载："稷字嗣通，道衡曾孙……与从祖兄曜更践两省，俱以辞章自名……初，贞观、永徽间，虞世南、褚遂良以书颛家，后莫能继。稷外祖魏徵家多藏虞、储书，故锐精临仿，结体遒丽，遂以书名天下。画又绝品。"②"从祖兄曜"即薛曜，系薛元超之子，则薛稷当为元超从子。其诗、书、画兼擅，杜甫对此亦皆赞叹有加，这在《观薛稷少保书画壁》《通泉县署壁后薛少保画鹤》《寄刘峡州伯华使君四十韵》等诗中得以体现。

《观薛稷少保书画壁》《通泉县署壁后薛少保画鹤》在杜集中为先后两篇，均为宝应元年（762）冬在梓州通泉县作。前诗言："少保有古风，得之陕郊篇。惜哉功名忤，但见书画传。我游梓州东，遗迹涪水边。画藏青莲界，书入金榜悬。仰看垂露姿，不崩亦不骞。郁郁三大字，蛟龙岌相缠。又挥西方变，发地扶屋椽。惨澹壁飞动，到今色未填。此行叠壮观，郭薛俱才贤。不知百载后，谁复来通泉。"起首称赞薛稷《秋日还京陕西十里作》诗风调复古，又由对其人生的惋惜引起与存世书画壁的邂逅，已隐隐有自况意。随后分写书画，言书如垂露般姿态婀娜、笔迹完整，如缠蛟般情势灵动、随心所欲；西方变相由地面延伸至屋梁，即未着色亦情韵飞动，均可见技艺高超。卒章以"壮观"收束，又由郭元振、薛稷之"才贤"推展至百年后的游客，既表露对二人的钦慕之情，更如仇兆鳌言："将来谁复到此，而继其韵事乎？语含自负意。"③后诗言："薛公十一鹤，皆写青田真。画色久欲尽，苍然犹出尘。低昂各有意，磊落如长人。佳此志气远，岂惟粉末新。万里不以力，群游森会神。威迟白凤态，非是仓鹒邻。高堂未倾覆，常得慰嘉宾。曝露墙壁外，终嗟风雨频。赤霄有真骨，耻饮洿池津。冥冥任所往，脱略谁能驯。"起首以一"真"字概括薛稷绘鹤之妙，总领全文。随后描绘画中鹤的各种体态与神情，着重凸显其英奇伟俊、闲适整肃之势。这既是薛稷画艺的具体呈现，亦是对其品格的生动写照。卒章则感叹沧海桑田，由壁上之鹤及于天上之鹤，不仅更为显豁地表露高洁放旷的志趣，也经由想象将自身与薛稷联系起来。而《寄刘峡州伯华使君四十韵》言"书偕褚薛能"，将薛稷视作标杆，既是对其书法整体性的肯定，亦带有承续之意。以上三首诗不仅对薛稷之诗、书、画予以高度评价，还不同程度地蕴含着传承或再现其文艺的自我期许；这在杜甫论艺诗中较为罕见，也可见薛稷在其心中的特殊地位。

杜甫之所以如此向慕薛稷，首先可追溯至其文艺观念。就诗而言，杜甫推崇复古汉魏，在创作中亦有自觉摹拟。杜甫的五古以"以赋而非比兴为主要艺术手段"及"有意识在形式上区别五古与五律"为主要特征④，而薛稷的"陕郊篇"及现存其他古诗亦基本与之相合。明许学夷《诗源辩体》卷四亦言："初唐古、律混淆，古诗每多杂用律体。惟薛稷《秋日还京陕西作》，声既尽纯，调复雄浑，可为唐古之宗。"⑤就书而言，杜甫同样推重复古，偏好篆体、八分书及"骨立""瘦硬"的书风。对于薛稷此幅作品，米芾《海岳名言》评："老杜作《薛稷慧普寺诗》云：'郁郁三大字，蛟龙岌相缠。'今有石本得视之，乃是勾勒倒收笔锋，笔笔如蒸饼。'普'字如人握两拳，伸臂而立，丑怪难状。由是论之，

①　参见胡可先：《杜甫与唐代京兆韦氏关系述论》，《复旦学报（社会科学版）》2017年第6期，第54—64页。
②　(宋)欧阳修、宋祁：《新唐书》卷九八，第3893—3894页。
③　(清)仇兆鳌：《杜诗详注》卷一一，第961页。
④　参见莫砺锋：《论初盛唐的五言古诗》，《唐代文学研究》第三辑，广西师范大学出版社1992年版，第138—162页。
⑤　(明)许学夷：《诗源辩体》卷一四，人民文学出版社1987年版，第151页。

古无真大字,明矣。"①字之美丑固然见仁见智,但米芾作为知名书家,其描述应是准确形象的。"勾勒倒收笔锋,笔笔如蒸饼"应指回护藏锋之法,也与诗中"垂露"相合;这种笔法常见于篆、隶,可见薛稷此处写的虽是楷书,但仍遗存这两种书体的痕迹。"如人握两拳,伸臂而立"则是走笔瘦硬的写照。这与杜甫的审美完全一致。更关键的是,褚遂良很可能成为这种向慕的直接依据。晚唐朱景玄《唐朝名画录·神品下》载:"薛稷……学书师褚河南,时称'买褚得薛,不失其节'。"②由此可见,薛稷师承褚氏,且为人公认得其神髓。而杜甫曾作《发潭州》诗:"贾傅才未有,褚公书绝伦。"是以褚遂良之书自比,说明同样在学习褚书,并颇以此自矜。这样一来,面对同在褚门的前辈,杜甫也就自然产生向慕之情;"书偕褚薛能"将二者并列,也足证其意在传承的是褚、薛共同构建的书法谱系。就画而言,杜甫重视"神""真",且尤推重硬朗的风致。其称薛稷画"壮观""飞动""皆写青田真""群游森会神",正与此观点相合。朱景玄《唐朝名画录·神品下》载:"(薛稷)画西方佛一壁,笔力潇洒,风姿逸秀。"③北宋《宣和画谱》卷一五言:"画鹤少有精者,凡顶之浅深、氅之黳淡、喙之长短、胫之细大、膝之高下,未尝见有一一能写生者也;又至于别其雌雄、辨其南北,尤其所难……稷之于此颇极其妙,宜得名于古今焉。"④由此可见,这是薛稷绘画的一贯特点,可与诗相印证。

其次,杜甫的向慕也可追溯至其家族与薛稷的联系。这在书法中体现得尤为明显。杜甫《寄刘峡州伯华使君四十韵》诗言:"昔岁文为理,群公价尽增。家声同令闻,时论以儒称。太后当朝肃,多才接迹升……学并卢王敏,书偕褚薛能。老兄真不坠,小子独无承。"此处以褚遂良、薛稷为标杆,称赞祖父杜审言及刘伯华祖父刘允济的书法,并以自身之"无承"反衬伯华之"不坠",可见其对薛稷的继承意识亦带有家族传承的意涵。杜审言与刘允济在武周朝并得重用,且杜并遇害时"刘允济祭以文"⑤,可见关系亲密;薛稷累迁礼部郎中、中书舍人,亦为重臣,已为其交游奠定基础。中宗景龙二年(708),修文馆增置学士,薛稷、杜审言同列为直学士,允济亦被增补召入。《新唐书·李适传》载:"凡天子飨会游豫,唯宰相及学士得从。春幸梨园,并渭水被除……夏宴蒲萄园……秋登慈恩浮图……冬幸新丰,历白鹿观,上骊山……帝有所感即赋诗,学士皆属和。"⑥馆内唱和频繁,薛稷又表现得较为活跃⑦,故杜、刘虽在馆时间均不长,与之交游的机会仍应不少。尤其杜审言与之有家族姻亲之谊,关系应更加密切。如《旧唐书·宋之问传》载:"中宗增置修文馆学士……之问与薛稷、杜审言等首膺其选,当时荣之。"⑧即将薛、杜并列以为荣,可见二者当时的联系与地位。而此三子又皆擅书,则相互交流学习也在情理之中。蒋叔南《雁荡山志》卷一三言:"'审言来此'……石上正书,每字大五寸。《东瓯金石志》定为杜审言书……此书铁画银钩,诚可宝也。"⑨由"铁画银钩"可知,审言之书与薛稷同为瘦硬一派,则"书偕褚薛能"也应是就其彼此交流与书体相似而言的。又南宋胡仔《苕溪渔隐丛话》前集卷一八引《蔡宽夫诗话》:"杜子美云:'书贵瘦硬方通神。'予家有其父闲所书《豆卢府君德政碑》,简远精劲,多出于薛稷、魏华,此盖自其家法言之。"⑩明确将

① 洪丕谟:《海岳名言评注》,上海书画出版社 1987 年版,第 5 页。
② 吴企明:《唐朝名画录校注》神品下,黄山书社 2016 年版,第 52 页。
③ 吴企明:《唐朝名画录校注》神品下,第 52 页。
④ (宋)佚名:《宣和画谱》卷一五,浙江人民美术出版社 2019 年版,第 163 页。
⑤ (宋)欧阳修、宋祁:《新唐书》卷二〇一,第 5735 页。
⑥ (宋)欧阳修、宋祁:《新唐书》卷二〇二,第 5748 页。
⑦ 景龙年间的修文馆活动,至景龙三年(709)杜审言、刘允济均去世,据贾晋华统计,薛稷参与者至少七次。参见贾晋华:《唐代集会总集与诗人群研究》(第二版),北京大学出版社 2015 年版,第 47—62 页。
⑧ (后晋)刘昫:《旧唐书》卷一九〇中,中华书局 1975 年版,第 5225 页。
⑨ 蒋叔南:《雁荡山志》卷一三,线装书局 2009 年版,第 240 页。
⑩ (宋)胡仔:《苕溪渔隐丛话》前集卷一八,人民文学出版社 1962 年版,第 117 页。

杜甫之书论归结为薛稷、魏华至杜闲、杜甫的"家法"传承。这不仅形塑了杜甫的"瘦硬"观念，也促成了其对薛稷的继承意识。《新唐书·魏徵传》附："（魏）叔瑜，豫州刺史，善草隶，以笔意传其子华及甥薛稷。世称善书者'前有虞、褚，后有薛、魏'。"①可见薛、魏书风大体相似，而杜闲之书出于此二人，与其父杜审言与薛稷的交游姻亲也应不无关联。

最后，对薛稷文艺的向慕是唐代的一种社会风潮，尤其其画最受追捧。天宝中封演《封氏闻见记》卷五载："薛稷亦善画，今尚书省侧考功员外郎厅有稷画鹤，宋之问为赞。工部尚书厅有稷画树石，东京尚书坊岐王宅亦有稷画鹤，皆称精绝。"②又晚唐郭图《胡氏亭画记》："薛公稷画入神品，以名之重，时加贵之。成都静德精舍有壁二堵，杂绘鸟兽人物，态状生动，乃一时之尤者也……胡氏璩，文而好古，惜少保之迹不存于乡，乃操斤挟党，力剜于颓垄之际……纪其始于石。"③朱景玄《唐朝名画录·神品下》："薛稷……今秘书省有稷画鹤，时号一绝。曾旅游新安郡，遇李白，因相留，请书西安寺额，兼画西方佛一壁……二迹之妙，李翰林题赞见在。又蜀郡亦有鹤并佛像、菩萨、青牛等传于世，并居神品。"④薛稷卒于先天二年（713），时李白年方十三，故相遇应邀之说当不可信，但此说的流传本身侧面反映出向慕之风。这样的风潮主要以收藏保存及吟咏记述为形式，且后期在蜀地表现得尤为突出。且宋之问《咏省壁画鹤》、李白《金乡薛少府厅画鹤赞》等诗文均是由所画鹤的神态风致起笔，以其化为真鹤的想象作结；杜诗与之如出一辙，应是受两篇前作的影响。此外，如盛唐张怀瓘《书断》下言"薛稷……书学褚公，尤尚绮丽，媚好肤肉，得师之半，可谓河南公之高足，甚为时所珍尚"⑤、德宗朝前之《琉璃堂墨客图》将薛稷列为"诗宰相"⑥等，都可作为薛稷诗、书受时人向慕的旁证。这样看来，杜甫在蜀中通泉县吟咏薛稷书画，及其对薛稷文艺整体的向慕之情，也应在这一时代语境中进行理解。

三、杜甫与薛据的往还酬赠

薛据是盛唐著名诗人，《河岳英灵集》选其诗十首，《全唐诗》收十二首。元和四年（809）薛公达墓志载其世系："曾祖曰希庄，抚州刺史，赠大理卿；祖曰元晖，果州流溪县丞，赠左散骑常侍；父曰播，尚书礼部侍郎。侍郎命君后兄据，据为尚书水部郎中，赠给事中。"⑦与《新唐书·宰相世系三下》基本相合，知其属河东薛氏西祖第二房。薛据一生交游广泛，杜甫也与之保持着长期紧密的联系，现存由天宝五载（746）至大历二年（767），先后有《同诸公登慈恩寺塔》《秦州见敕目薛三璩授司议郎毕四曜除监察与二子有故远喜迁官兼述索居凡三十韵》《别崔漠因寄薛据孟云卿》《寄薛三郎中璩》等诗酬赠，《杂述》《解闷十二首》《赤甲》等诗文提及。钩稽杜甫与薛据的往还酬赠，将有利于从特定视角窥见其生活与心态的长期变迁。

天宝五载《杂述》云："虽岑子、薛子引知名之士，月数十百，填尔逆旅，请诵诗，浮名耳。""岑子、薛子"即岑参、薛据，杜甫将其视为文士的代表与领袖，可见欣赏；又言二子请诵诗也不过浮名，可见其青年时宏大的意气与志向。《唐才子传》卷二"薛据"载："天宝六年，又中风雅古调科第一人。

①　（宋）欧阳修、宋祁：《新唐书》卷九七，第 3881 页。
②　赵贞信：《封氏闻见记校注》卷五，中华书局 2005 年版，第 47 页。
③　（唐）郭图：《胡氏亭画记》，《全唐文》唐文拾遗卷三〇，中华书局 1983 年版，第 10709—10710 页。
④　吴企明：《唐朝名画录校注》神品下，第 52 页。
⑤　（唐）张怀瓘：《书断》下，《法书要录》，上海古籍出版社 2013 年版，第 212 页。
⑥　参见金程宇：《诗学与绘画——中日所存唐代诗学文献〈琉璃堂墨客图〉新探》，《文艺研究》2012 年第 7 期，第 52—60 页。
⑦　（唐）韩愈：《国子助教河东薛君墓志铭》，《韩昌黎文集校注》卷六，上海古籍出版社 1986 年版，第 361 页。

于吏部参选,据自恃才名,请受万年录事。"①据此,天宝五载薛据应在长安准备考试,杜甫与之亦应由此相识;且薛据亦恃才傲物,与杜甫当惺惺相惜,"浮名"也是关系亲密后说之无妨的戏言。此外,岑参于天宝中又有《送薛彦伟擢第东都觐省》《送薛播擢第归河东》诗,中有"时辈似君稀""称意人皆羡"②"盛名人共闻""弟兄负世誉,词赋超人群"③等语。《旧唐书·薛播传》:"播伯父元暧……卒后,其子彦辅、彦国、彦伟、彦云及播兄据、摠……咸致文学之名……并举进士,连中科名,衣冠荣之。"④则薛播为薛据弟,彦伟为薛据之从兄弟。就几人的关系及声名而言,杜甫当时与之或亦有交。

天宝十一载(752)秋,杜甫与薛据、高适、岑参、储光羲等同登长安慈恩寺塔并作诗酬唱,是为《同诸公登慈恩寺塔》。题注:"时高适、薛据先有作。"诗云:"高标跨苍穹,烈风无时休。自非旷士怀,登兹翻百忧。方知象教力,足可追冥搜。仰穿龙蛇窟,始出枝撑幽。七星在北户,河汉声西流。羲和鞭白日,少昊行清秋。秦山忽破碎,泾渭不可求。俯视但一气,焉能辨皇州。回首叫虞舜,苍梧云正愁。惜哉瑶池饮,日晏昆仑丘。黄鹄去不息,哀鸣何所投。君看随阳雁,各有稻粱谋。"由"登兹翻百忧"总领全文,叙述寺塔之高峻、天气之恶劣、路途之艰苦、景象之昏沉;卒章由景及情,连用虞舜、瑶池、黄鹄及随阳雁等意象,表抒对昔日明君的怀慕及当下文恬武嬉、君子不遇而小人掌权的深刻忧虑。仇兆鳌言:"俯仰高深之景,盱衡今古之识,感慨身世之怀,莫不曲尽篇中……于末幅另开眼界,独辟思议,力量百倍于人。"⑤这般抒写如题注所言,应与同游者尤其高、薛之"先有作"相关。高适诗末云:"千里何苍苍,五陵郁相望。盛时惭阮步,末宦知周防。输效独无因,斯焉可游放。"⑥状写大地迷蒙昏暗之景,表达怀才不遇、报国无门之意。薛据之作今已不存,然其《初去郡斋书怀》诗言:"尚想文王化,犹思巢父贤。时移多逸巧,大道竟谁传……志士不伤物,小人皆自妍。感时惟责己,在道非怨天。从此适乐土,东归知几年。"⑦起首追怀明君、抨击谗佞,最终落脚于"责己""东归"的志愿。又殷璠《河岳英灵集》载:"据……自伤不早达,因著《古兴》诗云:'投珠恐见疑,抱玉但垂泣。道在君不举,功成叹何及。'怨愤颇深。"⑧两诗与杜甫本作内容相似,而均凸显自伤之意,可以推测薛据之作亦应如此。岑、储之作亦大致相类。这样看来,杜甫对慈恩寺塔景致的书写及个体命运的哀悼,既是对亲眼所见、亲身所感的记录,也显然受高适、薛据前作的直接影响;而其卒章忧怀国事,固然另辟蹊径、境界宏阔,但亦可溯源至同游者相似的政治处境与哀怨之思。这既是几人交谊的证明,也反映出大唐盛世转衰时士人精神集体性的转向。

乾元二年(759)秋,薛据除司议郎,毕曜任监察御史,杜甫作诗相赠,是为《秦州见敕目薛三璩授司议郎毕四曜除监察与二子有故远喜迁官兼述索居凡三十韵》。上元元年(760)王维《瓜园诗》序:"时太子司议郎四人薛璩发此题。"⑨可与本诗相印证。诗开首以《大雅》作比,称述薛、毕的文才及迁擢之事;随后以"伊昔贫皆甚"领起,追溯相识相从、乱中离散至今各自的经历;铺叙至二子回京升迁后陡转"官忝趋栖凤,朝回叹聚萤",自述索居之荒凉惨淡,并连用"不嫁""埋剑""提刀""侏儒""渔父"等典故比喻,表露既渴望重受任用、又恐为流俗所污的矛盾心境;卒章宕开一笔写邺城

① 傅璇琮主编:《唐才子传校笺》卷二,中华书局1995年版,第306—307页。
② (唐)岑参:《送薛彦伟擢第东都觐省》,《岑参诗笺注》卷三,中华书局2018年版,第559页。
③ (唐)岑参:《送薛播擢第归河东》,《岑参诗笺注》卷四,第685页。
④ (后晋)刘昫:《旧唐书》卷一四六,第3955—3956页。
⑤ (清)仇兆鳌:《杜诗详注》卷二,第106页。
⑥ (唐)高适:《同诸公登慈恩寺塔》,《高适诗集编年笺注》,中华书局1981年版,第233页。
⑦ (唐)薛据:《初去郡斋书怀》,《全唐诗》卷二五三,中华书局1960年版,第2853页。
⑧ (唐)殷璠:《河岳英灵集》卷下,《唐人选唐诗新编》(增订本),中华书局2014年版,第225页。
⑨ (唐)王维:《瓜园诗并序》,《王维集校注》卷六,中华书局1997年版,第511页。

战事,勉励二子为国效力,又以鹦鹉、鹣鸽自喻,表达思念及渴望援引之情。唐杜佑《通典》卷三〇"东宫官"载:"太子司议郎四人,精选名士以居之……掌侍从规谏、驳正启奏,并录东宫记注,分判坊事,职拟给事中。"①尽管东宫官在玄宗后日渐闲散化,然薛据掌规谏启奏,与现实政治仍关系紧密,亦是对其才能的肯定;而杜甫则因疏救房琯被贬为华州司功参军,又弃官索居秦州,生活潦倒。二者境遇对比鲜明,杜甫既为友人欣喜,但自身的沉沦蹭蹬之感也不免会加重,甚至生出仕隐的焦虑;对昔日同甘共苦的怀念,以及卒章的援引之请,也都是建立在与薛据的感情基础上,因仕途的巨大差异而发的,流露出深切的疲惫无奈之感。而杜甫向薛据诉说上述情感,尤其卒章托付之以平定战乱之重任,也是出于对其才能的了解及二者交情之深厚。《资治通鉴·乾元二年》载:"郭子仪等九节度使围邺城……人皆以为克在朝夕,而诸军既无统帅,进退无所禀……城久不下,上下解体。"②与诗相印证,可见战况之难。这样看来,杜甫本诗所表抒的身世之慨、家国之忧,都建立在"与二子有故"的语境之中。

大历初,杜甫在夔州,薛据则以水部郎中寓居荆州,二人依旧寄赠甚密。杜甫《别崔潩因寄薛据孟云卿》诗言:"荆州遇薛孟,为报欲论诗。"又《赤甲》:"荆州郑薛寄诗近,蜀客郇岑非我邻。"计有功《唐诗纪事》卷二五"薛据"载:"'省署开文苑,沧浪学钓翁',据之诗也。子美怀据诗乃云:'独当省署开文苑,兼泛沧浪学钓翁。'"③此"怀据诗"即《解闷十二首》(其四)。杜甫增益薛据原诗以抒怀友之思,也是二者诗交的旁证。大历二年(767),薛据将前往长安,杜甫寄诗赠之,是为《寄薛三郎中璩》。诗起首大发人生渺小、辛劳衰老的感慨,再以"忆昔村野人"领起,回顾二人安史之乱前的亲密交游,与当下的分离对照;又自述"疟疠终冬春""余今委修短"等老病之状,反衬薛据"挥洒动八埏""才力老益神"的雄壮气魄;又想象荆州美景及相送之途,表露亲赴荆州相送的美好愿景;卒章气势转向沉郁,感慨自身病重衰废,勉励薛据行明君忠臣之义。本诗背景、内容与结构与乾元二年(759)寄薛据诗一脉相承。杜甫因严武逝世而离开成都,孤苦瓢泊,因病滞留夔州;薛据则滞留荆州多年,老当益壮,此番回朝重受任用,且其年龄应较杜甫更长。④与好友境遇的对比再次引发杜甫对过往的怀念及当今的悲慨,尤其自身相对年少反而衰病,令其对生命的流逝产生了更深的敏感,情绪也更为低沉绝望。在此种情况下,杜甫向薛璩倾诉衰废之感、表露相送之意,均是二者交情的见证;而其卒章以自身明君忠臣、致君尧舜的理想勉励薛璩,既是自身老病的无奈之举,也将二者的交情推向了生命中的极致。

四、杜甫的安史之乱书写与薛氏军将

大历八年(773)程浩撰薛嵩神道碑言:"地有壒郁之气,在河汾上;星有焜耀之精,在毕昴下。受其气,间出为方伯;应其精,代兴为神将,焯有休绩。"⑤河东薛氏本是凭借军功崛起的士族,又长

---

① （唐)杜佑:《通典》卷三〇,中华书局 1988 年版,第 826 页。
② （宋)司马光:《资治通鉴》卷二二一,中华书局 1956 年版,第 7068 页。
③ 王仲镛:《唐诗纪事校笺》卷二五,中华书局 2007 年版,第 822 页。
④ 储仲君据薛据《落第后口号》诗指出:"据三十岁时尚未及第。若以三十一岁、开元十九年及第计算,则其生年为公元七〇一年,亦即据之生年当在此年之前。"说甚确。参见傅璇琮主编:《唐才子传校笺》卷二,中华书局 1995 年版,第 306 页。
⑤ （唐)程浩:《唐故开府仪同三司检校尚书右仆射兼御史大夫相州刺史昭义节度使平阳郡王赠太保薛公神道碑铭并序》,《山西碑碣》,山西人民出版社 1997 年版,第 109 页。

期以武勇为传统,形成代有良将的光辉历史。在安史之乱中,薛景先①、薛兼训、薛嵩等河东薛氏军将既是影响战局的关键角色,又是影响到杜甫对这一历史事件书写的重要角色。一方面,薛氏军将本身成为书写的内容,作为"诗史",可与史乘相印证或补史之阙;另一方面,薛氏军将作为书写的语境,形塑并呈现着杜甫对这一事件的评述。

薛景先在安史之乱中功勋卓著,由陈仓令累迁至御史大夫,卒谥"忠烈"。开元二十七年(739)薛崇允墓志载其世系:"高祖德充,皇朝相卫徐泗州刺史,河东县开国侯;曾祖怀昱,饶州刺史,右常侍,袭河东侯;大父瓘,宗正卿,左奉宸卫大将军,尚城阳长公主,驸马都尉。考绪,中散大夫,尚舍奉御,封翼城县开国男,追赠使持节隰州诸军事,隰州刺史……嗣子前乡贡明经、吏部常选回。"②景先即薛回之子,与《新唐书·宰相世系三下》相合,知其出于薛氏西祖第三房。杜甫有《塞芦子》诗提及景先,又作《秋日荆南送石首薛明府辞满告别奉寄薛尚书颂德叙怀斐然之作三十韵》寄赠。

至德二载(757),杜甫陷于长安,作《塞芦子》诗,意在警示崤函防备空虚、西北形势危险,并提出由延州分兵趋守芦子关的救急之策。诗中插叙薛景先:"岐有薛大夫,旁制山贼起。近闻昆戎徒,为退三百里。芦关扼两寇,深意实在此。"以"三百里"极言景先镇守扶风、牵制敌军之功,并以此作为分兵守芦的证据,钦慕赞叹之情跃然纸上。《资治通鉴·至德元载》:"贼遣兵寇扶风,薛景仙击却之……江、淮奏请贡献之蜀、之灵武者,皆自襄阳取上津路抵扶风,道路无壅,皆薛景仙之功也。"③可与诗相印证。由"岐有薛大夫"可见,杜甫与景先当时应不相识,这样的钦慕无疑也为此后二者相识相知奠定基础。

大历三年(768)秋,石首县令薛氏任满赴京,杜甫作诗送别并奉寄薛景先,是为《秋日荆南送石首薛明府辞满告别奉寄薛尚书颂德叙怀斐然之作三十韵》④。诗交代薛明府任满赴京的情况,再由"往者胡星孛"领起,回顾安史之乱与景先之功,是为"颂德";紧接叙述战后景先戡乱和蕃之功与自身贫病流离之状,卒章勉励其"努力输肝胆,休烦独起予",是为"叙怀"。其中极力渲染当时国破城空的乱象,以此引出景先:"公时呵猃狁,首唱却鲸鱼。势惬宗萧相,材非一范雎。尸填太行道,血走浚仪渠。滏口师仍会,函关愤已摅。紫微临大角,皇极正乘舆。赏从频峨冕,殊恩再直庐。"清人卢元昌注:"杀杨国忠妻子及虢国夫人,是呵猃狁也。既克复扶风,又击破贼兵,是却鲸鱼也。时军中乏饷,景仙控御贼冲,故江淮之粟,得自襄阳达于扶风,其功与萧何之转输关中相埒,不但如范雎之攻拔城邑也……太行,乃思明之寇。浚仪,乃庆绪之兵。滏口即安阳河,时王师共会于此。函谷关,在陕州,东京复而旧愤可摅也。紫微临,帝星复明也。皇极正,肃宗还京也。赏从,谓扈从有功。"原注:"再直庐者,薛旧执金吾,新授羽林军,前后二将军也。"又清人朱鹤龄言:"《逆臣传》载:'代宗讨史朝义,右金吾大将军薛景仙,请以勇士二万,摧锋死贼。'观此诗'滏口'数语,则收东京时,景仙尝会师滏阳,立功河北矣。《旧书》:'至德元载十二月,秦州都督郭英乂,代景仙为凤翔太守。'而不言景仙迁转何官。此诗云'殊恩再直庐',岂景仙自凤翔入,即历金吾羽林之职耶。史家阙轶甚多,可据此补之。"⑤

---

① 薛景先,名又作"景仙"。大中八年(854)王逢墓志载:"夫人河东薛氏,凤翔节度使、右龙武统军景先之孙,陕州陕县尉大辩之女。"知其名当以"景先"为确。(唐)李郧:《唐故朝议郎守恭陵台令王君墓志铭》,《大唐西市博物馆藏墓志》,北京大学出版社2012年版,第919页。

② (唐)贺兰晋:《大唐故游骑将军守左卫勋一府中郎将上柱国翼城县开国男薛府君墓志铭并题》,《秦晋豫新出墓志搜佚三编》,国家图书馆出版社2020年版,第575页。

③ (宋)司马光注:《资治通鉴》卷二一八,第6986—6995页。

④ (宋)黄鹤注:"大历二年……薛景仙自吐蕃使还……此诗云'闻道和亲人',又云'跋涉体何如',则薛尚书必景仙也。"说可从。参见(清)仇兆鳌:《杜诗详注》卷二一,第1909页。

⑤ (清)仇兆鳌:《杜诗详注》卷二一,第1911—1914页。

此段以赋法铺陈，较完整详细地叙述了景先在安史之乱中的经历、功绩与所受赏赐，与史乘相参照，可以补正薛景先会师滏阳、征讨朝义、由扶风太守迁右金吾卫大将军等事件；且笔调摇曳婀娜、繁芜华丽、典故频出，极意为之"颂德"，这既出于对天下太平的欣慰与对爱国良将的钦慕，也是基于此段经历在二人关系中的关键性，服务于本诗创作的具体背景。诗言："鉴彻劳悬镜，荒芜已荷锄。向来披述作，重此忆吹嘘。"原注："石首处见公新文一通。"又结句言："休烦独起予。"据此可知，当时应是景先来信夸赞杜甫，并申述邀请起用之愿，杜甫遂以此诗回应。杜甫在作《塞芦子》时仍不识景先，则二人相识相从应自至德二载(757)四月杜甫奔赴凤翔或十一月回归长安始，至乾元元年(758)六月其被贬华州司功参军止。可以想见，当时杜甫心怀对景先早期功勋的钦慕，景先亦应与之情投意合，是故多有"吹嘘"，也由战时的同甘共苦奠定了深厚的友谊；但自乾元元年六月起，杜甫流离陇蜀长江一带，景先则一直就任京官，联系也就此转向稀疏。本诗铺叙至回京受赏而止，转向"岂惟高卫霍"等空泛之语及戡乱和蕃等政治大事，以及十一年间二者并未留下任何往还痕迹，都可与此相印证。如此不难想象，景先"新文"中的"吹嘘"应本就聚焦于二者相从共处的短暂时光。本诗作为回应，同样极力渲染此段经历，应带有如下内涵：其一，杜甫受景先来信感染，回忆起与之相识相从的岁月。朱鹤龄言："公与景仙，俱扈从还京。景仙独承恩侍直，官跻八座。'赏从'以下，虽云颂美，流落淹迟之感，实寓其中。"①如诗所言"重此忆吹嘘"，这段时间既是二者交情最深、关系最亲密的一段，也是杜甫宦途中相对得意的一段。以此为景先"颂德"，亦是回望美好的过去，与当下二者相去霄壤、自身漂泊无依的景况相对照。其二，杜甫收到景先的夸赞与邀请，需要礼节性地回应。这段时间既是其对景先了解最详细清晰的一段，也应恰与景先来信的内容相合。

薛兼训亦是征讨安史叛军的名将。长庆元年(821)薛纬墓志载其家世："其先河东汾阴人也……曾祖彦举，皇太子舍人、赠绵州刺史。祖泰，皇右卫大将军、户部尚书、赠太子少师。父兼训，皇河东节度使、太原尹、检校工部尚书、韩国公、赠司徒，谥肃。公即韩公三子也。"②乾元二年(759)春，杜甫撰《洗兵行》(又作"洗兵马")诗，歌颂战局平定，称扬平叛功臣，表露对起用良臣、百姓安居、天下太平的美好愿景。起首言："中兴诸将收山东，捷书夜报清昼同。河广传闻一苇过，胡危命在破竹中。只残邺城不日得，独任朔方无限功。"《资治通鉴·乾元元年》："十月……拔卫州，庆绪走，子仪等追之至邺，许叔冀、董秦、王思礼及河东兵马使薛兼训皆引兵继至。"③可与之相参证。数句写王师气势极盛、克敌极易，笔调摇曳明快，笔力苍劲矫健，欣喜之意渗于字里行间，与前文所及同年兵陷困境后寄薛据、毕曜诗中"忠臣词愤激，烈士涕飘零""仰思调玉烛，谁定握青萍"的悲愤忧虑形成鲜明对照。

薛嵩原是叛军史朝义手下相州守将，后带兵归降。程浩为撰神道碑，载其世系："祖官□代州都督、左武卫大将军，讳仁贵；考幽州长史、节度使摄御史中丞、右羽林大将军、汾阴县男、赠太子太傅，讳楚玉。"④与《新唐书·宰相世系三下》相合，知其出于河东薛氏南祖房。杜甫对其归降一事保持长期密切的关注，有多首诗歌提及。

宝应元年(762)冬，杜甫作《渔阳》诗，为雍王李适授钺统军鼓吹，展望河北收复之易。中言：

① （清）仇兆鳌：《杜诗详注》卷二一，第1914页。

② 《唐故蔚州刺史充横野军使兼知当州铸钱事河东薛公故夫人扶风马氏合祔墓志铭并序》，《秦晋豫新出墓志搜佚续编》，国家图书馆出版社2015年版，第1080页。

③ （宋）司马光：《资治通鉴》卷二二〇，第7062页。

④ （唐）程浩：《唐故开府仪同三司检校尚书右仆射兼御史大夫相州刺史昭义节度使平阳郡王赠太保薛公神道碑铭并序》，《山西碑碣》，第109页。

"猛将翻然恐后时,本朝不入非高计。"仇兆鳌注:"猛将,指河北降将,时薛嵩以四州来降。"①《资治通鉴·宝应元年》:"十一月……邺郡节度使薛嵩以相、卫、洺、邢四州降。"②可与此相印证。该诗作于薛嵩归降后不久,推测摹写其在雍王领兵后迅速悔悟、忧心未来、唯恐失策的可笑模样,语带嘲讽,流露对战局变化的得意与乐观之怀。

广德元年(763)春,杜甫送严武入京赴职,作《与严二郎奉礼别》诗。中有:"山东群盗散,阙下受降频。诸将归应尽,题书报旅人。"黄鹤注:"是时薛嵩以四州降,田承嗣以魏州降,故云'受降频'。"③诗以"散""频"对举,叙写敌军溃散之状;又想象盗息兵归、一片祥和之气,请求严武到京后报信确认,同样可见欣喜畅意。

广德元年秋,杜甫撰政论诗《有感五首》。其五曰:"胡灭人还乱,兵残将自疑。登坛名绝假,报主尔何迟。"王嗣奭《杜臆》言:"贼之降将薛嵩……等迎拜仆固怀恩,乞行间自效。怀恩恐贼平宠衰,故奏留嵩等分帅河北。此公诗所云'兵残将自疑'也……夫此诸将俱有土地、人民、兵甲、财赋,非假饰者,蒙宠如此,尔之报主何迟耶? 公不欲直指朝廷之失,故含蓄言之。本意实谓:各镇权重,故启其负固不臣之心。"④《资治通鉴》载此事在广德元年闰正月,言:"朝廷亦厌苦兵革,苟冀无事,因而授之。"胡三省注:"河北藩镇,自此强傲不可制矣。"⑤可与此相印证。诗通过质问表达对薛嵩等人祸乱之忧,隐晦指明朝廷政策之失,可见杜甫对时政人心的深切关怀与深刻论断。

大历元年(766)秋,杜甫撰《夔府书怀四十韵》。朱鹤龄注:"田成嗣、薛嵩等降……分帅河北,自为党援,由是诸镇桀骜,遂不可制。公诗'总戎存大体,降将饰卑词',正纪其事。"⑥大历二年(767)秋,杜甫又撰《复愁十二首》。卢元昌注:"仆固怀恩恐贼平宠衰,奏留薛嵩等分帅河北,自为党援,此正'干戈不肯休'意。"⑦两诗均抒发家国之忧,直指薛嵩等河北降将叛乱的可能,与《有感五首》一脉相承。

就现存文献而言,杜甫与薛嵩并无私交。对于薛嵩归降一事,杜甫由最初的欣喜嘲讽至于随后的忧虑防备,均是其忧国忧民情怀与唐王室立场的一贯体现。相较之下,为薛嵩撰写神道碑文的程浩则提供了另一种视角:"公命悬猰㺄之口,心驰象魏之下,乃慨然顾其家老曰:'吾世建边勋,身荷国宠,上不能死节报国,下不能灭敌立家。今为逆虏将兵,实所未忍……誓将劫盟报主,斩将归朝。尔其志之,吾有愿矣。'……遂领所部精甲三万,成县册,献状阙下。"⑧指出其由叛至降的过程是被逼无奈而曲线救国。这样的叙事固然带有为逝者讳的意味,但也并非完全不合情理。《旧唐书·薛嵩传》载:"时多事之后,姑欲安人,遂以重寄委嵩。嵩感恩奉职,数年间,管内粗理,累迁检校右仆射。"⑨其归降后一直励精图治,并得到唐王朝的认可,这是可与神道碑铭相互印证的。

　　① (清)仇兆鳌:《杜诗详注》卷一一,第966页。

　　② (宋)司马光:《资治通鉴》卷二二二,第7135页。

　　③ (清)仇兆鳌:《杜诗详注》卷一二,第1048页。

　　④ (明)王嗣奭:《杜臆》卷五,上海古籍出版社1983年版,第178—179页。

　　⑤ (宋)司马光:《资治通鉴》卷二二二,第7135页。

　　⑥ (清)仇兆鳌:《杜诗详注》卷一六,第1422页。

　　⑦ (清)仇兆鳌:《杜诗详注》卷二〇,第1742页。

　　⑧ (唐)程浩:《唐故开府仪同三司检校尚书右仆射兼御史大夫相州刺史昭义节度使平阳郡王赠太保薛公神道碑铭并序》,《山西碑碣》,第109页。

　　⑨ (后晋)刘昫:《旧唐书》卷一二四,第3525页。

结　语

上文由杜甫的诗文出发,对其与唐代河东薛氏家族的关系进行了一定的钩稽与论述。京兆杜氏及其中杜甫一系与河东薛氏关系紧密,杜甫的亲祖母即为河东薛氏,杜甫对祖母的尊重与父亲杜闲及"义姑"杜氏相关,其先祖杜乾祚、后世杜济也与薛氏有姻;杜甫对薛稷之诗、书、画均深表向慕,可以追溯至其文艺观念、姻亲家传及时代风潮。杜甫与薛据保持长期交流往还,其早年的意气风发、乱时的家国忧怀及老年的衰颓病废均受此影响,也经由相关诗文表现出来。杜甫的安史之乱书写涉及薛景先、薛兼训、薛嵩三位河东薛氏军将,薛氏军将既是杜甫"诗史"的内容,也在不同程度上形塑着书写本身。此外,杜甫与薛华、石首薛明府等河东薛氏族人也存在联系,亦由此呈现出其在天宝十五载(756)春的长安、大历三年(768)秋的荆州等特定时地的生活与心理状态。事实上,杜甫诗文中还涉及薛复、薛十二丈判官等人,其确切的郡望及与杜甫关系的更多细节或将有赖于新材料的发现。

探索杜甫与河东薛氏家族的关系,对于唐代文士与家族研究具有一定的样本性意义。其一是杜甫家族与河东薛氏的联姻反映出唐代姻亲选择的家族传承情况。在不到百年的时间里,仅杜甫一系就已知有杜乾祚、杜审言及杜济三人与河东薛氏有姻,河东薛氏更有薛遑、薛抡父子皆娶京兆杜氏女。其二是杜甫对薛稷文艺的向慕反映出唐代文化纵向家族传承与横向士人交游的互动关系。同事与姻亲的双重关系令杜审言与薛稷产生较密切的交流,这直接影响到其子杜闲对薛稷书法的学习,又经杜闲影响到其子杜甫"贵瘦硬"等书学观念,并直接塑造其对薛稷书法的向慕。而杜甫自觉回顾这一历程,并以家学传承称赞同受双重影响的刘伯华的书法,亦呈现出新一轮横纵影响的交汇。其三是杜甫与薛据的往还揭示着人际环境对文士心态的影响。在慈恩寺塔唱和中,高适与薛据诗的自伤之语直接影响到杜甫诗的身世之慨,也成为其中国事之思的源头,并在岑参、储光羲的酬诗中得到印证。杜甫乾元二年(759)及大历三年(768)两次寄赠薛据,诗中表露为其欣喜、仕隐矛盾、潦倒衰颓等情感,皆是以与薛据的私交为触媒或语境的。其四是杜甫安史之乱书写与薛氏军将的联系提示着私人语境对"诗史"叙事的形塑。其以赋笔渲染薛景先的战功,很大程度上受二者私交经历的多维度影响。对于薛嵩归降一事,杜甫与程浩由不同立场给出了相去霄壤的态度与阐释,二者与薛嵩的关系对此也存在一定的影响。

(作者单位:浙江大学文学院)

《说文解字》与古代屋室

丁建蓝

摘　要:《说文解字》是我国第一部系统科学地分析字形、审定读音、辨析字义的字书。屋室作为人类生产生活的重要组成部分,《说文》当然也有所涉及。本文从《说文》中与屋室建筑类有关的部首及其所属字入手,尝试探究我国古代屋室的类型、演变、功用、结构等方面的问题,并阐释若干汉字背后的文化内涵。

关键词:《说文解字》;古代屋室;形义阐释

一、房屋建筑类部首

《说文》中与房屋建筑类有关的部首数量众多,包括"宀、穴、广、厂、囗、邑、土、木、高、门、户、草、片"等50余个部首。其中,"宀、穴、广、厂、囗"五个部首所收字多数与屋室建筑有关,因此笔者以这几个部首为例,展现房屋建筑类部首的大体状况。

(一)宀部

"宀",《汉语大字典》认为这是古代的一种房屋。"宀"的甲骨文作"∩",上象屋顶,两竖象墙壁,整个字形为房屋的侧视之形。王筠认为是"一极两宇两墙之形"。金文承甲骨文字形,用作氏族徽号,又用作人名。"宀"后来引申出覆盖义。

《说文·宀部》:"宀,交覆深屋也。象形。"段玉裁注:"古者屋四注,东西与南北,皆交覆也。有堂有室,是为深屋。"可见,"宀"是一种四面有墙,上有覆盖,内有堂有室的深屋。这种屋室成为后世房屋建筑的主要形式,被称为"上栋下宇"式建筑(图1)。

《说文》"宀"部共收字74个(见表1,最后三个为新附字),表示建筑实体、屋宅状貌、居住关系、心态情感等,反映了古人建筑审美、阶级观念、生活态度等信息。

图 1　"上栋下宇"式建筑

表 1　《说文·宀部》所收字

宀	家	宅	室	宣	向	宧	宦	寎	宛
宸	宇	寷	寏	宏	宖	寪	康	良	宬
盦	定	寔	安	宓	㝮	宴	宋	察	竀
完	富	實	宗	容	宄	寠	寶	宭	宦
宰	守	寵	宥	宜	寫	宵	宿	寢	宁
寬	害	寁	寡	客	寄	寓	寠	宎	寒
害	索	寏	宄	宖	宕	宋	㝱	宗	宝
宙	寅	寰	寏						

（二）穴部

《说文·穴部》："穴，土室也。""穴"本义指洞穴，是古人穴居形式的反映。《易·系辞下》"上古穴居而野处"正是其写照。"穴"部共收字 51 个（见表 2），古人穴居的文化信息在这里得到充分的体现。《大雅·文王之什·緜》："古公亶父，陶复陶穴，未有家室。"郑玄笺："凿地曰穴。"于省吾（1982：142）认为"陶"在此做动词用，指烧制穴底与穴壁。穴的内部用陶冶出来的红烧土筑成，质地坚固，也防潮湿。

甲骨文和金文未见单独的"穴"字，金文中"穴"用作偏旁，直到楚系文字中才有"穴"的雏形。"穴"不仅可以表示供居住的洞穴（图 2），还可以表示小的孔洞，人体的穴位等。穴部字多表示孔洞及其相关的意义。

表 2 《说文·穴部》所收字

穴	窳	窨	窯	覆	窀	窐	突	穿	寮
突	窔	窦	窬	窠	窗	窊	窽	空	窒
穵	窳	窨	窌	窖	窬	窝	窥	窥	窣
窅	窦	窒	突	窜	窣	窘	窕	穷	究
窮	窀	窔	邃	窈	窲	窾	窎	窀	夥
窅									

断崖上的横穴

坡地上的横穴

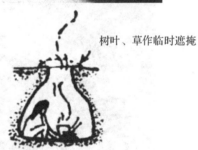

树叶、草作临时遮掩

袋形竖穴

图 2 供居住的洞穴

（三）广部

在今天，"广"是"廣"的简化字，读为"guǎng"，无论是字形，还是字义，都与建筑没有什么直接联系。但在古代，"广"读为"yǎn"，象房屋形，是一种比"宀"简单的建筑。

从字形上看，"广"为古人依崖而造的房屋的侧视之形。《说文·广部》："广，因厂为屋，象对刺高屋之形。"徐灏《说文解字注笺》云："因厂为屋，犹言傍岩架屋。此上古初有宫室之为也。"由于远古时期社会生产力低下，古人最初的居住条件是非常恶劣的，人们多"因岩为屋"，以天然的洞穴为居住之所。这种居住形式在古代文献中多有记载，如《墨子·节用篇》："古者，人之始生，未有宫室之时，因陵丘堀穴而处焉。"又《辞过篇》："古之民未知为宫室，时就陵阜而居，穴而处。"

"广"三面有墙，"宀"四面有墙。王筠《说文句读》云："交覆对广而言，广是堂皇形，三面有墙。宀是房室形，四面有墙。"裘锡圭（1988：138-139）也指出，如果所指的建筑是比较简单的，或者主要不是供人居住的，往往是"广"部字，如"庐""廊""庑""府""库"等（见表 3）。

表3　《说文·广部》所收字

广	府	廱	庠	廬	庭	廇	庖	庌	廡
膚	庖	廚	庫	廄	序	廦	廣	廥	庚
庰	廁	廛	戌	廏	庨	廉	庇	龐	底
庢	廔	庋	庳	庇	庶	庤	庾	廔	雇
廢	庘	庴	廟	宜	廇	庐	廞	廖	廈
廊	廂	庪	庱	廖					

（四）厂部

这里的"厂"并不是今天的工厂义，而是与甲骨文"石"同，象崖巖、山石。甲骨文的"石"是指山石，金文中从"厂"的字也应该是从"石"的省形，所以《说文》云："厂，山石之厓岩，人可居，象形。"即"厂"象突出的石岩，下面的岩洞可以住人（图3）。"厂"部的字一般也与山崖或石头有关（见表4）。

"厂""厈""岸"古本一字，高鸿缙《中国字例》云："厂本象石岸之形。周秦或加干为声符作厈，后又或与厈上加山为意符作岸，故厂、厈与岸实为一字。""厂"与象屋形的"广"本不同字，然而两者形近，故金文偏旁偶有互作。

现在我们说的工厂的"厂"是由"厰"简化而来的，从"广"（yǎn），"敞"声，不属于厂部。

图3　突出石岩下可以住人的岩洞

表4　《说文·厂部》所收字

厂	厓	厜	礒	厰	厝	底	厥	厲	厜
厤	厥	厔	庠	应	厏	厽	厡	厝	厖
庍	灰	仄	厴	厞	厭	厃			

(五)口部

除了"上栋下宇"的建筑形式外,"口"也是一种非常重要的建筑形式。《说文》中许多从"口"之字也都与建筑有关(见表5)。"口"读"wéi",《说文·口部》:"回也,象回帀之形。""口"即"围"的古字。段注:"回,转也。按,围绕,周围字当用此,围行而口废矣。"可见"口"即"守也""绕也"。我们可以把"口"理解为一种建筑空间的限定符号。

表5 《说文·口部》所收字

口	圜	團	圓	囩	圓	回	圖	圈	國
盡	困	圈	囿	園	圃	因	囟	圅	圉
囚	固	圍	困	圂	囮				

可以看出,上述部首字均为象形字,所收字中形声字占绝大多数。这些汉字通过图像构形生动地表现了古代房屋的特征。除此之外,一些房屋建筑类部首也有类似的特点,如门部、户部、木部,也是部首字为象形字,所收字多为形声字,且和古代屋室有着不同程度的关联,分别表示房屋的类型、结构、功用、材料、位置等不同方面。下面,我们将从众多房屋建筑类部首的所属字中挑选具有代表性和典型性的,进一步阐释汉字与古代屋室之间的联系。

二、屋室形制字的分析与归类

(一)屋室的外部形制及名称

我国古代建筑类型丰富,根据地方差异呈现出南北不同的演进规律。

《太平御览》卷七十八引项峻《始穴篇》说:"上古皆穴处,有圣人教之巢居,号大巢氏。今南方人巢居,北方人穴处,古之遗俗也。"这些资料表明,我国远古时代是北窟南巢的居住方式。

先介绍北方的穴居。它主要分为三个阶段。第一阶段是利用天然岩洞构造的房屋,上文所述的"广"就是指这种房屋类型。第二阶段就是人工挖掘的洞穴。这种洞穴与动物挖的洞穴类似,是一种土室、洞窟,只不过大小不同罢了。动物的穴居处一般称"窠",《说文》:"空也,穴中曰窠,树上曰巢。从穴,果声。""窠"的本义是筑在地洞里的鸟窝,后来扩大范围,可以指人类和动物的居所。关于人工洞穴,还有"窖""窨"等称呼。"窖"是储藏物品的地穴。"窨",《说文》:"地室也,从穴,音声。"《广韵·沁韵》:"窨,地屋。"第三阶段是半地穴式,是由穴居向半穴居变化。地穴式房子只用于居住,不包括炊爨,但半地穴式房址在室内设炉灶,兼具居住与炊爨功能。半穴式房屋既有圆形单室,也有前后两室相连的布局方式。两室的半穴式房屋内室做成圆形,外室做成方形,或内外两室都做成方形,中间连以狭窄的门道,整个建筑平面呈"吕"字形,在保温上比单室房屋要好(刘敦桢 1984:26)。我们常说的土窑洞就是在古人半穴式房屋的基础上发展而来的。

再来看南方的巢居。南方气候闷热,多毒兽猛禽,所以人们多采用巢居的方式,把房屋建在树上。《说文·巢部》:"鸟在木上曰巢。"巢居从独树巢居发展为多树巢居,最后演变成一种干栏式建筑(图4)。

表示干栏式建筑的汉字中,"家"是一个颇有争议的字,《说文》云:"居也。从宀,豭省声。"段玉裁批评这种说解迂回曲折,认为不是人之居,而是豕之居。学界还有"宗庙说""家族说"等说法。笔者认为"家"之本义为"人之居",是一种干栏式建筑类型和人豕同居一室的原始居住习俗在汉字中的反映。我国南方一些地区还有人豕同居的干栏式建筑,应该是这种习俗的遗留。在《说文》

里,"宋"同样训为"居"——"宋,居也。从宀,从木。"从字形上分析,"宋"的上部为房屋的外部结构,下面的"木"应是房屋的木构架,徐铉云:"木者,所以成室以居人也。""宋"字也是干栏式建筑的一种反映。

随着时代的进步,房屋也进一步变化,出现了宫室类建筑。这种建筑综合了南北方的长处,打破了地域之间的差异。《说文》:"宫,室也。从宀,躳省声。""宫",甲骨文作𠕁,其中"𠕁"为房屋的屋顶和墙体,"呂"为古人居室中门和窗的象形。可见,"宫"本是象形字,其基本结构形式是"上栋下宇"。《释名·释宫室》:"宫,穹也。屋见于垣上,穹隆然也。"与原来的穴居或半穴居的建筑类型相比,"宫"更为高大,且较干栏式建筑更方便进出,所以"宫"在中国古代建筑史上具有重要地位,是古代屋室走向成熟的标志。

当古代屋室的形制被基本确定,社会的等级制度也就愈发森严了,阶级观念从此深深扎根在人们的心中。此时,根据居住对象的不同,房屋开始有了不同的专名。如"宫"就开始专指皇帝的居室,"宣"也是如此。一般的住宅可用"宅"来表示。《说文》云:"宅,所托也。从宀,乇声。"《释名·释宫室》云:"宅,择也。择吉处而营之也。"这里用声训来解释"宅"字,虽非本义,但反映出古人在营建屋室时"宅土而居"的观念。"宅"字后来也引申为指整个庭院之内。《急就篇》卷三"室宅庐舍楼殿堂"颜师古注:"宅,总言院宇之中也。"即是其例。"宸"也是指一般住宅。平民百姓住的比较简陋的居舍也有其专名。"庐",《说文》:"寄也。秋冬去,春夏居。"段玉裁注:"按许意庐与下文廬义互相足,在野曰庐,在邑曰廬,皆二亩半也,引申之凡寄居之处皆曰庐。""庐"是在田野里的简陋棚舍,秋冬农闲时不用,春夏农忙时则用于居住。"庰",《说文》:"中伏舍。"即是中间低矮的屋子,这种矮小低洼的房子一般也是平民所居。

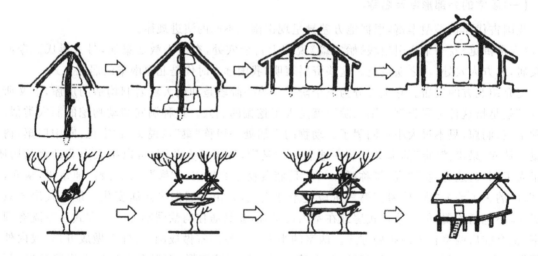

图4 从巢居和穴居发展为真正意义上的建筑

（二）屋室建筑的内部结构

1. 房屋布局

我国古代居室一般朝南,建筑在一个高出地面的台基上。居室的主体部分为堂,位于建筑的前部中央,堂前是台阶,登上台阶进入堂房也叫"升堂"。《说文》:"堂,殿也,从土,尚声。""土"指建筑的主要材料是土,这里表示土木建筑。"尚"既表音,又表义,有崇尚、尊崇的意思,表明堂在古代居室里的地位举足轻重。堂东西两边有两根楹柱,两侧的墙壁叫作"序"。堂上座位以朝南为尊,所以有"坐北朝南"的说法。在古代,堂不住人,是行吉凶大礼的地方,朝会祭祀、接待宾客、选士教学等重要行为都在堂内举行。正因为堂是家庭活动的主要场所，所以"堂"又可以用来表示同祖父的亲属关系。

堂的东西两序把余下空间隔开，在序外东西两侧各形成一个与堂进深相同的、狭长的空间。这两个狭长的空间又前后隔断，形成东西各两个房间。靠近正门的一侧的房间为"厢"，离门较远的一侧为"阁"。汉以后，"厢""阁"的含义均发生变化，"厢"指正房两边的房屋，"阁"则指阁楼，往往在四周设栏杆回廊（杨金鼎 1987：185）。

"室"，《说文》："实也。从宀，从至。至，所止也。""室"位于"堂"的后部，有"户"与"堂"相连，供人居住寝卧。室内以朝东为尊，四个角落被称为"隅"。由于"室"在前，"堂"在后，所以登堂之后才能入室。《论语·先进》云："由也升堂矣，未入于室也。"这里就反映出"室"和"堂"的分布格局，也借此比喻子路学问不够。古代嫡妻居住于"室"，所以又称嫡妻为"正室""妻室""内室"。

"房"，《说文》："室在旁也。从户，方声。"段注："方，又假借为旁。"房位于室的两侧，分为"东房""西房"，同样有"户"与"堂"相连。因为古代的妾往往住在室旁之房，所以庶妻又可以称为"侧室""偏房"等。后来，"房"的词义繁华，凡是居室皆可称"房"。

"庭"也是古代屋室中不可少的部分，是"廷"的分化字。"廷"本义是堂前至门内的空地，是臣子朝见君主的地方。最初朝见君主的"廷"是露天的，后来改在室内，故又从"广"。《正字通》："古者廷不屋，诸侯相朝，雨沾衣失容则废，后世始屋之，故加广，廷、庭实一字也。"因此，"廷""庭"本通用，后来为了区别，便以"廷"专门表示君主听政的处所。"庭"一方面延续之前的用法，表示堂前门内的空地；另一方面则指室内，含义为"厅"，即古代的"中室""中霤"。正如《说文》云："庭，宫中也。从广，廷声。"段注："宫者，室也。室之中曰庭。"此外，"廇"也表示正房的中央，《说文》云："中庭也。从广，留声。"

2. 采光通风

"窗"本作"囱"（chuāng），《说文》："在墙曰牖，在屋曰囱。象形。窗，或从穴。"段玉裁注："屋在上者也。""囱"是开在屋顶上的天窗，可以通风透光，也可以排烟。故"囱"后来引申为灶突，即烟囱（cōng）。秦以后加"穴"字头，进一步明示含义。后来，"窗"的词义开始泛化，不再专指天窗，也可指壁窗，开在墙上的通风口等，"窻""牎""牕""窓"等皆为"窗"之异体。

"牖"是门旁的小窗，有木棍制成的棂格，开在内室之南墙壁上，于户之西面。《说文》："牖，穿壁以木为交窗也。"段玉裁注："交窗者，以木横直为之，即今之窗也。"交窗就是以木为交，制成棂格，不同式样的棂格还可表示不同的品阶等级。

"向"，《说文》："北出牖也。从宀，从口。"徐灏《说文解字注笺》："古者前堂后室，室之前为牖，后为向，故曰北出牖。"又清夏炘《学礼管释·释窗牖向》："牖与向不同，南出者谓之牖，北出者谓之向。"所以，"向"是外墙朝北的窗，因方向性很强，后来可表示朝向。

"轩"，本义为古代一种前顶较高而有帷幕的车子，供大夫以上的臣子乘坐。《说文》："曲輈藩车。从车，干声。"后有窗户义，表示长廊上的窗子。《文选·张景阳〈七命〉》："承倒景而开轩。"李善注："轩，长廊之窗也。"

"寮"指小窗。《文选·张衡〈西京赋〉》："何工巧之瑰玮，交绮豁以疏寮。"李善注："《苍颉篇》曰：'寮，小窗也'。《古诗》曰：'交疏结绮窗。'""寮"往往没有方向、位置的区分（薛儒章 1989：119）。

3. 门户构件

《说文·门部》："门，闻也。从二户，象形。""门"，甲骨文为"門"，象形字，本义为双扇的门。《玉篇·门部》："门，人所出入也。在堂房曰户，在区域曰门。""门"主要是阻止外人进入的，指庭院之门。单扇的门则叫"户"，指内室之门，"户"也可用来指小门。《说文·户部》："户，护也。半门曰户。""户"，甲骨文为"𝖕"，象单扇的门。《释名·释宫室》："户，护也。所以谨护闭塞也。"

"扇""阖""扉"均为门扇义。《集韵》："以木曰扉，以苇曰扇。"又《礼记·月令》："是月也，耕者少舍，乃修阖扇。"郑玄注："用木曰阖，用竹苇曰扇。"可以得出，"扇"为竹或苇编织的门扇，"阖"为木质的门扇，"扉"也是木质的门扇。黄金贵（2016：550）指出，因"阖"从门，"扉"从户，可以推知"阖"为双扇，高大；"扉"为单扇，较小。后这三个字浑言无别，可以指各种门扇。

"关"（關），本义指门闩。《说文》："以木横持门户也。"主要指从里面关门用的门闩，不仅用于古代屋室，还常用于城门。《墨子·备城门》："门植关必环锢。"即指城门的直木和横栓一定要关锁坚固。后"关"引申出关口义，如《管子·问》："征于关者勿征于市，征于市者勿征于关。""楗"常与"关"连用，也指门闩，是门上竖插的木条。《说文》："楗，限门也。从木，建声。"《老子》第二十七章："善闭，无关楗不可开。"范应元注："楗，拒门木也。或从金傍，非也。横曰关，竖曰楗。"扃是从外面关闭的门闩，《说文》："扃，外闭之关也。"

"阈"（閾），《说文》："门榍也。"《玉篇》："门限也。"即是门槛的意思。"粦""柣""阃"也可以表示"门槛"。如《淮南子·说林》："虽欲谨亡马，不发户粦。"高诱注："粦，户限也。"

4. 屏障遮挡

古人居室发展到地面后，墙也随之成为建筑中的一个重要构件。在房屋建筑中，墙的重要性不言而喻，墙不仅起到承重的作用（图5），而且还起到了隔断的作用（图5）。"墙"，《说文》："垣蔽也。"段玉裁注："《左传》曰：'人之有墙，以蔽恶也。'故曰垣蔽。""墙"是房屋、院落周围的障蔽，往往非常高大。

"培"，特指房屋的后墙。《淮南子·齐俗》："颜阖、鲁君欲相之而不肯，使人以币先焉，凿培而遁之。"高诱注："培，屋后墙也。"

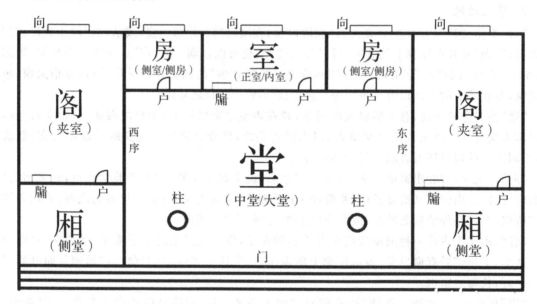

图 5　屋室建筑的内部结构

"屏"本义为照壁，即对着门用作遮挡的小墙。《说文》："屏蔽也。从尸，并声。"《荀子·大略》记载："天子外屏，诸侯内屏，礼也。外屏，不欲见外也；内屏，不欲见内也。"表示天子与诸侯府第照壁位置有别。"屏"的作用主要是挡住人们的视线，防止外人的窥视，也叫"影壁""萧墙"。后来，"屏"进一步引申为屏障之物、屏风等。屏风设于室内，用于阻挡视线，因装饰不同而有不同的称呼,如"画屏""云屏""屏条"等。

"宸",《说文》:"户牖之间谓之宸。""宸"指古代建筑门和窗之间的地方,即堂的靠北正中。后特指门窗之间的屏风。

"幔",本义为帷幕。《说文》:"幕也。从巾,曼声。""幔"也表示以布帛制成,遮蔽门窗等用的帘子。如南朝齐谢朓《秋夜》:"北窗轻幔垂,西户月光入。"还有"帷""帐""幕"等也是用于遮挡的帘子。

三、建筑功能用途及与人的联系

(一)屋宇建筑的功能用途

1. 居住功能

一是人的居所,如"宋""宿""寝";二是监禁人的场所,如"囹""圄";还有畜养牲畜的地方,如"圈""牢""廄"等。

"宿",《说文》:"止也。"从字形上看,"宿"象人卧于室内席上止息之形。甲骨文的"宿"为𠈃字,外面是一座房屋的形象线描,屋内右边是一条席子,席子上面仰躺着一个人,表示在屋舍内住宿的意思。

"寝",《说文》:"卧也。"甲骨文的"寝"字是一个会意字,为𡩟,外部是表示房屋形,内里是一把扫帚,表示打扫居室,以便睡觉之义。金文的"寝"字在甲骨文的基础上,又增添了一只"手",字形为"𡪡",进一步明确清扫之义。

"囹,狱也","圄,守之也",从"囗",强调人被囚禁的特征。

"圈",《说文》:"养畜之闲也。"本义是饲养牲畜,有栅栏的地方。"牢",《说文》:"闲,养牛马圈也。""牢"甲骨文作"𡇥",象家畜关在栏圈内,指养牛马的栏圈。"廄,马舍也",为养马的处所。

2.储存功能

"囷",《说文》:"廪之圜者。"指用来存放粮食的圆形仓库。"庾",《说文》:"水槽仓也。"指储存水路转运粮食的仓库。"库",《说文》:"兵车藏也。"表示收藏兵车及武器之所。"府",《说文》:"文书藏也。"指收藏财物或文书之所,后引申为府第。"廥",《说文》:"刍藁之藏。"是存放草料的房舍。"庖",《说文》:"厨也,从广,包声。""厨",《说文》:"庖屋也,从广,尌声。"两字均指厨房,是储存食物的重要场所。

3.祭祀功能

宗,《说文》:"宗,尊祖庙也。"李孝定《甲骨文字集释》云:"示象神主,宀象宗庙,宗即藏主之地。""庙"与"宗"性质相同,《说文》:"庙,尊先祖皃也。"古文为"庿"。《释名·释宫室》:"庙,貌也。先祖形貌所在也。"段注:"宗庙者,先祖之尊皃也。古者庙以祀先祖,凡神不为庙也。为神立庙者,始三代以后。""庙"本义也是一种祭祀祖先的建筑,后引申指寺庙。我们的先民很早就产生了原始的祖先崇拜的思想,而宗庙正是祖先崇拜思想的产物。

(二)建筑与人的联系

当房屋满足了人们的生存需要后,人们对生活之处有了更多的主观考量,很多建筑相关字就体现了这种人对建筑的感受。

1. 人的心理

在古代屋室字中,有很大一部分字是阐述人与建筑的关系的,其中一部分是表示人类心态的词语,体现了屋室对人的作用。农耕文明时期住所使人心安定,使人拥有平和宽仁的心态。

"安",《说文》:"静也。从女在宀下。""安",甲骨文作𡤾,象一女子在屋内安坐之形。古人认为,有屋有女,即为安。另外,"定"也是人的心理感受。《说文》:"定,安也。"人走入屋中即为定。"宝",《说文》:"宝,安也。从宀,心在皿上。人之饮食器,所以安人。"屋内有吃的东西,即为"宝"。"宓,安也。""宴,安也。""宜,所安也。"这些字都反映了人们在有了房屋之后的一种安定、闲散、舒适的心理感受。

2. 居室条件

表示居室条件较好的字有:完、宽、宥、富、实(實)、宝(寶)等。

《说文》:"完,全也。"本义为居室周全。"宽,屋宽大也","宥,宽也",可见完、宽、宥都是指住宅面积大,人在其中生活舒适。"实",从宀,从贯,指家中有钱财。"宝",从宀,从玉,从贝,表示家里有宝物。"富",《说文》:"富,备也,一曰厚也。"

同样,房屋建筑字中也有表示居住条件不好的字,如"宴""寒"等。

《说文》:"宴,无礼居也。"《释名·释姿容》:"宴数,犹局缩。""宴"为狭小意,本义指居室之小,后引申为无财备礼和贫者的通称。《说文》:"寒,冻也,此人在宀下,以茻荐覆之,下有仌。"即说明房屋之简陋。

3. 居住形式

不少屋室相关字表示居住形式,其中重要一种是寄居旅居。如"寄",《说文》:"托也。""客",《说文》:"寄也。"金文写作"𡩾"字,上部为屋室之形,下面为"各"。"各"是"到来"的意思,则"客"表示"来到屋室"之义。"寓",《说文》:"寄也。"可以表示寄托、寄住,如宋濂《送东阳马生序》:"寓逆旅,主人日再食。"

还有一部分字可以表示拥挤的群居生活。"宭",《说文》:"群居也。""宿",《说文》:"屋迫也。"王筠句读:"屋中迫促,少所容也。""宦",《说文》:"人相依宦也。"指房屋空间狭小,人们相互依存。

结　语

通过上面的分析,我们可以注意到:由于有些字的字形比较复杂,字义重复,会被其他汉字所取代。另外,随着所指事物或概念在社会发展中消失,很多字就不常用了,成为死字。如第一部分举例的五个部首中,消亡的字就有"宦、𡩛、𠨑、宲、康、㝮、㝩、宋、窺、宗、宂、寪、㝅、㝡、㝫、㝰、㝲、㝤、㝞、㝧、㝟、㝜、廄、庈、庌、庑、庀、庂、庍、庉、厫、广、圓、圂、壼、囡、盆、覆、竃、突、窸、突、穼、𥧌、窻、窒、窾、窷、𥦗、审"等,这些字虽然退出历史舞台,但它们作为汉字发展的重要一环,对汉字演变及古书阅读仍有价值,也值得研究。

古代居室字是离不开古代文化的,从这些字里可以看出古代生活中的文化因子。其中,有远古先民对自然的思考,如"宇""宙"等字就蕴含着人们的探索意识;有森严的等级制度,如阶级不同,房屋类型就会不同,屋内摆件也不相同;有祖先崇拜意识,如"宗""庙"一类字在古代生活中广泛运用;有对人本思想的挖掘,聚焦房屋中人的状态行为,如"宰""守"等字的含义都与屋下人相关……所以,通过对古代居室相关部首及相关字的分析,我们可以窥知古代居住文化的构建,对汉字文化学的研究等都具有一定的意义。

参考文献

段玉裁:《说文解字注》,上海古籍出版社 2012 年版。

高鸿缙:《中国字例》,台北三民书局 2008 年版。

顾野王:《大广益会玉篇》,中华书局 1987 年版。

桂馥:《说文解字义证》,中华书局 1987 年版。

汉语大字典编辑委员会:《汉语大字典》(第二版),四川辞书出版社,崇文书局 2010 年版。

胡婧:《说文解字房屋建筑类词形义研究》,硕士学位论文,江西师范大学,2011 年。

黄金贵:《古代汉语文化百科词典》,上海辞书出版社 2016 年版。

李孝定:《甲骨文字集释》,台北:台湾"中研院"历史语言研究所 1970 年版。

刘敦桢:《中国古代建筑史》(第二版),中国建筑工业出版社 1984 年版。

刘艳华:《说文解字建筑词的文化阐释》,硕士学位论文,内蒙古师范大学,2006 年。

裘锡圭:《文字学概要》,商务印书馆 1988 年版。

孙启荣:《古代居室演进的汉字文化透视》,《开封教育学院学报》2013 年第 27 卷第 1 期,第 71—75 页。

王建军:《"宀"、"广"二词词源义及其部属字特征》,《语文学刊》2009 第 14 期,第 153 页。

王筠:《说文解字句读》,中华书局 1998 年版。

王筠:《说文释例》,中国书店 1983 年版。

王念孙:《广雅疏证》,上海古籍出版社 1983 年版。

徐灏:《说文解字注笺》,《续修四库全书》225 卷—227 卷,上海古籍出版社 2002 年版。

徐锴:《说文解字系传》,中华书局 1987 年版。

徐中舒:《甲骨文字典》,四川辞书出版社 1989 年版。

许慎:《说文解字》,中华书局 1963 年版。

薛儒章:《简明古汉语类词词典》,对外贸易教育出版社 1989 年版。

杨金鼎:《中国文化史词典》,浙江古籍出版社 1987 年版。

于省吾:《泽螺居诗经新证》,中华书局 1982 年版。

张磊:《〈说文〉"宀"部字与古代建筑文化》,《昆明大学学报》2005 第 2 期,第 43—46 页。

附记:本文承王云路老师指正,梁逍师克也提供了帮助,特此致谢。

（作者单位:浙江大学文学院）

《说文解字》隹部、鸟部、羽部字研究

赵梓砚

摘　要:本文以《说文》隹部、鸟部、羽部字为研究对象,参考《尔雅》《广雅》《玉篇》《说文通训定声》等典籍,对其中的一部分字作了本义和引申义的探讨,同时讨论了造字缘由、字形结构的文化内涵等。隹部、鸟部、羽部字不仅反映了鸟类名物,还记录了许多与此相关联的义项,体现出造字的形象性、联想性与整体性。

关键词:《说文解字》;隹部字;鸟部字;羽部字

一、隹部字

(一)隹

《说文解字》隹部有 39 个正体和 12 个重文,共计 51 个字。

《说文·隹部》:"隹,鸟之短尾总名也。"段玉裁注:"短尾名隹,别于长尾名鸟。云总名者,取数多也。"又"隹"同"雐",即鹁鸠、鹁鸪。《诗·小雅·四牡》"翩翩者雐",毛传:"雐,夫不也。"郑笺:"谨慤孝顺之鸟也,本作隹。"

"隹"还是"唯(惟)"的古字,助词。《老子》"夫佳兵者不祥之器",王念孙《读书杂志·余编上·老子》云:"佳当作隹,字之误也。隹,古唯字也(唯或作惟,又作维)……古钟鼎文唯字作隹,石鼓文亦然。"

(二)与隹相关的字

1. 形声字

(1)雞,《说文》:"知时畜也。从隹,奚声。鷄籀文雞,从鸟。"同"鸡"。

(2)雛,《说文》:"鸟也。从隹,支声。一曰雉。"

(3)雉,《说文》:"有十四种:卢诸雉,乔雉,鳪雉,鷩雉,秩秩海雉,翟山雉,翰雉,卓雉,伊洛而南曰翚,江淮而南曰摇,南方曰翯,东方曰甾,北方曰稀,西方曰蹲。从隹,矢声。𨿟古文雉,从弟。"《诗·邶风·雄雉》"雄雉于飞"朱熹《集传》:"雉,野鸡。雄者有冠,长尾,身有文采,善斗。"俗称野鸡、山鸡,为雉类鸟通称。《尔雅·释诂上》:"雉,陈也。"《玉篇·隹部》:"又城高一丈三尺为雉。又陈也,理也。"另外,"雉"通"夷",训为"平"。如《左传·昭公十七年》:"五雉为五工正,利器用,正度量,夷民者也。"孔颖达疏:"雉声近夷。雉训夷,夷为平,故以雉名工正之官,使其利便民之器用,正丈尺之度、斗斛之量,所以平均下民也。樊光、服虔云:'雉者,夷也;夷,平也,使度量器用平也。'"

李艳红认为:"古人对于本族图腾的崇拜,还表现在以其图腾名称作为官职名称。"①即"五雉"最初为某个氏族的图腾名称,后被用作该氏族酋长所任职官的名称。《左传·昭公十七年》郯子说:"我高祖少皞挚之立也,凤鸟适至,故纪于鸟,为鸟师而鸟名。"是其佐证。何星亮《中国图腾文化》言之甚详,兹不赘述。此外,或许当时职官的名称与其职责之间存在一定的对应关系,不是随意名之,其理据有待进一步的考证。

与隹相关的字还有很多,如雀、雁、雒、雏等,《说文·隹部》一般以"……鸟也"或"……属"或专名释之。纪茸说:"将鸟隹类字归纳为九大类,分别是鸟的名称,鸟的叫声,鸟的形貌情状,鸟的动作,鸟的数量,鸟的性质,与鸟有关的动词,与鸟有关的名词,其他。"②分类较详,可以参看。

(4)隿,《说文》:"缴射飞鸟也。从隹,弋声。"与"戈"通用,意为用带有绳子的箭射猎。

(5)雅,《说文》:"楚乌也。一名譽,一名卑居。秦谓之雅。从隹,牙声。"段玉裁注:"郦善长曰:'按《小尔雅》,纯黑返哺谓之慈乌,小而腹下白不返哺谓之雅乌。'"段玉裁认为这里的"楚"并不是荆楚的"楚","楚乌"只是乌鸦的一种类属,是一个专名。"雅"是"鸦"的古字,后来假借为"雅"义。《玉篇·隹部》:"楚乌也,一名譽,一名鹎乌。又正也,仪也,素也,娴雅也。"

(6)猚,《说文》:"鸟也。从隹,犬声。睢阳有猚水。"值得注意的是,"猚"又同"蜼",是一种长尾猿。《山海经·海外南经》:"狄山,帝尧葬于阳,帝喾葬于阴。爰有熊、罴、文虎、蜼、豹、离朱、视肉。"郭璞注:"蜼,狝猴类。"这背后的原因尚待考证。

2. 会意字

(1)隻、雙,《说文》:"隻,鸟一枚也。从又,持隹。持一隹曰隻,持二隹曰雙。""隻"的另一个本义是"获得,猎得",罗振玉《增订殷虚书契考释》"曰获"条云:"此从隹从又,象捕鸟在手之形,与许书训'鸟一枚'之隻字同形。得鸟曰隻,失鸟曰夺。……隻象鸟初持在手。"李孝定说:"卜辞隻字字形与金文小篆并同,其义则为获。捕鸟在手,获之义也,当为获之古文,小篆作获者,后起形声字也。罗谓应训鸟一枚之隻同形,其说未谛。鸟一枚者,隻之别义也。"③因此,可以认为"隻"记录了两个词:一是量词"隻",读 zhī;二是动词"获",读 huò。实际上"隻"是不同的词共享了同一个形体,即同形字。

(2)雋,《说文》释为"肥肉也",段注依《广韵·狝韵》释为"鸟肥也","惟野鸟味可言雋,故从弓"。《说文》小篆字形上部为鸟,下部为一张弓横放的形状,《汉印文字征》4.7"雋"栏"雋之寿印"中的字形下部则为一张弓竖放的形状(图)。张晓晗说:"弓箭是在古时是用来射鸟的工具,因为鸟有肥美的鸟肉所以用弓箭射下。"④"雋"的本义应为"以弓射鸟"而非"肥肉",其意义是从"鸟肉肥美"联想而来的,后来泛指肥美之肉、美味。如周密《癸辛杂识续集·驼峰》:"驼峯之雋,列于八珍。"周去非《岭外代答·禽兽·象》:"人杀一象,众饱其肉,惟鼻肉最美,烂而纳诸糟邱片腐之,食物之一雋也。"由此引申为比喻深长的意味,如黄庭坚《奉和王世弼寄上七兄先生用其韵》诗:"吟哦口垂涎,嚼味有余雋。"又古时以小鸟为射的,射中为雋。《周礼·天官·司裘》"皆设其鹄"郑玄注:"谓之鹄者,取名于鳲鹄。鳲鹄小鸟而难中,是以中之为雋。"元稹《观兵部马射赋》:"得雋为雄,唯能是与。"由此引申指考中科举。如欧阳修《送徐生之渑池》:"名高场屋已得雋,世有龙门今复登。"

(3)奮,《说文》:"奮,鸟张毛羽自奋奞也。从大,从隹。"字形是鸟展翅奋飞之形。

---

① 李艳红:《〈说文解字〉中人鸟相关的词及其文化蕴涵》,《中州学刊》2004 年第 2 期,第 94 页。
② 纪茸:《〈说文解字〉隹类字鸟类字研究》,硕士学位论文,华中科技大学,2009 年,第 10 页。
③ 李孝定:《甲骨文字集释》,台湾"中研院"历史语言研究所 1970 年版,第 1254 页。
④ 张晓晗:《〈说文〉"隹"部字形义研究》,《汉字文化》2021 年第 1 期,第 113 页。

（4）夺，《说文》："夺，手持隹失之也。从又，从奞。"本义是丧失，《荀子·富国》"勿夺农时"，注作"失"。后引申为强取，如《易·系辞上》："小人而乘君子之器，盗思夺之矣。"又义为冲开，如"夺门而出""夺眶而出"。义为削除、剥夺，如《左传·桓公五年》："王夺郑伯政，郑伯不朝。"杜预注："夺，不使知王政。"

（5）奋，《说文》："奋，翚也。从奞在田上。"《尔雅·释鸟》："雊，绝有力奋。羊，绝有力奋。蠢丑奋。鸟张羽奋奞也。"《诗·邶风·柏舟》："不能奋飞。""奋"字表示鸟在田野上振翅飞翔，其核心义是"向上"，《广雅·释言》："奋，振也。"《广韵·问韵》："奋，扬也。"由振作、奋发引申出提起、举起，如《史记·张耳陈余列传》："陈王奋臂，为天下倡始。"以及施展、发扬，如《诗·大雅·常武》："王奋厥武，如震如怒。"又引申为"动"义，具体有：①震动，如《易·豫》："雷出地奋，豫。"孔颖达疏："奋是震动之状。"②挥动，如《礼记·月令》："（仲春之月）先雷三日，奋木铎以令兆民。"《淮南子·时则》："（季春之月）鸣鸠奋其羽。"

（6）罗，《说文》："以丝罟鸟也。从网，从维。古者芒氏初作罗。"隹在网之下，表示以网罗鸟，而"糸"代表网的材质。"罗"因捕鸟而引申为搜罗、收集义；也指捕鸟的网，引申为轻软有稀孔的丝织品。

二、鸟部字

（一）鸟

《说文解字》鸟部有 115 个字，新附字 4 字，加上乌部 3 字，共计 122 个字，多为鸟类的专名词。鸟类用字的发达，体现了先民对鸟类的观察深刻入微，也反映了鸟在上古社会中的重要地位。这不仅与鸟图腾传统、祥瑞观念、《诗经》比兴手法有关，还与当时人们以鸟类的鸣叫、迁徙等形态变化作为掌握时令的重要依据的日常习惯密切相关。

《说文·鸟部》："鸟，长尾禽总名也。"段玉裁注："短尾名隹，长尾名鸟，析言则然，浑言则不别也。"罗振玉《增订殷虚书契考释》"曰隹"条云："又卜辞中隹与鸟不分，故隹字多作鸟形，许书隹部诸字亦多云籀文从鸟，盖隹、鸟古本一字，笔画有繁简耳。许以隹为短尾鸟之总名，鸟为长尾鸟之总名，然鸟尾长者莫如雊与鸡，而并从隹；尾之短者莫如鹤鹭凫鸿，而均从鸟，可知强分之未为得矣。"

（二）与鸟相关的字

1. 形声字

（1）鸾，《说文》："鸾，亦神灵之精也。赤色，五采，鸡形。鸣中五音，颂声作则至。从鸟，䜌声。周成王时氐羌献鸾鸟。"《广雅·释鸟》："鸾鸟，凤凰属也。"《玉篇·鸟部》："鸾，鸟，似雊，见则天下安宁。"《文选·张衡〈南都赋〉》"鸾䴏鸹鸧翔其上"李善注："鸾䴏，凤之别名也。"

（2）䴎，《说文》："䴎，䴎䴎，凤属，神鸟也。从鸟，狱声。《春秋国语》曰：'周之兴也，䴎䴎鸣于岐山。'江中有䴎䴎，似凫而大，赤目。"旧题师旷《禽经》云："凤亦曰䴎䴎，凤之小者曰䴎䴎。五彩之文，三岁始备也。"《玉篇·鸟部》："䴎䴎，鸾凤之属。"

（3）鷟，《说文》："鷟，䴎鷟也。从鸟，族声。"《文选·司马绍统〈赠山涛〉》"倾枝俟鸾鷟"张铣注："鷟，凤也。"

（4）鹔，《说文》："鹔，鹔鹴也。五方神鸟也。东方发明，南方焦明，西方鹔鹴，北方幽昌，中央凤皇。从鸟，肃声。"《玉篇·鸟部》："鹔鹴，西方神鸟。"

（5）鹴，《说文》："鹴，鹔鹴也。从鸟，爽声。"同"鹴"。

以上五例均为上古神鸟名，均为凤属，充分体现了凤鸟在上古先民心目中的神圣地位，这些字词蕴含着丰富的文化意识，一定程度上与鸟图腾崇拜有关。这些字代表的都是现实生活中不存在的神物，体现了上古先民丰富的想象力。

（6）鵙，《说文》："鵙，伯劳也。从鸟，臭声。雠鵙或从隹。"同"鵙"，《诗·豳风·七月》："七月鸣鵙，八月载绩。"毛传："鵙，伯劳也。"伯劳见于《玉台新咏·东飞伯劳歌》："东飞伯劳西飞燕，黄姑织女时相见。"后借指离别的亲人或朋友。

（7）鹝，《说文》："鹝，卑居也。从鸟，与声。"是"鸒"的异体字。《诗·小雅·小弁》："弁彼鸒斯，归飞提提。"毛传："鸒，卑居。卑居，雅乌也。"孔颖达疏："此鸟名鸒，而云斯者，语辞。"《尔雅·释鸟》"鸒斯，鹎鸒"郭璞注："雅乌也，小而多群，腹下白，江东亦呼为鹎乌。"按《说文·隹部》中"雅"亦指卑居，当是不同地区对卑居这一种鸟的不同叫法。

（8）鸠，《说文》："鸠，鸟聚皃。一曰飞皃。从鸟，分声。"段玉裁注："鸟聚皃也，言缤纷也。一曰飞皃也。《庄子》：'翂翂翐翐。'司马云：'舒迟皃。'一曰飞不高皃。从鸟，分声。"其中"翂"是"鸠"的异体字，也可以写作"鸠"。又"鸠"同"鹒"，《玉篇·鸟部》："鹒，鹒雀，似鹝。"

2. 会意字

（1）鸣，《说文》："鸣，鸟声也。从鸟，从口。"《玉篇·鸟部》："声相命也，嚘也。"《易·中孚》："鹤鸣在阴，其子和之。"《诗·小雅·伐木》："伐木丁丁，鸟鸣嘤嘤。"后来从鸟叫引申为其他物体发出声响。《说文通训定声·鼎部》"鸣"字："转注，贾子《容经》'鸣玉'者，佩玉也。《中山经》'共水其中多鸣石'。《后汉书·杜笃传》'鸣镝'注：'今之鸣箭也。'又《易》'鸣'谦注：'鸣者，相命也。'"

（2）鶱，《说文》："鶱，飞皃。从鸟，寒省声。"沈约《天渊水鸟应诏赋》："将鶱复敛翮，回首望惊雌。""将鶱"与"敛翮"相对，可知"鶱"意为"振翼而飞"。《广雅·释训》："鶱鶱，飞也。"是重言形况字。

与隹部字对比，可以发现鸟部字表义都比较单一，基本与鸟类有关且没有产生引申义、假借义等，多数是作鸟的专名。

三、羽部字

（一）羽

《说文解字》羽部有 34 个字，習部有 2 个字。唐榕培说："《说文解字·羽部》中鸟羽用字的发达，客观记录了鸟在上古社会中的重要地位，体现了先民们重鸟、爱鸟的社会现实和文化心态。先民们对鸟的认识，经过从简单具体到抽象概括的过程，最终对鸟十分地崇拜，并形成了独特的羽化登仙的社会认知。"[①]

《说文·羽部》："羽，鸟长毛也，象形。"段玉裁注："长毛，别于毛之细缛者。引伸为五音之羽。《晋书·乐志》云：'羽，舒也。阳气将复，万物孳育而舒生。'《汉志》曰：'羽，宇也。物聚臧宇覆之。'""羽"的本义为鸟类的毛，《易·渐卦·上九》："鸿渐于陆，其羽可用为仪，吉。"引申为鸟类或飞虫的翅膀，鸟类的代称。由羽毛的用途衍生出的义项有：古代舞者拿在手上的装饰物，以雉尾制成；箭；扇；钓鱼用的浮标；书信（羽檄：征调军队的文书，上插鸟羽以示紧急，须速递，亦称"羽书"）。

① 唐榕培：《〈说文解字·羽部〉鸟羽用字探究先民社会认知》，《大庆师范学院学报》2017年第4期，第117页。

由羽毛的并列排布的特征衍生出的义项有:党羽,朋友;辅佐;辅佐的人。

（二）与羽相关的字

1.形声字

（1）翰,《说文》:"翰,天鸡,赤羽也。从羽,倝声。《逸周书》曰:'大翰,若翚雉,一名鶾风。周成王时蜀人献之。'"即赤羽山鸡,也叫锦鸡。《逸周书·王会》:"蜀人以文翰。文翰者,若皋鸡。"孔晁注:"翰,鸡有文彩者。"

（2）翟,《说文》:"翟,山雉尾长者。从羽,从隹。"因为其尾长而不入隹部。《山海经·西山经》:"有鸟焉,其状如翟而有五彩文。"郭璞注:"翟似雉而大,长尾。"

（3）翡,《说文》:"翡,赤羽雀也。出郁林。从羽,非声。"《管子·轻重丁》:"请挟弹怀丸游水上,弹翡燕小鸟。"《玉篇·羽部》:"翡,鸟似翠而赤。"

（4）翠,《说文》:"翠,青羽雀也。出郁林。从羽,卒声。"即翠鸟。也指鸟尾上的肉。《礼记·内则》:"舒雁翠。"郑玄注:"舒雁,鹅也;翠,尾肉也。"《吕氏春秋·本味》:"肉之美者,猩猩之唇,獾獾之炙,隽觾之翠。"高诱注:"厥也,字亦作脟。"

《逸周书·王会》:"仓吾翡翠,翡翠者所以取羽。"《楚辞·招魂》:"翡翠珠被,烂齐光些。"王逸注:"雄曰翡,雌曰翠。"洪兴祖《补注》:"翡,赤羽雀;翠,青羽雀。"《史记·司马相如列传》"翡翠"正义:"张揖云:'翡翠大小一如雀,雄赤曰翡,雌青曰翠。'《博物志》云:'翡身通黑,唯胸前背上翼后有赤毛。翠身通青黄,唯六翮上毛长寸余青。其飞则羽鸣翠翡翠翡然,因以为名也。'""翡翠"的训释如此之多,难以判断孰是孰非,姑且存疑。但归纳上述内容可知,因为"翡翠"基本上是以其羽毛的特点命名,所以字形从羽。

（5）翥,《说文》:"飞举也。从羽,者声。"本义为鸟向上飞。《楚辞·远游》:"雌蜺便娟以增挠兮,鸾鸟轩翥而翔飞。"《文选·张衡〈西京赋〉》:"凤骞翥于甍标,咸遡风而欲翔。"《尔雅·释虫》:"翥,丑罅。"郭璞注:"翥,飞也;丑,类也。虫类能飞。翥者谓蝉属,皆剖坏母背以为孔罅而生。""翥"既有飞的意思,又是虫类的名称,这样的情况十分少见。

（6）翕,《说文》:"翕,起也。从羽,合声。"王宁说:"'翕',鸟在起飞前先作势,夹紧翅膀,增强展翅时的飞翔力量。'合羽'即是'起飞'。"[①]

（7）翾,《说文》:"翾,小飞也。从羽,睘声。"《楚辞·九歌·东君》:"翾飞兮翠曾,展诗兮会舞。"洪兴祖《补注》:"翾,小飞也。"引申为急速。《文选·张衡〈思玄赋〉》:"翾鸟举而鱼跃兮,将往走乎八荒。"王念孙《读书杂志·余编下·文选》:"翾者,疾也,犹言倏鸟举而鱼跃也。"通"儇",轻佻。《荀子·不苟》:"喜则轻而翾,忧则挫而慑。"梁启雄释:"翾与儇同,轻薄的意思。"

（8）翚,《说文》:"翚,大飞也。从羽,军声。一曰伊、雒而南,雉五采皆备曰翚。《诗》曰:'如翚斯飞。'"《文选·张衡〈西京赋〉》:"若夫游鹢高翚,绝翚逾斥。""如翚斯飞"出自《诗·小雅·斯干》,朱熹《集传》:"翚,雉。"《尔雅·释鸟》:"伊、洛而南,素质、五采皆备成章曰翚。"郭璞注:"翚亦雉属,言其毛色光鲜。"

（9）翏,《说文》:"翏,高飞也。从羽,从㐱。"段玉裁注:"羽毛新生丰满可以高飞也。""㐱"是"鬒"的本字,意为"(须发)又黑又密",《说文·彡部》:"㐱,稠发也。从彡,从人。《诗》曰:'㐱发如云。'"《庄子·齐物论》:"夫大块噫气,其名为风,是唯无作,作则万窍怒吗,而独不闻之翏翏乎?"郭象注:"长风之声。"

---

①　王宁:《〈说文解字〉与汉字学》,河南人民出版社1994年版,第75页。

(10)翙,《说文》:"翙,飞声也。从羽,岁声。《诗》曰:'凤皇于飞,翙翙其羽。'"《诗·大雅·卷阿》"翙翙其羽",毛传:"众多也。"郑笺:"羽声也。"朱熹《集传》:"翙翙,羽声也。"《广雅·释训》:"翙翙,羽声也。"是重言形况字。

(11)翦,《说文》:"翦,羽生也。一曰夨羽。从羽,前声。"段注:"羽初生如前齐也。"本义指初生之羽或箭矢上的羽毛。亦同"剪",指把羽毛修剪整齐,或把羽毛齐根剪去。

(12)翅,同"翅"。《说文》:"翅,翼也。从羽,支声。"《汉书·礼乐志》:"幡比翅回集,贰双飞常羊。"颜师古注引文颖曰:"舞者骨腾肉飞,如鸟之回翅而双集也。""翅"字出现在战国后期,与"翼"同义,在某些地区取代了"翼"字。

(13)栩,《说文》:"柔也。从木,羽声。其皂,一曰样。"《诗·唐风·鸨羽》:"肃肃鸨羽,集于苞栩。"朱熹《集传》:"栩,柞栎也,其子为皂斗,壳可以染皂者是也。"陆玑《毛诗草木鸟兽虫鱼疏》:"栩,今柞栎也。徐州谓栎为杼。或谓之为栩。其子为皂,或言皂斗,其壳为汁,可以染皂。今京、洛及河内多言杼汁,或云橡斗。"本义即柞木,大约是由于造字之时鸟常常栖于其上而与"羽"有关。

(14)翁,《说文》:"翁,颈毛也。从羽,公声。"《山海经·西山经》:"天帝之山有鸟,黑文而赤翁。"段玉裁注:"按俗言老翁者,假翁为公也。"即"翁"是"公"的借字,用以指称年老的男子。

(15)翘,《说文》:"翘,尾长毛也。从羽,尧声。"《玉篇·羽部》:"翘,尾长羽也。"《楚辞·招魂》:"砥室翠翘,挂曲琼些。"王逸注:"翘,羽也。"洪兴祖《补注》:"翘,鸟尾长毛也。"引申指鸟尾,如汉刘向《九叹·远游》:"摇翘奋羽,驰风骋雨,游无穷兮。"此外,"翘"还有举起义,如《庄子·马蹄》:"龁草饮水,翘足而陆。"《淮南子·修务训》:"夫马之为草驹之时,跳跃扬蹄,翘尾而走,人不能制。"高诱注:"翘,举也。"又义为启发、揭露,如《礼记·儒行》:"粗而翘之,又不急为也。"郑玄注:"粗,犹疏也,微也。君不知已有善言正行,则观色缘事而微翘发其意使知之。"孔颖达疏:"翘,起发也。"叠用作"翘翘",可以用来表示以下诸义:①高,如《诗·周南·汉广》:"翘翘错薪。"②危,如《诗·豳风·鸱鸮》:"予室翘翘,风雨所漂摇。"毛传:"翘翘,危也。"③特出,出群,如《诗·周南·汉广》:"翘翘错薪,言刈其楚。"朱熹《集传》:"翘翘,秀起之貌。"《文选·潘安仁〈关中诗〉》:"翘翘赵王,请徒三万。"④遥远的样子,如《左传·庄公二十二年》:"翘翘车乘,招我以弓。"杜预注:"翘翘,远貌。"

(16)翭,《说文》:"羽本也,一曰羽初生儿。从羽,矦声。一曰羽初生。"段玉裁注:"谓入于皮肉者也。"王筠《说文句读》:"羽本舞毛而空中者为翭,众毛所附者为翮也。"

(17)翮,《说文》:"羽茎也。从羽,鬲声。"鸟羽茎下端中空部分。《尔雅·释器》:"翮,羽茎也。"《周礼·地官·羽人》:"羽人掌以时征羽翮之政,于山泽之农。"郑玄注:"翮,羽本。"

例14—例17均指一些不同的羽毛。今天我们用复合词来表示不同种类的羽毛或鸟羽的不同部位,而古人用不同的单音节词来表示,如此会使文字较为繁杂,不利于语言的发展。同时,人们的社会交流活动日益频繁,范围逐渐扩大,交流内容也日益繁杂,古时的单音节词表情达意不便,甚至可能导致交际障碍。为了追求语言和文字的经济、简易、明确,秦汉以后词汇系统发生了巨大变动,许多单音词开始消亡或者作为构词语素保存在复音词里。汉代以后的训诂学家不再像《尔雅》那样主要以单音词训单音词,而通常采用复音词(主要是复合词)来训释单音词,也证明了这一词汇发展的趋势。《说文》中这些与羽毛有关的字就表现了这方面的特点,随着时间的推移,其中很多字都消失不用了,这一变化充分体现了古人从简单具体到抽象概括的认知发展过程。

2. 会意字

(1)习,《说文》:"数飞也。从羽,从白。"王宁说:"'习',上为'羽',下为'白'(鼻息),在运用两翅时同时用鼻息。以此知它的本义是鸟不断地飞，这就是'练习'。"①

（2）扇，《说文》："扉也。从户，从𦏲声。"疑此处的"声"应为"省"。本义为门扇。户为单扇门；从翅，一说像鸟的翅膀，可以张合；一说早期的门用竹或苇编成，所以可能纹理像鸟的翅膀。后说可参证于《礼记·月令》："（仲春之月）是月也，耕者少舍，乃修阖扇，寝庙毕备。"郑玄注："用木曰阖，用竹苇曰扇。"

结　语

本文选取《说文解字》中部分隹部、鸟部、羽部字和与之相关的字为研究对象，分类探讨这些字的造字缘由、字形结构、意义演变、蕴含的文化内容等。小结如下：

首先，《说文》隹部、鸟部、羽部中有很多表示鸟类的字，相比于表示其他动物的字，其数量较为突出，反映了古人对鸟类的观察十分深入，客观反映了鸟类在上古社会及文化中的重要地位。

其次，从其中大部分字的古文字字形可以看出，古人在造字时以形象性思维模式为主，今人即使不知道这些汉字具体的字音和字义，也能从其古文字的字形推知出大致词义。除了形象性以外，这些字也体现了造字的联想性与整体性的特点。比如，"隽"本义是"以弓射鸟"，古人由"以弓射鸟"联想到鸟肉的味道鲜美，并进而引申出语言的耐人寻味。有些字需要人们在思维上进行整合，从整体上去把握字的真正含义。例如上文"夺""翘"等字。

最后，一些词的表意十分细致入微，这样就使得语言和文字比较繁杂，出于追求语言简易、经济的需要，大部分字词发生了巨大变动，许多单音词开始消亡或者作为构词语素保存在后来的复音词中。

参考文献

纪茸：《〈说文解字〉隹类字鸟类字研究》，硕士学位论文，华中科技大学，2009 年。

李孝定：《甲骨文字集释》，台湾"中研院"历史语言研究所 1970 年版。

李艳红：《〈说文解字〉中人鸟相关的词及其文化蕴涵》，《中州学刊》2004 年第 2 期，第 92—94 页。

罗振玉：《殷虚书契考释三种》，中华书局 2006 年版。

唐榕培：《〈说文解字·羽部〉鸟羽用字探究先民社会认知》，《大庆师范学院学报》2017 第 4 期，第 115—117 页。

王宁：《〈说文解字〉与汉字学》，河南人民出版社 1994 年版。

张晓晗：《〈说文〉"隹"部字形义研究》，《汉字文化》2021 年第 1 期，第 110—113 页。

附记：本文承蒙王云路老师指正，谨致谢忱。

（作者单位：浙江大学文学院）

---

① 王宁：《〈说文解字〉与汉字学》，河南人民出版社 1994 年版，第 75 页。

《说文解字》“尧”族字试析

王　茜

摘　要：本文选取《说文解字》中的23个“尧”族字，结合古今文字材料，尝试分析“尧”族字字形与字义的关联，以更好地了解汉字造字法。

关键词：《说文解字》；“尧”族字；考释

一、“尧”字初文与本义的关联

尧，会意字，从垚在兀上。《说文·垚部》：“垚，土高也。”《说文·儿部》：“兀，高而上平也。”①王筠句读：“垚、兀皆训高，尧合为一，则弥高矣。”故“尧”本义即为高。

9379

现有文字材料中，“尧”字最早字形为，收录于《甲骨文合集》（编号9379），卜辞内容释为“尧人”，此处“尧”显然指的是中国上古时期的部落联盟首领。从该字字形下半部来看，大体上是人跪坐之形，上半部有可能是两个土堆，因“土”字甲骨文字形为。然跪坐之人上有两个土堆为何表示“高”义，“尧”所代表的“高”与本已有的“高”字有何区别，目前并无确切的说法，尚存疑问。

结合“尧”的字形与本义来看，二者似乎缺乏一定联系。于省吾（1999：420）认为：“释尧可备一说。《说文》尧古文作，与此有别，其形亦与‘尧’训‘高’之义不符，存以待考。”我们认为，许慎的

① 徐灏《说文解字注笺》：“高而上平，不知其为何物，此真望文生义。灏谓‘兀’与‘元’同。”有丰富的证据证明许慎对“兀”字的解释有误。如金文中“元”字有写作“兀”的，如《陈昉簋》“元日丁亥”，《吴季子之子剑》“吴季子之子造三元用剑”，“元”字都作“兀”，可为确证。

说法并无错误，"尧"本义确为高，陶唐氏去世后，因其"允恭克让，光被四表，格于上下"，后人给予其"尧"的谥号。《谥法》载："翼善传圣曰尧。"可见"尧"为美谥，盛赞陶唐氏品德高尚。传世典籍中，"尧"字的最早书证见于《墨子·亲士》："天地不昭昭，大水不潦潦，大火不燎燎，王德不尧尧者，乃千人之长也。"与《墨子》基本为同时代的楚系简帛中，"尧"字形已演变为堯、𡘙、夫，这也是许慎所见最早的文字材料，因此《说文》中"尧"的两个小篆字形堯和垚是有迹可循的。

总之，笔者认为，"尧"字字义演变过程为：本义为高，引申出品德高尚义，用以评价陶唐氏的功绩。今有成语"尧天舜日"，原用以称颂帝王的盛德，后也比喻太平盛世。朱熹《辛丑延和奏札一》："使一日之间，云消雾散，尧天舜日，廓然清明。""尧"与一个伟大历史人物相关联，其后代便以"尧"为姓氏，"尧"有了姓氏的义项，如北魏有大臣尧暄。

二、"尧"族字之"高"义

（一）字义中含有"高"义

顤　《说文·页部》："顤，高长头。从页，尧声。"《广雅·释诂四》："顤，高也。"这个字在现代汉语中已经基本不使用。

嶤　《说文·山部》："嶤，焦嶤，山高皃。从山，尧声。"有"嶤嶤"一词，也作"巎巎"。班固《白虎通·号》："尧，犹巎巎也，至高之貌。"《汉书·扬雄传》："泰山之高不嶕嶤。"《山海经》郭璞注："令琅琊在海边，有山嶕嶤特起，状如高台。此即琅琊台也。"今有谚语"嶤嶤者易缺，皦皦者易污"，出自《后汉书·黄琼传》，比喻人刚直自负易遭诋毁，清白正直易被玷污。嶤嶤，高而尖的样子。贾平凹《文竹》："她们都是心性儿天似的清高，命却似纸一般的贱薄，嶤嶤者易折，皎皎者易污啊！"亦是其例。

翘　《说文·羽部》："翘，尾长毛也。从羽，尧声。"段注："按：尾长毛必高举，故凡高举曰翘。"《诗·周南·汉广》："翘翘错薪。"描写草生长之高。可见"翘"也有来自"尧"的"高"义。这个字在现代汉语中为常用字，用例如翘首、翘楚、翘尾巴等。

趬　《说文·走部》："趬，行轻皃。一曰趬，举足也。从走，尧声。"《玉篇·走部》："趬，起也，高也。"《集韵·笑韵》："趬，举足高。"《西游记》第三十三回："说了誓，将身一纵，把尾子趬了一趬。"可见"趬"也与"高"有关。这个字在现代汉语中已经不再使用，可能被意义和读音均相同的"翘"字所取代。清袁于令《西楼记》："态妖娆，打扮乔，行来颈骨摇，两片嘴唇阔又趬。"亦是其例。

骁　《说文·马部》："骁，良马也。从马，尧声。"良马往往高大健壮，因此"骁"也与"高"相关。引申出"勇猛矫健"义，今有常用成语"骁勇善战"。

獟　《说文·犬部》："獟，狊犬也。从犬，尧声。"可能也是对高大的犬的描述。这个字在现代汉语中已经不使用。

（二）由"高"发展出其他义项

哓　《说文·口部》："哓，惧也。从口，尧声。"《诗经·豳风·鸱鸮》："予维音哓哓。"后引申出"唠叨，话多不止"义，梁启超《日俄战役关于国际法上中国之地位及各种问题》："《上海时报》关于此问题有一论文，与著者意见略同，今不复哓述。"今有成语"哓哓不休"，意为争辩不止，哓哓，争辩声。因惧怕而发出的声音及争辩的声音自然比正常交流的声音高，因此"哓"本义可以看作是从"尧"的本义发展而来。

譊　《说文·言部》："譊，恚呼也。从言，尧声。"《说文解字系传》："声高噪狞也。"因恼怒发出的呼喊声自然是高的，因此与"哓"类似，"譊"本义可以看作是从"尧"的本义引申而出的。《集韵·

萧韵》："晓……或从言。"《汉语大字典》"譊"字下云"同'晓'"，甚是。这个字在现代汉语中已经不使用。

绕 《说文·糸部》："绕，缠也。从糸，尧声。""绕"字与"高"的意义联系，有两种可能的解释：第一种，《山海经·海外西经》："（穷山）其丘方，四蛇相绕（ráo）。"相互缠绕在一起，就会比原物增高，由此可引申出"高"义；第二种，《文选·傅毅〈舞赋〉》："眉连娟以增绕兮。"李善注："绕，谓曲也。言眉细而益曲也。"弯曲状态下的事物实际较笔直的事物更长一些，可能也与"高"有关联。"绕"在现代汉语中为常用字，常用义项有缠束、迂回，用例如缠绕、绕路等。

桡 《说文·木部》："桡，曲木。"读作 ráo。《类篇·木部》："桡，曲也。"与上述"绕"字的第二种解释相类，因此"桡"的字义可能也与"尧"的本义有关。另外，《汉语大字典》中"桡"下收录义项"乱，扰乱"，与"挠"的常用义项相类，这两个字之间可能存在一定联系。"桡"后引申出屈服、歪曲义，读为 náo。《荀子·荣辱》："重死持义而不桡，是士君子之勇也。"杨倞注："虽重爱其死而执节持义，不桡曲以苟生也。"《礼记·月令》："斩杀必当，毋或枉桡。"孔颖达疏："桡谓有理不申，应重乃轻，应轻更重，是其不当也。"现代汉语中"桡"多见于相关术语，如"桡（ráo）骨""桡（ráo）动脉"，因"桡"有名词义"船桨"，"桡（ráo）手"即指划桨之人。有成语"诎要桡（ráo）腘"，意为弯腰屈膝。

挠 《说文·手部》："挠，扰也。从手，尧声。"亦可通'桡'，清朱骏声《说文通训定声》："假借为桡。"有弯曲、屈服、削弱等义项，与"绕""桡"字解释有相通之处，因此"挠"与"尧"字义可能存在一定关联。现代汉语中，"挠"字"嘈杂、不静"的义项少有使用，常用义项为"扰乱""抓"，用例如阻挠、挠痒等。

蛲 《说文·虫部》："蛲，腹中短虫也。从虫，尧声。"《淮南子·原道训》："泽及蚑、蛲。"高诱注："蛲，微小之虫也。"《淮南子·修务训》："蚑行蛲动之虫，喜而合，怒而斗，见利而就，避害而去，其情一也。"高诱注："蛲，读饶多之饶。"蛲动，犹蠕动。笔者猜想，小虫蠕动时身体弯曲，原本的长度就会长于弯曲后的长度，"长"与"高"有一定关联，因此可能"蛲"也含有"高"义，但目前并无确切的解释。在现代汉语中，"蛲"仅指寄生于人体回盲部的蛲虫。

铙 《说文·金部》："铙，小钲也。军法：卒长执铙。从金，尧声。"《说文解字句读》卷二十七："地官鼓人以金铙止鼓。注：铙如铃，无舌，有柄，执而鸣之，以止击鼓。"可见"铙"是一种以音高为特点的乐器，"音高"义恰由"尧"本义而来。今有乐器"铙钹"，用于寺院法会。

晓 《说文·日部》："晓，明也。从日，尧声。"对"晓"的字义可作如下理解：日高升而天明。因此"晓"的字义与"尧"的本义直接相关。这个字在现代汉语中为常用字，后引申出明白、了解义，用例如破晓、通晓等。

皢 《说文·白部》："皢，日之白也。从白，尧声。"清俞樾《儿笘录》："樾谓晓皢一字，皢即晓之俗体也。凡从日之字，俗或从白。""皢"是"晓"的异体字，因此释义及理解可同"晓"。在现代汉语中，"皢"已经被"晓"所取代。

烧 《说文·火部》："烧，爇也。从火，尧声。"《管子·轻重甲》："齐之北泽烧。"注："猎而行火曰烧。"燃烧时火焰蹿上高空，因此"尧"加上形旁"火"产生"使物着火"的含义。后引申出人体温升高、加热使物体温度升高而发生变化等义项，在现代汉语中为常用字，用例如发烧、烧炭等。

浇 《说文·水部》："浇，溉也。从水，尧声。"唐玄应《一切经音义》卷三《放光般若经》第五卷"浇灒"音义："上又作，同。古尧反。说文：'浇，灌渍也。'"水从高处洒下、倒下都可谓之"浇"，可见其与"尧"的本义密切相关。这个字在现代汉语中为常用字，用例如浇水、浇铸等。

膮 《说文·肉部》："膮，豕肉羹也。从肉，尧声。"《仪礼·公食大夫礼》："旁四列，西北上，臐以东，膘、膮、牛炙。"注："牛曰膷，羊曰臐，豕曰膮。皆香美之名也。"《广雅·释器》："膮，香也。"

美食香味飘散同样有一个蒸汽升高的过程,相对于物本身而言这香味的位置会高一些,因此"膮"的本义可能也与"尧"的本义存在一定关联。这个字在现代汉语中已经不使用。

    荛　《说文·艸部》:"荛,薪也。从艸,尧声。"草破土而出,向上生长,有升高的趋势,因此"荛"的本义可能也与"高"相关,但确切的联系尚存疑问。今有词语"刍荛",出自《诗经·大雅·板》:"先民有言,询于刍荛。""荛"以本义"柴草"借代打柴的人,"询于刍荛"意谓不耻下问,"刍荛之见"为自谦之词。

    硗　《说文·石部》:"硗,磬石也。从石,尧声。"《玉篇·石部》:"硗,坚硬也。""坚硬"可看作是由"高"引申而得的义项。这个字在现代汉语中少有使用,有词语"硗薄",指贫瘠的土地,也比喻人情或风俗浮薄。李广田《冬景》:"无论多么硗薄的土地,只要埋下一粒种子,就可以发芽生长。"叶文玲《小溪九道弯》:"这世道越来越不公,人情也越来越硗薄了!"

    饶　《说文·食部》:"饶,饱也。从食,尧声。"《小尔雅·广诂》:"饶,多也。"由此可知,"尧"加上食旁形成饱足义。饱即多,多自然高厚。《风俗通义·五帝》:"尧者,高也。饶也。"《太平御览》引此句时脱"饶也"二字,原因不详。在现代汉语中,"饶"的常用义项为宽恕,用例如饶恕。

三、"尧"族字之其他义项

    娆　《说文·女部》:"娆,苛也。一曰扰、戏弄也,一曰嬲也。从女,尧声。"段注:"苛者,小艸也。引申为琐碎之称……按嬲乃娆之俗字。故许不录。"许慎提供了关于"娆"本义的三种说法,但在古籍中找不到释"娆"为"小草"的书证,且女部字与"草"相关,在汉字中也找不到其他的例子。《汉语大字典》"娆"字第一条义项为"琐碎"。唐玄应《一切经音义》卷四《十住断结经》第三卷"娆固"音义:"谓烦扰戏弄也。"《广韵·小韵》:"娆,乱也。"《汉书·爰盎晁错传》:"除苛解娆。"颜师古注引文颖曰:"娆,烦绕也。"嵇康《与山巨源绝交书》:"足下若嬲之不置。"李善云:"嬲,擿娆也。音义与娆同。"而对于许慎给出的第三种解释"嬲也",王筠句读:"转注。"因此,"娆"的本义为"扰、戏弄"较为可信。另外,张相《诗词曲语辞汇释》卷一:"娇娆之娆字本作饶。《玉台新咏》及《乐府诗集》均载宋子侯《董娇饶》诗,字作饶。唐人亦多作饶。"可知"娆"的本字为"饶",意为妍媚,可能是从"饱足"义引申而出的。现代汉语中有常用词"妖娆",形容女子妩媚动人。

    侥　《说文·人部》:"南方有焦侥(yáo)。人长三尺,短之极。从人,尧声。"《山海经·海外南经》:"周饶国在其东,其为人短小,冠带。"郭璞注:"其人长三尺,穴居,能为机巧,有五谷也。"《山海经·大荒南经》:"有小人,名曰焦侥之国。几姓,嘉谷是食。"袁珂(1980:200)云:"周饶、焦侥,并侏儒之声转。"史籍中对"焦侥"的最早记载见《国语·鲁语下》:"僬侥氏长三尺,短之至也。"韦昭注:"僬侥,西南蛮之别名。"《逸周书·王会解》:"成周之会……周头辉弦,辉弦者,羊也。"孔晁注曰:"周头亦海东名也。"可推知"周头"同样为侏儒一声之转。因此,"侥"字的由来可能只是为了表示小人的名称,而给"尧"字加上了单人旁,这可能是对"高"义的反用。现代汉语中,侥更多读作(jiǎo),有常用词"侥幸"。

四、结　语

    以上23个"尧"族字并没有全部继续通行于现代汉语之中:"頧、趬、獟、譊、皭、膮"已不再使用,"峣、哓、荛、硗、娆"少有使用,"骁、桡、挠、饶、娆、侥"为常用字,但已基本看不出与"高"的联系,"翘、绕、铙、晓、烧、浇"为常用字,其常用义与"高"的关系易于联想。从构字特点上来说,这23个字均是在本身即为会意字的"尧"字上加注意符形成的形声字。但它们又并非单纯的形声字,因"尧"作为声符同时兼表意,是谓有义的声旁,从有义的声旁分化出的字,一般都是形声兼会意字。对于那些难以与声符的本义建立联系的形声字,刘又辛(1982:176)认为需要从汉字演变的历史着眼,由于形声字产生的时代不同,它们并不一定都是从初文滋生而来,"同声同义"的套子不能处处套用,上文存疑的桡、蛲、膮、荛、娆、侥等字可能正是与其他字的"谱系"不同,而导致了它们与"尧"的字义缺少明显的关联,具体情况仍有待进一步考证。

参考文献

袁珂:《山海经校注》,上海古籍出版社 1980 年版。
刘又辛:《"右文说"说》,《语言研究》1982 年第 1 期,第 163—178 页。
于省吾:《甲骨文字诂林》第一册,中华书局 1999 年版。
吕杰:《从"尧"字族看汉字的"母文表义"》,《语文知识》2013 年第 2 期,第 49—51 页。
裘锡圭:《文字学概要》(修订版),商务印书馆 2021 年版。

(作者单位:浙江大学文学院)

唐诗之路研究暨丛书编纂笔谈

主持人语："唐诗之路研究丛书"是中国唐诗之路研究会组织编纂的学术丛书,由中华书局出版。该丛书旨在全面反映唐诗之路研究的高层次成果,将唐诗之路研究推向深入。目前第一辑已经问世,我们邀请唐代文学研究领域专家卢盛江、薛天纬、尚永亮、戴伟华、胡可先五位教授,以本丛书为对象,谈谈对于唐诗之路研究的看法。

——浙江大学文学院　胡可先

唐诗之路研究及会地共建断想

卢盛江

蒙新昌县人民政府支持资助,"唐诗之路研究丛书"第一辑问世。由此我想到有关唐诗之路的一些问题:唐诗之路研究处理院校和地方关系的问题,还有会地共建的问题。

唐诗之路本来就植根于各个地方。唐诗之路总是具体的。浙东唐诗之路、巴蜀唐诗之路,还有陇右、三晋、荆楚、宣歙、湘漓等。唐诗之路有很多名山、名水、名村、名镇,都在某个具体地方。剡溪在剡县,天姥山在新昌,天台山在天台,云门寺在绍兴,夔门在奉节,杜甫草堂在成都,大庾岭在江西大庾与广东南雄之交等。至于诗路文化,更是由各个地方生长发育而成,东山文化在绍兴上虞,三峡文化生育于三峡一带,还有大运河文化、金陵文化、庐山文化、皖南文化等。和其他学术研究一样,唐诗之路也要立足传统史料,要有书斋研究,可以吸收、借鉴某些理论,比如,文学地理学、历史地理学的理论,也可以提出自己的理论架构,但它同时也要立足于地方。离开了地方的具体的唐诗之路,相关的研究应该说至少是不完全的,不充分的。学术研究之外,唐诗之路还有一个文化建设和旅游开发的问题,这就更离不开地方了。我们常说,把唐诗之路写在祖国的大地上,这句话说到底,就是写在每一个地方,写在每一个人的家乡。所谓唐诗之路,就是每一个人家里的诗路。正因为这样,唐诗之路的发现和首倡,不是产生于院校书斋,而是源起于地方文化学者,源起于新昌竺岳兵对家乡的热爱,当然还有学理性的思考。它后来的发展,最早也在地方,先在新昌、绍兴一带滋长,从学术到文化,再由学界认可,重回到学术研究,回到学术研究与文化建设和旅游开发并重。可以说,离开了地方,唐诗之路就将成为无源之水,无本之木。

正因为这样,我们的研究,要下沉到地方。关注传统史料,同时关注地方史料,包括方志和其他地方文献。关注地方纸质文献,也关注活的材料。比如传说,比如地名。流传于地方民间的传说、地方的很多地名,往往存留了珍贵的历史信息。地方史料当然比较复杂,不论是方志还是传说地名,都要经过分析考辨,慎重使用,但可以肯定的是,地方史料中有很多珍贵的东西,可以从中探寻历史的信息。这些历史信息,很多难以从传统史料中得到。离开了地方史料,我们的研究在史料方面至少是不完全的,很多研究甚至无法深入。要重视田野调查。诗"路"是要"走"的。所谓"走",就是到各地走。即使兴趣在旅游,实地走一走,看一看,对诗路诗歌、诗路文化都会有新的不一样的理解。如果同时和地方文化工作者、研究者有些接触,从他们那里会得到更多从书本上得不到的东西。这就涉及另一个问题,就是院校的研究者,要虚心向地方的同志学习。很多学术的问题,往往在书斋里弄来弄去,也弄不清楚,在地方同志那里,往往可以得到明确的答案,至少可以得到另一种解释。在地方工作者研究者身上,往往可以看到地方活的历史。要使我们的研究深入下去,就要深入地方;要使我们的研究的东西活起来,一个重要的办法,就是接触可以了解活的历史的人。

当然,地方的研究层次、建设和旅游开发也要提升。地方研究要讲学术规范。引文有出处、史料可靠、格式统一是规范要求,也是提升研究层次的必要途径。饱含家乡情怀的同时,包容四海,深入一地的同时考虑他地,着眼全局,能使视野更为开阔,对一些问题的看法会更全面。地方史料的运用如能和传统史料结合,相互辩证,对史料史实的把握会更客观更可靠。这些地方,要和院校互相交流,互相学习。诗路旅游开发要重视硬件建设,文化建设要整理地方史料,但同时要注重发掘地方诗路的文化资源和文化内涵,提升其文化层次,这些都离不开基础性的学术研究。基于深入的学术研究,我们发现了唐诗之路,有了唐诗之路的早期发展。唐诗之路发展到今天,更要很好地处理地方文化建设、旅游开发和基础性的学术研究的关系。要认识到学术研究的基础作用和意义。

就研究会来说,有一个会地共建的问题。研究会是一个学术团体。唐诗之路的学术研究是我们的主要任务,但同时也考虑如何支持地方文化建设的问题,考虑学术研究为地方文化建设和旅游开发服务的问题。因此,既要有基础性研究,又要有应用性研究。要把我们的学术论文写在诗路的大地上,要接地气。当然,也希望地方支持研究会的工作。研究会是我们大家的研究会,是沿线各地建设诗路共有的平台。我们有会地共建的传统。我们的成立大会,由唐诗之路发源地新昌地方承办,首届年会,由天台承办。我们还要继续这个传统。研究会愿意和各地建立会地共建的关系,我们欢迎别的地方也支持研究会,只要是做唐诗之路的,我们愿意以我们的学术力量,支持各地唐诗之路的文化建设和旅游开发。会地共建有多种形式:共同举办学术会议和其他各种会议,包括地方性文化建设的会议,是一种方式;为地方的文化建设出谋划策,也是一种方式。甚至可以直接参与地方文化建设项目,借助学界力量,合作完成一些地方文化建设项目。这次蒙新昌县人民政府支持资助,合作出版"唐诗之路研究丛书",也是一种方式和重要尝试。该丛书的整体策划,是源发于新昌的唐诗之路事业的弘扬光大。该丛书第一辑著作的出版,提升了唐诗之路的学术层次,调动了海内外学者的研究热情,推动了唐诗之路研究的发展,引起了很好的社会反响。会地共建,是唐诗之路本身的特点所决定的。我们要探讨更多的会地共建的形式,这样既能促进学术研究,也能推动和提升地方文化建设和旅游开发。相信这会从整体上推动唐诗之路的发展。

(本文作者系南开大学文学院教授,中国唐诗之路研究会会长)

从剡溪走向全国的唐诗之路

薛天纬

　　"唐诗之路"的发现与首倡者，是新昌"唐诗之路研究开发社"主人竺岳兵先生。换句话说，"唐诗之路"这个词是竺岳兵先生创造的。唐诗之路源于剡溪，1991 年 5 月，竺岳兵先生在南京师范大学与中华书局联合主办的"中国首届唐宋诗词国际学术讨论会"上宣读的论文即题为"剡溪——唐诗之路"。在这篇文章中，作者又将"唐诗之路"具体表述为"'唐诗之路'是由浙东运河西段、剡川（今曹娥江）、剡溪构成的，这段水路长约 190 公里。石梁飞瀑过国清寺后，入灵江经临海到温岭，长约 200 公里，加上支线，'唐诗之路'总长约 500 公里。"于是，"唐诗之路"由剡溪扩展为浙东的这条水路。在同一篇文章中，作者又将这条水路表述为"浙东"这一地域概念："唐诗中的浙东范围，指浦阳江流域以东，括苍山脉以北至东海这一地区。"因而，中国唐代文学学会在 1993 年 8 月 18 日的函件中，将"原'剡溪唐诗之路'正式命名为'浙东唐诗之路'"。产生于"浙东唐诗之路"的唐诗，据竺岳兵先生主编的《唐诗之路唐诗总集》（中国文史出版社 2003 年版）后记中的统计，为 1505 首。新出卢盛江先生编集《浙东唐诗之路唐诗全编》（中华书局 2022 年版），所收唐诗则为 2561 首。

　　浙东唐诗之路之所以产出如许之多的唐诗，缘于这一区域特有的山川形胜及人文积淀。李白有著名诗句"自爱名山入剡中"（《秋下荆门》），如果用"剡中"来指代"浙东唐诗之路"，那么，"自爱名山入剡中"的诗句就道出了唐代诗人们竞相来游剡中的共同心理，"名山"，既指剡中的自然风光，也指剡中的人文历史。当然，天下"名山"并非剡中独占，但剡中"名山"确有其独特优势。正是这种优势孕育了"浙东唐诗之路"，吸引了包括李白、杜甫、白居易在内的众多唐代诗人来游，催生了数量可观的唐诗，以至于当下有"一座天姥山，半部全唐诗"的宣传金句，虽然这明显夸张了，但却为人们乐于接受。

　　然而，"唐诗之路"并非浙东独有，因为浙东之外其他地方也产生了许多唐诗。当今有新兴的"文学地理学"，我没有学习过这门新学科的知识，但顾名思义，应该是研究文学与地理的关系；如果把文学限定为唐诗，则是研究唐诗与地理的关系，研究唐诗产生的地理条件。从学理上说，面对一首唐诗，如果它不是纯抒情的（如白居易《花非花》）或纯议论的（如杜甫《戏为六绝句》），总会包含、显示出某种"时"或"地"的因素，是在特定的"时"与"地"的条件下生成的。千年之后，"时"的因素消失了，一去不复返了，但"地"的因素仍然存在——即使会有一定程度的变化。孟浩然诗有句："人事有代谢，往来成古今。江山留胜迹，我辈复登临。"（《与诸子登岘山》）讲的正是这个道理，道出了此中情由：作为时间的"古今"不能倒转，而作为地理空间的"江山"却有"胜迹"存留，供"我辈"登临凭吊。江山、胜迹，就是我们所说的"唐诗之路"。

　　近年，"唐诗之路"的研究已在全国蓬勃开展起来，并有不少成果问世。如阎琦主编《商於诗路》（中华书局，2019），整理、研究商於古道上的诗歌，共收诗 420 篇，据目录统计，其中有唐诗 116首。其"序"曰："商於古道又称武关道、商山道等，起于西安城东灞河西侧，向南经过蓝田，翻越秦岭,途经商州、丹凤、商南,止于於中(在今河南淅川县)。"李白于天宝三载(744)被玄宗"赐金放还",离开长安后即经由此道,前往洛阳。韩愈于元和十四年(819)因谏迎佛骨被贬潮州,在这条古道上写下了著名诗篇《左迁至蓝关示侄孙湘》。拙著《从长安到天山——丝绸之路访唐诗》(北京大学出版社 2020 年版),粗线条地扫描了从西安沿着丝绸之路西行,直至吉尔吉斯斯坦这一路产生的唐诗。2021 年 10 月,我曾到洛阳,洛阳唐史研究会与洛阳师范学院的同人正酝酿开展"京洛唐诗之路"的研究。往来于东、西二都的这条通衢大道以及两座都城共产生了多少唐诗? 想想都令人目眩!

数年之间,"唐诗之路"就这样从剡溪走向了全国。2019 年 12 月,作为中国唐代文学学会分支的中国唐诗之路研究会在新昌成立,这是"唐诗之路"从它的发源地走向全国的历史性标志。

竺岳兵先生以一双智慧的眼睛发现了"浙东唐诗之路",他说:"这里有一条唐诗之路!"全国各地的响应者们说:"这里也有一条唐诗之路!"竺岳兵先生虽然已于三年前作古,但他开创的"唐诗之路"研究与开发事业正在蓬勃发展,他的贡献铭刻在墓碑上,也铭刻在"唐诗之路"的学术与开发史上。

2022 年 9 月 22 日草于京东八里桥

(本文作者系新疆师范大学教授,中国人民大学特聘教授,中国李白研究会原会长)

唐诗之路研究断想

尚永亮

唐诗之路,简单地说,就是众多唐人走过、创作有一定数量诗歌并负载特定文化内涵的交通线路。这些路,有大路,有小路,有长路,有短路,有陆路,有水路,有实经的,有虚拟的路,有争相前往的路,有不得不走的路,但其共同点,则是须有一定的时间长度、诗歌数量、代表性诗人和相关诗路书写作支撑。

要研究唐诗之路,一要有路,二要有诗,路是诗的触媒,诗是路的升华。借助于路,诗人行迹和诗作特点得到集中展示;借助于诗,路的自然景观和文化意蕴得到充分彰显。有路无诗,或有诗无路,都算不上真正的唐诗之路。当然,除了路与诗外,还有两个要项,那就是地与人。地,指唐人于路途行走后所抵达之地,这是路的延伸,也是较之路途创作更为集中深入的对地域景观、风土人情、文化生活等方面的书写;人,是诗路创作的核心因素,只有了解人,了解人的身世遭际、心路历程、关怀目标和情感变化,才能对路与诗有更全面、更透彻的认知,才能使唐诗之路的研究展示出独具的特点,并使之鲜活起来。

一般而言,唐诗之路研究有几个重要维度:一是空间维度,重在横向展开,主要关注的是不同诗路的地域特点,如浙东之路、宣歙之路、运河之路、湘粤之路、赣粤之路、容桂之路、商於之路、关陇之路、秦巴之路、陇蜀之路、西域之路等,以及此各条线路之地理形貌、总体长度、经由地点、经行时间、标志性景观或驿站，水路、陆路之转换衔接，步行或骑乘、舟行所需时长等；二是时间维度，重在纵向延展，主要关注的是同一线路不同时段的状态和特点，如初唐、盛唐、中唐、晚唐或更小时段的诗路状况，以及不同时期诗人的创作情形、诗作内涵和特色变化；三是主题维度，重在深度掘进，关注的主要是诗路的主题内涵，诸如漫游之路、山水之路、贬谪之路、商旅之路、科考之路、边塞之路等，以及各主题之文化专有性、诗人代表性、艺术独特性；四是个体维度，重在点的聚焦，关注的主要是具体诗人特别是代表性诗人的行走经历、书写重点、关注目标、精神指向和表现特点，如李白的浙东之游、杜甫的陇蜀之行、岑参的西域从军、韩愈的岭南之贬等，均构成具有自我特色的具有标志性的诗路书写。分别对以上几个维度展开考察，可以获得多角度、多层面的进展，也可集中力量以求取局部的突破。

就每条诗路来说，又有其历史传承性、时代独创性、后世延续性。所谓历史传承性，盖指前代诗人即行走此途，赋予其特定的文化内涵，唐人受其影响，予以进一步承接、发展和扩大。如浙东之路，除其佳丽山水外，东晋以来即有王羲之、谢灵运等知名士人行走、活动于其间，创作了大量文艺珍品，而广布各地之寺院道观及流行之佛道思想，亦为此地凝聚了浓郁的宗教文化氛围，唐人或是因景闻名、迢迢千里而前往，或是游剡溪天台、览前人遗踪而创作，其诗路书写本身即包含大量历史文化的因子。所谓时代独创性，盖谓前代虽已有路，但较少有诗人行走，或较少有诗歌创作，而自唐代，其路始得与诗歌紧紧关联，进入人们的观照视野。如关陇、西域之路与边塞诗之书写，商於之路与贬谪流放之书写，均至唐代而大放异彩，开创出一条条特色独具的主题性诗路。所谓后世延续性，盖指唐人开拓的某些具有特定文化内涵的线路，在后世得以延续，并进一步发展了其主题取向。如浙东之路、宣歙之路、湘粤之路、赣粤之路等在唐后历代之延续、拓展。而有些诗路，或缘于政治文化中心之位移，或由于军事、经济形势之变化，一度或长期中断了这种延续性，如商於之路在唐代以后即日趋冷落，西域之路则于中唐冷落后，直至清代才复兴。了解了上述传承、独创、延续、中断诸种情况，就有了一个较宽广的文化视野和比较的眼光，就易于给研究对象作准确定位。

此外，考察唐诗之路还宜关注其实存性与虚拟性特点。实存性，指诗人实地经行且有相当数量作品的线路，这在唐人的诗路书写中占居多数；而虚拟性，则指诗人并未经行其路，但在诗歌创作中悬想该路之情形，由此展开虽作意主观但手法写实的一些描写。如唐代边塞诗创作中有些诗人并未涉足西域、北疆或参与军旅生活，却作有不少《前出塞》《后出塞》《塞下曲》《从军行》《燕歌行》等表现异域景观、边塞征战的作品；一些贬谪诗人则通过异地酬唱和邮路传递，将相距甚远的两地联结起来。如中唐元和年间元稹、白居易被贬通州、江州，东西相望，彼唱此和，由此形成一条"通江唱和"的关联性地理空间，可谓之虚拟诗路。这类情形虽然不多，但在唐诗之路研究中却不宜忽视。

当然，换一个角度说，作为一个开辟不久的新兴领域，唐诗之路研究还应有所避忌，亦即应尽量避免一些问题。

一是避免泛诗路研究。顾名思义，泛诗路即过度扩大诗路之外延，将凡有诗人行走的路途都视为唐诗之路，随意抓取一两条缺乏代表性的路线或诗人，即展开冠以"诗路"之名的考察，而忽略这一概念所内含的"诗"与"路"的独特性、丰富性、经典性，其结果便易于导致"诗路"称谓及其研究的浮泛化、简单化、随意化。

二是避免浅层次研究。这里说的浅层次，是任何研究都应避免的现象，但对唐诗之路研究来说尤其重要。这是因为，唐诗之路研究历史较短，亟须在初始阶段拿出过硬的、有深度的成果，以发挥示范效应。倘若相关研究缺乏应有的深度，特别是理论上的敏锐观照和规律性的准确把握，只是就事论事，浅尝辄止，有可能就名不副实，坏了唐诗之路研究的名声。

三是避免单一性研究。就唐诗之路涉及"诗"与"路"两大要项言，这乃是一项跨学科的研究，其中既包括传统的文学研究，也包括不少中文学人相对陌生的历史地理学、文化地理学的研究，而后者某种程度上可能更为重要。它既能为研究者提供一个新的观察视角，也能从概念、方法乃至理论上丰富并提升研究者的研究手段、认知眼光。其中涉及人地关系、文图关系、地理分布与历代行政区划的关系、不同地域风俗与文化传统影响的关系，如此等等，不一而足。倘若不注意此点，仍然因循固我，进行单一的文学研究模式，将"路"仅视为"诗"的附庸，就可能新瓶装旧酒，大大缩小、降低唐诗之路这一概念所负载的创新度和学术含量。

四是避免缺乏实证的宏观研究。宏观与微观，在学术研究中缺一不可，但前者应以后者为基础，后者应以前者为归趋，由此构成二者的逻辑关系。而在唐诗之路研究中，当下急需的乃是微观层面的实证研究。倘若每一条路、每一位诗人及其创作的基本情形尚未摸清，一些史地类的基本典籍尚未细读，一些有争议的问题尚未辨明，就急于去做宏观判断和理论提升，是很难将立论落于实处的，甚至游谈无根，误己误人。仅以韩愈元和十四年（819）被贬潮州为例，他在《潮州刺史谢上表》中说："臣以正月十四日蒙恩除潮州刺史，即日奔驰上道，经涉岭海，水陆万里，以今月二十五日到州上讫。"那么，这里的"今月"到底是三月还是四月？历来争论纷纷，莫衷一是；此外，从长安到潮州究竟是韩愈所说的"八千里"，还是《元和郡县图志》所载诸段之和的五千八百一十里（郴州路）、六千八百一十里（虔州路）？抑或是《通志》《太平寰宇记》所载的七千六百六十七里、七千六百里？韩愈在贬途各段行进速度几何，原因何在？他说自己"南行逾六旬，始下昌乐泷"，此六旬是整六十日吗？又在韶州写诗说"下此三千里，有州始名潮"，这里的"三千里"靠得住吗？其实际里程是多少？他是在多长时间内走完这段路的？类似这样一些问题，不独出现在韩愈这里，也出现在柳宗元、刘禹锡初贬所经路途上，出现在元稹、白居易被贬通州、江州时所作"通江唱和"的具体过程中。若不辨明这些据现有材料本可辨明的基础性问题，其诗路行程及相关书写的研究便很难获得学理性的支撑。关于此点，可说的话很多，限于篇幅，不作展开，留待另文再作申说吧。

（本文作者系武汉大学文学院教授，教育部长江学者特聘教授）

高风朗月照冈峦

戴伟华

拙著有幸被列入"唐诗之路研究丛书"第一辑出版，感慨颇多。作《戏题〈地域文化与唐诗之路〉》二首：

唐诗之路许浪言，路转峰回步步难。
南北东西勤勘问，翻飞叠嶂度重峦。

老生应避在常言，新义深微议转难。

文化唐诗漫漫路，高风朗月照冈峦。

我想用诗的形式来表达对唐诗之路研究的认识。其一，"许浪言"。尽管对"唐诗之路"的概念还有待探讨完善，但模糊的概念还是有认识价值的。模糊概念不等于没有概念，可能根本不能准确定义成如"唐诗"这样清晰的概念，但可以做到接近或基本接近。用传统治学的方法来说，可以在模糊概念之下，先研究大量具体的事实，然后再作归纳，那个模糊概念中的"模糊"也会慢慢清晰起来。其二，"步步难""议转难"。因为唐诗研究积累较丰厚，开辟新域并不容易。但难有难的好处，一是会认真对待，不会掉以轻心；二是在"难"中必然要寻求突破，也必然有所突破；三是"难"中有学术机遇，而且唐诗之路研究是个庞大的学术系统，要求有多学科的参与，可在合作中求发展。其三，"勤勘问"。可以借鉴社会学、民俗学、音乐学、语言学等学科的田野作业的方法。脚踏实地，必有所得。其四，"高风朗月"。对做唐诗之路要有信心，立意高远，追求"别有洞天"的境界。

虽说是旧著再版，但还是花了很多时间修订，除了改正原书字句之误，重点放在完善注释上，任务艰巨。著作初版不需要详细注释，如诗歌基本使用《全唐诗》本，现在补充注释，部分作品换成通行整理本，引文核对并加出处，其工作量不低于写一本新著时引用古籍。

我在三万多字的自序中想写进一些新思考、新探索。其中，特别强调了《唐方镇文职僚佐考》对唐诗研究的意义。唐方镇文职僚佐可以理解为因某一特定人群的文士活动而形成的诗路，在时间和空间上也比较系统地反映出文士活动的大致面貌。如从唐诗之路角度去考察，所谓"浙东唐诗之路""浙西唐诗之路""巴蜀唐诗之路""河西唐诗之路""西域唐诗之路""岭南唐诗之路"等都与幕府僚佐分布相关，根据幕府文士空间活动的踪迹可以描绘出唐诗之路的地图。幕府文士活动对唐诗之路形成做出了特别贡献，尤其值得关注的是西域唐诗之路，没有唐代方镇幕府制度是不可能出现岑参这样的西域诗人的。《唐方镇文职僚佐考》有时间和空间坐标，清晰地呈现使府文士活动的时间范围和地点。活动在大唐各镇的文士，他们周围还有一批诗人，他们对诗歌传播产生了作用，也可以说对唐诗之路的形成产生了不可估量的作用。以幕府为例考察诗路，人和地都非常重要。府主和幕府核心成员推动了诗路的形成。方镇幕府僚佐和地方文人交往密切，大历浙东唱和诗人中就有地方文士。

《唐方镇文职僚佐考》呈现了幕府文士时、地分布，为研究唐诗之路提供某个层面的研究基础，其中仍隐含着大量的信息，以幕府为中心的文士活动及其诗歌创作意义尚待探究。比如大历年间《状江南》唱和，对江南文化研究有独特的价值。

关于研究方法值得探讨，方法取决于研究对象，但可以从个案入手，找到合适的方法。中国文学研究是重视文献资料考订的，形成了优良的学术传统。通常所说的文史结合的研究方法，也是缘于研究对象本身的需要。

当时课题研究虽以实证为主要手段，多数地方仍然是宏观描述。实际上在宏观描述中可以不断深化细部的研究，这样对宏观描述和理论探讨才有推进的作用。如在地域文化中去思考陈子昂在唐代的影响和接受的问题。从材料出发，也许可以得出一个结论，即以李商隐、杜牧、许浑、温庭筠等为代表的晚唐诗人基本没有提及陈子昂，这一结论大致正确。但如有更好的论证思路，使结论坐实而不空泛飘浮，从文学地理学角度去思考，应是最佳选择。

李商隐大中九年（855）前曾任东川节度判官，节度使治所在梓州，梓州是初唐诗人陈子昂的家乡。李商隐在梓州留下不少诗作，如《夜雨寄北》《梓州罢吟寄同舍》，李商隐并非短暂停留，而是在东川幕做幕僚的。在这一特定的地理空间里，李商隐理应有悼念陈子昂的诗，或与陈子昂相关的诗作。可是没有发现。

盛唐诗人杜甫也在梓州生活过一段时间,可以作比较。有共同生活空间的比较更具价值,结论更为可靠。杜甫曾至东川梓州,作诗多首,其有《九日登梓州城》《送梓州李使君之任》《陪李梓州泛江》《陪李梓州使君登惠义寺》,《陈拾遗故宅》诗云:"拾遗平昔居,大屋尚修椽。悠扬荒山日,惨澹故园烟。位下曷足伤,所贵者圣贤。有才继骚雅,哲匠不比肩。公生扬马后,名与日月悬。同游英俊人,多秉辅佐权。彦昭超玉价,郭振起通泉。到今素壁滑,洒翰银钩连。盛事会一时,此堂岂千年。终古立忠义,感遇有遗编。"表达出对陈子昂人格、诗作的赞美。

由此可知,晚唐人不关心陈子昂,这是一般的文学概念;如果以李商隐为例分析,就成了文学地理学的问题。也可以说,因为有了文学地理学的观念,才能发现别人没有注意到的这一问题。文学地理学和唐诗之路密切关联。在唐诗之路研究中,希望能发现更多问题,并能得到合理的解释。

（本文作者系广州大学文学院教授,中国唐代文学学会副会长）

唐诗之路研究丛书开拓了学术研究的新领域

胡可先

"唐诗之路研究丛书"第一辑由中华书局出版,在学术界产生了很大的影响。这套丛书开拓了唐代文学研究的领域,提高了唐代文学研究的境界。就目前已经问世者而言,呈现出明显的规模、格局与优势。

卢盛江教授编纂的《浙东唐诗之路唐诗全编》,涵盖浙东七州,旁搜远讨,辑集 2561 余首唐诗,是迄今为止规模最大、收录最全、考订最精的地方唐诗总集。浙东唐诗之路是诗路研究起步最早、成果最丰的一条诗路。早在 1990 年,地方学者竺先生就倡导并命名"唐诗之路",1993 年经过中国唐代文学学会论证并确定作为中国文学上的专有名词。竺先生花费了多年精力编写了《唐诗之路唐诗总集》,搜罗了浙东地区越州、台州、婺州三州的唐诗 1500 多首,2003 年由中国文史出版社出版,为浙东唐诗之路的研究打下了基础。此后浙东唐诗之路的研究,在一定程度上就依据竺先生著作。但也带来一些缺憾,因为浙东共有越州、台州、明州、衢州、温州、婺州（金华）、处州（丽水）,这样从地域方面来看,就缺少一多半区域,地方学者虽然具有本土地理优势,但在整理规范和学术精度方面具有较大的提升空间。卢盛江先生有感于浙东唐诗之路研究需要有完整扎实、精审可靠的全编作为基础,就在竺岳兵先生筚路蓝缕的基础上重新编纂了这部全编,2021 年中华书局以全新的学术面貌推出,成为一部浙东唐诗之路研究的奠基之作。

李招红女士编纂的《浙东唐诗之路学术文化编年史》,梳理了浙东唐诗之路的发展阶段,总结了浙东唐诗之路的研究成果,记录了唐诗之路研究的重要活动,堪称浙东唐诗之路的基础档案。该书梳理浙东唐诗之路的研究成果和研究活动,从 1967 年开始,到 2000 年结止,时间跨度达 34 年。根据不同时期的研究特点,划分为"孕育期""成熟期""拓展期"三个阶段。书后还附录了《浙东唐诗之路学术文化编年史简表》。值得肯定的是,这部书在很多地方保存了唐诗之路活动的原始档案。如对于中国唐代文学学会唐诗之路研究会成立的记载,作者搜集了2019年11月2日至5日在新昌召开的成立大会的文献,有109位与会者名单,会议选取58位理事名单。同时原文照录了卢盛江会长在成立大会开幕和闭幕式上的两篇致辞。这样的一部著作,就把浙东唐诗之路的研究概貌呈现出来了。

戴伟华教授所著的《地域文化与唐诗之路》,是在其《地域文化与唐代诗歌》的基础上修订再版的著作,立足于唐诗之路研究,运用文学地理学的研究方法,建构起唐代诗歌创作与研究的新体系。就内容而言,作者重点探讨四个方面的内容:第一,籍贯与文学的关系,阐述诗人占籍在文学研究中的意义、文士籍贯地理分布的状态与内涵等问题;第二,诗歌创作地点与地域文化的关系,从唐诗创作地点的考证切入,梳理唐诗创作的分布格局,进而论述唐诗创作分布的意义;第三,地域文化的表述与诗歌创作,阐述唐诗体现的区域文化意识,文化创作的区域重点及其文学表现,文化的历史传统与诗人的生存空间,古都文化在诗歌表现中的差异;第四,弱势文化区域的文学创作,包括域外文学创作。就方法而言,作者主要运用文学地理学的研究方法,融合文学发生学来研究唐代区域文学,从而突破原有的研究框架,提出中心平衡和转移的观点,强势区域与弱势区域相互影响的观点。难能可贵的是,这部著作不仅资料翔实,文献丰富,该作者在编制《唐文人籍贯数据库》和《唐诗创作地点考数据库》基础上,还提出了创新的论点,使得论著既言有物,又格局恢宏。

海宾教授所著的《西域文化与唐诗之路》,全面把握西域唐诗之路的诗歌风貌,深入揭示西域唐诗蕴藏的文化内涵。这是一个特定的区域,诗歌创作也呈现出特殊风貌。该书重点讨论五个问题:一是西域经营方略与唐诗之路;二是西域地理文化与唐诗之路;三是西域乐舞文化与唐诗之路;四是西域民俗文化与唐诗之路;五是在前面四个方面的基础上总结路文化与诗本质。在聚焦文学与文化的基础上,又突出诗人的创作和活动,如作者认为,大多数唐代诗人对于西域文化都有所回应,而堪称代表者当属岑参、白居易和李白,而这三位诗人又分别代表西域历史地理文化、西域乐舞文化和西域葡萄酒文化。由此进一步总结出西域唐诗之路的重要特征有开放和拓展、行走和书写、激赏和讽喻、张扬和迷狂、冲击和回应等方面,这些又与西域的磅礴阔大之境、雄浑豪放之风紧密地联系在一起。

"唐诗之路研究丛书"第一辑,从浙东唐诗之路到西域唐诗之路研究,所涉及者都是唐诗之路研究的基础问题和重要问题,这些研究既恪守传统又锐意创新。更值得注意的是,丛书表现出一个对象和两个重心,一个对象是唐诗之路研究,两个重心是浙东唐诗之路和西域唐诗之路。这样一重东南,一重西北,涵盖了唐诗之路的广阔空间,也正好与当前国家提倡的"一带一路"倡议适相吻合。因此,我们的研究,既是传统的,又是现代的;既是学术的,又是应用的。因而"唐诗之路研究丛书"的出版,为弘扬中华优秀传统文化的创新性转化、创造性发展做出了自己的贡献。

（本文作者系浙江大学文学院教授,中国唐代文学学会副会长）

唐诗地方总集的代表著作《浙东唐诗之路唐诗全编》

吴钰欣

自 20 世纪 80 年代竺岳兵先生提出"唐诗之路"、后 1993 年中国唐代文学学会正式将此概念明确为"浙东唐诗之路"以来,"浙东唐诗之路"相关研究成为学术界的热门增长点。2018 年,浙江省政府工作报告提出要打造"浙东唐诗之路",后一年,中国唐代文学学会唐诗之路研究会随之成立,此后更是涌现出众多成果,涵盖诗集资料编纂、诗人行迹考察、诗人群体研究和诗歌艺术鉴赏等多个方面。

"浙东唐诗之路"是广义唐诗之路①的一个重要组成部分,卢盛江先生提道:"经考证,共有 451 位唐代诗人游弋于浙东,占《全唐诗》收载的 2200 余名诗人总数的五分之一,留下了 1500 多首唐诗。"②由此可见,浙东唐诗之路材料丰富、可挖掘空间较大,对浙东唐诗之路的深入探索不仅有助于以新的视角对诗人诗作和地域空间进行整合、从而深入推进唐诗研究的整体进程,而且还能为今后其他唐诗之路的研究起到示范作用。而对浙东唐诗之路的诗歌材料进行全面细致的整理统合,有着为其他研究打下基础的重要意义,故而在浙东唐诗之路研究初期,就出现了竺岳兵《唐诗之路唐诗总集》③,后又有邹志方《浙东唐诗之路》④这样的浙东唐诗之路诗歌选集。随着浙东唐诗之路研究的不断推进,卢盛江先生主编的《浙东唐诗之路唐诗全编》2022 年在中华书局出版了,相比之前的两部著作,该书以诗人时序为系进行编纂,且搜罗更全,去粗取精,去伪存真,对研究者有很大价值。

《浙东唐诗之路唐诗全编》对今后浙东唐诗之路相关学术研究有着重要的基础性作用,它有着独特的编纂方式和精审的搜罗考辨,这意味着它将不仅停留在浙东唐诗之路学者的参考材料这一层面,还会不断给学者启迪,为浙东唐诗之路研究标明宗旨、指明方向。甚至不局限于浙东唐诗之路,《全编》对国内其他唐诗之路乃至国际上有关唐诗之路的体系建构都有重要的示范和参照作用。

《浙东唐诗之路唐诗全编》归入"唐诗之路研究丛书"第一辑中,在书前的总序中,卢盛江先生高屋建瓴地提出了唐诗之路研究的八点宗旨,在对此前(浙东)唐诗之路研究进行总结的基础上,为今后的浙东唐诗之路乃至整个唐诗之路的研究指明了方向、路径和方法。

---

① 据肖瑞峰《唐诗之路视域下的刘禹锡》,广义唐诗之路应包括京洛唐诗之路、沅湘唐诗之路、关陇唐诗之路、巴蜀唐诗之路、岭南唐诗之路、浙西唐诗之路等多条路线。(《河南大学学报(社会科学版)》2022 年第 1 期,第 98—105 页)

② 卢盛江:《浙东唐诗之路是如何形成的》,《光明日报》2019 年 6 月 3 日,第 13 版。

③ 竺岳兵:《唐诗之路唐诗总集》,中国文史出版社 2003 年版。

④ 邹志方:《浙东唐诗之路》,浙江古籍出版社 2019 年版。

　　该书以诗人出生时序为系分为七卷。先列诗人及其生平,侧重诗人在浙东游历情况,对诗人在浙东行迹的考察很有参考价值;再列诗人与浙东唐诗之路相关的诗歌作品,直录原典正文,诗下标明出处,偶有笺注异文、地名等;主要参考文献和诗人姓氏笔画索引则以附录形式列于全书之末,注释短而精,体例规范而详备。

一、收诗范围的拓展与编纂方式的创新

　　与此前的浙东唐诗之路唐诗集相比,《浙东唐诗之路唐诗全编》拓展了收诗范围,并在编纂方式上进行了创新,取得了一定的突破。

(一)收诗范围的拓展

　　相比结集在先的竺岳兵《唐诗之路唐诗总集》(以下简称《总集》),《浙东唐诗之路唐诗全编》(以下简称《全编》)一书在收诗范围上有所拓展。《总集》所收诗篇全部来自《全唐诗》和《全唐诗补编》,总计 1594 首诗;而《全编》以《全唐诗》和《全唐诗补编》为主体,综合《会稽掇英总集》等地方文献,如《送贺秘监归会稽应制》组诗就是源自《会稽掇英总集》。《全编》体量更大,粗略统计有约 2600 余首诗歌,为浙东唐诗之路的后续研究提供了更丰富的基础材料。

　　《全编》收诗数量的大大增加不仅与其编纂来源的扩充有关,还与“浙东唐诗之路”的地理范围和“浙东唐诗之路唐诗”的选录标准的明确有关。在地域范围方面,《总集》将浙东唐诗之路的区域较模糊地界定为“浙江东部地区”,即绍兴、台州、宁波、舟山四地;而《全编》据《元和郡县图志》将“浙东”明确界定为浙东观察使所辖的越州(今绍兴)、婺州(今金华)、衢州、处州(今丽水)、温州、台州、明州(今宁波、舟山)7 州,实际上是八地,比《总集》多出四地。

　　在选诗标准方面,《全编》也在《总集》反映唐诗之路所经之地的人文风光这一标准的基础上有所扩充和细化。在《全编》的说明中,编者将收诗范围定为:第一,与浙东尤其是浙东人文风光相关的诗篇;第二,明确可考一生均在浙东的诗人之诗;第三,在浙东唱和联唱等诗歌,以第一种为主体,并对过长诗歌进行截录。其中,第二、三种很大程度上解决了未出现典型浙东地名、景名的诗歌是否收录、如何收录的问题,填补了浙东唐诗之路诗歌材料的一些真空地带,给了研究者更大的发挥空间。举例来说,《全编》录秦系诗 23 首,而《总集》仅录 13 首。秦系许多诗歌中未出现典型的浙东地名景名,如《山中赠张正则评事(系时授右卫佐,以疾不就)》诗:“终年常避喧,师事五千言。流水闲过院,春风与闭门。山茶邀上客,桂实落前轩。莫强教余起,微官不足论。”[①]但他是会稽人,且 785 年前主要隐居会稽,根据他的生平和行迹,就能推断诸如《山中赠张正则评事》等诗仍属浙东唐诗之路诗歌的组成部分,也反映了浙东山水和人文风光。再举一例,浙东唐诗之路上有名的严维、鲍防联唱这一文学活动,以严维为首的 57 人联唱,题为“状江南”的一系列诗歌正是其中的作品,这组诗歌吟咏四季江南景象,诗中基本不出现浙东典型的地名、景名,但描写的却正是浙东一带典型的风景人文,当属浙东唐诗之路诗歌。然而,《总集》中却不见这些诗歌的踪影,这让基于浙东唐诗之路的浙东联唱文学活动研究难以开展,也容易让浙东唐诗之路研究走入“以诗歌为旅游景点附会”的狭道,有僵化、流俗之弊。

(二)以诗人生年时序为系编纂诗集

　　《全编》在收诗方面的拓展折射出当今学界在“浙东唐诗之路”研究上的理论提升和这一课题

---

　　①　卢盛江:《浙东唐诗之路唐诗全编》,中华书局 2022 年版,第 249 页。

的学术性的增强,也即"浙东唐诗之路"这一主题内涵的深化。正如肖瑞峰先生所言,我们应当区分旅游学视阈中的"浙东唐诗之路"和文学视阈中的"浙东唐诗之路"。① 浙东唐诗之路并不是一条清晰可见、固定不变的旅游线路,唐代诗人并非都走同一条线路,同一诗人也往往不只走一条线路,"路"是动态变化的,"浙东唐诗之路"更是一个较为模糊、泛化的概念,难以描绘出具体明确的路线图(当然,大致的路线图有助于读者理解浙东唐诗之路的概念和意义),许多诗歌游离在这些"路线"之外,前面提到的秦系、严维浙东联唱诗就是例证。对浙东唐诗之路的研究要有"路"的意识,不然就丧失了研究主题;但同时不能被过于具体的"路"所限制,否则学术研究就容易走向让文学为文化产业亦即经济服务的死胡同。

《全编》以诗人生年时序为系编纂,这一点是有突破性的。在此前,无论是竺岳兵先生《唐诗之路唐诗总集》这样希望搜罗全尽的著作,还是邹志方先生《浙东唐诗之路》这样举诗例以见浙东唐诗之路面貌的著作,都是以浙东唐诗之路的地理路线为系的,按唐人游览浙东的景点(或地理区划)顺序列举相关诗作。这种编排方式无疑切中了"路"的关键,引人入胜,适合读者对浙东唐诗之路进行初步了解,也方便文化产业工作者据此进行文旅开发。然而,在学术研究进一步推进后,这种以景点为系的编排方式就让人们难以从时间维度观照时代诗风转移背景下浙东唐诗之路诗歌的变化,也难以看到同时代诗人们集群创作、唱和酬对的文学现象,更难以对个体诗人在浙东唐诗之路游历的原因、创作情况等进行考察,而这些问题都是很有价值的。

以诗人生年时序为系编纂诗集,一是方便读者了解诗人行迹,对诗人的整体行迹研究和诗人的浙东诗歌创作背景研究都有重要意义。二是容易看到同时代诗人们的文学活动和创作集群,如《送贺秘监归会稽应制》组诗②,宴会中涉及的诗人基本都被编排在一起,一目了然。前面严维的唱和组诗也是如此。三是便于读者从时间维度整体观照浙东唐诗之路诗人创作的大体变化:这条道路上的诗歌创作是初盛唐的多还是中晚唐的多? 浙东在唐诗人心中的地位到底如何又有何变化? 浙东唐诗之路诗歌的诗体、诗风有何流变? 这些都涉及时间维度的考量。

《全编》很好地体现了浙东唐诗之路研究的主题深化与理论提升。《全编》总序强调"'路'是载体,'诗'是内涵,而作为灵魂主体一定是'人'"③,故而《全编》以诗人为系,在诗人行迹、流寓的考察方面独树一帜。在此基础上,《全编》不会失收重要的浙东集会联唱、幕府酬唱诗歌,能较为清晰地展现诗人群体中各个诗人的紧密联系,也更能很好地展现具体某一位诗人一生在浙东的行迹,其诗歌创作按诗人生年时序编排,共性、变化等都有迹可寻。从《总集》到《全编》,浙东唐诗之路研究从以"路"为中心转向以"人"为中心,逐渐由散落的"点"拧成一股绳,这一演变显然是对学术发展有益的。

总之,《全编》以诗人生年时序为系编纂诗集的方式为此前以路线为核心的诸多著作提供了有力补充,且对当今学术研究的价值可能更高。读者将两方面的著作参照起来读则更好,不仅能对浙东唐诗之路产生有具体、形象、直观的认知,还能发现更多有价值的学术问题。

二、研究方向的启迪与研究问题的凸显

《全编》丰富的收录内容和独特的编纂体例使得一些有价值的问题和研究方向凸显了出来,对

---

① 肖瑞峰:《"浙东唐诗之路"研究的学术逻辑与学术空间》,《绍兴文理学院学报(人文社会科学版)》2018年第6期,第1—6页。
② 卢盛江:《浙东唐诗之路唐诗全编》,第43—78页。
③ 卢盛江:《浙东唐诗之路唐诗全编》,第2页。

今后浙东唐诗之路研究将起到重要的基础性作用,对国内其他唐诗之路乃至国际上有关唐诗之路的体系建构有重要的参照意义。下面简单列举一些《全编》凸显出的、近年已有学者进行研究的问题和方向。

(一)诗人行迹考察

《全编》以诗人时序为系的编纂方式便于对某一诗人在浙东的行迹进行细致考察、梳理,这对诗人整体流寓创作研究有很大价值。以李白为例,他曾多次游越,从《古风(其十七)》到《采莲曲》《渌水曲》等,《全编》就较为清晰地展现了李白从金华到若耶溪、渌水等地的游览创作行迹。不仅如此,"浙东唐诗之路"乃至整个唐诗之路更多的是给研究者们视角上的启发,如肖瑞峰先生所言,"不是简单地勾勒出他们在唐诗之路各区段的踪迹,而是要从深层次上揭示他们与这条蕴含着多种政治元素和文化基因的道路之间的交涉与互动"①。从这个角度研究诗人行迹,不但能明了诗人诗作如何为诗路增添光彩,而且能挖掘这条诗路、这段游历经历给诗人本身的精神启迪、文学养料。

在单个诗人行迹考察之外,400多位诗人在浙东的共同行迹也让人思考唐代诗人漫游浙东的特征、影响问题。当然,众多诗人行迹纷繁复杂,这要求我们对诗人游历浙东状况进行分类研究。这些诗人的漫游路径有何共性和个性,这对他们的诗歌创作有何影响?他们漫游浙东的原因是什么,浙东在诗人心中的印象如何?这都值得进一步讨论。

更广地延伸开来,同一诗人在不同诗路上的行迹与诗歌创作情况的比较研究也是可行的,如肖瑞峰《唐诗之路视域中的刘禹锡》就将刘禹锡的生平创作分为沅湘唐诗之路、岭南唐诗之路、巴蜀唐诗之路等方面,这在一定程度上将时空打通了。

(二)诗人群体研究

诗人群体研究尤其是诗人唱和联唱、交游使府的情况,是《全编》体现出的重要且有价值的问题。

首先,是酬唱应制的文学现象,如贺知章归隐会稽时曾有以唐玄宗为首、大批文人应制唱和的《送贺监归会稽诗应制》一组诗歌,这在《全编》中体现得比较明显。

其次,是诗人联唱这一文学活动,大历年间出现鲍防、严维主导的《大历浙东联唱集》,当时共有57人参与浙东联唱,创作了许多唱和诗和联句诗,唱和诗可参见前面的《状江南》例,联句诗则可以《松花坛茶宴联句》②和《柏梁体状云门山物并序》③等为代表,当时诗人们交游宴饮,创作了许多赞美浙东山水的诗歌。而在《全编》中,这类联句诗和唱和诗也较为显眼,易于使读者产生兴趣、发现问题,从而进行研究。

最后还有诗僧群体值得注意。浙东是佛教天台宗的发源地,尚佛之风兴盛,诗僧众多,他们不仅自己作诗,还经常为僧人朋友送别赠诗,更与文人交游广泛,互赠之诗着实不少。例如,会稽灵澈就与刘禹锡、刘长卿等人交游密切,这些诗人为他写过不少赠诗、送别诗,这类诗人与僧人之间的往来酬赠是值得挖掘的。另外,如寒山、拾得、贯休等诗僧在《全编》中所录篇目亦不少,也可进行群文参照研究。

(三)中外交流与国际唐诗之路研究

本土诗人、僧人为外国僧人举办的集会酬唱活动在《全编》中能够凸显出来,如日本高僧最澄

---

① 肖瑞峰:《唐诗之路视域中的刘禹锡》,《河南大学学报(社会科学版)》2022年第1期,第99页。
② 卢盛江:《浙东唐诗之路唐诗全编》,第194页。
③ 卢盛江:《浙东唐诗之路唐诗全编》,第197页。

来天台宗访道,回国时有吴顗、孟光、毛涣等人为其作诗送别,留有题名为"送最澄上人还日本国"的一组诗歌①,可窥见当时盛况。又如空海归日本时,也有许多人为其作诗送别,如朱千乘、朱少端、昙靖等人②。这些酬赠送别诗歌都反映了浙东唐诗之路上中外交流的问题,体现了浙东唐诗之路的国际化,甚至对所谓国际唐诗之路的建构有一定意义。

　　近年来,许多学者关注到浙东唐诗之路的国际化延伸,即当时外国人对浙东风景人文的吟咏(往往以汉诗的形式出现)。例如,肖瑞峰先生在《浙东唐诗之路与日本平安朝汉诗》③一文中就对日本人在汉诗中常用浙东文化符号的现象进行了较为细致的考察,成果颇丰。此外,胡可先先生也有《天台山:浙东唐诗之路与海上丝绸之路的交汇》④一文,提出应重视天台山处于浙东唐诗之路与海上丝绸之路交汇处,海上丝绸之路经过这里,就意味着这里是中外交流和文化传播的重要枢纽。通过对诸如送别最澄组诗这样的诗歌的研究,或许能打通国内唐诗之路与国际唐诗之路的研究,开拓出更广阔的天地。

　　除了上面提到的三点,还有许多值得研究的方向与问题,有待读者在《全编》的阅读中进一步探索。

三、问题的讨论与阅读的体会

　　《全编》也并非尽善尽美,在后续修订过程中应进一步完善补充。同时,读者当与同类诗集进行对比阅读,扬其长避其短。我在阅读时发现《全编》编纂似有不尽完备之处,在这里浅加讨论,有不当之处敬请指出。

(一)长诗截录有伤诗意

　　与《总集》相似,《全编》也选择了对过长诗歌进行截录、仅选取其中与浙东唐诗之路有关的部分呈现的方式。这是诗集编辑出版时常见而不得不为之的情况,但这种截录存在弊病。

　　首先,《全编》的部分截录是机械地截取了诗歌中出现浙东地名景名的句段,孤立的诗句前无因后无果,让人云里雾里,还容易造成误读。如虞世南《奉和幸江都应诏》一诗仅截录"南国行周化,稽山秘夏图。百王岂殊轨,千载协前谟"⑤四句,有伤全篇诗意。

　　其次,有时并非截录了与浙东相关的诗歌,而是将诗题中出现浙东地名的长诗进行了没有道理的截断,似乎只是因为全诗过长而仅录前几句。如玄觉《永嘉证道歌》截录"君不见,绝学无为闲道人,不除妄想不求真。无明实性即佛性,幻化空身即法身。法身觉了无一物,本源自性在真佛"⑥,截出的几句全为佛理,全篇也都是类似的佛理阐释。若是因为《永嘉证道歌》反映了浙东唐诗之路的宗教文化,那何不全录? 若是只有这截取的几句反映了浙东唐诗之路的风土人情,那又有何理由?

　　总体上看,《全编》进行截录的诗篇并不算多,或可干脆全篇录入;如若一定要截录,还望审慎截录,不能伤及全篇的连贯性。

---

① 卢盛江:《浙东唐诗之路唐诗全编》,第316—320页。
② 卢盛江:《浙东唐诗之路唐诗全编》,第321—323页。
③ 肖瑞峰:《浙东唐诗之路与日本平安朝汉诗》,《文学遗产》1995年第4期,第37—46页。
④ 胡可先.《天台山:浙东唐诗之路与海上丝绸之路的交汇》,《浙江社会科学》2019年第12期,第131—141页。
⑤ 卢盛江:《浙东唐诗之路唐诗全编》,第2页。
⑥ 卢盛江:《浙东唐诗之路唐诗全编》,第38页。

(二)时序编写遮蔽诗路布局

《全编》的编排方式是按照诗人生年时序进行编纂,这样优势当然很多,不仅仅是上文所述的这些方面,但毋庸讳言,这种编写方式也存在一些缺陷——主要是难以体现"诗路"的面貌和特点,缺乏对浙东唐诗之路的整体形象感知。《全编》总序八大宗旨中提及"要弄清每条诗路的面貌"[①],在重视"人"的同时,也要对诗路进行一定的梳理,或许可以以附录形式添加浙东唐诗之路大致路线图供读者参考,也可以对浙东唐诗之路上的部分重要诗人(游历久、创作多、路线典型)的浙东行迹进行梳理,让读者对"路"有一个更清晰的体认。

必须承认,这是以诗人为系的时序编纂难以避免的缺陷,但与这种编纂方式的益处相比无伤大雅,不必因为这个缺陷而复归以景点路线为系的形式。但读者最好将两种编纂形式的诗集进行比较阅读,相互印证、补充。

(三)选诗范围界定宽泛

首先,《全编》中有些诗歌并不能反映浙东自然或人文风光,但因诗中有浙东地名或作者在浙东所作而被收录。如前面提到的玄觉《永嘉证道歌》,全诗尽为佛理,与浙东唐诗之路没有具体关联,仅是玄觉在永嘉悟道后所写的诗歌。当然,如果将这首诗提升到浙东宗教文化层面,也不是不能与浙东唐诗之路关联,但又有点流于空泛了。

其次,《全编》收诗范围的拓展也产生了一个问题:诗歌通过典故的形式提到浙东地名或历史故事(如西施浣纱),但篇幅极短,全篇意旨也并不在浙东之上,这样的诗歌是否能算作浙东唐诗之路的唐诗呢?从最宏大的文化角度来看自然也是行得通的,但这样的诗歌太多,尽录之只会让浙东唐诗之路的主题逐渐失去意义,还需谨慎思考、对待。

这两类问题归根到底都是广义浙东唐诗之路(唐诗)与狭义浙东唐诗之路(唐诗)的关系问题,过广则失于空疏,过狭则没有研究余地,处理好二者的关系是困难的,也是必要的。

(作者单位:浙江大学文学院)

---

① 卢盛江:《"唐诗之路研究丛书"总序》,《浙东唐诗之路唐诗全编》,第2页。

图书在版编目（CIP）数据

惟学学刊. 第一辑 / 胡可先主编. —杭州：浙江
大学出版社，2023.6
ISBN 978-7-308-23425-2

Ⅰ.①惟… Ⅱ.①胡… Ⅲ.①汉语－语言学－文集②
中国文学－文学研究－文集 Ⅳ.①H1-53②I206-53

中国版本图书馆 CIP 数据核字（2022）第 245706 号

惟学学刊（第一辑）

胡可先　主　编

责任编辑	韦丽娟
责任校对	吕倩岚
封面设计	周　灵
出版发行	浙江大学出版社
	（杭州市天目山路 148 号　邮政编码 310007）
	（网址：http://www.zjupress.com）
排　　版	杭州好友排版工作室
印　　刷	浙江新华数码印务有限公司
开　　本	889mm×1194mm　1/16
印　　张	12.75
字　　数	372 千
版 印 次	2023 年 6 月第 1 版　2023 年 6 月第 1 次印刷
书　　号	ISBN 978-7-308-23425-2
定　　价	78.00 元